전쟁 속 외교

싸우면서도 대화하는 세계외교의 역사

싸우면서도 대화하는
세계외교의 역사

전쟁 속 외교

안문석

전북대학교출판문화원

머리말

외교는 인류가 생길 때부터 있었고, 여전히 중요하다. 한 나라가 다른 나라에 할 수 있는 행위는 크게 3가지로 볼 수 있다. 대화, 공작, 전쟁이다. 공작은 정보기관이 하는 음험한 길이다. 속이고 매수하고 위협하고 때론 암살도 한다. 미국의 국가정보국(CIA)은 맘에 안 드는 국가에 대해서는 쿠데타로 대통령을 바꾸거나 죽이는 일도 서슴지 않았다. 이스라엘의 모사드(Mossad)는 귀신도 모르게 암살을 하는 것으로 유명하다. 그런 행위들을 통해 다른 나라를 자기 나라의 국익에 도움이 되도록 바꿔놓으려 하는 게 공작이다. 전쟁을 병력과 무기를 직접 사용해 다른 나라를 공격하는 행위이다. 최후의 수단이 아닐 수 없다. 당연히 비용이 많이 든다. 군인을 모집하고 무기를 사는데 드는 직접적인 비용은 물론이고, 국제사회의 비난과 제재라는 비용도 발생한다. 전쟁은 일방적 승리가 거의 불가능한 만큼 상대국의 공격에 따른 피해도 감수해야 한다. 잘못하면 나라 자체가 망할 수도 있다.

그래서 공작이나 전쟁에 앞서 국가들은 대화를 한다. 문제가 생기면 해결하기 위해, 아니면 서로 상생하는 길을 찾기 위해 대화를 하는 것이다. 그게 외교다. 지금도 지구상에 존재하는 200여 개 국가들이 어디선가 외교를 전개하도 있다. 국가는 인간과 똑같이 생존욕구, 성장욕구를 가지고 있으니 이 욕구를 충족시키기 위해 늘 움직이고 있는 것이다.

그런데 이 외교, 즉 국가 간의 대화와 협상이라는 것이 늘 잘 되는 것은 아니다. 대학에서 서양외교사를 가르치다 보니 동서고금의 많은 외교사례를 접하게 되는데, 그 가운데에서도 전쟁과 관련된 외교는 흥미를 자아내고 호기심을 불러일으킨다. 전쟁 전에는 으레 외교가 있다. 무턱대고 미사일을 날릴 수는 없다. 사전에 이런 것을 해라 요구한다. 협상이 진행된다. 그게 안 되면 공작을 해보기도 한다. 그러고도 안 되면 군을 동원해 공격한다.

외교가 잘 되면 물론 전쟁을 막는다. 그런 사례도 많다. 17세기 초 후금의 침략을 막은 광해군의 외교, 소련과의 막후협상으로 3차 세계대전을 피한 1962년 존 F. 케네디의 외교가 대표적이다. 하지만 외교의 과정이 전쟁으로 비화한 사례도 많다. 19세기 후반 스페인 국왕 옹립문제로 프랑스와 협상을 벌이던 중 전보를 각색해 전쟁으로 간 오토 폰 비스마르크의 외교, 1938년 독일의 야욕을 간파하지 못하고 체코의 주데텐 점령을 인정한 네빌 체임벌린의 유화외교가 두드러진 사례들이다.

19세기 초 나폴레옹 전쟁 당시 영국과 러시아의 밀수외교는 전쟁을 크게 확대시켰고, 도널드 트럼프 대통령이 본격화한 미국의 중국 포위외교는 미국과 중국을 중심으로 한 신냉전을 더욱 격화시키고 있다. 그런가 하면 1956년 수에즈 전쟁이 발발하자 유엔사무총장 다그 함마르셸드는 유엔긴급군을 구성, 파견해 전쟁을 중단시켰고, 서독의 빌리 브란트 총리는 1969년 동방정책을 시행해 동서의 깊은 냉전을 해체하기 위한 서막을 열었다.

전쟁을 막은 외교도 많고, 전쟁을 불러온 외교, 전쟁을 키운 외교,

전쟁을 중단시킨 외교 등 전쟁에 얽힌 외교는 다양한 형태가 존재하는 데, 사례를 조사하면서 알게 된 것은 전쟁을 일으킨 외교가 그 가운데서도 많다는 것이다. 실제로 이 책에 서술한 사례는 대표적이 것들이고 전쟁을 가져온 외교는 얼마든지 더 많다. 아이러니한 일이 아닐 수 없다. 전쟁을 막자고 외교를 하는 것이 상식에 맞을 텐데, 실제로는 외교를 하다가 전쟁으로 가는 경우, 아예 전쟁을 작정하고 외교를 하는 경우도 많은 것이다.

이렇게 역사적인 사례들을 살피다 보니, 외교라는 게 진정 대화인가? 협상하고 화해하고 평화를 이뤄가기 위한 수단인가? 하는 의문이 든다. 대화를 내세운 전쟁이 아닌가 하는 의문이다. 19세기 프로이센의 전략가 카를 폰 클레우제비치의 웅변이 떠오르지 않을 수 없다. "전쟁은 다른 수단으로 계속되는 정치이다"라고 하지 않았던가. 전쟁도 일종의 정치이고, 정치와 전쟁이 가까운 것처럼, 외교도 일종의 전쟁이 아닐까?

그렇게 외교가 전쟁과 가까이 있는 만큼, 외교는 잘 다뤄져야 하는 부문이 아닐 수 없다. 잘못하면 나라가 손해보고 전쟁을 당하는 경우도 있으니 말이다. 특히 우리처럼 작은 나라, 큰 나라 사이에 있는 나라, 격동하는 지역에 있는 나라는 더욱 그렇다. 한 쪽으로 가는 외교, 한풀이·기분풀이 외교는 나라를 어렵게 할 수 있다. 지지세력이 원한다고 해서, 표를 얻는 데 도움이 된다고 해서 하는 외교는 근시안적인 저열한 외교에 불과하다.

이 책은 20여 개의 외교사례를, 배경과 외교의 전개과정, 전쟁과의 연결성, 이후 세계에 미친 영향 등을 중심으로 설명하고 있다. 내용은 꽤 깊이 들어가면서도 문체는 되도록 가볍게 해서 누구나 쉽게 읽을 수 있도록 하려 했다. 외교에 관심 있는 사람들은 외교사를 새로운 시각으로 바라볼 수 있게, 일반인들은 외교의 역사에 대해 쉽게 접근할 수 있도록 하기 위해 나름 애를 썼다. 재미있게 읽으면서, 지금 전개되고 있는 우리 외교에 대해서도 한번쯤 깊이 반추하는 기회들을 가질 수 있다면 더 바랄 것이 없겠다.

2024년 4월

전북대 연구실에서 안 문 석

목차

3장 전쟁을 중단시킨 외교

4장 전쟁을 막은 외교

1장 전쟁을 불러온 외교

1. 펠로폰네소스 전쟁 일으킨 중견국의 과욕외교(BC 431)
2. 백년전쟁으로 가는 길의 영국–프랑스 외교전(1337)
3. 프로이센–프랑스 전쟁을 유발한 전보 외교(1870)
4. 러일전쟁 · 한국점령을 위한 일본의 영일동맹 외교(1902)
5. 미국을 1차 세계대전으로 끌고간 전보 공개 외교(1917)
6. 2차 세계대전으로 가는 길, 체임벌린의 유화외교(1938)
7. 김일성의 스탈린 · 마오쩌둥 상대 개전외교(1950)

1 펠로폰네소스 전쟁 일으킨 중견국의 과욕외교 . BC 431

아테네, 델로스 동맹으로 제국 건설

페르시아 전쟁(BC 492~BC 479)은 그리스 반도의 판도를 크게 바꾸어 놓았다. 스파르타와 아테네는 페르시아의 대군에 맞서 효과적으로 전쟁을 치름으로써 그리스를 지킬 수 있었다. 육군이 강한 스파르타는 지상전에서, 강한 해군을 가진 아테네는 해전에서 페르시아를 물리쳐, 반도 전체의 운명이 걸린 대전쟁을 승리로 마무리했다. 대전쟁이 끝난 뒤 아테네는 더욱 성장하는 과정을 밟는다.

내부적으로는 민주정이 촉진되었다. 전쟁에서 활약한 시민들의 발언권이 높아지면서 시민들의 의사를 직접 반영하는 형태의 정치체제가 보다 분명하게 자리를 잡게 되는 것이다. 페르시아 전쟁 당시 특히 해군의 성장으로 최하위 계층도 해군병사로 많이 참전했다. 중무장 보병은 갑옷과 창, 칼 등 비싼 장비를 갖추어야 하기 때문에 중산층 이상이 지원했지만, 해군병사는 맨몸으로 지원이 가능해 최하위와 서민 계층이 주로 지원했다. 전쟁이 끝난 후 이들의 정치적 의식이 성장하고, 시민적 권리에 대한 요구도 늘어나면서 민주정은 더 활성화되었다.

아테네는 또한, 전쟁이 다시 발발하는 경우 시민을 보호하기 위해 아테네를 둘러싸는 큰 성벽을 쌓아 자체 방위를 튼튼히 했다. 스파르타가 "추후 전쟁을 일으키기 위해 성벽을 쌓는 것 아니냐?"고 항의하자 당시의 지도자 테미스토클레스(Themistocles, BC 524?~BC 459?)는 스파르타를 직접 찾아갔다. 스파르타로 출발하면서 그는 시민들에게 최대한 빨리 성벽을 건설해달라고 당부해두었다. 스파르타에 가서는 회담을 계속 연기시켰다. 시간을 벌려 한 것이다. 회담이 열린 자리에서는 "성벽 건설 같은 것은 없다"고 거짓말을 했다. "의심스러우면 사찰단을 파견해보라"고 권유까지 했다. 그러자 실제 스파르타가 사찰단을 파견했다. 그런데 아테네-스파르타 정상회담이 열리고, 사찰단이 꾸려지고 하는 사이 상당한 시간이 흘렀다. 결국 사찰단이 아테네에 도착했을 때에는 성벽이 이미 완성되어 있었다. 이를 보고 항의하는 사찰단을 아테네는 감금해버렸다. 테미스토클레스의 용의주도한 계획에 따른 것이었다. 아직 스파르타에 남아 있던 테미스토클레스가 위험한 상황이긴 했지만, 스파르타도 그를 돌려보내주지 않을 수 없었다. 아테네에 감금된 자국의 사찰단을 빼오기 위해서는 그 방법밖에 없었다. 테미스토클레스는 내부적으로 시민들을 독려하고, 스파르타의 반발에 이런 식의 교묘한 전략을 구사하면서 아테네의 핵심방위시설을 완성했다.

이와 함께 아테네는 대외적으로는 동맹을 더욱 확대해 나갔다. 델로스 동맹이다. 아테네 앞쪽 에게해에 있는 델로스 섬에 동맹기금을 모아두는 금고가 있어서 델로스 동맹이라는 이름이 붙었다. 페르시아 영토를 빼앗아 이전의 피해를 보상받는다는 명목으로, 아테네가 있는 아티카 지방, 에게해, 그리고 소아시아 지역의 도시국가들을 대거 모았다. 동맹국 회의는 델로스 섬의 신전에서 했다. 모두 300여 개 도시국가들이 동맹 회원국이 되었다. 아테네는 어떤 나라는 전쟁으로, 어떤 나라는 외교로 동맹에 가입시켰다. 아이기나, 카뤼스토스, 낙소스, 타소스, 칼키스, 사모스, 코로네이아 등은 전쟁을 통해, 그리고 아르고스, 텟살리아 등과는 외교를 통해 동맹관계를 맺었다. 델로스 동맹 가입국들은 함선을 몇 척 내놓든지 아니면 기금을 내야 했다. 대부분은 기금을 냈다. BC 454년에는 기금 금고와 동맹본부를 아테네로 옮겨 동맹에 대한 아테네의 장악력은 훨씬 높아졌다.

아테네는 '공공기금 재무관'이라는 관직까지 만들어 기금을 모았다. 모아진 기금으로 아테네는 군을 강화했다. BC 430년 즈음 아테네는 군함 300척과 육군 3만 명, 그리고 궁수, 기마병 등으로 구성된 특수부대도 갖추고 있었다. 당시 스파르타는 육군 5만 명의 병력을 확보하고 있었지만, 해군력은 약했다. 경제력·군사력이 강해지면서 아테네의 동맹 통제력은 강화되었다. 특히 이탈리아와 크림반도, 이집트까지 운용할 수 있었던 해군력으로 주변 해상의 수송로를 장악해 섬나라들은 아테네에 복종하지 않을 수 없었다. 게다가 아테네는 반란을 일으키는 동맹국에 대해서는 철저히 응징하면서 동맹을 강화했다. 강화된 통제력으로 아테네는 각 도시국가의 군사·외교적인 문제뿐만 아니라 국내정치 문제에까지도 개입했다. 도시국가 아테네는 이제 하나의 제국이 되어 있었다.

아테네와 스파르타는 그 밖의 많은 도시국가들과 직간접적으로 연계되어 있어 갈등국면을 벗어나기 어려웠다. BC 460년에는 코린토스(펠로폰네소스 동맹)가 메가라를 공격하자 아테네가 메가라를 지원했다. 이때는 메가라가 아테네와 동맹관계였다. 스파르타는 BC

458년 바다를 건너 아테네 근처까지 접근해 아테네와 전투를 벌였는데, 스파르타가 승리를 거두었다. 이듬해 아테네는 테베(펠레폰네소스 동맹)를 공격하고 부근 도시국가들을 복속시켰다. BC 447년에는 메가라에서 반(反)아테네 반란이 일어나고, 이에 고무된 스파르타가 아티카 지역을 공격했다. 이후 아테네와 스파르타는 평화협상을 벌여 BC 446년 '30년 평화조약'을 체결했다. 서로 상대의 세력권을 인정하고 분쟁이 발생하면 상호협의를 통해서 풀어가자는 내용이었다.

코르키라의 동맹외교, 큰 전쟁의 씨앗

'30년 평화조약'은 30년의 절반 정도만 채우고 깨지는 운명을 맞게 된다. 발화점은 그리스 반도 서북부에 있는 작은 나라 에피담노스(Epidamnus, 지금의 알바니아 두러스). BC 436년 여기서 내분이 있어났다. 민중파가 귀족파를 추방했는데, 이후에도 분쟁이 가라앉지 않았다. 민중파는 코르키라(Corcyra, 지금의 코르푸 섬)에게 도움을 청했지만 거절당했다. 그러자 코린토스(Korinthos)에게 손을 내밀었다. 코린토스는 돕겠다고 나섰고, 에피담노스에 군대를 파견했다. 코르키라도 곧 해군을 보내 코린토스 군대를 격파했다. BC 435년의 일이다. 이에 코린토스는 코르키라에 선전포고를 하고 더 큰 전쟁을 준비했다. 코르키라는 아테네에 도움을 요청했다. 바로 외교사절단을 보냈다. 코린토스도 그냥 있을 수 없었다. 역시 아테네에 사절단을 파견했다. 본격 외교전을 시작한 것이다.

두 도시국가는 실은 아버지-아들의 관계였다. 코린토스 사람들이 서북쪽으로 이주해 건설한 식민지가 코르키라이었다. 코르키라는 점점 경제적으로 군사적으로 성장했다. 특히 해군을 크게 증강해 삼단노선(노 젓는 자리를 3층으로 만든 당시의 첨단 선박) 120척을 소유할 정도였다. 아테네 다음의 해군력이었다. 성장한 코르키라는 모국 코린토스를 무시하게 됐고, 그래서 관계는 악화됐고 전쟁까지 하게 된 것이다.

양국의 사절단을 맞은 아테네는 민회(民會)를 열었다. 민주정을 실시하고 있던 아테네는 민회, 즉 시민총회를 통해 나라의 주요사안을 결정했다. 아테네 시민들 앞에서 코르키라 대표는 호소했다. 투키디데스(Thucydides)의 『펠로폰네소스 전쟁사』(투키디데스 지음·천병희 옮김, 도서출판 숲, 2011. 이하 펠로폰네소스 전쟁관련 직접 인용은 이 책에서)가 그 내용을 생생하게 전한다.

> 지난번 해전에서 우리는 혼자 힘으로 코린토스인들을 물리쳤습니다. 그러나 지금 그들은 펠로폰네소소와 다른 헬라스(그리스) 땅에서 차출된 더 많은 군대를 이끌고 진격해오고 있습니다. 그래서 우리는 자력으로는 도저히 살아남을 수 없고, 우리가 그들의 수중에 들어가면 그 위험이 얼마나 큰지 아는 터러, 부득이 여러분과 그밖에 누구든 다른 사람들에게 도움을 청하지 않을 수 없습니다. 그리고 우리의 고립주의는 나쁜 의도가 아니라 판단착오에서 비롯된 만큼, 우리가 지난날의 고립주의를 포기해도 용서받을 수 있을 것입니다.

자신들의 해군으로 코린토스는 이겼지만, 코린토스가 동맹군을 모아 오면 이길 수 없으니 도움을 청한다는 얘기였다. 당시까지 코르키라는 델로스 동맹과 펠로폰네소스 동맹 어디에도 가입하지 않은 상태로 남아 있었는데, 이제 동맹조약을 체결해 확실히 아테네 쪽에 줄을 서겠다는 뜻도 분명히 했다. 이렇게 어려운 처지를 호소한 다음, 차근차근 아테네를 설득해 나간다. 우선, 코르키라와 동맹을 하게 되면 아테네가 얻을 수 있는 것들을 역설한다.

> 여러분이 우리 부탁을 들어주신다면, 우리의 요청은 여러모로 여러분에게 이익이 될 것입니다. 첫째, 여러분은 남을 해코지하는 것이 아니라 남에게 부당하게 공격당하는 사람을 도와주게 될 것입니다. 둘째, 우리는 절체절명의 위기에 놓인 만큼, 여러분이 우리를 구해주면 우리는 두고두고 여러분에게 고마워할 것입니다. 셋째, 우리는 헬라스에서 여러분 다음으로 가장 큰 해군력을 보유하고 있습니다.

코르키라를 돕게 되면, 아테네 입장에서는 선행을 하는 것이고, 해군력도 더 강화할 수 있다는 설명이었다. 먼저 어려운 사정을 충분히 설명해 상대의 감정에 호소함으로써 도움을 얻어내려 하면서도, 상대가 얻을 수 있는 이익에 대한 세밀한 브리핑도 함께 한 것이다. 상대의 지원을 얻고자 하는 외교사절의 전형적인 전략이다. 지금도 외교관은 우선 상대와의 정서적 공감대를 얻어내고, 이후 협상을 통한 상호이익을 설명해 일정한 결실을 얻어내려 한다. 고대에도 그런 외교의 기본은 지금과 전혀 다름이 없었음을 코르키라의 외교관들은 잘 보여주고 있다.

코르키라 사절단은 거기에 그치지 않았다. 아테네를 은근히 위협하는 발언도 서슴지 않았다.

코린토스인들이 우리를 먼저 공격한 것은 나중에 여러분을 공격하기 위해서입니다. 그들은 여러분과 우리가 힘을 모아 함께 자신들에게 대적하기를 원치 않습니다. 그들이 바라는 것은 늦기 전에 우리의 힘을 약화시키거나, 우리의 힘을 그들을 위해 쓰도록 강요하는 것입니다.

코린토스의 전략이, 코르키라를 복속시켜 힘을 강화한 다음 아테네와 대적하는 것이라는 협박이었다. '이번에 우리를 돕지 않으면 곧 강해진 코린토스가 당신들을 공격할 것이오. 그러니 정신 똑바로 차리고 우리를 도와주시오'하는 겁박인 것이다. 2차 세계대전 당시 영국의 총리 윈스턴 처칠(Winston Churchill, 1874~1965)을 떠오르게 하는 대목이 아닐 수 없다. 처칠은 당시 "제가 바칠 수 있는 것은 피와 땀과 눈물밖에 없습니다"라는 호소로 영국 국민들을 결속시켜 독일의 공격을 힘겹게 막아 내면서 미국 대통령 프랭클린 루스벨트(Franklin Roosevelt, 1882~1945)에게 끊임없이 도움을 요청했다. 편지를 쓰고, 전화를 하고, 독일 잠수함이 깔려 있는 대서양을 건너가 직접 만나기도 했다. 영국과 프랑스, 그리고 유럽을 파시스트의 공격으로부터 구해 달라 호소했다. 루스벨트가 쉽게 움직이지 않자 "나중에 지금보다 훨씬 강해진 독일을 홀로 상대하게 될 수도 있습니다" 라고 위협을 하기도 했다. 이렇게 호소와 설득, 위협을 다각적으로 전개해 미국을 참전시킴으로써 결국 2차 세계대전을 승리로 마무리했다.

위기에 처한 나라의 이런 협박을 '약자들의 독재(tyranny of the weak)'라고 한다. 힘없고 가진 것도 없으면서 "내가 죽으면 너도 위험해"라고 으름장을 놓는 전략이다. 실제 이런 전략은 통할 때가 많다. 이러한 공갈을 당하는 입장에서는, 도와줘서 얻는 것은 별로 없다고 하더라도, 돕지 않으면 피해를 입을 수 있기 때문에, 이를 방지하기 위해 돕는 것이다.

코르키라 사절단은 거기에 더해 아테네가 걱정하는 부분까지 언급한다. 아테네는 BC 446년 스파르타와 맺은 '30년 평화조약'을 염두에 두지 않을 수 없었다. 코르키라와 동맹을 맺는 것이 스파르타를 자극하지 않을까 하는 염려였다. 이를 간파하고 있던 코르키라 외교단은 논리적인 설명으로 아테네를 안심시킨다.

> 여러분이 중립국인 우리를 받아들인다 해도 라케다이몬(스파르타)인들과 휴전조약을 파기하는 것은 아닙니다. 왜냐하면 조약에는 중립국인 헬라스 도시는 어느 쪽이든 마음에 드는 편에 가담할 수 있다고 명기되어 있기 때문입니다. 그리고 코린트(코린토스)인들은 자신들의 동맹국과 여러분의 속국들을 포함한 다른 헬라스 땅에서 선원을 모집할 수 있는데, 우리는 합법적인 동맹도 맺을 수 없고 어느 곳에서도 도움을 받을 수 없다면, 게다가 설상가상으로 여러분이 우리의 요청을 들어주는 것을 그들이 불법으로 간주하려 한다면, 이는 어불성설입니다.

당시까지 코르키라는 아테네, 스파르타와 일정한 거리를 두면서 중립국으로 남아 있었는데, 이런 중립국은 어느 쪽과도 동맹을 맺을 수 있도록 '30년 평화조약'이 허용하고 있었다. 코르키라는 이를 상기시키면서 자신들과의 동맹이 법적으로도 문제없으니 속히 체결하자고 호소한 것이다.

이러한 코르키라의 웅변을 듣고 코린토스 사절단이 반박했다. 역시, 정서와 이성 양면에 호소하는 내용이었다. 코르키라는 자신들의 식민지인데, 오히려 자신들을 모욕해왔다면서 아테네 시민들의 도덕 감정을 자극했다. 또 과거 아테네가 필요할 때 전함 20척을 빌려준 적이 있다면서, 이제 아테네가 자신들을 도울 차례라고 강조했다.

이렇게 양측의 주장을 들은 아테네 시민들은, 해군을 빌려준 적이 있는 코린토스가 이제 아테네가 빚을 갚아야 한다는 주장에 좀 더 끌리는 듯했다. 하지만 결정을 못하고 민회를 마무리 했다. 곧 다시 소집된 민회에서 시민들은 좀 더 실리적인 쪽으로 기울었다. 특히 코르키라를 돕지 않을 경우, 코린토스가 코르키라를 점령해 양국의 해군이 합쳐지는 상황을 걱정했다. 그렇게 되면 코린토스가 아테네와 맞먹는 해군을 갖게 되는 형편이었다. 결국 아테네 시민들은 코르키라와 동맹을 맺기로 결정했다. 대신 공격동맹이 아니라 방위동맹이었다. 한 나라가 외부의 침략을 당했을 때만 돕기로 한 것이다.

이후 코린토스는 코르키라를 공격했고, 아테네는 동맹조약에 따라 코르키라에 군함을 파견했다. 최대한 방어적으로 전쟁에 임했다. 하지만 코르키라가 위험한 상황에 처해 아테네도 처음 생각보다는 큰 규모로 전쟁에 개입하지 않을 수 없었다. 전쟁은 어느 쪽도 완전한 승리를 주장하기 어려운 상태로 끝났다. 하지만 코린토스의 아테네에 대한 적대감은 그대로 남았다. 코르키라의 아테네 상대 외교는 성공적이었지만, 그것은 코르키라-코린토스 전쟁으로 가는 길을 만들었고, 코린토스-아테네 사이 깊은 앙금을 남겨 더 큰 전쟁의 씨앗을 뿌렸다.

코린토스의 전쟁 선동 외교

코린토스와 아테네가 분쟁에 들어가는 데에는 많은 시간이 필요하지 않았다. 그리스 반도 북동부에 위치한 작은 도시국가 포티다이아(Potidaea)에서 문제가 발생했다. 포티아이아는 델로스 동맹에 들어와 있었다. 매년 동맹기금도 냈다. 그런데 포티아이아는 본래 코린토스의 식민지여서 코린토스와도 가까이 지냈다. 그런 관계를 바탕으로 BC 433년 코린토스는 포티다이아에 감독관을 파견했다. 직접 관리하려 한 것이다. 432년 아테네는 포티다이아에게 감독관을 코린토스로 돌려보내라고 요구했다. 해안의 성벽을 허물고 인질을 보낼 것도 함께 요구했다. 코린토스와 관계를 끊으라는 요구였다. 하지만 포티다이아는 이를 거부했다. 물론 코린토스와 스파르타가 뒤에 있었다. 코린토스와 스파르타는 포티다이아가 아테네의 공격을 받을 경우 군대를 지원해 주겠다고 약속해 놓고 있었다. 포티다이아의 완강한 태도에 격분한 아테네는 해군을 보내 포티아이아를 포위했다. 이제 포티다이아와 코린토스는 스파르타에 의존해야 했다. 코린토스는 펠로폰네소스 동맹 회의 소집을 요구했고, 동맹국들이 스파르타에 모였다.

코린토스의 외교사절단은 스파르타를 상대로 아테네를 비난하고 응징을 호소했다. 우선 스파르타가 펠로폰네소스 동맹의 맹주이면서 라이벌 아테네의 성장을 막지 못했음을 지적했다.

> 그 책임은 여러분(스파르타인)에게 있습니다. 첫째, 여러분은 페르시아 전쟁이 끝난 뒤 아테나이(아테네)인들이 자신들의 도시를 요새화하는 것을 허용했고, 나중에는 긴 성벽들을 쌓는 것을 허용했습니다. 그

> 리고 그 뒤로 오늘날까지 여러분은 여전히 아테나이에 예속된 나라들 뿐 아니라 여러분 자신의 동맹국에도 자유를 유보하고 있습니다. 누가 자유를 빼앗겼다면, 그것은 자유를 빼앗는 자보다는 그러지 못하게 막을 힘이 있으면서도 수수방관하는 자 탓입니다. 그가 헬라스의 해방자라는 명성을 누리고 있다면 더욱 그러합니다.

왜 아테네를 이토록 성장하도록 놓아두었냐, 힘이 있으면서 왜 쓰지를 않느냐, 페르시아 전쟁을 승리로 이끈 기백은 다 어디에 버렸냐 이런 깊은 원망을 적나라하게 표명한 것이다. 아테네가 더 커지기 전에 제압해야 한다며 노골적으로 공격을 선동하기도 했다.

> 헬라스인들 가운데 여러분만이 가만히 앉아서 행동이 아닌 지연전술로 자신을 방어하고 있으며, 여러분만이 적의 세력이 커지기 시작할 때 제압하지 않고 두 배로 커지기를 기다리고 있습니다. 그런데도 여러분은 "믿음직하다"고 불리곤 했습니다. 하지만 그것은 허울 좋은 명성으로 드러났습니다. 우리도 알다시피 페르시아인들은 대지의 끝에서 다가와 여러분이 효과적으로 맞서기 전에 펠레폰네소스에 도착했습니다. 아네아이인들은 페르시아인들과 달리 여러분 가까이 살고 있건만 여러분은 그들을 못 본 척하며, 공격하는 대신 공격해오기를 기다리고, 그렇게 함으로써 훨씬 더 강해진 적과 싸우게 되어 여러분 자신을 운에 맡기고 있습니다.

투기디데스는 『펠로폰네소소 전쟁사』 여러 곳에서 아테네-스파르타 전쟁의 핵심원인을 아테네의 급속한 성장과 그에 대한 스파르타의 두려움으로 기록하고 있다. 아테네가 빠르게 성장하자 더 커지기 전에 제압을 해야 되겠다는 생각으로 스파르타가 아테네를 공격하면서 전쟁이 발발했다는 것이다. 스파르타가 그런 생각을 가진 데에는 주변 동맹국의 영향도 컸음을 코린토스 사절단의 이 발언으로 잘 알 수 있다. 코린토스와 같은 중견 도시국가들이 혼자서 아테네를 공격하기는 어렵고, 스파르타를 쑤석거려 전쟁을 하게 하고, 그럼으로써 자신들의 이익을 확보하려 한 것이다.

코린토스 사절단은 여기에 그치지 않고, 아테네와 스파르타를 직접 비교하면서 스파르타를 격분시키려 애를 썼다.

> 아테나이인들은 진취적이며, 계획을 세우고 계획한 것을 실행하는 데 민첩합니다. 그러나 여러분은 보수적이고 창의력이 부족하며 행동함에도 목표를 달성하지 못하곤 합니다. 또 아테나이인들은 능력 이상으로 저돌적이고, 상식 밖의 모험을 하며, 역경을 맞닥뜨려도 낙천적입니다. 그러나 여러분의 특징은 능력 이하로 행동하고, 건전한 상식도 불신하며, 역경이 언제까지나 지속되리라고 비관합니다.

아테네의 개혁적·진취적 성향과 스파르타의 보수적·퇴영적 특성을 직설적으로 지적하면서 '물러서기만 하면 망할 수밖에 없다'는 얘기를 한 것이다. 코린토스 외교단도 협박성 압력을 잊지 않았다.

> 이제 그만 늑장 부리십시오. 이제 여러분이 약속한 대로, 여러분의 동맹국, 특히 포테이다이아(포티다이아)에 도움을 주고, 당장 앗티케(아티카)로 쳐들어가십시오. 그래야만 여러분은 친구와 친족을 가장

고약한 적의 손에 넘기지 않을 것이고, 우리는 절망한 나머지 다른 나라와 동맹을 맺는 일이 벌어지지 않을 것입니다.

당장 포티다이아를 포위하고 있는 아테네를 공격하지 않으면 펠로폰네소스 동맹을 버리고 반대편으로 갈 수도 있다고 협박하고 있다. 아테네 사절단도 다른 일 때문에 스파르타를 방문하고 있었는데, 마침 펠로폰네소스 동맹 회의가 열린다는 소식을 듣고 회의장에 들어가 아테네의 입장을 설명했다. 페르시아에 맞서 끝까지 싸우다 보니 동맹국들이 모여들게 되었다, 그 결과 제국처럼 커졌다, 이후 미워하는 나라도 생겼고 반기를 드는 나라와는 싸움도 했다, 지금은 아테네 스스로의 이익을 지키기 위해 노력할 뿐이라는 설명이었다.

동맹국들과 아테네의 발언을 들은 뒤, 스파르타 지도층은 따로 모여 회의를 이어갔다. 두 명의 왕 가운데 하나인 아르키다모스(Archidamus, BC 469 또는 468~BC 427 또는 426)는 돈이 부족하니 재원부터 마련하고 전쟁은 차차 논의해보자고 온건론을 제시했다. 반대로 왕의 정적 스테넬라이다스(Sthenelaidas)는 강경론을 역설했다. 그는 시민들이 선출한 5명의 감독관 중 하나였다. 감독관은 왕과 장군들을 견제하는 중요한 기능을 수행하는 자리였다. 동맹국이 고통을 받고 있으니 응징을 해야 한다, 스파르타의 명예를 위해서도 전쟁을 해야 한다고 그는 강조했다.

그렇게 말하고는 스테넬라이다스는 이 문제에 대한 결정을 민회에 맡겼다. 감독관은 그럴 권한이 있었다. 전쟁에 찬성하는 쪽과 반대하는 쪽을 나누어 서게 했는데, 찬성 쪽이 많았다. 스파르타는 전쟁하는 쪽으로 결론을 낸 것이다. 이후 펠로폰네소스 동맹의 회원국들이 다시 모여 전쟁을 해야 할지 논의했다. BC 432년 8월이다. 코린토스는 사전에 용의주도하게도 동맹국들에 사절단을 보내 전쟁 찬성에 투표를 하도록 적극 외교를 펼쳤다. 우물쭈물하다가는 포티다이아를 아테네로 넘겨주지 않을까 걱정이 컸기 때문이다. 코린토스의 대표가 다시 한 번 전쟁 찬성을 독려하는 연설을 한 뒤 투표에 들어갔다. 결과는 전쟁 찬성 쪽이었다. 하지만 바로 전쟁을 하자는 것은 아니고, 1년 준비 후 전쟁을 하자는 것이었다. 전쟁준비를 위해 동맹국들은 바로 분담금을 내기로 했다.

실패한 스파르타의 마지막 설득

1년의 시간이 주어지자 스파르타는 아테네에 사절단을 보냈다. 1차 사절단은 BC 432년 8월 아테네에 도착해 '여신의 저주' 문제를 해결하라고 요구했다. 이전에 퀼론이라는 사람이 일당을 이끌고 아크로폴리스를 점령한 적이 있었다. 아테네는 이들을 포위하고 처단했다. 그런데 그곳에 여신들의 제단이 있었다. 신성한 곳에서 살인을 저질렀으니, 일당을 처단한 사람들은 '여신의 저주를 받은 자들'이라고 불렀다. 아테네는 문제해결 방안으로 이들을 추방했다. 그런데 나중에 이들은 아테네로 돌아왔다. 스파르타 사절단이 요구한 것은 이들을 다시 추방하라는 것이었다.

그런데 실은 스파르타가 노린 것은 아테네의 지도자 페리클레스(Perikles, BC 495?~BC 429)였다. 그의 외가 쪽 사람을 추방 대상자에 포함시킨 것이다. 스파르타는 '여신의 저주' 문제를 제기해 페리클레스의 지도력에 흠집을 내고 싶어 했다. 또, 추후 전쟁을 일으킬 때에도 이 문제가 하나의 명분이 될 수 있도록 만들고자 했다. 아테네가 이러한 스파르타의 내심을 모를 리 없었다. 스파르타의 요구는 거절됐고, 1차 스파르타 사절단은 빈 손으로 돌아갔다.

스파르타가 제기한 '여신의 저주'와 같은 정서적이고 영적인 문제는 어느 쪽도 양보하기 어렵다. 문제제기 자체가 도전적이고 도발적으로 인식되기 십상이다. 그런 것을 들고 나온 스파르타에게 협상의 진정성을 찾아보기는 어렵다. 스파르타 내에서 주전파가 이미 우세한 상황이었고, 1차 사절단은 그들의 명분쌓기용에 불과했다고 보아야 할 것이다.

얼마 후 스파르타는 2차 사절단을 보냈다. 포티다이아 봉쇄를 풀라고 요구했다. 아이기나(Aegina)에 자주권을 돌려주라는 요구도 했다. 아이기나는 BC 457년 아테네와의 전쟁에서 져 군함을 빼앗기고 델로스 동맹에 가입해 있었다. 메가라에게는 아테네의 항구들과 아티카 지방의 시장을 이용할 수 있도록 하라고 요구했다. 이 당시 메가라는 펠로폰네소스 동맹의 일원으로 아테네와는 적대관계였는데, 아테네의 항구에 배를 정박할 수 없고, 아티카 지방의 시장을 이용할 수 없다는 내용의 경제제재('메가라 법령'이라고 부른다)를 아테네로부터 받고 있었다. 아테네는 이러한 요구도 거절했다. 아테네는 오히려 메가라가 국경분쟁 지역에서 경작을 하고 있고, 도망간 노예들을 비호해주고 있다면서 이런 문제를 시정하라고 요구했다. 이렇게 두 번째 스파르타 사절단도 전쟁으로 가는 길을 막지는 못했다.

1차보다는 2차 사절단의 제안은 구체적이고, 페리클레스가 결심하면 수용할 수도 있을 만한 것이었다. 하지만 페리클레스는 거부했다. 본래 온건파인 페리클레스도 이즈음에는 스파르타를 불신하고 있었다. 1차 사절단이 제안한 내용, 스파르타 내부의 주전파 강세 상황 등을 고려해볼 때, 2차 사절단의 제안을 수용한다고 해서 전쟁으로 가는 길을 차단할 수 있을 것인지 의구심을 가진 것이다. 게다가 페리클레스는 오랜 적대국 코린토스 쪽에 붙어 있는 메가라에 대해 관용을 베풀고 싶어 하지 않았다. 그래서 아예 2차 스파르타 사절단의 제안을 거부하는 쪽으로 결론을 낸 것이다.

이후 스파르타는 3차 사절단을 파견했다. 그들의 요구는 간결했다. "그리스인들에게 자주권을 돌려주라"는 것이었다. 델로스 동맹이 너무 강력해 거기에 들어가 있는 나라들이 자주권을 누리지 못하고 있으니 이 문제를 해결하라는 것이었다. 쉽게 말하면, 델로스 동맹을 해체하라는 통보였다. 아테네는 민회를 열었다. 전쟁을 하자, 평화를 찾자 양쪽으로 나뉘었다. 아테네의 제1인자 페리클레스가 나섰다. 스파르타의 강경한 입장을 확인한 페리클레스는 이제 온건파 색채는 지우고 주전파로 바뀌어 있었다. 먼저 양보하기 시작하면 계속 양보를 할 수밖에 없다며 강경책을 설파했다.

> 여러분이 양보하면, 그들은 여러분이 겁이 나서 양보하는 줄 알고 당장 더 큰 요구를 해올 것입니다. 그러나 여러분이 단호하게 거절하면 그들도 여러분을 대등하게 대하는 편이 더 좋다는 사실을 분명히 알게 될 것입니다. 그러니 여러분은 지금 피해를 보기 전에 그들에게 순종하든지, 아니면 내게는 이것이 상책인 것 같습니다만, 크고 작은 문제로 양보하지 않고 우리가 가진 것을 두려움 없이 소유하기 위해 전쟁을 하든지 양자택일해야 합니다.

장중한 연설로 아테네의 제1인자에 오른 페리클레스는 자신의 연설능력을 유감없이 발휘하며 시민들을 설득했다. 스파르타는 자작농 중심국가로 개인도, 국가도 돈이 없어 장기전에 불리한 점, 해군이 약하고 해전 경험이 없는 점, 펠로폰네소스 동맹은 위기에 신속하게 대응할 만한 단일기구가 되지 못하는 점 등을 조목조목 지적해 아테네 시민들의 결전의지를 다지려 했다.

그 결과 민회는 스파르타에 양보하지 않기로 결정했다. 먼저 전쟁을 시작하지는 않겠지만, 공격당하면 대항하기로 했다. 스파르타 사절단에 결정 사항을 전했고, 그들이 돌아간 뒤 다음 사절단은 없었다. 이렇게 되자 오랫동안 플라타이아(Plataea. 델로스 동맹 회원국)를 점령하려 해왔던 테베(Thebes. 펠로폰네소스 동맹 회원국)가 BC 431년 3월 플라타이아를 공격했다. 아테네가 플라타이아 쪽에 참전하고, 스파르타는 테베 쪽에 가담하면서 아테네와 스파르타의 펠로폰네소스 전쟁은 시작되었다. 전쟁은 27년 동안이나 계속 되었다.

펠로폰네소스 전쟁(BC 431 ~ BC 404).

중견국 외교에 큰 시사점

펠로폰네소스 전쟁의 원인은 여러 가지로 생각해 볼 수 있다. 아테네와 스파르타 사이 깊은 역사를 통해 쌓인 불신과 적대감은 전쟁의 근본적 원인이 되었다. 페르시아를 상대로 싸우면서 형성된 알력도 중요 원인 가운데 하나이다. 투키디데스의 분석처럼 강해지는 아테네에 대한 스파르타의 두려움도 전쟁을 일으킨 요인이다.

여기에 위에서 살펴본 것처럼 코르키라와 코린토스 같은 중견국의 자국중심 외교도 전쟁의 주요원인이 되었다. 코르키라는 코린토스의 침략에서 스스로를 구하기 위해 아테네의 전쟁참여를 독려했다. 코린토스는 아테네와 코르키라에 대해 오랜 적대감을 갖고 있었고, 자국의 식민지 보전 등의 목적을 실현하기 위해 스파르타의 참전을 부추겼다. 이들 중견국은 당시 입지가 상당했던 만큼 나름의 외교력과 영향력을 발휘할 수 있었다. 특히 핵심국가이익이 걸려 있는 문제를 중심으로 외교를 전개한 만큼 이슈집중력이 매우 높아 당시 그리스의 강대국들을 설득할 수 있었다. 또한 이들의 외교는 강대국의 국내정치 세력 가운데 같은 주장을 가진 정파와 연계되면서 더욱 큰 효과를 발휘할 수 있었다.

미국과 중국 사이 중견국의 지위를 갖고 있는 우리 입장에서 보면 시사하는 바가 큰 사례가 아닐 수 없다. 물론 전쟁을 하라고 외교를 하면 안 될 것이고, 반대로 하면 될 것 같다. 미국과 중국 사이 충돌하는 이슈를 중심으로 우리의 창의성을 십분 발휘해 윈윈의 방향을 제시하면서 깊은 협의를 지속 전개해 나간다면 나름의 역할을 할 수 있을 것 같다. 역사 공부는 그래서 언제나 필요한 게 아닐 수 없다. 아는 만큼 보이고, 아는 만큼 새로운 아이디어도 떠오른 것 아니겠는가.

백년전쟁으로 가는 길의 영국-프랑스 외교전 . 1337

2

영국-프랑스에 적대감 심어준 백년전쟁

영국과 프랑스는 도버해협을 사이에 두고 오랜 역사를 같이 한 만큼, 서로 경쟁의식과 경계의식이 심하다. 지금도 긴 역사 속에서 생긴 갈등과 알력의 앙금이 남아 있다. 크고 작은 일로 종종 으르렁거린다. 런던에서 파리로 가는 고속열차인 유로스타가 1994년 개통했을 때 런던의 역 이름이 워털루(Waterloo)이었다. 1815년 프랑스의 나폴레옹(Napoléon Bonaparte)이 영국의 웰링턴(Arthur Wellesley Wellington)에게 패한 곳이 웰링턴(벨기에 남동쪽)인데, 그 이름을 딴 것이다. 프랑스는 그 이름을 바꿔달라고 요청했다. 하지만 영국은 거절했다. 2007년 유로스타의 런던 쪽 출발역이 세인트판크라스(Saint Pancras)역으로 변경됐는데, 역 이름이 바뀐 것은 아니었다. 세인트판크라스역이 시내 중심에 가까워 아예 출발지점을 그리로 옮긴 것이다. 워털루 역은 원래 위치에 그대로 남아서 철도와 지하철 역으로 쓰이고 있다.

프랑스 사람들이 하는 우스갯소리 가운데 영국에 관한 것이 많은데, 그 중 하나가, "파리에 오는 영국 사람들은 개선문 옆에 있는 나폴레옹의 무덤에 꼭 들른다"는 것이다. 왜? 나폴레옹이 진짜 죽었는지 확인하고 싶어서.

이렇게 여전히 아옹다옹하는 영국-프랑스 관계의 역사는 중세 시대로 거슬러 올라간다. 휴전과 전쟁의 과정이 100년 넘게 지속되는 백년전쟁(1337~1453)으로 양국 사이 심한 적대감이 똬리를 틀었다. 이후 7년전쟁(1756~1763), 나폴레옹전쟁(1803~1815) 등 크고 작은 많은 전쟁을 겪으면서 두 나라 사이는 갈등과 불화의 연속이었다. 20세기 들어 독일이라는 거대한 적을 상대로 1차 세계대전(1914~1918)과 2차 세계대전(1939~1945)을 함께 치르면서 전우가 된 이후, 이전보다 관계가 개선되긴 했다. 하지만 여전히 요즘도 때가 되면 한 번씩 이런저런 이슈로 승강이를 벌이며, 앙숙의 관계를 청산하지 못했음을 보여준다.

긴 역사 속에서 묘한 관계를 형성해온 두 나라이지만, 고대 로마시대에는 모두 켈트(Celt)족이 살던 지역이었다. 로마시대 말기인 5세기가 되면서 게르만족의 세력이 커져 프랑스 지역에는 게르만족의 일파인 프랑크족이 481년 프랑크 왕국을 세워 살게 되었다〈이후 프랑크족과 기존에 살고 있던 켈트족[프랑스어로 골(Gaule)족] 사이 동화가 진행되어 현재의 프랑스인이 된다〉. 843년 프랑크 왕국은 서프랑크와 동프랑크, 중프랑크로 분열되는데, 서프랑크가 프랑스 지역, 동프랑크는 독일, 중프랑크는 이탈리아 지역이다. 서프랑크에는 카페(Capet)왕조가 들어서 통치를 맡게 된다. 프랑스 왕국이 시작되는 것이다. 9세기 말에는 북유럽의 게르만족 일파인 노르만족(바이킹)이 남쪽으로 내려오기 시작해 912년에는 프랑스 서쪽지방을 차지해 노르망디 공국을 세웠다.

5세기 게르만족의 대이동 시기에 영국 지역에는 게르만족의 일파인 앵글족과 색슨족이 들어가 잉글랜드에 자리를 잡았고, 켈트족은 웨일스와 스코틀랜드 지역으로 밀려나게 되었다. 앵글로색슨족은 660년경 웨식시, 에식스, 노섬브리아, 켄트 등 7개 왕국을 건설했다. 8세기 후반 덴마크계 게르만족인 데인족(Danes. 이들도 바이킹이다)의 침략을 물리치는 과정에서 웨식스의 알프레드 대왕(Alfred the Great. 849~899)이 여러 왕국을 통합해 잉글랜드 왕국을 건설했다.

프랑스와 잉글랜드는 그렇게 스스로의 왕국을 세워 별다른 다툼 없이 지냈다. 양국이 깊이 얽히게 되는 것은 다름 아닌 노르망디 공국 때문이었다. 1035년 기욤 2세(Guillaume II)가 노르망디 공국의 공작이 되었다. 그는 180cm 정도의 장신에 어깨가 넓고 목소리가 걸걸한 무인형이었다. 아버지 로베르 1세(Robert I)의 서자로 원래는 노르망디 공국의 최고지도자가 될 수 없었지만, 로베르 1세에게 다른 아들이 없어서 후계자가 되었다. 집권 후 부국강병에 나서 프랑스나 잉글랜드에 맞먹을 정도로 성장시켰다. 1066년 잉글랜드 정복에 나서 헤이스팅즈(잉글랜드의 남동쪽) 전투에서 잉글랜드 왕 해럴드 2세(Harold II. 1022?~1066)를 전사시키고 잉글랜드의 왕이 되었다. 그가 잉글랜드 노르만왕조의 시조 윌리엄 1세(William I. 1028~1087)이다. 이렇게 연결된 잉글랜드와 프랑스는 프랑스 지역의 땅에 대한 권한, 프랑스 왕위 계승권 등을 두고 다투게 되고 전쟁까지 하게 된다. 그게 백년전쟁이다.

백년전쟁은 프랑스의 승리로 15세기 중반 끝났다. 이긴 쪽은 프랑스였다. 전쟁의 영향은 양쪽에 모두 컸다. 외부의 적을 상대해야 하는 상황의 연속은 왕권을 강화시켜 주었다. 프랑스에서는 국왕이 세금을 걷고 상비군을 강화하면서, 왕권은 커지고 봉건귀족의 세력은 약해졌다. 잉글랜드에서도 백년전쟁 과정에서 왕권은 강화되고 귀족은 약화되었는데, 이후 발발한 장미전쟁(랭카스터 가문과 요크 가문 사이의 전쟁. 1455~1485)을 겪으면서, 귀족은 더 줄고, 토지소유 중산층인 젠트리(jentry)와 자영농민인 요먼(yeoman), 그리고 상인 등 새로운 계급이 성장하게 된다.

백년전쟁은 이전엔 희미했던 민족의식도 성장시켰다. 특히 프랑스는 잔다르크의 분투를 통해 '프랑스인'으로서의 정체성을 형성할 수 있었고, 잉글랜드는 프랑스 지역의 영토를 빼앗기고 브리튼 섬으로 영역이 줄면서, 대륙과 구분되는 섬나라로서의 정체성을 확보하게 되었다. 적대감도 양측에 공히 커졌다. 프랑스는 승전하긴 했지만, 오랫동안 전쟁터가 되어야 했고, 잉글랜드군에 약탈을 당해야 했으며, 막대한 전쟁비용 부담으로 잉글랜드에 대한 반감이 커졌다. 잉글랜드의 입장에서도 전쟁에 지고, 많은 영토를 잃은 만큼 프랑스에 대한 적대감은 심화될 수밖에 없었다.

가스코뉴 몰수 선언으로 전쟁 시작

그렇다면 그렇게 양국에 적대감을 심어준 백년전쟁은 어디서부터 시작된 것인가? 물론 윌리엄 1세가 잉글랜드를 침략하면서 분쟁의 씨는 뿌려졌다고 보아야 하겠지만, 가까운 원인은 어디에 있었는가? 우선 전쟁이 일어나는 과정을 개괄해보자.

백년전쟁 시작 당시의 잉글랜드 국왕 에드워드 3세(Edward III. 1312~1377)는 애초 욕심이 많은 사람이었다. 그의 아버지 에드워드 2세(Edward II. 1284~1327)는 무능했다. 정치에 무관심했고, 프랑스 가

스코뉴(Gascogne) 출신의 천박한 인물에게 정치를 맡기고 음유시인들과 한가하게 세월을 즐기는 데 빠져 있었다. 동성연애자이었다는 얘기도 있다. 스코틀랜드와의 전쟁에서 패하고 왕비 이사벨라(Isabella)의 반란으로 폐위되었다가 살해되었다. 그 바람에 1327년 14세의 어린 나이에 왕이 된 에드워드 3세는 성년이 되자마자 어머니 이사벨라의 섭정을 중단시키고 직접통치에 나섰다. 이사벨라의 정부(情夫) 로저 모티머(Roger Motimer)는 처형해버렸다.

에드워드 3세는 곧 궁정의 기강을 세우고, 왕권 강화에 나섰다. 그리고는 1333년 스코틀랜드를 침략했다. 스코틀랜드의 왕 데이비드 2세는 프랑스로 망명했다. 잉글랜드는 프랑스에게 데이비드 2세 송환을 요구했지만, 프랑스는 거절했다. 프랑스의 거부에 화가 난 에드워드 3세는 반란을 일으킨 필리프 6세(Philippe VI. 1293~1350)의 이복동생 로베르 3세(Robert III)의 망명을 받아줬다. 잉글랜드와 프랑스의 긴장은 무르익을 대로 무르익었다.

1336년 8월 필리프 6세는 동맹인 스코틀랜드의 해방을 돕겠다며 프랑스 군함을 잉글랜드 동남쪽과 남쪽 해안으로 보내 서퍽(Sufforlk) 지역과 와이트(Wight) 섬을 습격한다. 프랑스는 스코틀랜드와 오래전부터 동맹을 맺고 있었고, 1326년에는 이를 갱신해 놓고 있었다. 잉글랜드 왕의 영지로 남아 있던 가스코뉴(Gascogne)에도 새로운 지방관을 파견해 통제를 강화한다. 이에 에드워드 3세는 1337년 2월 가스코뉴 방어를 위한 함대를 조직해 전쟁준비를 구체화한다. 3개월 후인 1337년 5월 프랑스 국왕 필리프 6세는 가스코뉴를 포함한 아키텐(Aquitaine) 지역 몰수를 선언한다. 백년전쟁이 시작된 것이다. 7월에는 프랑스군이 가스코뉴를 침공해 도시를 불태운다. 이에 에드

프랑스 남서부 가스코뉴 지방. 이곳을 두고 경쟁하면서 영국과 프랑스가 백년전쟁에 돌입했다.

워드 3세는 프랑스 북부로 군을 이끌고 들어가지만, 전쟁자금을 마련하는 데 시간이 걸려 전면적인 공격은 지연된다.

전쟁자금을 마련하면서 에드워드 3세는 프랑스 북부 플랑드르 지역에 대한 양모 수출을 중단하는 조치를 내린다. 플랑드르에 경제적 타격을 주기 위해서였다. 그러자 플랑드르 시민들이 시위에 나서 친(親) 프랑스 지도자를 몰아내고 에드워드 3세에 충성을 맹세한다. 이에 부응해 1340년 에드워드 3세는 '프랑스 국왕'임을 선언하게 되고, 양국은 1340년 6월 슬로이스(Sluys. 지금의 네덜란드 남서부 질란트 지역) 해전을 시작으로 전면전에 돌입한다. 그렇게 백년전쟁은 1337년 프랑스의 가스코뉴 몰수 선언으로 시작되어, 1340년 슬로이스 해전으로 본격화된다.

프랑스, 스코틀랜드를 동맹으로

개괄적으로 보았으니 이제 전쟁으로 가는 과정을 좀 깊이 보자. 프랑스도 잉글랜드도 전쟁을 시작하기 전에는 외교를 화려하게 했다. 그 화려한 외교는 전쟁을 피하는 데 진력하는 것이 아니었다. 전쟁으로 가는 외교였다. 조금이라도 뭘 더 차지하려는 외교, 전쟁이 일어나면 상대를 더 효과적으로 혼내주기 위한 외교였다.

적의 적은 친구라고 했던가? 프랑스와 잉글랜드가 맞서기 시작하면서 프랑스는 스코틀랜드와 친해진다. 스코틀랜드는 잉글랜드의 적이었다. 잉글랜드의 적 스코클랜드는 프랑스의 친구가 된다. 1272년 잉글랜드 왕이 된 에드워드 1세(Edward I. 1239~1307)는 브리튼 섬 통일의 꿈을 가지고 있었다. 1282년 웨일스에서 영주들 사이 내전이 발생하자 이를 진압해 웨일스를 병합했다. 스코틀랜드의 왕 존 발리올(John Balliol. 1249?~1314)로부터는 충성서약을 받고 복종을 강요했다. 이에 반발한 발리올은 외부의 도움을 필요로 했다.

이즈음 프랑스도 잉글랜드와 가스코뉴를 두고 분쟁을 벌이고 있었다. 프랑스 남서부의 가스코뉴는 잉글랜드 영토였다. 프랑스의 거부 푸아티에 가문의 딸 엘레오노르(Eleonore)가 잉글랜드 왕 헨리 2세(Henry II. 1133~1189)와 결혼하면서 이 땅이 잉글랜드 왕실의 것이 된 것이다. 하지만 프랑스 지역에 있는 이 땅을 프랑스 왕실은 프랑스 것으로 돌려놓고 싶어 했다. 더욱이 엘레오노르는 프랑스 왕 루이 7세(Louis VII)의 왕비이었다. 루이 7세의 왕비일 당시에는 이 땅도 프랑스 왕실의 것이었다. 그런데 그녀가 루이 7세와 이혼하고 헨리 2세와 결혼하면서 이 땅을 영국으로 가져간 것이다. 게다가 가스코뉴 지방은 양질의 포도를 생산하는 보르도를 포함하고 있었다. 영국은 놓칠 수 없고, 프랑스는 반드시 수복해야 하는 땅으로 여기고 있었다. 그러니 싸움이 될 수밖에 없었다.

1293년 프랑스의 필리프 4세(Philippe IV. 1268~1314)는 이 땅에 대해 몰수를 선포했다. 프랑스와 스코틀랜드가 손잡을 이유는 그것으로 충분했다. 적(잉글랜드)을 공유하는 나라들(프랑스와 스코틀랜드)은 동맹을 맺기 십상인 것이다. 그래서 두 나라 사이의 교섭이 시작됐다. 프랑스는 스코틀랜드 왕 존 발이올이 보낸 외교사절을 맞아 협상을 벌였다. 양측이 모두 외부세력의 도움이 필요한 상황이었던 만큼 이견은 별로 없었다. 프랑스 입장에서는 잉글랜드가 프랑스를 공격할 때 스코틀랜드가 북쪽에서 잉글랜드를 공격해 주면 더할 나위 없이 좋은 일이었다. 그래야 잉글랜드가 가스코뉴에 군대를 함부로 파견할 수 없기 때문이었다. 스코틀랜드 입장에서는 유럽의 변방 중에서도 변방에 불과한 나라가 유럽의 중심국가 프랑스와 동맹을 맺음으로써 유럽의 한 복판으로 나올 수 있는 기회가 되는 것이니 좋은 일이 아닐 수 없었다. 결국 1295년 10월 협상을 마무리 하고 동맹조약을 맺었다. 두 나라 중 하나가 잉글랜드의 공격을 받으면, 다른 하나가 잉글랜드를 공격한다는 내용이었다(그런 동맹에도 불구하고, 에드워드 1세의 스코틀랜드에 대한 공세는 계속되었다. 1296년에는 대규모 공격으로 스코틀랜드를 점령했다. 하지만 이후 스코틀랜드의 저항은 계속되었다. 1307년 에드워드 1세가 사망하면서 스코틀랜드 병합 시도는 실패했다. 이후에도 잉글랜드와 스코틀랜드의 분쟁은 단속적으로 지속되었다).

프랑스-스코틀랜드 동맹조약은 30년 지속되었다. 조약이 만료되는 1325년 양측은 동맹을 두고 다시 논의에 들어갔다. 스코틀랜드 독립전쟁의 영웅 토마스 랜돌프(Thomas Randolph)가 외교사절단을 이끌고 프랑스를 방문했다. 프랑스의 찰스 4세는 그와 마주앉아 조약의 필요성에 대해 공동의 인식을 새삼 확인했다. 1326년 연장된 동맹조약이 서명되었다. 두 나라 중 하나가 영국의 공격을 받게 되면, 다른 하나가 잉글랜드에 대해 선전포고를 하는 것을 의무화하는 내용이었다.

프랑스는 이렇게 영국 바로 북쪽의 스코틀랜드를 동맹국으로 자기 쪽에 묶어 놓고, 잉글랜드와의 전쟁을 준비하고 있었다. 1333년 스코틀랜드의 왕이 잉글랜드의 공격에 쫓겨 프랑스로 도망치자, 동맹조약에 따라 프랑스는 스코틀랜들 돕지 않을 수 없었다. 프랑스-스코틀랜드 동맹외교는 그렇게 프랑스-잉글랜드의 전쟁으로 이어지고 있었다.

잉글랜드, 경세외교로 플랑드르와 동맹

잉글랜드의 적극적인 경제외교도 분쟁으로 가는 길을 닦아 주었다. 지금 벨기에 서쪽 지역인 플랑드르(Flanders)는 14세기 당시에는 프랑스 영토였다. 이 지역은 북해에 연해 있으면서 지중해와 라인지방으로 연결되는 교통이 발달해 있어 10세기경부터 유럽 상공업의 중심지대가 되었다. 겐트(Ghent), 브뤼헤(Bruges), 이프르(Ypres) 등이 이 지역의 중심도시들이었다. 특히 이 지역에서는 양모를 원료로 하는 모직공업이 발달했다. 13세기쯤에는 유럽 최대의 모직공업지대로 성장했다. 그 지역에서 생산되는 양모로는 모자라 잉글랜드에서 양모를 대량으로 수입했다. 잉글랜드는 목초지대가 많아 양을 많이 키우고 있었다. 당시 서식스 지역에만도 11만 마리 정도의 양이 길러지고 있었고, 수도원들도 양을 많이 기르고 있었다.

플랑드르는 양모를 받는 대가로는 잉글랜드에 주로 와인을 줬다. 당시 잉글랜드 사람들은 맥주보다는 와인을 좋아했다. 하지만 땅이 척박해 포도가 잘 자라지 않아 와인을 생산할 수 없었다. 플랑드르는 양모로 짠 옷감을 프랑스 남부지역에 팔고 그쪽에서 나는 와인을 사왔다. 그걸 영국에 주고 양모를 받은 것이다. 이렇게 플랑드르와 잉글랜드는 깊은 상호의존 관계를 형성하고 있었다. 영토적으로는 프랑스 땅인 플랑드르가 경제적으로는 잉글랜드의 영향력 아래에 있었던 것이다.

잉글랜드의 경제적 힘은 정치에까지 미쳐 플랑드르를 다스리는 플랑드르 백작은 전통적으로 친(親) 잉글랜드 성향이었다. 그런데 1336년 플랑드르 백작 루이 1세(Louis I)는 프랑스의 필리프 6세(Philippe VI, 1293~1350)를 지지하고 나섰다. 이전의 플랑드르 백작들과는 완전히 다른 모습이었다. 이에 잉글랜드의 에드워드 3세는 플랑드르로 가는 양모 수출 길을 막아버렸다. 그에 따라 플랑드르는 심한 경제적 타격을 입게 되었다. 시민들의 불만은 높아졌고, 플랑드르 지역 도시들로 구성된 도시연맹은 1339년 루이 1세를 프랑스로 축출해 버렸다. 상공업이 발달하고 도시가 발달함에 따라 12세기경부터는 도시들의 연합체이 도시연맹의 정치적 기능과 역량도 크게 성장해 있었다. 플랑드르를 장악한 도시연맹은 1340년 잉글랜드와 동맹을 맺고, 에드워드 3세를 프랑스의 왕으로 인정했다.

이렇게 잉글랜드가 플랑드르와 동맹을 구축하자 프랑스는 이베리아 반도의 카스티야 왕국, 제네바 백작령 등과의 연대를 강화하면서 주변의 지원세력을 늘려 나갔다. 이렇게 잉글랜드와 프랑스가 서로 동맹을 확대하면서 전쟁을 대비하고 있었고, 전쟁이 시작된 이후에도 이런 작업은 계속되었다.

에드워드 3세의 프랑스 왕위 계승 외교

권력과 부, 어떤 것이 우선일까? 누구나 돈 얘기를 하고, 돈 때문에 싸움도 나고, 살인까지도 일어나니 돈이 우선일 것 같다. 그런가 하면 권력을 가지면 부가 따라 올 수도 있으니 권력을 최우선으로 칠 수도 있을 것 같다. 더욱이 중세 유럽에서 왕은 큰 영지를 가지고 있었다. 왕가에서 전통으로 상속해온 토지가 있었던 것이다. 그러니 왕좌를 차지하면 부를 가지게 되어 있었다.

에드워드 3세는 잉글랜드의 왕이면서 프랑스의 왕이 되려 했다. 권력과 부를 두 배로 가지려 한 것이다. 1327년 프랑스의 왕 샤를 4세(Charles IV. 1294~1328)가 사망하면서 기회가 찾아왔다. 샤를 4세는 후계자가 없었다. 그가 숨지기 전 왕비가 임신을 하고 있었는데, 샤를 4세는 뱃속의 아기가 남자이거든 그에게 왕좌를 잇게 하고, 딸이거든 귀족회의에서 후계자를 정하도록 하라고 유언을 했다. 그런데 샤를 4세 사후 왕비가 출산한 아이는 딸이었다. 귀족회의로 공이 넘어가게 되었다.

이에 에드워드 3세는 자신에게 왕위 계승권이 있다고 주장하고 나섰다. '내가 선왕과 제일 가까운 친척이다'는 주장을 한 것이다. 에드워드의 모친 이사벨라는 샤를 4세의 여동생이었다. 그러니까 에드워드 3세는 샤를 4세의 조카(3촌)이었다. 에스워드 3세는 가스코뉴 지역에 영지를 가지고 있는 프랑스 영주이었기 때문에 영주로서 프랑스 왕에게 충성선서도 해야 했는데, 이것도 싫었다. 그래서 아예 프랑스 국왕 자리를 차지하려 한 것이다.

이렇게 되자 프랑스의 귀족들이 회의를 열었다. 누구를 후계자로 해야할지 난상토론이 벌어졌다. 오랜 논의 끝에 선왕의 6촌형이 왕으로 결정되었다. 선왕 샤를 4세의 할아버지 필리프 3세(Philippe III. 1245~1285)의 4남 샤를 드 발루아(Charles de Valois)의 아들이었다. 그가 새로운 프랑스 왕 필리프 6세가 된 것이다. 프랑크 왕국의 왕 클로비스 1세(Clovis I. 466~511)가 게르만족의 관습법을 성문화시킨 살리카법[프랑크족 중 주종족인 살리(Salic)족의 법]은 모계 승계나 여성의 왕위 승계는 금지하고 있었다. 귀족회의의 결정은 이 살리카법에 따른 것이었다. 프랑스의 귀족들은 또한 잉글랜드 국왕으로부터 통치를 받고 싶어 하지 않았다. 더욱이 이들은 에드워드 3세의 모친 이사벨라와 그의 정부 모티머를 싫어했다. 그들이 에드워드 2세를 살해했다고 믿고 있었다. 그러니 에드워드 3세에게 프랑스 왕위를 넘겨주는 결정을 할 리 없었다.

에드워드 3세의 왕위 계승권 주장은 가스코뉴 지역의 땅을 온전히 확보하려는 경제적 욕구, 그리고 프랑스 왕좌에 대한 정치적 욕심이 모두 작용한 것이었다. 그런데 그것이 프랑스에 의해 여지없이 거부되었다. 나아가 필리프 6세는 에드워드 3세의 프랑스에 대한 연고를 잘라내기 위해 1337년 가스코뉴에 대한 몰수를 선언하게 된다. 이렇게 14세기 전반 잉글랜드와 프랑스는 외교적으로, 경제적으로,

또 정치적으로 서로 알력이 심화하면서 긴 전쟁의 터널로 서서히 밀려들어가게 된다. 이후 100년 동안 전쟁은 계속되었고, 그 오랜 전쟁은 지금의 영국-프랑스 관계에도 긴 그림자를 드리우고 있다.

프로이센-프랑스 전쟁을 유발한 전보 외교 . 1870

3

철저한 독일민족주의자 비스마르크

독일과 프랑스는 오래 전부터 견원지간(犬猿之間)이다. 하긴 이웃하고 있는 나라들은 대부분 사이가 좋지 않다. 오랜 역사를 겪으면서 갈등하고 싸우는 경우가 많기 때문이다. 우리와 일본이 그렇고, 영국과 프랑스, 영국과 아일랜드, 독일과 폴란드 등도 이웃이지만 사이가 안 좋다. 미국과 캐나다는 이웃이면서 예외적으로 원만한 관계를 유지하고 있는데, 민족적으로 종교적으로 문화적으로 동질적이고, 언어도 같은 것을 쓰는 등 공유하는 것이 워낙 많아서, 다른 이웃 국가들과는 구분되는 모습을 보이고 있다.

어쨌든 독일과 프랑스도 원수 같은 이웃 관계를 오랫동안 유지하고 있는데, 기원은 나폴레옹 시대까지 거슬러 올라간다. 나폴레옹이 유럽지배의 야망을 품고 한창 기세를 부리던 1806년 신성로마제국(서기 962년에 세워진 다민족 영토복합체. 독일 왕국을 중심으로 하면서 이탈리아 왕국, 보헤미아 왕국 등을 포함하고 있었다)을 붕괴시키고, 라인강 서쪽 지역을 점령해버렸다. 이때부터 독일은 프랑스에 반감을 갖게 되었다. 이를 더욱 악화시킨 역사적 사건이 바로 프로이센-프랑스 전쟁(보불

전쟁. 1870~1871)이다.

19세기 후반 독일 지역은 30여 개의 크고 작은 나라로 분열되어 있었다. 그 중 프로이센과 오스트리아가 중심역할을 하고 있었다. 철저한 독일민족주의자 오토 폰 비스마르크(Otto von Bismarck, 1815~1898)는 독일지역이 하나의 나라로 통일되어야 독일민족이 융성할 수 있다고 생각했다. 그런 그가 프로이센의 재상에 오른 것은 1862년. 외무상 겸 재상이었다. 국방상 알브레히트 폰 론(Albrecht von Roon)이 당시 프로이센의 왕 빌헬름 1세(Wihelm I)에게 비스마르크를 추천했다. 군인집안 출신인 론은 군제개혁과 국방력 강화를 위해서는 강한 추진력을 갖춘 인물이 재상이 되어야 한다는 생각으로 그를 천거했다. 빌헬름 1세도 보수적인 군국주의자로 국방력 강화를 추진해야 한다고 생각하고 있었다. 그러려면 의회를 설득하고, 때론 의회와의 대결국면을 타개해 나갈 수 있는 인물을 필요로 하고 있었다. 프로이센 의회 의원을 거쳐 독일연방의회(프랑크푸르트 소재) 파견 대사, 러시아와 프랑스 주재 대사를 거치면서 풍부한 경험을 쌓은 비스마르크가 론과 빌헬름 1세의 눈에 띈 것이다. 재상이 된 비스마르크는 국방을 강화하는 조치들을 차근차근 실행했다. 그러면서 독일통일을 준비해나갔다.

덴마크와 전쟁으로 북쪽 영토 확장

우선 북쪽 지역을 정리할 필요가 있었다. 1863년 3월 덴마크가 슐레스비히 공국 합병을 선언해 프로이센이 나서지 않을 수 없게 되었다. 프로이센과 덴마크 사이 두 개의 공국이 있었는데, 프로이센 쪽이 홀슈타인(Holstein), 덴마크 쪽이 슐레스비히(Schleswig)이었다. 덴마크가 오래 전부터 호시탐탐 노리고 있었다. 1848년에도 이 지역을 두고 덴마크와 프로이센이 전쟁을 했었는데, 영국과 프랑스, 러시아가 개입해 휴전이 이뤄졌었다. 이후 두 공국은 독립적인 지위가 주어졌는데, 1863년 3월 덴마크가 합병을 선언하면서 다시 전쟁이 일어나게 된 것이다. 1864년 1월 프로이센은 오스트리아와 연합군을 형성해 슐레스비히에 진주했다. 파죽지세의 프로이센·오스트리아 연합군은 4월에는 덴마크 본토 바로 앞까지 진격했다.

이때 영국이 나섰다. 영국은 유럽대륙의 일에 늘 촉각을 곤두세우고 있었다. 유럽대륙에서 한 나라가 지나치게 강해져서도 안 되고, 영국의 유럽대륙을 향한 나름의 전략에 방해요소가 생기는 것도 안 된다는 생각 때문이었다. 덴마크가 위기에 처하자 영국은 이것도 자기문제로 인식했다. 프로이센이 덴마크를 점령해 발트해의 입구를 차단한다면 영국의 발트해 항해권은 결정적으로 침해를 받을 수밖에 없었다. 그래서 영국은 덴마크와 친선관계를 유지해오고 있었다. 누란지위(累卵之危)에 처한 덴마크를 건져내는 것은 영국의 국익과 직결된 문제가 아닐 수 없었다. 하지만 전쟁은 땅 위에서 진행되고 있었고, 영국은 육군이 약했다. 육군이 강한 나라에 참전 외교를 해야 했다.

러시아와 교섭에 나섰다. 그런데 비스마르크가 누구인가. 비밀외교의 달인 아닌가. 이미 러시아에 손을 써놓고 있었다. 1863년 1월 폴란드에서 자유주의 봉기가 일어났다. 당시 폴란드는 러시아, 프로이센, 오스트리아가 3분하고 있었다. 봉기가 일어난 건 러시아 점령지였다. 비스마르크는 러시아가 봉기를 진압하는 것을 도왔다. 자유주의자들을 잡기 위해 러시아가 프로이센 지역으로 들어오는 것을 허용해주고, 폴란드인들과 관련한 정보도 서로 교환했다. 그 바람에 비스마르크는 러시아의 앞잡이라는 소리도 들었다. 그럼에도 러시아와 이해를 같이 했다. 프로이센의 폴란드 지배를 안정화하기 위해서는 러시아의 폴란드 지배도 도와야 한다는 생각에서였다. 이렇게 러시아에 대한 정지작업을 충분히 해놓았으니 영국의 손짓에 러시아가 움직일 리 없었다.

러시아가 말을 들어주지 않자 영국은 프랑스로 향했다. 당시 프랑스의 황제는 나폴레옹 3세(Napoleon III. 나폴레옹 1세의 조카. 1808~1873)이었다. 1948년 2월 혁명으로 제2공화국이 출범하면서 대통령에 취임한 샤를 루이 나폴레옹 보나파르트(Charles Louis Napoleon Bonaparte)가 1851년 12월 궁정쿠데타를 일으켜 공화정을 폐지하고, 1852년 12월 제2제국을 선포하면서 나폴레옹 3세로 황제에 즉위해 프랑스를 통치하고 있었다. 영국이 도와달라고 요청하자 나폴레옹 3세는 그 대가로 영토를 요구했다. 자르(Saar) 지방을 달라는 것이었다. 프랑스는 이 땅을 1815년 11월 제2차 파리평화조약으로 잃었다. 나폴레옹 1세가 1812년 러시아를 공격했다가 실패한 뒤 러시아와 프로이센, 오스트리아의 연합군에게 패해 엘바 섬으로 유배된 것이 1814년 3월. 그로부터 1년 후인 1815년 2월 나폴레옹 1세는 엘바 섬을 탈출해 다시 연합군와 전쟁에 나섰다. 6월 벨기에 남동쪽 워털루에서 최후의 전투가 벌어졌다. 초반엔 나폴레옹이 우세했다. 하지만 영국군과 프로이센군이 합세해 공격하면서 전세는 역전됐다. 나폴레옹은 4만 명의 병사를 잃고 항복할 수밖에 없었다. 그렇게 패배한 프랑스에게 제2차 파리평화조약이라는 중벌이 가해졌다. 네덜란드·스위스와의 접경지대 일부, 자르(Sasr) 지역을 내놓아야 했다. 배상금 7억 프랑도 부과되었다. 동북부 국경지대에 있는 18개 요새도 연합군에 점령당했다. 배상금 지불을 강제하기 위한 '보장점령'이라는 것이었다. 자르 지역은 프로이센의 차지가 되었는데, 석탄이 풍부해 산업혁명 이후에는 더욱 중요한 지역이 되어 있었다. 나폴레옹 3세는, 그런 중요한 지역을 프로이센이 가져갔으니 돌려받을 수 있도록 영국이 나서달라는 것이었다. 영국은 이성적이었다. 그렇게까지 약속할 수는 없었다.

게다가 비스마르크는 나폴레옹 3세와 가까운 사이였다. 1860년 5월부터 2년 동안 프랑스 대사를 하는 동안 나폴레옹 3세와 가깝게 지냈다. 나폴레옹 3세도 경제적·군사적으로 급속하게 성장하는 프로이센의 동태를 살피기 위해 비스마르크와 회동하기를 원했고, 그러다보니 꽤 가깝게 되었다. 학창시절 공부를 열심히 하는 편이 아니었던 비스마르크는 그래도 프랑스어와 영어, 라틴어 등 언어과목은 좋아했는데, 그 때 공부한 프랑스어가 큰 도움이 되었다. 친숙한 사이가 되자 어느 날 나폴레옹 3세가 혼자서 파리 생활을 하고 있는 비스마르크에게 한 여성을 소개해주겠다는 얘기까지 했다. "이미 결혼했다"며 비스마르크가 정정하게 사양하자 "아내와 함께 있는 게 아니지 않소"하며 거듭 권했다. 재차 비스마르크가 고사하는 선에서 끝났지만, 둘 사이가 상당히 가까웠음을 보여주는 일화가 아닐 수 없다. 이런 사정까지 있어서, 영국의 영토보장도 없는 도움 요청에 나폴레옹 3세가 움직일 리 없었다.

결국 영국은 전쟁 당사국인 프로이센과 덴마크 사이를 직접 중재하기로 했다. 런던으로 초대해 협상을 열었다. 프로이센은 두 공국을 분리해 독립하도록 하자고 했다. 북쪽 슐레스비히는 덴마크인들이 많이 살고 있으니 친덴마크 공국으로 독립시키고, 남쪽 홀슈타인은 독일인들이 많이 거주하고 있으니 친프로이센 공국으로 독립하도록 하자는 얘기였다. 말은 그럴듯한데, 그렇게 하면 홀슈타인이 훨씬 커 프로이센이 아주 유리해지는 것이었다. 덴마크가 찬성할 리 없었다. 두 달의 협상은 결실 없이 끝났다. 전쟁밖엔 다른 길이 없었다. 두 나라 사이 전투는 다시 시작됐고, 1864년 10월 전쟁의 끝은 프로이센·오스트리아 연합군의 손쉬운 승리였다. 슐레스비히와 홀스타인은 독일연방에 편입되었다.

도둑질이 끝나면 장물을 나누고, 전쟁이 끝나면 전리품을 분배하는 과정이 있게 마련이다. 그런데 이기적 동물 인간, 그리고 인간만큼 이기적인 국가에게 그 분배라는 게 보통 어려운 것이 아니다. 좀 더 차지하려 하다가 살인도 하고 전쟁도 한다. 도둑질, 전쟁을 아예 아니 하느니만 못한 경우가 허다하다. 그걸 알면서도 함께 이런 일을 도모하는 것이 인간세계이고, 국제관계이다. 역사가 흘러도 과거에서 배우는 바가 없으니, 인간이건 국가건 모자라고 한계가 분명한 것은 마찬가지가 아닐 수 없다.

아무튼 전쟁에 이긴 프로이센과 오스트리아도 두 공국을 나누는 문제로 10개월 동안 다투었다. 1865년 8월 어렵게 협상을 타결해 '가슈타인 협정'(Gastein Convention)을 체결했다. 프로이센은 슐레스비히를, 오스트리아는 홀슈타인을 관리하기로 했다. 홀슈타인 남쪽에 있는 소공국 라우엔부르크(Lauenburg)도 프로이센이 차지하기로 했다. 많은 땅을 차지하고, 홀슈타인은 프로이센 영토로 포위할 수 있게 되었으니 비스마르크 외교의 승리가 아닐 수 없었다. 동시에 홀슈타인은 프로이센 영토 내 오스트리아의 섬이 되면서 분쟁의 씨앗으로 남게 되었다.

나폴레옹 3세 설득해 프랑스 중립화

북쪽으로 영토를 넓힌 비스마르크는 이제 남쪽으로 눈을 돌렸다. 목표는 오스트리아였다. 오스트리아는 프로이센과 함께 독일연방의 중심국가로 프로이센과는 오랜 라이벌이었다. 독일연방은 1806년 신성로마제국이 해체된 이후 빈 회의를 통해 1815년 세워진 연방국가로, 프로이센, 오스트리아, 바이에른, 작센 등 크고 작은 38개 나라로 구성되어 있었다. 비스마르크 입장에서는 오스트리아를 넘어서야 독일의 통일을 이룰 수 있었다. 덴마크 전쟁 후 영토분쟁이 프로이센과 오스트리아 사이 만들어 놓은 골은 깊었다. 오랜 라이벌 관계에 영토분쟁이 개입하면서 갈등이 더 구조화된 것이다. 가슈타인 협정을 맺을 때부터 비스마르크는 전쟁을 생각하고 있었다. 홀슈타인 시민들은 분리·독립을 원하고 있었는데, 프로이센은 이를 저지하려 하고, 오스트리아는 방관했다. 오스트리아 입장에서는 프로이센 속에 들어가 있는 홀슈타인을 관리하기 어려웠고, 그래서 차라리 독립하는 게 낫다고 보고 있었다. 이런 상황을 지켜보면서 비스마르크는 전쟁 계획을 소리 없이 진행해 나갔다.

전쟁을 하면서 외교를 하고, 외교를 하면서 전쟁을 하는 것이 비스마르크 스타일이었다. 오스트리아와 전쟁을 위한 외교는 프랑스 중립화가 핵심이었다. 프랑스가 오스트리아를 편들면 승전 가능성은 그만큼 낮아지는 것이었다. 1865년 10월 비스마르크는 나폴레옹 3세를 직접 찾아갔다. 나폴레옹 3세는 프랑스-스페인 국경 부근 비스케이만(Bay of Biscay)의 작은 도시 비아리츠(Biarritz)에서 휴양을 하고 있었는데, 거기까지 내려간 것이다. 프랑스-오스트리아 전쟁이 시작되는 경우 중립을 지켜줄 것을 요청했다. 나폴레옹 3세는 그렇게 하겠다고 약속해줬다. 과거 프랑스 궁정에서 친근하게 대화를 나누던 인연이 도움이 되었을 것이다. 대신 비스마르크는 프랑스가 벨기에와 룩셈부르크 지역으로 영토를 확장하는 것을 반대하지 않겠다고 했다. 명시적인 중립보장을 받고, 애매한 '불반대'를 반대급부로 준 것이니 비스마르크가 다시 한 번 수완을 발휘한 것이 아닐 수 없다.

프랑스를 정리했으니 이제 오스트리아 남쪽에 있는 이탈리아 차례. 전쟁을 시작해도 프로이센이 단독으로 오스트리아를 상대하는 것보다는 북쪽에서는 프로이센이, 남쪽에서는 이탈리아가 오스트리아를 동시에 공격하면 훨씬 쉬울 수 있었다. 이런 구상은 프로이센의 육군참모총장 헬무트 폰 몰트케(Helmut von Moltke)로부터 나왔다. 몰트케는 여전히 만만치 않은 오스트리아군을 격파하기 위해서는 오스트리아군을 남북으로 양분시켜 공격해야 한다면서 이탈리아와 군사동맹을 주장했다. 이를 비스마르크가 수용해 1866년 4월 프로이센-이탈리아 동맹조약을 체결했다. 전쟁이 일어나면 이탈리아가 프로이센을 돕고, 대신 이탈리아는 베네치아(Venezia)를 차지한다는 것이 핵심이었다. 베네치아는 5세기경 훈족과 고트족에 쫓겨 간 로마인들이 건설한 도시로, 중세시대에 해상무역과 금융업으로 크게 성장해 이탈리아반도 북동부의 요충지가 되었다. 1815년 빈 의정서에 따라 오스트리아가 지배하고 있었는데, 이탈리아는 전통의 도시 베네치아를 회복하고 싶어 했다.

이탈리아와 함께 오스트리아 공격

이탈리아와 동맹을 맺은 직후 프로이센은 오스트리아에 대한 본격 압박에 나섰다. 독일연방을 개편하자는 안을 연방의회에 제출했는데, 북부는 프로이센이, 남부지역은 바이에른이 주도해 각각 연방을 구성하자는 내용이었다. 오스트리아를 제외하는 것이었으니 심한 도발이 아닐 수 없었다. 홀스타인은 의회를 소집해 이에 대한 대응책을 논의했는데, 이를 보고 비스마르크는 홀스타인에 군대를 진주시켰다. 오스트리아도 가만있을 수는 없었다. 연방의회에 프로이센 제재안을 발의해 통과시켰다. 프로이센 대표는 바로 퇴장했다. 프로이센이 하노버와 작센, 헤세 등을 공격하면서 전쟁은 시작되었다. 1866년 6월 15일이다. 이탈리아도 곧 선전포고를 하고 남쪽에서 공격을 개시했지만, 강군이 아니어서 큰 도움이 되지는 못했다.

전쟁은 몰트케의 시간이었다. 그동안 준비해온 것을 보여줬다. 체계적으로 조직된 참모본부는 신속하게 정보를 모으고, 그에 따라 필요한 곳에 빠르게 군대를 이동시켜 효과적으로 전쟁을 수행해 나갔다. 프로이센이 추진한 급속한 기술발전과 산업화는 바로 전쟁능력이 되었다. 전보의 발달은 정보력을, 철도의 발달은 이동능력을 크게 높여 놓았다. 양측의 사활이 걸린 전장은 보헤미아(Bohemia, 지금의 체코 서부지역)이었다. 각 전투부대와 신속히 연락하며 병력을 이곳으로 모으는 게 중요했다. 프로이센은 5개의 철도를 이용해 많은 병력을 빠르게 모을 수 있었다. 오스트리아는 1개의 철도에 의존했다. 병력의 차이가 분명해질 수밖에 없었다.

무기의 성능도 차이가 컸다. 프로이센은 니들건(needle gun)으로 무장했다. 공이가 바늘모양으로 생겨 니들(바늘)이라는 이름이 붙었다. 종전의 소총과 다른 점은 총탄을 뒤에서 넣는 후장식이라는 것이다. 엎드린 자세로 신속하게 총탄을 넣을 수 있는 방식이다. 게다가 니들건은 총알이 안에서 나선식으로 돌다가 바깥으로 튀어나오는 강선소총(rifle)이었다. 총알이 회전을 하면서 공기를 뚫고 나가 정확한 사격을 할 수 있었다. 이에 비해 오스트리아는 총알을 총구로 넣는 전장식 소총을 썼다. 일어서서 총을 세운 뒤 총구로 총탄을 넣어야 하니 느리고 위험할 수밖에 없었다. 오스트리아군이 1발을 발사할 때 프로이센군은 6발을 쏘았다. 오스트리아 소총은 총열 내부도 그냥 매끄러운 형태의 활강소총(musket)이었다. 그만큼 정확도가 낮았다.

군 경험은 없지만 비스마르크도 전쟁터 여기저기에서 군인들과 생사를 같이 했다. 길을 잘못 들어 말을 탄 채 웅덩이에 빠져 죽을 뻔하기도 했다. 큰 아들 헤르베르트 폰 비스마르크(Herbert von Bismarck)는 직접 참전했는데, 한 때 실종돼 아버지의 애간장을 태우기도 했다. 결국 생환해 1874년 외교관이 되어 활동하다가 1890년 비스마르크가 재상직에서 사직할 때 관직을 떠났다. 군의 사기와 능력, 첨단무기, 지도자의 리더십 등이 합쳐진 프로이센 기세를 늙은 제국 오스트리아가 감당하긴 어려웠다. 1866년 7월 초 보헤미아 쾨니히그레츠(Königgrätz) 전투가 분수령이었다. 쾨니히그레츠 북서쪽

사도바(Sadova) 마을에서 벌인 것이어서 사도바 전투라고도 한다. 여기서 프로이센이 대승을 거두며 전세는 기울었다. 오스트리아군은 4만여 명이 죽거나 부상을 당했고, 2만여 명이 포로가 되었다. 프로이센의 피해는 그 5분의 1에 불과했다. 그래서 오스트리아 빈에 가서 사도바 얘기를 꺼내는 건 아주 조심해야 한다.

전쟁의 막바지가 되면서 프로이센은 오스트리아 수도 빈 근처까지 진격했다. 군부는 빈을 공격해 완전히 점령하자고 했다. 그래야 추후 보복을 당하는 일이 없다는 얘기였다. 군은 그 속성상 완승을 지향하기 마련이기도 하다. 그래야 군부의 힘을 제대로 과시해 국민적 신뢰도 받고, 예산과 인력도 계속 늘려 장기적인 군부 성장을 꾀할 수 있기 때문이다. 빌헬름 1세도 군부와 같은 생각이었다. 그렇지만 비스마르크는 달랐다. 군사적으로 완전 정복하는 것은 오스트리아에 원한을 살 수 있었다. "너희가 우리를 말살하려 했지. 두고 보자"이런 앙금을 남겨놓을 수 있었던 것이다. 그렇게 되면 추후 프로이센이 다른 전쟁을 할 때 오스트리아가 적군에 가담할 수 있었다. 더욱이 하노버, 작센, 하노버 등은 오스트리아와 여전히 가까운 사이였다. 자칫하면 4면에서 공격을 당하는 경우도 맞을 수 있었다. 비스마르크는 거기까지 고려했다. 그는 '원한회피전략', '비완승전략'이라고 이름 붙일만한 이 생각을 잘 설명해 빌헬름 1세와 군부를 설득했다. 결국 빈에 대한 군사적 공격은 없었다.

비스마르크의 이런 심모원려(深謀遠慮)는 50년 후 우드로 윌슨(Woodrow Wilson)으로 계승되었다. 1914년 7월 제1차 세계대전이 시작된 이후 윌슨은 영국의 참전요구를 계속 받고 있었다. 고민의 연속이었다. 고민의 일단이 이런 저런 형태로 표출되기도 했다.

1917년 1월 22일에는 상원에서 연설을 했는데, 제목이 '승리 없는 평화(Peace without Victory)'이었다. 연합국이 전쟁에 이기더라도 패전국을 완전 굴복시켜서는 곤란하다는 내용이었다. 그러면 전후 평화를 보장하기 매우 어려워진다는 얘기였다. 실제 프랑스의 독일에 대한 완승전략, 그 이후 독일에서 일어난 과잉민족주의(hyper-nationalism), 그에 따른 나치즘과 아돌프 히틀러(Adolf Hitler)의 득세와 제2차 세계대전의 발발을 생각해보면, 비스마르크의 비완승전략은 현대의 국제관계에서도 충분히 고려할 만한, 그리고 필요할 때 적용할 만한 전략이 아닐 수 없다.

프로이센-오스트리아 전쟁은 1866년 8월 23일 프라하 조약으로 공식 종결되었다. 프로이센은 하노버 왕국과 슐레스비히 공국, 홀슈타인 공국, 헤센 선제후국, 프랑크푸르트 자유시를 합병하게 되었다. 마인 강(Main River) 이북 지역은 프로이센을 중심으로 북부독일연방을 구성했고, 남쪽 지역은 오스트리아를 제외한 채 남부독일연방을 따로 만들었다. 프로이센은 바이에른 왕국, 뷔르템베르크 왕국, 바덴 대공국 등 남쪽의 주요 국가들과는 동맹을 체결해 전쟁 발발 시 프로이센을 돕도록 했다. 전쟁 전 프로이센과 동맹을 체결했던 이탈리아는 약속대로 베네치아를 차지했다.

스페인 왕위 계승 문제로 프로이센-프랑스 갈등 고조

비스마르크가 1865년 10월 나폴레옹 3세와 회담을 한 뒤 프로이센-프랑스 관계는 일시 소강상태였지만, 프로이센-오스트리아 전쟁이 끝난 뒤 다시 긴장상태로 돌아갔다. 나폴레옹 3세의 불만이 커졌다. 비스마르크의 요구대로 전쟁에서 중립을 지켜줬는데 대가가 없었기 때문이다. 벨기에, 룩셈부르크 지역과 관련해서는 비스마르크가 프랑스의 영토확장에 대해 반대하지 않겠다고 했을 뿐 어떤 보장을 약속하지는 않았기 때문에 나폴레옹 3세에게 할당되는 것은 없었다.

수면 하에 있던 갈등을 바깥으로 직접 드러나게 한 사건은 스페인 국왕 옹립 문제였다. 1868년 9월 스페인의 군부가 쿠데타를 일으켜 무능한 여왕 이사벨 2세(Isabel II)를 몰아냈다. 군부가 임시정부를 구성하고, 1869년 2월 제헌의회가 소집돼 6월에는 새헌법이 마련됐다. 문제는 누구를 새로운 국왕으로 세우느냐 하는 것이었다. 왕가의 인물들이 대부분 거절하고 레오폴드(Prince Leopold of Hohenzollern-Sigmaringen)가 후보로 지명되었다. 호엔촐레른 가문의 방계인 호엔촐레른-지흐마링겐(Hohenzollern-Sigmaringen) 가문 사람이었다. 호엔촐레른 가문 소속인 프로이센 국왕 빌헬름 1세와는 친척 사이였다. 그러니 프로이센은 당연히 찬성했고, 반면 프랑스는 반대했다. 프랑스 입장에서는 북쪽과 남쪽에서 같은 가문의 국왕들이 협공을 하는 상황까지 상정하지 않을 수 없었다. 레오폴드와 그의 아버지 칼 안톤(Karl Anton)은 수락도, 거절도 하기 어려운 상황이었다.

그러는 사이 프로이센과 프랑스는 외교도 하고 공작도 하면서 자신들의 뜻을 관철하기 위해 동분서주했다. 비스마르크는 계속 사람을 보내 레오폴드와 안톤을 설득했다. 스페인 군부에 특사를 보내 레오폴드를 적극 옹립하도록 했다. 스페인 국내에 레오폴드 옹립 여론을 만들어내려는 노력도 전개했다. 그렇게 해서 1870년 6월 19일 레오폴드와 안톤가 결국 수락했다. 그런데 동의를 해줘야 하는 스페인 의회가 10월까지 휴회였다.

그 틈을 이용해 프랑스가 반격에 나섰다. 나폴레옹 3세는 안톤에게 사람을 보내 수락을 취소하라고 설득했다. 그러지 않으면 루마니아의 국왕이 된 레오폴드의 동생을 조기에 퇴위시키겠다는 협박도 했다. 빌헬름 1세도 따로 사람을 보내 수락 취소를 종용했다. 남북에서 프랑스를 호엔촐레른 왕가가 압박하면 프랑스의 안보 불안을 유발하고 유럽정세 또한 불안하게 할 수 있을 것이란 판단이었다. 비스마르크와는 완전히 다른 생각이었기 때문에 상의 없이 비밀리에 육군 대령을 보내 안톤을 만나게 한 것이다. 이렇게 양국 수뇌의 설득을 받은 안톤은 수락 취소를 결정하고 스페인 군부에도 전했다. 7월 12일의 일이다.

각색된 전보 외교로 프로이센-프랑스 전쟁 유발

그걸로 정리되었으면 역사는 좀 다르게 전개되었을지도 모른다. 그런데 프랑스는 더 확실한 걸 원했다. 특히 외무상 아제노르 드 그라몽(Agénor de Gramont)은 프로이센에 대해 강경했다. 프로이센 주재 프랑스 대사 빈센트 베네데티(Vincent Benedetti)를 빌헬름 1세에게 보내 레오폴드가 다시 왕위를 수락하는 일이 없을 것임을 확인받도록 했다. 빌헬름 1세는 당시 휴양도시 엠스(Ems)에 머물고 있었다. 7월 13일 오전 8시 산책을 하고 있었다. 베네데티는 산책 중인 빌헬름 1세의 길을 막고 레오폴드 왕위가 재차 언급되지 않을 것을 약속해 달라고 요청했다. 빌헬름 1세는 그런 약속은 할 수 없다고 답했다.

빌헬름 1세(오른쪽에서 두 번째)에게 프랑스 대사 베네데티가 자국의 입장을 설명하고 있다. 당시 프랑스 언론에 실린 그림.

이날 저녁 비스마르크는 국방상 룐, 육군참모총장 몰트케와 저녁을 먹고 있었다. 이 때 빌헬름 1세를 수행하고 있던 외교담당 비서관으로부터 전보가 날아왔다. 그날 엠스에서 있었던 일을 아래와 같이 소상히 전해줬다. 빌헬름 1세가 써준 것을 그대로 전해주면서, 뒷부분에 비서관 자신의 말을 덧붙인 것이었다.

국왕 폐하께서 이렇게 저에게 써 주셨습니다.

"베네데티 백작이 산책길을 가로막고 아주 성가시게 '호엔촐레른 왕가가 왕위를 계승하려 한다면 언제든 결코 동의하지 않는다'라는 내용의 전보를 보낼 수 있도록 해달라고 요청했소. 그런 식으로 영구적인 약속을 하는 것은 옳지도 않고 가능한 일도 아니어서 나는 단호히 거절했소. '나는 아직 아무런 소식도 듣지 못했고, 나보다는 당신이 프랑스나 스페인 정부로부터 소식을 더 많이 들었을 테니 우리 프로이센 정부가 그 문제에 관여하지 않았음을 잘 알고 있을 것'이라고 말했소."

(안톤의 왕위 수락 취소를 알게 된 이후) 국왕 폐하는 위의 요구와 관련해 더 이상 베네데티 백작을 만나지 않겠다고 하셨습니다. 하지만 이 문제에 대해 베네데티가 파리로부터 전달받은 것과 같은 내용을 폐하께서도 알게 되었고 더 이상 할 얘기는 없다고 부관을 통해 베네데티에게 전달하도록 하셨습니다. 폐하는 베네데티 백작의 요청과 그에 대한 절 사실을 양국 대사와 언론에 알려도 좋겠다고 제안하셨습니다.

비스마르크는 이렇게 되어 있는 전보를 저녁 식탁에 함께 있는 론과 몰트케에게 읽어주고는 그 자리에서 간결하게 줄였다.

호엔촐레른 왕자(레오폴드)의 왕위 포기 소식이 프랑스에 전해진 뒤 엠스의 프랑스 대사가 '국왕 폐하(빌헬름 1세)는 호엔촐레른 왕가가 다시 스페인 왕위 계승을 하려 한다면 절대 동의하지 않을 것을 약속한다'는 내용의 전보를 프랑스 정부에 보낼 수 있도록 승인해 달라고 국왕 폐하에게 요구했다. 폐하는 곧 대사의 접견을 거부했으며, 더 이상 대사와 할 얘기는 없다고 부관을 통해 전했다.

이렇게 축약된 전보는 대사의 무례한 태도를 훨씬 부각시켰다. 비스마르크는 이 전보를 프로이센의 해외공관과 언론사, 프랑스의 언론, 그리고 영국의 언론사에 배포했다. '각색 전보 외교'이었다. 특히 제3국 영국의 언론에 알려 신뢰할 만한 소식임을 강조하는 효과를 노렸다. 그런데 프랑스의 통신사 아바(Havas)가 전보 내용을 프랑스어로 번역해 보도하면서 프랑스 사람들은 격노했다. 베네데티 대사의 요청을 질문 형태로 번역했는데, 그 바람에 대사가 빌헬름 1세에게 "해줄 수 있느냐?"고 질문한 정도인데 빌헬름 1세가 단호하게 거절했다는 뉘앙스가 돼버렸다. 또 부관(adjutant)이라는 단어를 그대로 프랑스어 기사에 썼는데, 독일어로는 부관장교를 말하는 것이지만, 프랑스어로는 주로 하사관을 가리키는 단어여서 큰 오해를 불러 일으켰다. "프랑스 황제를 대신하는 우리 대사에게 하사관을 보내 의사를 전했다고?" 이렇게 된 것이다. 프랑스에 이런 내용이 알려진 게 7월 14일인데 공교롭게도 이날은 프랑스혁명 기념일이었다.

프로이센 국민들은 프랑스 대사의 무례한 태도에 분개하고, 프랑스 시민들은 빌헬름 1세가 프랑스를 무시했다고 들끓었다. 양측이 모두 군에 동원령을 내리고 전쟁 준비에 들어갔다. 특히 프로이센에 대해 문명적 우월의식을 갖고 있던 프랑스는 급속하게 전쟁 분위기에 휩싸였다. 결국 프랑스는 7월 19일 선전포고를 했고, 전쟁이 시작되었다.

전쟁의 승패는 지휘부의 능력, 병력의 질과 사기, 무기의 양과 질, 군을 받쳐주는 경제력과 기술력이 결정한다. 무기 수준은 큰 차이가 없었다. 프랑스는 소총 만드는 능력이 뛰어났다. 대포는 프로이센이 좋았다. 지휘부의 능력이나 군의 사기 면에서도 프로이센이 우수했다. 특히 지휘부의 신속한 판단에 따라 병력을 필요한 곳에 집결 시키는 능력이 프로이센 군의 강점이었다. 8월 들어 승세를 잡아가던 프로이센은 8월말 스당(Sedan)에서 프랑스 주력 부대와 맞섰다. 프랑스군의 주력은 라인(Rhine)군이었는데, 백전노장 파트리스 드 마크마옹(Patrice de MacMahon) 원수가 지휘하는 12만 대군이었다. 여기에 맞서 프로이센은 왕세자 프리드리히 빌헬름(Friedrich Wilhelm)이 이끄는 제3군을 내세웠다. 8월 29일부터 31일까지 양국은 국운을 걸고 격전을 계속했다. 결과는 프로이센의 승리였다. 마크마옹과 8만여 프랑스 병사가 포로가 되었다. 격려차 나와 있던 나폴레옹 3세도 포로로 붙잡혔다. 9월 2일이었다. 그래서 오스트리아에서 사도바 얘기는 조심해야 하는 것처럼, 파리에서는 스당 얘기는 경계하는 게 좋다. 물론 나폴레옹 1세가 패전한 워털루 얘기도 마찬가지다.

9월 중순부터 프로이센은 파리를 공격했고, 1871년 1월 28일 파리를 점령했다. 파리를 완전 점령하기도 전에 프로이센은 독일제국 수립을 선포하고 빌헬름 1세의 황제 즉위식을 거행했다. 1월 18일 베르사유 궁전의 본관 '거울의 방'에서였다. 프랑스 황제의 궁전에서 거행되는 독일제국 선포식을 보면서 프랑스 국민들은 심한 모욕을 느껴야 했다. 이를 48년 후에 그대로 되갚아 준다. 제1차 세계대전에서 독일이 패한 뒤 베르사유 조약을 체결할 때, 프랑스는 독일대표들을 '거울의 방'으로 불러 패전조약에 서명하도록 했다.

독일제국 수립으로 독일은 통일되었다. 25개의 구성국(프로이센과 바바리아, 작센 등 4개 왕국, 바덴과 올덴부르크 등 5개 대공국, 안할트와 뷔르템베르크 등 13개 공국, 함부르크 등 3개 자유시)을 가지고 있었다. 그렇게 비스마르크의 오랜 꿈은 이루어졌다. 5월 10일에는 프랑크푸르트 평화조약이 체결되어 전쟁을 마무리했다. 독일제국은 알자스-로렌 지역을 차지하고 50억 프랑의 배상금도 받게 되었다. 배상금 지급 조장을 위해 프랑스의 주요 요새에 독일제국 군대도 주둔시키게 되었다. 알자스-로렌은 석탄과 철이 많이 나고 포도를 비롯한 농업생산도 풍부해 이후 독일과 프랑스 사이 지속적인 분쟁지역이 된다. 1차 대전이 끝나고 프랑스가 회복했다가, 2차 대전 때는 다시 독일이 차지하고, 2차 대전이 마무리될 때는 다시 프랑스가 가져갔다.

러일전쟁·한국점령을 위한 일본의 영일동맹 외교 . 1902

4

일본, 외교·군비강화로 러일전쟁 승리

일본은 12세기 이후 무사정권체제인 막부(幕府)체제를 유지하고 있었다. 19세기 후반까지 유지되던 막부체제는 서양의 개항과 개혁 요구에 제대로 대응하지 못하고 민중들의 불만을 사 1867년 통치권을 천황에게 넘겼다. 하급 무사들 중심으로 이루어진 1868년 메이지 유신으로 일본은 근대화의 길에 박차를 가했다. 경제적으로는 자본주의, 경제적으로는 입헌정치 체제를 갖추고, 통일국가를 형성해 사회전반의 급속한 발전을 추구하고 있었다. 그런 흐름 속에서 막부사회의 주도세력이었던 무사집안 잔존세력(사족. 士族)의 불만은 고조되고 있었다. 일본은 문명개화와 근대화에 반대하는 이들에 대한 대처에 골머리를 앓고 있었다.

이러한 사회분위기에서 나온 것이 정한론(征韓論)이다. 메이지유신의 주역 가운데 하나인 기도 다카요시(木戶孝允)를 비롯한 정한론자들은 일본이 서구처럼 강성해지기 위해서는 한국을 정벌해야 한다고 역설했다. 외부에 새로운 적이나 위협세력, 정벌대상을 설정하는 것은 내부의 불만세력을 결집시키는 데 아주 효과적인 방안이 아닐 수 없다. 정한론은 사족들의 불만을 달래고 그들의 관심을 돌리는 역할을 맡고 있었다. 그렇게 등장한 정한론은 일본 대외정책의 중요한 축으로 자리 잡았다. 이후 일본은 운요호사건, 강화도조약, 청일전쟁, 러일전쟁 등의 단계를 거쳐 한국을 강제 병합했다. 한국을 병합한 일본은 중국 침략에 나서고 태평양 전쟁을 일으켜 동아시아 전체를 집어삼키려 했다.

이러한 일본의 야욕 실현 과정은 전쟁의 연속이었다. 전쟁의 앞과 뒤에는 사심 가득하고 현란한 외교가 있었다. 특히 19세기 말 영국에 맞서는 강대국이었던 러시아를 물리친 것은 치밀한 사전 동맹외교가 있었기 때문에 가능한 일이었다. 외교를 통해 우군을 확보하고, 군비를 충분히 강화한 뒤, 전쟁 중에도 동맹을 십분 활용해 러시아를 이길 수 있었다. 상대국을 능가하기 위해서는 스스로의 능력을 강화하는 '내적 균형'(internal balancing), 그리고 외부의 힘을 보태는 '외적 균형'(external balancing) 모두 추진해야 한다는 현대 전략가들의 주문을 일본은 그대로 실행한 것이다. '내적 균형'은 군사력을 강화하는 방법으로, '외적 균형'은 분명한 목표를 가진 적극 외교로 이룰 수 있었다.

"러시아를 전쟁으로 물리치자"

일본이 당시 외교를 어떻게 했는지를 보려면 그즈음의 세계 정세와 동북아 상황을 좀 자세히 봐야 할 것 같다. 19세기 후반 세계는 제국주의의 시대였다. 서구의 열강들은 아프리카로, 아시아로, 식민지를 찾아 전함을 끌고 대양을 누볐다. 1840년 아편전쟁을 기점으로 거대 왕국 중국도 제국주의의 희생양이 되었다. 영국을 선두로, 프랑스, 독일, 러시아 등 서구 강대국이 중국의 주요 항구도시들을 차지했다. 늙고 힘없는 청나라는 이를 막아낼 능력이 없었다. 청의 외교를 오랫동안 맡고 있던 이홍장(李鴻章)은 달려드는 악어 떼를 요리조리 피하면서 목숨만을 부지한 채 그나마 적게 빼앗기기 위해 애를 쓰고 있었다.

19세기말 청나라를 분할하려는 열강(프랑스, 독일, 러시아, 영국, 일본)을 풍자한 그림. 1898년 프랑스의 한 잡지에 실린 삽화이다.

비틀거리는 청나라에 어퍼컷을 세게 날린 것은 일본이었다. 청일전쟁(1894~1895)에 승리하면서 랴오둥(遼東)반도와 타이완(臺灣)섬, 펑후(澎湖)섬을 빼앗았다. 2억 냥의 배상금도 받게 되었다. 청나라 1년 예산의 2.5배에 해당하는 돈이었다. 조선이 자주독립임을 인정하게 해 청나라의 조선에 대한 종주권도 종식시켰다. 조선을 합병하기 위한 포석이었다.

러시아는 그저 이런 형세를 보고만 있지는 않았다. 1890년대 들어서면서 러시아는 자신의 장래가 아시아에 달려있음을 인식하게 되었다. 그에 따라 아시아 지역에서의 보다 많은 역할과 영향력 확보의 기회를 보고 있었다. 일본의 중국 영토 확보를 간섭의 기회로 여겼다. 프랑스와 독일을 끌어들여 일본에 랴오둥반도 반환을 요구했다. 1895년 '삼국간섭'이다. 유럽의 강대국이 합세해 요구하자 일본은 견디지 못하고 랴오둥반도를 반납했다. 세상에 공짜 점심이 있겠는가. 러시아는 비밀리에 노력의 대가를 요구했다. 1896년 6월 이홍장이 러시아를 방문해 외교장관 알렉세이 로바노프(Aleksey Lobanov)와 협상을 벌인 끝에 청러밀약에 합의했다. 내용은 크게 3가지였다. ①러시아는 동청철도[러시아 치타(Chita)에서 만주를 가로질러 블라디보스톡에 이르는 철도] 부설권을 가진다. ②청나라는 전시에 러시아군에 모든 항구를 개방한다. ③일본이 만주, 조선, 러시아를 침략할 경우 공동대응한다. 만주에 철도를 설치하는 권한을 러시아가 가진 것은 만주에 대한 경제적·군사적 침략을 본격화하는 것이었다. 이어 러시아는 1897년 12월 랴오둥반도 남단의 항구도시 뤼순(旅順)과 따롄(大連)을 조차했다. 일본이 갖고 있던 것을 빼앗아 간 모양새였다.

1900년에는 의화단 사건이 일어났다. 의화단은 반기독교운동세력으로 기독교와 외세 척결을 내세우며 1899년 대대적 봉기를 일으켰는데, 이를 진압하기 위해 열강들이 베이징에 군대를 파견했다. 일본이 8,000명, 러시아는 4,500명, 영국 3,000명, 미국 2,500명, 프랑스 800명을 보냈다. 이탈리아와 오스트리아도 소수의 군을 파견했다. 연합군은 의화단을 쉽게 몰아냈고, 청나라 정부와 '베이징 의정서'를 체결해 군대주둔권을 확보하고, 배상금도 물도록 했다. 특히 군대주둔권의 내용에는 열강들이 언제든 군대를 증파할 수 있다는 것도 들어 있었다. 러시아는 이를 기회로 만주에 대규모 군대를 진주시켰다.

이렇게 러시아가 랴오둥반도를 차지하고 만주에 대규모 군을 주둔시키자 일본이 긴장하지 않을 수 없었다. 한국을 차지하고 만주도 점령하려는 음모에 결정적인 장애가 발생했으니 그럴 수밖에. 일본은 이제 러시아를 북방의 적으로 규정하고 본격 대응하기 시작했다. 우선 러시아군의 철수를 요구했다. 러시아는 묵묵부답이었다. 삼국간섭으로 러시아에 대한 적개심을 버리지 못하고 있던 일본에게 만주에 군을 주둔시킨 러시아는 당시 제1의 적이 될 수밖에 없었다. 일본 정부 내에서 이런 러시아를 전쟁으로 물리치자는 강경파가 형성되었다. 니시 도쿠지로(西德二郎. 1847~1912. 외무상 재임: 1897~1899), 가쓰라 타로(桂太郎. 가쓰라-태프트 밀약의 장본인. 1848~1913. 총리 재임: 1901~1906, 1908~1911, 1912~1913), 고무라 주타로(小村壽太郎. 1855~1911. 외무상 재임: 1901~1906, 1908~1911) 등이었다. 그런가 하면 러시아와 협상을 통해 문제를 해결해야 한다는 협상파도 있었다. 야마가타 아리토모(山県有朋. 1838~1922. 총리 재임: 1889~1891, 1898~1900), 이토 히로부미(伊藤博文. 1841~1909. 총리 재임: 1885~1888, 1892~1896,

1898.1.~1898.6., 1900~1901) 등이 그들이었다.

만주-한국 교환 시도

우선은 협상파가 나서 러시아와 타협을 추진했다. 협상파는 삼국간섭을 당한 후 곧 움직이기 시작해 1896년 6월 '한반도 분할안'을 제시했다. 한반도를 북위 39도선에서 분할해 북쪽은 러시아가, 남쪽을 일본이 차지하자는 제안이었다. 하지만 러시아는 거절했다. 당시 러시아는 일본보다 힘의 우위에 있다고 스스로 판단하고 있었다. 1898년 3월에는 외무상 니시 도쿠지로(西德二郎)가 이른바 '만한교환론'를 제안했다. 만주와 한국을 교환하자는, 즉 만주는 러시아가, 한국은 일본이 차지하자는 얘기였다. 러시아는 이 제안도 거부했다.

일본의 제안을 거부한 러시아는 1901년 1월 '한반도 중립지대론'을 제시했다. 만주에 주둔하고 있는 러시아 군대는 그대로 두고, 한반도는 중립지대로 만들어 일본의 영향권에서 벗어나게 하겠다는 복안이었다. 러시아의 극동 장악 욕심이 잔뜩 들어가 있는 안이 아닐 수 없었다. 대한제국의 황제 고종은 나라의 지향점을 제시하지 못하고, 조정의 대신들은 세계정세를 모른 채 스스로의 이익을 찾아 동준서주하고 있는 사이, 주변의 강대국들은 그렇게 한반도를 도마위에 올려놓고 어떻게 요리를 할지 궁리에 궁리를 거듭하고 있었다.

러시아와의 협상이 큰 진전을 이루지 못하고 있는 상태에서 1901년 6월 협상파 이토 히로부미가 총리직에서 물러나고, 그 자리를 강경파 가쓰라 타로가 차지했다. 협상경색과 강경파의 등장으로 일본의 입장은 강경 쪽으로 기울어졌다. 러시아와 적극 대항해야 하며, 그러기 위해서는 영국과 동맹을 맺어야 한다는 목소리가 높아진 것이다. 영국은 삼국간섭에서 빠져 있었다. 게다가 러시아와는 발칸반도와 근동, 동아시아에서 대립과 경쟁을 계속하고 있었다. 일본 입장에서 영국은 더없이 좋은 동맹 파트너였다. 영일동맹을 성사시켜 러시아를 무력으로 물리치는 것 외 다른 대안은 의미 없다는 것이 강경파의 주장이었다.

그런 와중에도 협상파는 러시아와 대화를 계속해봐야 한다고 생각했다. 이유는 크게 3가지였다. 첫째, 영국은 '화려한 고립(splendid isolation)'에서 아직 벗어나지 않았고, 일본이 동맹을 제안해도 받지 않을 것이다. 둘째, 설혹 영일동맹이 성사되더라도 이는 러일전쟁을 촉진하는 효과를 발휘하게 될 것이다. 셋째, 일본은 러시아와 전쟁할 준비가 되어 있지 않다. 이런 논리를 바탕으로 협상 지속을 역설하고 있었던 것이다.

그런데 당시 영국의 사정은 어떠했을까? 19세기 세계 최강대국 영국은 세계시장에서 최고의 지위를 지속해서 유지해 나가고 싶어 했다. 그러자면 세계 각지의 식민지를 효율적으로 관리해야 했다. 이를 위해서는 세계로 뻗어 있는 해상로를 안정적으로 확보하고 있어야 했다. '두 나라 기준'(two power standard)은 이를 위한 것이었다. 해군력 세계 1위 국가 지위를 보전하면서, 동시에 2위와 3위 국가의 해군력을 합쳐도 영국을 따라오지 못하는 상태를 유지하려 한 것이다. 하지만 시간이 흐르면서 이런 원칙을 지속하기는 어려워지고 있었다. 독일, 프랑스, 러시아 등이 군비를 강화하고 있었다. 강해지는 국력을 바탕으로 이들은 세계 각지에서 영국의 이익을 위협하고 있었다. 중국에서는 프랑스와 독일, 러시아가, 중앙아시아에서는 러시아가 영향력을 확대하고 있었다. 1899년 남아공에서 발발한 보어전쟁(영국과 네덜란드계 아프리카인인 보어인들과의 전쟁)도 영국의 경제력과 군사력에 상당한 손상을 주고 있었다.

이러한 환경 속에서 영국 정부 내에서도 러시아의 팽창을 막기 위한 동맹의 필요성이 강조되기 시작했다. 식민장관 조지프 체임벌린(Joseph Chamberlain)은 영국이 당시의 어려움을 극복해 나가기 위해서는 '화려한 고립'에서 벗어나야 한다고 주장했다. 외교장관 랜스다운(Lord Lansdowne)은 동북아에서 러시아·프랑스의 해군력에 대항하기 위해 일본과 동맹을 추진해야 한다고 생각했다. 해군장관 셀본(Earl of Selborne)도 일본과 동맹을 체결하게 되면 동북아에 해군을 덜 배치해도 되는 이점이 있다면서 일본과의 동맹을 주장했다.

영국과 동맹 맺고 열강 대열로

협상의 분위기는 충분히 무르익었다. 1901년 9월 외무상에 강경파인 고무라 주타로가 기용되면서 영국과의 협상은 본격화되었다. 고무라는 10월 초 런던 주재 공사 하야시 다다스(林董)에게 영국과 동맹 체결을 위한 교섭을 지시했다. 하야시는 바로 영국정부와 접촉에 들어가 10월 16일 영국 외교부 장관 랜스다운과 공식회담을 시작했다. 곧 동맹조약 초안이 마련돼 양국에서 구체적인 검토 작업에 들어갔다.

그렇게 러시아에 대항하는 영일동맹 조약 체결 작업을 진행하면서도 영국도 일본도 러시아의 생각을 수시로 확인하고 있었다. 영국은 조약 초안 검토 작업을 늦추면서 러시아가 이에 대해 어떤 입장을 가졌는지, 러시아가 자신들에게 무엇을 주려 하는지 등을 살피고 있었다. 하지만 11월 초 러시아로부터 특별히 확보할 수 있는 이익이 없음을 확인하고, '러시아와 접촉 중단 및 영일동맹 체결'을 결정했다.

일본정부는 일본 내 협상파의 러시아 접촉을 관찰하고 있었다. 일본 입장에서는 협상파가 러시아를 중시하면서 접촉을 계속하는 것은 영일동맹 협상에도 도움이 되는 것이었기에 협상파의 움직임에 제동을 걸 생각이 없었다. 오히려 이를 즐기는 측면이 있었다. 실제 하야시는 러시아와의 협상 추진 움직임이 영일동맹 교섭 촉진에 유리하게 작용할 것으로 총리에게 보고하기도 했다. 협상파의 대표 격인 이토 히로부미는 예일대학교 창립 200주년 기념식에 참석하려 미국에 들렀다가 러시아 상트페테르부르크로 갔다. 러시아의 외무상 블라디미르 람스도르프(Vladimir Lamsdorf)와 협상을 벌였다. 만한교환론을 새삼 제시했다. 하지만 람스도르프는 여전히 러시아가 일본에 비해 훨씬 우월한 위치에 있다고 생각했다. 한반도를 일본에 양보하는 안에 동의할 리 없었다. 협상은 이토가 러시아를 떠나 서유럽의 도시에 머무는 동안에도 일부 진행되어 갔지만, 결국은 성과 없이 종료되었다.

그러는 사이 동맹협상은 진행되고 있었다. 동맹조약의 초안은 영국이 만들어 11월 초 일본에 전했다. 조약 초안은 전문에서 "영·일 양국은 동아(東亞)에 있어서 평화와 현상유지를 희망하고 한국은 어떤 외국에 의해서도 병합될 수 없으며, 청나라의 독립과 영토보전을 유지하고 청나라에 있어서 상업과 공업에 대해 영·일 양국은 '특별한 이해관계'(peculiar interests)를 가진다"고 밝히고 있었다. 그리고 조약의 각 항목들은, 한 나라가 다른 한 나라와 전쟁에 돌입하는 경우 중립 등을 규정하고 있었다.

일본은 초안의 전문이 마음에 들지 않았다. 한국에 대한 병합을 막고 있었기 때문이다. 수정안을 제시했다. "한국은 어떤 외국에 의해서도 병합될 수 없으며"를 "한국은 다른 국가에 의해서 병합될 수 없으며"로 고쳤다. 다른 국가(영국, 일본 이외의 국가)에 의해서 병합될 수는 없는데, 영국이나 일본에 의해서는 병합될 수 있도록 하려 한 것이다. 일본은 또 "영국은 일본이 현재 한국에 있어서 가지는 '우세한 이익(preponderant interests)'을 옹호 증진하기 위해 적절히 필요한 조치를 취하는 것을 승인한다"는 내용의 별도 조항을 수정안에 넣었다. 이 별도 조항은 비밀에 부치고 발표하지 말자는 제안도 했다. 한국 점령을 위한 조치를 자유롭게 할 수 있는 권한을 인정받으면서도, 이를 국제사회에 숨기고자 한 것이다.

수정안을 받은 영국은 일본이 제안한 별도 조항에 반대했다. 한국에 대한 일본의 점령을 공식 인정하는 꼴이 되기 때문이었다. 러시아에 대한 견제 차원에서 일본이 영일동맹을 추진하는 것을 알고 있으면서도, 일본이 한국 점령까지 노골화하는 것을 도울 수는 없다는 입장이었다. 그러면서도 일본의 요구를 일정 부분 들어줘야 한다고 생각했다. 그래서 영국은 별도 조항을 없애는 대신 조약의 제1조를 "영·일 양국은 청·한 양국의 독립을 승인하고 전혀 침략적 의사를 갖지 않는다. 또한 일본은 한국에서 가지는 정치적·상업적·산업적 특별이익이, 그리고 영국은 청나라에서 가지는 특별이익이 다른 국가의 침략적 행동에 의해 위협받을 경우, 각자의 이익 옹호를 위해 필요한 조치를 할 수 있다"라고 규정하자고 제안했다. 이때가 1902년 1월 14일이다.

일본이 이를 받아 다시 수정했다. 영국이 제안한 제1조의 내용 가운데 '다른 국가의 침략적 행동에 의해'라는 부분을 삭제하자는 것이었다. 그냥 특별이익이 위협받을 경우 필요한 조치를 할 수 있도록 하자는 것이었다. 일본은 다른 나라의 침략행위가 없을 때도 쉽게 필요한 조치를 하고 싶었던 것이다.

다시 공은 영국으로 넘어갔다. 영국은 일본의 한국에서의 재량권을 지나치게 인정해 주는 것으로 보고, 부정적인 의견을 전했다. 이에 일본은 다시 내용을 수정했다. '다른 국가의 침략행위에 의하거나 또는 중국과 한국에 있어서 국내의 무질서에 의해 이익이 위협받을 경우 각자의 이익 옹호를 위해 필요한 조치를 할 수 있다'로 조정한 것이다. 외국의 침략에 국내적 무질서를 추가한 것인데, 중국과 한국에서 침략에 대한 반대운동이 발생할 때 강력히 대응하기 위한 것이었다.

영국은 일본의 속내를 알고 있었다. 꽤 오래 협상을 진행해 왔기 때문에 일본이 한국 침략을 염두에 두고 한국의 저항에 부딪혔을 때 무력 진압하겠다고 생각하고 있음을 짐작할 수 있었던 것이다. 하지만 초록동색 아닌가. 영국 입장에서도 의화단 사건을 겪은 것이 불과 얼마 전이었다. 중국을 다루는 데 있어서 의화단처럼 '반외세'를 외치는 세력이 등장하면 무력을 사용할 수 있어야 했다. 그래서 일본의 의견에 동의해 줬다.

이렇게 해서 영일동맹 조약은 타결되었다. 동맹조약 조인식이 1902년 1월 30일 런던에서 열렸다. 영국과 일본은 이제 군사적·정치적 이해관계를 함께하는 나라가 되었다. 이로써 일본은 세계최강 영국의 동맹국이 되면서 열강 대열에 합류하게 되었다. 조약상 일본이 러시아를 공격할 때 영국은 중립을 지키도록 되어 있었다. 하지만 동맹국이 되었으니, 법적·형식적으로 중립을 지키면서 실제적으로는 서로 돕는 사이가 되었다. 그뿐만 아니라 일본은 한반도를 침략하면서 자유롭게 필요한 행동을 할 수 있게 되었다.

러시아 전격 공격

영국과의 동맹으로 일본의 위상은 훨씬 높아졌을 뿐만 아니라, 영일동맹은 프랑스와 독일을 묶어두는 효과도 발휘했다. 영일동맹이 어떤 연합세력보다도 강력한 해군력을 확보함으로써 프랑스와 독일이 감히 러시아를 지원할 수 없도록 만든 것이다.

그렇게 충분히 준비한 뒤 일본은 1904년 2월 4일 어전회의에서 전쟁을 결정했다. 5일 후인 2월 9일 인천 앞바다에서 러시아 군함 2척을 기습 공격해 침몰시킴으로써 전쟁을 시작했다. 이후 뤼순항의 러시아 군함을 어뢰로 공격하면서 전장을 확대했다. 한반도 주변의 바다에서, 그리고 남만주에서 일본군은 러시아군을 집중적으로 공격했다. 러시아군도 만만치는 않아 일본군의 피해도 컸다. 양측의 아마겟돈은 1905년 5월 말 벌어진 쓰시마해전이었다. 일본은 해군력을 총동원해 쓰시마 앞바다에서 러시아 함대에 맞섰다. 양국의 명운을 건 이 전투에서 일본은 러시아의 전함과 순양함 등 16척을 격침해 승리했다.

그런데 일본의 쓰시마해전 승리에는 영일동맹이 크게 기여했다. 러시아는 극동함대만으로는 부족해 흑해함대를 러일전쟁 현장으로 파견하려 했다. 이때 영국이 막고 나섰다. 흑해함대가 극동으로 가기 위해서는 튀르키예의 보스포러스 해협을 빠져나가야 했다. 그런데 1841년 해협조약과 1858년 파리조약에 따르면 군함이 이 해협을 빠져나가는 것은 하나의 '개전의 사유(casus belli. 전쟁을 일으키는 행동)'로 되어 있었다. 영국은 이를 근거로 흑해함대의 해협 통과를 용인하지 않았다. 그래서 러시아는 훨씬 먼 곳에 있는 발틱함대를 파견했다. 12,000여 명 규모의 발틱함대는 북유럽에서 극동에 이르는 장거리 작전에 돌입했다. 음식과 식수, 석탄의 공급이 보통 문제가 아니었다. 영국의 눈치를 살피며 기항을 허락하지 않는 항구도 많았다. 게다가 신형 군함들은 흘수(吃水. 수면에서 배의 맨 아래까지의 길이)가 커서 수에즈 운하를 통과할 수 없었다. 구형의 작은 함선들만 수에즈 운하를 통과하고 신형의 큰 함선들은 당초 항해 일정에서 1개월을 추가해 아프리카 희망봉으로 돌아가야 했다. 함대의 징병들은 더위와 질병으로 지칠 수밖에 없었다. 그렇게 7개월 12일이 걸려 도착한 발틱함대는 쓰시마해전에 참전했다. 전력에 크게 보탬이 될 수 없었다.

실은 쓰시마해전뿐만 아니라 일본의 러일전쟁 승리 전반에 영일동맹은 공헌한 바 크다. 첫째, 군함 건조 능력이 뛰어난 영국의 지원은 일본의 급속한 군비증강을 가능하게 해주었다. 전쟁 전과 전쟁 진행 중 영국은 많은 함정을 건조해 일본에 건네줬다. 영국은 일본의 주문에 따라 15,000톤급 전함 6척을 건조해 주었다. 칠레가 주문해 영국이 건조하고 있던 12,000톤급 전함 2척을 러시아가 구입하려 하자, 영국이 먼저 사서 일본에 수출하기도 했다. 영국은 이탈리아에서 만들고 있던 장갑순양함 2척을 일본이 러시아보다 먼저 차지할 수 있도록 도와줬다. 러시아의 공격에 대비해 일본이 구입한 함정에 영국인 승조원을 태우고, 영국 전함으로 호송해 일본까지 안전하게 도착하도록 해주기도 했다. 군함의 효율적인 운용을 위해서는 양질의 연료, 즉 좋은 석탄이 필수였는데, 영국은 양질의 카디프탄을 일본에 대량 수출했다. 저질의 역청탄을 사용할 때 비해 함정들의 기동력이 높아지고, 검은 연기가 줄어 위치가 노출될 염려도 줄어들었다.

둘째, 일본이 전비를 마련할 수 있게 해주었다. 영국과 미국에서 국채를 발행해 전쟁에 필요한 돈을 빌릴 수 있게 해준 것이다. 셋째, 세계 여론을 일본에 유리하게, 러시아에 불리한 쪽으로 형성하는 데 기여했다. 1904년 10월 일본으로 향하던 러시아의 발틱함대가 북해에서 영국의 어선을 일본 어뢰정으로 잘못 알고 발포하는 사건(도거뱅크 사건)이 발생했다. 일본군이 어뢰정을 파견해 발틱함대의 항해를 막을 것이라는 첩보가 있었기 때문에 그런 실수를 저지른 것이다. 이 발포로 2명이 사망하고 6명이 부상을 입었다. 영국의 언론들은 러시아 함대를 "해적(pirates)", "미친 개 함대(mad dog squadron)"라고 맹비난하며 세계여론을 주도했다. 국제여론은 러시아에 부정적인 입장으로 흘러갔고, 러시아 해군의 사기는 떨어졌다.

쓰시마해전으로 전세는 기울어 러시아는 곧 미국의 중재를 수용했고, 1905년 9월 5일 포츠머스 강화조약이 체결돼 전쟁은 종결되었다. 이 조약으로 일본은 랴오둥반도와 만주지역의 철도 운영권을 차지했다. 사할린 남부지역을 점령했고, 연해주와 캄차카의 어업권도 확보했다. 한반도에서 우월한 지위도 획득했다. 러시아는 패전 이후 경기침체와 국민들의 불만이 지속되었고, 이는 1917년 제국 멸망과 사회주의 혁명의 단초가 되었다. 일본은 아시아의 최강자가 되어 한반도에 대한 침략을 본격화했다. 1901년 10월 본격 시작된 일본의 영일동맹 외교는 결국 러일전쟁으로, 이후 한일강제병합으로 가는 길이었던 것이다.

미국을 1차 세계대전으로 끌고 간 전보 공개 외교 . 1917

5

우연의 연속...오스트리아 황태자 암살

전쟁은 참으로 우연으로 시작되는 것인가? 군인과 민간인을 합쳐 1,500만 명 이상의 사망자를 낸 제1차 세계대전도 우연한 일이 계기가 되어 일어났다. 오스트리아-헝가리 제국(이하 오스트리아)의 황태자 프란츠 페르디난트(Franz Ferdinand)가 보스니아에 간 것은 1914년 6월 28일. 페르디난트와 부인 소피 코텍(Sophie Chotek)의 결혼기념일이었다. 페르디난트는 결혼기념일에 부인을 기분 좋게 해주겠다는 생각으로 보스니아에 있는 오스트리아 주둔군을 검열하기 위해 보스니아의 수도 사라예보를 찾은 것이다.

세르비아의 민족주의자들이 페르디난트를 암살하기 위해 사라예보에 모였다. 세르비아는 보스니아를 놓고 오스트리아와 대립하고 있었는데, 1908년 오스트리아가 보스니아를 합병한 이후 세르비아의 오스트리아에 대한 반감은 더 커져 있었다. 페르디난트의 동선을 따라 세르비아의 암살자들이 배치됐다. 첫 번째 암살자는 권총을 제대로 꺼내지 못해 총을 쏘지도 못하고 놓쳤다. 두 번째 암살자는 소피 코텍을 너무 불쌍하게 여겨 암살을 포기해 버렸다. 세 번째 암살자는 수류탄을 던졌는데, 페르디난트의 운전기사가 이를 보고 전속력으로 달려 수류탄이 터지기 전에 달아났다. 뒤따라오던 차 밑에서 수류탄이 터지는 바람에 애꿎은 사람 16명이 중상을 입었다.

비상 상황이 발생한 만큼 보스니아 총독은 페르디난트에게 빨리 사라예보를 떠나라고 요청했다. 하지만 페르디난트는 자신 때문에 다친 사람들의 병문안을 고집했다. 하는 수 없이 병원행이 결정됐다. 가는 길을 논의한 뒤 출발했는데, 차가 엉뚱한 길로 갔다. 논의된 경로가 운전기사에게 제대로 전해지지 않은 것이다. 가던 길을 멈추고 차를 돌렸다. 그렇게 차가 멈춰있다시피 하자 골목에 숨어 있던 또 다른 암살자 가브릴로 프린치프(Gavrilo Princip)가 튀어나와 권총으로 총탄 두 발을 발사했다. 하나는 소피 코텍의 배에, 다른 한 발은 페르디난트의 가슴에 박혔다. 둘은 곧 현장에서 사망했다. 황태자가 총독의 말을 듣고 병문안만 안 갔어도, 병원 가는 길이 제대로 정리돼 그냥 쭉 가기만 했어도, 역사는 좀 달라졌을지 모를 일이다.

순식간에 세계가 전쟁으로

그렇게 오스트리아 황태자는 비운의 희생자가 되었고, 그 결과는 세계 전쟁이었다. 한 달 뒤인 7월 28일 오스트리아가 세르비아에 선전포고하면서 제1차 세계대전은 본격 시작되었다. 곧 세르비아의 후견국 러시아가 전쟁에 참여했다. 러시아는 같은 슬라브족 국가인 세르비아에 대한 지원을 민족적 책임으로 여겼다. 특히 이반 고레미킨(Ivan Goremykin) 재상과 세르게이 사조노프(Sergei Sazonov) 외무상이 강경파였다.

독일은 오스트리아와 동맹을 맺고 있었다. 게다가 세르비아와 러시아가 손잡고 오스트리아와 맞서는 상황을 수수방관하면, 동맹국 오스트리아를 잃을 수도 있었다. 독일은 영국이 중립을 지킬 것으로 예상하였다. 또한 독일이 보기에 러시아와 프랑스는 전쟁을 위한 준비가 되어 있지 않았다. 전쟁을 세르비아 지역으로 한정해 치를 수 있다고 여겼다. 그래서 독일은 오스트리아를 돕고 나선 것이다.

프랑스는 러시아와 동맹국이었다. 프랑스의 대통령 레몽 푸앵카레(Raymond Poincaré, 1860~1934)와 외교장관 르네 비비아니(René Viviani)는 7월 15일부터 23일까지 러시아를 직접 방문해 양국 동맹의 의무를 재확인하고, 동유럽의 평화와 세르비아의 주권 보호를 위해 협력할 것으로 약속했다. 그러니 러시아를 도와 전쟁에 들어가지 않을 수 없었다.

영국은 전쟁 직전 중재를 위해 나름 분투하기도 했다. 오스트리아와 독일, 러시아, 프랑스 등이 참여하는 국제회의를 열어 전쟁을 막아보려 했다. 프랑스와 러시아는 그렇게 하자며 회의에 나오려 했다. 하지만 오스트리아는 자국의 명예와 관련된 문제가 토의 대상은 아니라며 거부했다. 독일은 오스트리아 편이었다. 이렇게 중재 노력이 무산되자 영국도 독일의 유럽 점령을 막기 위해 전쟁에 참여하게 된다. 프랑스와 러시아, 영국, 이탈리아, 일본 등이 연합국을 형성하고, 오스트리아와 오스만투르크, 불가리아 등이 독일 쪽에 가담해 그야말로 지구적 전쟁을 벌이게 된 것이다.

독일의 무제한 잠수함 작전, 미국 자극

1차 세계대전의 시작을 좀 길게 얘기했지만, 정작 깊이 보려는 건 미국이다. 1차 세계대전 시작 당시 미국은 참전하지 않았다. 영국과 프랑스가 미국의 참전을 계속 요구하고 있었지만 버텼다. 연합국에게 미국은 절실했다. 유럽보다 늦은 19세기 중반 미국의 산업혁명이 시작됐지만, 그 속도는 빨랐다. 1840년대 아일랜드, 독일 등에서 많은 사람들이 새로운 희망을 찾아 미국 땅으로 건너오면서 노동력이 풍부해졌다. 면화 채취기와 자동 수확기, 탈곡기 등의 발명은 농업생산력을 대폭 높여줬다. 기술의 발달은 동력 직조기와 압축공기를 이용한 철 분리기, 철도 등의 발달로 직결되었다. 넓은 땅과 석탄, 철광석 등 풍부한 자원, 거기에 더해진 기술력은 1차 세계대전 시작 당시의 미국을 세계 최고의 산업생산력을 갖춘 나라로 만들어줬다. 그러니 연합국 측에서는 미국의 가담이 절실할 수밖에 없었다.

하지만 미국의 분위기는 달랐다. 전통적 외교이념이 고립주의였다. 유럽의 정치에 되도록 관여하지 말고 국내와 아메리카 대륙의 일에 집중해야 한다는 생각이었다. 조지 워싱턴(George Washington, 1732~1799) 초대 대통령이 1797년 두 번째 임기를 마치고 퇴임하면서 그렇게 강조한 뒤 미국 외교의 기저를 이루는 이념이자 전통이 되었다. 1823년 제임스 먼로(James Monroe, 1758~1831) 대통령이 이를 공식화하면서 고립주의는 '먼로 독트린'이라는 이름으로 보다 분명한 미국 외교의 이념이 되었다. 그러니 미국이 유럽정치의 소용돌이 속에 몸을 던지기는 어려운 상황이었다.

더욱이 당시 대통령 우드로 윌슨(Woodrow Wilson, 1856~1924)은 유

럽 국가들의 지나친 욕심이 1차 세계대전을 일으켰다고 생각하고 있었다. 그러니 개입할 필요 없고 유럽이 스스로 해결해야 한다는 인식이었다. 국무장관 윌리엄 브라이언(William Bryan)은 반전평화주의를 신봉하는 인물이었다. 분쟁이 발생한 뒤 해결이 잘 안되는 지역에는 강제로 1년의 냉각기간(cooling-off period)을 두도록 하는 내용의 조약을 30개 나라와 체결하기도 했다. 아무리 분쟁이 심화하더라도 전쟁보다는 외교를 통한 해결을 끝까지 시도해 보아야 한다는 신념에 따른 것이었다.

하지만 미국이 중립의 위치에 남아 있기는 쉽지 않았다. 우선, 독일의 무차별 공격이 미국을 자극했다. 1915년 5월 7일 오후 영국의 대형 여객선 루시타니아(Lusitania)호가 아일랜드 남부 해안을 지나고 있었다. 5월 1일 뉴욕에서 영국 리버풀을 향해 출항한 지 6일째이었다. 독일의 대형 잠수함 유보트(U-boat)가 길목을 지키고 있었다. 루시타니아의 우현을 향해 어뢰를 발사했다. 몇 초 뒤 큰 굉음과 함께 폭발이 있었고, 배는 곧 대서양 아래로 가라앉았다. 1,198명이 사망했고, 그중 128명은 미국이었다. 이런 대형 사건에도 불구하고 윌슨은 전쟁에 참여하지 않는 길을 찾으려 했다. 그러면서도 군사적 대비 태세는 차근차근 강화하고 있었다.

1917년이 되면서 상황은 달라졌다. 1월 31일 독일이 무제한 잠수함 작전을 선포했다. 독일정부 내에서도 테오발트 폰 베트만-홀베크(Theobald von Bethmann-Hollweg) 재상과 카를 헬페리히(Karl Helfferich) 내무상 등은 반대했지만, 파울 폰 힌덴부르크(Paul von Hindenburg) 독일군 참모총장과 에리히 루덴도르프(Erich Ludendorff) 참모차장 등 군부 리더들이 주도해 무모한 작전이 실제 실행되게 되었다. 군부의 생각은 '매월 60만 톤의 선박을 격침시키면 6개월 후 영국은 항복한다'는 것이었다. 미국의 참전을 유도하지 않을까 걱정하기도 했는데, 미군이 준비를 거쳐 실제 유럽 전선에 본격 참전을 하기까지는 1년 정도 걸릴 것으로 보고, 그 전에 전쟁을 끝내면 된다고 여겼다. 한국전쟁 직전 김일성이 스탈린의 승인을 설득하면서, 2차 세계대전을 끝낸 지 얼마 되지 않는 미국은 3차 세계대전을 걱정해 한반도에 미군을 보내지 않을 것이라고 말했던 것과 비슷한 상황이 아닐 수 없다. 하나의 소규모 집단이 특별한 분위기에서 한 번 특이한 생각을 하게 되면 이를 걷잡을 수 없게 되는 경우가 있는데 그렇게 형성되는 것이 '집단사고'(groupthink)라는 것이다. 당시 독일군부도 집단사고에 빠져 있었던 것이다.

무제한 잠수함 작전에 따라 영국행 선박은 사전경고도 없이 격침되었다. 독일로서는 영국으로 가는 전쟁물자를 막아야 승전을 기대해 볼 수 있는 상황이었다. 독일군의 전쟁물자 부족은 심각해지고 있어서 사생결단식으로 나설 수밖에 없는 처지이기도 했다. 사실상 독일이 미국에 대해 선전포고를 한 것이나 마찬가지였다. 미국으로서도 이제 결단을 내려야 할 시기가 다가오고 있었다.

독일, 멕시코에게 미국 공격 요청

고민은 윌슨의 몫이었다. 전쟁에 가야 할 것인가? 참전하면 승리할 수 있을 것인가? 미국여론은 참전을 지지해줄 것인가? 고민에 고민을 거듭했다. 자타공인 골프마니아였던 윌슨은 골프장행 발길도 끊었다. 8년 대통령을 하면서 1,200번 정도 라운딩을 했으니까 2~3일에 한 번씩은 골프를 하던 윌슨이었지만, 나라의 운명이 걸린 결단의 시간을 맞아서는 골프 생각도 접어야 했다. 매일 회의를 하고, 보고서를 보면서 숙고를 거듭했다. 결정이 쉬울 수는 없었다. 군비상황, 군인들의 상황, 전쟁 이후의 영향 등 고려해야 할 것이 한둘이 아녔다. 잠깐 골프로 머리를 식히고 와서 고민을 해볼까 하는 생각을 할 때도 있었다. 그래서 비서에게 "이런 때에 골프를 하면 안 좋겠지?" 묻기도 했다. "물론 안 좋을 것입니다"하는 답에 흔들리는 마음을 정리하고 다시 서재로 향할 수밖에 없었다.

그러던 중 중대사건이 일어난다. '치머만 사건'이다. 독일의 외교장관 아루투어 치머만(Arthur Zimmermann)이 1917년 1월 17일 미국 주재 독일대사 요한 폰 베른스토르프(Johann von Bernstorff)를 거쳐 멕시코 주재 독일공사 하인리히 폰 에카르트(Heinrich von Eckardt)에게까지 가는 전보를 보냈다(전보를 보낸 것은 무제한 잠수함 작전이 시작되기 전인 1월 17일이고, 이것이 알려져 문제가 되기 시작한 것은 2월 말이다). 멕시코에 미국을 공격하도록 하라는 내용이었다. 전문을 그대로 보면 이렇다.

> 2월 1일 무제한 잠수함 작전을 시작할 예정이다. 그럼에도 우리는 미국의 중립 유지를 위해 노력할 것이다. 이것이 실패할 경우(미국이 참전할 경우) 다음 조건을 바탕으로 멕시코에게 동맹을 제안한다. 공동 전쟁 수행, 공동 평화 달성, (멕시코에 대한) 넉넉한 재정적 지원, 멕시코가 잃은 텍사스주·뉴멕시코주·애리조나 주의 회복에 대한 이해. 세부사항에 대한 합의는 귀하에게 일임한다. 미국의 참전이 분명해지면 멕시코 대통령에게 극비리에 이러한 사항을 전하시오. 그리고 멕

> 시코 대통령이 일본의 지지도 유도할 수 있도록, 또 우리와 일본 사이 중재를 맡아줄 수 있도록 해주시오. 또한 멕시코 대통령에게, 우리의 무제한 잠수함 작전으로 인해 영국이 몇 달 안에 평화조약을 수락할 것으로 보인다는 전망도 환기시켜 주시시오.

독일은 무제함 잠수함 작전을 시작하면 미국이 참전할 것을 매우 걱정하고 있었고, 참전 선언을 하더라도 멕시코가 미국을 공격하게 해서 미군을 아메리카 대륙에 묶어두고 싶어 했다. 그래서 이런 전보를 보낸 것이다.

영국, 비밀 전보 공개 외교로 미국 참전 유도

1월 17일 전보를 중간에서 감청한 것은 영국이었다. 대서양을 건너 독일에서 미국으로 가는 전보의 내용을 중간에서 감청한 것이다. 암호로 된 전보 내용을 영국군은 어렵지 않게 해독했다. 침몰한 독일군함에서 암호책을 확보해 갖고 있었기 때문이다. 영국 해군 정보부대를 책임지고 있던 레지널드 홀(Reginald Hall) 제독은 '이 전보를 어떻게 다뤄야 하나' 심사숙고하지 않을 수 없었다. 미국에 전달하면 미국이 격분해 참전을 유도할 수 있겠지만, 이 소식이 독일에 전해지면 독일은 암호를 바로 바꿔버릴 것이 분명했다. 확보하고 있던 독일군 암호책이 무용지물이 될 판이었다. 고민 끝에 홀 제독은 전보를 상부에 보고하지 않고 금고에 넣어두었다. 독일의 무제한 잠수함 작전이 시작돼도 미국이 참전하지 않으면 그때 가서 공개할 생각이었다. 2차 세계대전 당시 레이더 기술을 확보한 영국군은 이를 숨겨야 했다. 그래야 독일이 계속 영국으로 전폭기를 보내고, 영국은 레이더를 이용해 이를 조기에 발견해 추락시킬 수 있었다. 그래서 영국은 독일군에 "영국 조종사들이 독일 폭격기를 빨리 발견할 수 있는 건 블루베리를 듬뿍 바른 빵을 많이 먹고 있기 때문이다"라는 소문을 냈다. 전보를 숨긴 것과 비슷한 문맥이다. 암호 해독술이든 레이더 기술이든, 나는 알고 상대는 모를 때, 특히 상대는 내가 뭘 알고 있는지조차 전혀 모를 때 정보는 최고의 가치를 가질 수 있다. 전쟁은 그렇게 치열한 정보전 속에서 치러진다.

1월 31일 무제한 잠수함 작전이 선포되었지만, 윌슨은 바로 참전을 선언하지 않고 생각을 계속했다. 그러자 2월 5일 치머만은 멕시코 주재 독일공사에게 "지금 멕시코에 동맹을 제의하라"는 내용의 전보를 보냈다. 홀 제독은 이 전보도 감청해 가지고 있었다. 2월 하순이 되어 가는데도 윌슨은 결심하지 못하고 있었다. 홀 제독은 전보를 미국에 전달해야겠다고 생각했다. 문제는 영국의 전보 확보와 해독 사실이 공개되지 않으면서 미국에 전보를 전달하는 것이었다. 그래서 홀 제독은 주미 독일대사가 주멕시코 독일공사에게 보낸 전보의 내용을 파악한 것으로 꾸몄다. 이 전보 전달 통로는 민간전신회사 라인을 쓰고 있었다. 홀 제독을 실제로 멕시코 주재 영국정보원을 시켜 그 라인으로 전달된 전보를 확보해 두었다. 민간회사라서 접근이 비교적 쉬웠다. 내용은 영국 해군 정보부대가 독일-미국 사이에서 확보한 것과 같은 것이었다.

홀 제독은 2월 19일 멕시코에서 확보한 전보를 아서 밸푸어(Arthur Balpour) 영국 외교장관에게 전달했다. 밸푸어는 24일 미국에 전했다.

물론 멕시코에서 민간회사 채널을 통해 확보한 것으로 했다. 물론 미국은 격분했다. 영국은 전보 내용을 언론에도 알렸다. 3월 1일 영국과 미국의 신문들이 대대적으로 이를 보도했다. 비밀 전보 공개를 통한 미국 참전 외교를 영국이 적극 전개한 것이다. '독일, 미국 침략 동맹 추진', '독일, 멕시코에 미국 공격 요청' 등의 제목으로 각 신문에 보도되자 윌슨도 전쟁으로 가는 길을 피할 수 없었다. 독일이 미국 공격을 추진했고, 미국 영토를 보상으로 주겠다는 약속까지 하면서 멕시코를 부추긴 것이 드러났으니, 이제 전쟁을 선포하지 않으면 매우 이상한 상황이 된 것이다. 자칫하면 미국은 자존심도 없는 나라냐? 하는 얘기가 나올 상황이었다. 실제 이 전보가 공개되면서 미국의 참전 여론은 높아졌다.

참전, 승전, 그리고 '미국의 세기' 시작

4월 2일 이른 아침 윌슨은 부인 에디스 윌슨(Edith Wilson)만을 데리고 골프장으로 향했다. 두 달만의 라운딩이었다. 자주 이용하는 메릴랜드 주에 있는 커크사이드 컨트리클럽이었다. 전쟁 결심을 굳히고 마음을 정리하면서 부인과 함께 라운딩을 한 것이다. 그렇게 마음을 추스른 다음 그날 저녁 양원 합동회의에 출석해 독일에 대한 선전포고를 요청했다. 이기적이고 독재적인 세력에 맞서 세계평화와 정의의 원칙을 굳게 다져나가야 한다고 강조하면서. 지금도 그렇지만, 그때도 미국의 선전포고권은 의회에 있었다. 윌슨의 요청을 받은 의회는 4월 6일 양원합동회의를 열어 전쟁결의안을 통과시켰다. 하원은

373대 50, 상원은 82대 6이었다.

6월 26일 1만 4,000명의 보병이 프랑스에 파견되는 것을 시작으로 미국의 참전은 본격화되었다. 6월에 프랑스 땅을 밟은 미군은 10월에 처음으로 독일군과 전투를 벌이고, 이후 전선을 확대해 나갔다. 12월에는 오스트리아에 선전포고를 하고 전쟁을 벌였다.

그러면서 미국은 전후 세계에 대한 구상을 구체화하는 작업도 동시에 했다. 윌슨의 전방위 비공식 참모 에드워드 하우스(Edward House)가 일을 주도해 나갔다. 윌슨이 뉴저지 주지사를 할 때부터 곁에서 돕던 인물이다. 윌슨이 장관직을 주려 했지만 거절하고 자유롭게 다방면의 정책에 대해 자문을 계속하고 있었다. 하우스가 나서서 1917년 9월 국무부 산하에 'The Inquiry'라는 이름의 싱크탱크를 만들었다. 책임자는 뉴욕시립대 총장 시드니 메체즈(Sydney Mezes)이었다. 그는 하우스의 처남이기도 했다. 당대의 지성이었던 언론인 월터 리프먼(Walter Lippman)과 하버드, 예일, 컬럼비아 등 명문대학의 교수들이 참여했다. 여기서 전쟁 후 회담에서 논의해야 할 주요 사항들을 정리하는 작업을 차근차근히 했다. 전후 세계평화를 위한 조건들을 요약한 '14개 조항'(Fourteen Points)도 여기서 초안을 만들었다. 윌슨과 하우스가 더 다듬어 1918년 1월 8일 양원합동회의에서 공표했다. 공개외교와 공해상 항해의 자유, 군비축소, 민족자결, 국제연합 창설 등이 핵심 내용이었다.

미국의 참전으로 전장의 상황은 달라졌다. 1918년 들어서는 전세가 연합국 쪽을 기울기 시작했고, 1918년 11월 11일 연합국은 승리로 전쟁을 끝낼 수 있었다. 미국은 전쟁이 끝날 때까지 연인원 2백만여 명을 파병해 승전을 이끄는 역할을 했다. 그 가운데 5만여 명은 목숨을 잃었고, 20만여 명은 부상을 당했다. 전체적으로는 4년의 전쟁 동안 9백만여 명의 군인과 6백만여 명의 민간인이 사망했다.

1차 세계대전은 세계사의 조류를 크게 바꿔놓았다. '영국의 세기'는 '미국의 세기'로 바뀌었다. 미국은 많은 희생을 치르기도 했지만, 물자를 팔고 돈을 빌려줘 많은 경제적 이익을 확보했다. 1913년 미국의 수출액은 24억 달러였는데, 1917년에는 62억 달러로 증가했다. 영국과 프랑스, 러시아 등으로 밀과 면화, 자동차, 기계류, 화약 등을 대량으로 수출했다. 수출을 많이 해야 하니 산업생산력도 급속하게 성장했다. 전쟁 기간 영국과 프랑스 등에 달러를 빌려줘 270억 달러(1920년)의 해외자본을 보유한 세계 최대의 채권국이 되었다. 미국이 세계 제1의 경제 대국 위치에 올라서게 되었다.

2차 세계대전으로 가는 길, 체임벌린의 유화외교 . 1938

6

히틀러는 호전적, 주변국은 소극 외교

2차 세계대전은 왜 일어난 것일까? 5천만 여 명의 목숨을 앗아간 인류 역사의 대재앙은 도대체 어떤 연유로 발발하게 된 것일까? 그동안 많은 연구가 있었고, 많은 결과가 발표되었다. 전쟁의 원인은 크게 보면, 개인 차원, 국가 차원, 국제체제 차원에서 찾아볼 수 있는데, 개인 차원의 분석은 아돌프 히틀러(Adolf Hitler)의 호전성에, 국가 차원의 분석은 나치 독일의 특성에 2차대전의 원인이 있다고 보고, 국체 제제 차원의 분석은 패권국에 대한 신흥강대국의 도전이 원인이라고 여긴다.

3가지 차원의 연구들이 나름의 설득력을 갖추고 있는데, 특히 히틀러 개인의 성격과 세계관에서 세계대전의 원인을 찾는 연구는 일반인들이 쉽게 이해할 수 있고, 아주 그럴듯하게 들리는 내용들이 많아서 여전히 연구에 회자되는 것이 많다. 예술에 관심이 많던 그가 관료가 되기를 바라던 아버지와 겪은 심한 갈등, 미술학교 두 번 낙방으로 인한 좌절, 막노동 등으로 겨우 생계를 잇던 불우한 시절, 비엔나 생활 당시 관찰한 사민주의자들의 폭력 시위와 파업 등이 그의 폭력성과 호전성을 형성했고, 그런 성격 때문에 큰 전쟁까지 일으켰다는 내용들이다.

세계 역사의 물줄기를 바꿔놓은 대전쟁이 한 사람의 특성으로 일어났다고 보는 것은 일견 단순해 보인다. 하지만 히틀러는 워낙 특이한 인물이었다. 전쟁으로 가는 과정에서 적나라하게 드러낸 게르만 민족주의와 거친 외교, 그리고 전쟁 중 저지른 유대인 학살 등은 특히 그의 개인적인 면을 제쳐 두고는 생각하기 어렵다. 그래서 히틀러는 지속적인 연구 대상이 될 수밖에 없는 것 같다. 물론 그가 전쟁으로 가는 길에 영국과 프랑스 등 주변국의 외교는 나약하고 소극적이었다. 이런 것들이 어우러지면서 2차 세계대전은 세계 현대사의 참극으로 남게 된 것이다. 여기서는 히틀러가 2차 세계대전으로 가는 길에, 특히 영국이 보인 유약한 외교의 진행 과정을 좀 깊이 들여다보자.

히틀러의 재무장 선언...영국·프랑스의 방관

히틀러는 시대가 만들어낸 풍운아였다. 1차 세계대전 이후 독일은 영토의 15%를 잃고, 군대도 10만 명으로 제한된 상태로, 2,690억 금화 마르크(당시 가치로 630억 달러. 당초 이렇게 정해진 배상금 액수는 나중에 국제회의를 통해 감액되기는 했다)에 이르는 배상금까지 물어야 하는 상황이었다. 위기를 타개해야 하는 바이마르 공화국은 무능했다. 독일인들은 강력하고 카리스마 넘치는 리더를 원했다. 특유의 선동 능력을 갖춘 히틀러는 이런 대중의 욕구를 충족시켜 주었다. 그렇게 그는 대중의 지지를 받아 1933년 1월 총리가 되었다. 1934년 8월에는 대통령 파울 폰 힌덴부르크(Paul von Hindenburg)가 사망하면서, 국민투표를 거쳐 대통령과 총리를 합친 총통(Führer)에 올랐다.

히틀러의 나치 정부는 경제성장과 일자리 창출을 정책의 최우선 순위에 두었다. 삼림 조성, 고속도로 건설, 학교·병원 건설을 대대적으로 진행했다. 미국의 뉴딜정책과 같은 것이었다. 일자리가 없고, 그래서 수요가 없으니, 정부가 대규모 사업을 벌여 일자리를 만들고 월급을 줘서 수요를 창출함으로써 경제가 돌게 하자는 정책이었다. 손기정 선수가 마라톤 금메달을 따낸 1936년 베를린 올림픽도 그런 차원의 사업이었다. 올림픽에 필요한 대규모 경기장 건설은 일자리와 수요를 창출하는 좋은 방안이 아닐 수 없었다. 게다가 올림픽은 개최국을 크게 홍보할 수 있는 기회였다. 군수산업도 일석이조이었다. 성장과 일자리를 가져다주면서 독일을 군사적으로 다시 무장할 수 있도록 해주었다. 특히 군수업체들은 많은 하청업체들을 육성해 산업발전에 효과적으로 기여하는 역할까지 했다. 실제로 독일은 1933년 국방비를 GDP의 1%만 지출했는데, 1938년에는 20%로 늘어나 있었다. 나치 정부의 이러한 수요창출 전략은 성공적이었다. 빠른 경제성장과 많은 일자리 창출을 이룰 수 있었다. 1932년 550만여 명에 이르렀던 실업자가 1940년에는 5만여 명으로 줄어있었다.

경제적인 성장은 독일에게 군사적인 욕심을 심어주었다. 히틀러는 1935년 3월 16일 재무장을 선언한다. 명백한 베르사유 조약 위반이었다. 베르사유 조약은 독일의 육·해군 총병력을 10만 명으로 제한하고 있었고, 항공전력은 보유를 금지했다. 징병제도 못하게 했고, 새로운 전차의 개발과 배치도 금지하고 있었다. 히틀러의 재무장 선언은 이 조약을 폐기한다는 선언이었다. 그러고는 곧 신형 폭격기와 전차, 전함, 잠수함을 개발, 생산하기 시작했다. 그럼에도 유럽의 강대국 영국과 프랑스는 적극 대응하지 않았다. 비난성명들만을 낸 채 구체적인 제재행위를 마련하고 나서진 않았다. 영국, 프랑스, 이탈리아, 국제연맹 모두 마찬가지였다. 소련의 사회주의를 더 경계하고 있었고, 이를 막기 위해서는 반공주의자 히틀러가 필요할 수도 있을 거라 여기고 있었기 때문이다.

히틀러의 '생애 가장 행복한 날'

독일의 재무장 선언 3개월 후인 1935년 6월 18일에는 영국이 심각한 외교적 참사를 저지른다. 독일과 협상 끝에 영독해군협정을 맺어 독일의 군함보유를 대폭 허용해 준 것이다. 베르사유 조약은 독일이 군함을 모두 연합군에 양도하도록 하고, 추후 잠수함은 보유 자체를 금지하면서 다른 함정은 소규모만(1만 톤 초과 함정 6척까지만) 보유할 수 있도록 하고 있었다. 그런데 영독해군협정은 독일 해군의 함정 보유를 영국해군의 35%(배수량 기준)까지 허용해 줬다.

애초 독일은 상한을 두는 것에 반대했다. 물론 해군력 확보가 순전히 방어적인 목적이라고 반복적으로 강조하기도 했다. 영국은 35% 상한을 강력 주장했다. 독일의 협상대표 요하힘 폰 리벤트로프(Joachim von Ribbentrop) 전권대사가 '무제한'을 계속 주장하자 영국 외교장관 존 사이먼(John Simon)이 협상장을 박차고 나가기도 했다. 하지만 긴 실무협상을 거친 끝에 결국 35% 상한으로 합의가 되었다.

독일은 협상전략 상 초기에 최대치를 주장하다가 나중에 일정한 상한을 정하는 선에서 합의를 해주었다. 영국은 히틀러의 재무장 선언으로 독일의 팽창주의는 이미 시작되었다고 보고, 이를 적절한 선에서 제어하는 게 합리적이라고 생각해 35% 선에서 협상을 타결했다.

문제는 그것이 베르사유 조약의 제한을 풀어버리는 조치였다는 것이다. 게다가 프랑스도, 이탈리아도 영국의 이런 외교를 모르고 있었다. 결국 영국은 독일의 팽창을 막기 위해 협조해야 할 우군들과 한 마디 협의도 없이, 유럽질서를 지켜오던 중대조약을 무의미하게 만드는 새로운 협정을 체결하는 우를 범하게 된 것이다. 히틀러는 협정이 서명된 6월 18일 "내 생애 가장 행복한 날"이라며 기뻐했다고 한다.

이탈리아의 에티오피아 침공

히틀러의 팽창욕에 소극적으로 대응하는 모습을 지켜보고 있던 이탈리아의 베니토 무솔리니(Benito Mussolini, 1883~1945) 총리도 1935년 10월 아프리카의 에티오피아를 침공한다. 동아프리카의 대국 에티오피아는 기원전 8세기부터 장구한 세월을 독립국으로 살아온 나라였다. 하지만 강대국들이 세계로 손을 뻗치던 19세기 후반부터는 시련을 맞게 된다. 영국과 프랑스, 독일, 벨기에 등이 아프리카 식민지 침략에 나서 1차 세계대전이 발생하는 1914년 당시 아프리카 대부분의 나라가 이들 유럽국가의 식민지가 되었다. 딱 두 나라, 에티오피아와 라이베리아(미국에서 돌아온 노예들이 1847년 건국)만 독립국으로 남아 있었다.

에티오피아도 강대국 침략의 소용돌이를 온전히 비켜 갈 수는 없었다. 1863년 영국이 침공했다가 물러갔고, 1895년에는 이탈리아가 침략했다. 물론 식민지 건설을 위한 것이었다. 하지만 에티오피아는 황제 메넬리크 2세(Menelik II, 1844~1913)의 탁월한 리더십 덕분에 이탈리아를 물리쳤다. 메넬리크 2세는 분열되어 있던 부족들을 결속시키고, 프랑스와 러시아의 무기를 사들여 강대국의 침략에 대비하고 있었다. 실제 이탈리아가 쳐들어오자 직접 군사를 몰고 나가 전투를 지휘해 나라를 지켜냈다.

1차 세계대전이 끝나고 국제연맹이 창립되자 에티오피아도 여기에 가입했다. 영국이 반대했지만, 이탈리아가 주장해 가입시켰다. 영연방 국가들과 함께 영국의 세력이 너무 강해지는 것을 막기 위해 이탈리아가 추진한 일이다. 이탈리아 입장에서는 식민지화하려던 욕심을 갖고 있던 나라이니 지속적 관리 차원에서도 필요한 작업이기도 했다.

그렇게 관리해 오던 에티오피아에 대해 이탈리아가 40년 만에 재차 군사적 공격을 감행한 것이다. 이번에는 에티오피아가 스스로를 지킬 만큼 강하지 못했고, 이탈리아는 전보다 강해져 있었다. 에티오피아는 국제연맹에 호소했다. 국제연맹은 개입하지 않을 수 없었다. 국제연맹의 설립 취지가 연맹 내부의 한 국가가 어떤 국가의 침략을 받을 때 공동으로 대처하자는 것이었다. 고약한 것은, 이탈리아와 에티오피아 모두 국제연맹 회원국이라는 것이었다. 연맹 스스로 회원국에 벌을 내려야 하는 상황이었다. 그래서 11월 18일 내려진 제재는 물렁한 것이었다. 군사적인 조치는 없고 경제적인 제재만 가했다.

이탈리아 상품에 대한 수입을 금지하고, 이탈리아에 대한 재정지원과 군수물자 수출을 금지하는 정도였다. 무엇보다 중요한 석유의 이탈리아에 대한 수출금지는 빠져 있었다. 캐나다가 수출금지 품목에 석유와 철강을 포함하자고 제안했지만 받아들여지지 않았다.

영국과 프랑스 입장에서는 석유 수출금지는 이탈리아를 완전히 적으로 돌려세우는 행위였다. 그래서 핵심이 빠져버린 제재를 부과한 것이다. 히틀러의 재무장에도, 이탈리아의 군사적 침략에도 제대로 대응하지 못하면서 국제연맹은 그야말로 종이호랑이가 되어버렸다.

영국·프랑스, 무솔리니에 유화책

그렇게 시원찮은 제재를 해놓고는 프랑스와 영국은 더 나아가 이탈리아 달래기에 나섰다. 프랑스 총리 겸 외교장관 피에르 라발(Pierre Laval)이 이탈리아에 제시할 안을 만들었다. 나중에 2차대전이 발발한 후에는 비시정부의 부총리를 거쳐 총리를 맡아 전후 전범으로 처형된 인물이다. 라발의 제안은 에티오피아의 3분의 2는 이탈리아가, 나머지는 에티오피아가 가지도록 한다는 것이었다. 군사적 공격을 시작했지만, 이탈리아가 쉽사리 에티오피아를 정복하지는 못하는 상황이었다. 당시 이탈리아가 장악하고 있던 곳이 3분의 2가 되지는 못했으니까 라발의 제안은 무솔리니에 대한 유화책이었다. 라발은 이런 내용을 영국 외교장관 새무얼 호어(Samuel Hoare)와 상의했다. 호어도 동의해 이 제안은 1935년 12월 무솔리니에게 보내졌다.

그런데 이게 프랑스 언론에 누설돼 버렸다. 곧 영국의 언론에도 보도되었다. 여론은 당연히 들끓었다. 공동으로 비난하고 물리쳐야 할 침략자에게 어떻게 상을 줄 수가 있느냐는 얘기였다. 특히 영국의 여론이 안 좋았다. 호어는 석 달 전 제네바 국제연맹총회에 참석해 "어떤 형태든 이유 없는 공격에 대해서는 끊임없이, 공동으로 저항해 나갈 것"이라고 역설해 세계 언론의 칭송을 들었던 인물이다. 그런데 무솔리니에게 에티오피아 대부분을 떼어주는 합의를 했으니, 영국언론이 가만있을 리 없었다. 성난 언론과 여론을 달래야 했다. 호어는 외교장관직을 내놓을 수밖에 없었다. 장관이 된 지 6개월 만이었다. 이런 소동에도 불구하고 이탈리아는 에티오피아 침략을 멈춤 없이 계속했고, 1936년 5월 5일 수도 아디스아바바를 점령한 뒤, 5월 9일에는 합병을 선언했다.

영국과 프랑스, 국제연맹은 이탈리아의 에티오피아 합병을 묵인했다. 하지만 순전한 묵인은 아니었다. 무솔리니에게 모멸감을 주는 소치는 감행했다. 에티오피아 황제 하일레 셀라시(Haile Selassie)에게 국제연맹 총회 연설 기회를 준 것이다. 1936년 6월 30일 셀라시는 제네바 국제연맹 총회장에 홀로 들어섰다. 총회 의장이 '에티오피아의 황제'라고 소개하자 이탈리아 기자들이 갑자기 야유를 퍼부었다. 한참 만에 장내가 정리된 뒤 셀라시는 연설을 시작했다. 에테오피아 사람들이 당하는 참상을 알리고, 이탈리아 침공의 잔혹성, 국제연맹의 무능을 비판하는 내용이었다. 참으로 기묘한 광경이 아닐 수 없었다. 동료 회원국의 침략을 받아 망한 나라의 수뇌가 국제연맹의 총회에 참석해 호소하기도 하고 비판을 하기도 한 것이다. 망한 나라의 수반이 국제기구에서 고별연설을 하는 상황이었으니 기묘하고 요상한 일이 아닐 수 없었다.

체임벌린, 주데텐 할양 인정

무솔리니의 군사행동에 소극적으로 대응하는 영국과 프랑스를 보면서 히틀러는 차츰 더 과감해진다. 1936년 3월 7일에는 라인란트(Rheinland)에 독일군을 진주시킨다. 라인란트는 라인강 서쪽 지역으로, 베르사유 조약에 따라 비무장지대가 되었다. 이 비무장지대에 군을 집어넣어 베르사유 조약을 돌직구로 붕괴시킨 것이다.

이렇게 베르사유 조약으로 잃은 땅을 수복한 뒤, 히틀러는 동유럽과 소련 일부를 차지하려는 계획을 세우고, 이를 1937년 11월 5일 안보관련 참모들에게 직접 설명했다. 첫 번째 병합대상은 오스트리아였다. 오스트리아에 합병을 제안했다. 물론 오스트리아는 거부했다. 그러자 히틀러는 1938년 2월 20일 의회연설을 통해, 국경너머에 사는 천만 독일인에 대한 박해를 이제 참지 않겠다면서 일전불사의 의지를 분명히 밝혔다. 히틀러의 지원을 받은 오스트리아 나치당은 무혈쿠데타를 일으켜 3월 11일 정권을 장악하는 데 성공했다. 곧 독일군을 오스트리아로 진주시키고, 4월 10일에는 합병안을 국민투표에 부쳐 가결시켰다.

이제 체코슬라바키아 차례. 구체적인 목표는 서북부 주데텐란트(Sudetenland, 이하 주데텐)였다. 300만여 명의 독일인이 살고 있었다. 독일이 동쪽으로 뻗어나가기 위해서는 우선 차지해야 하는 요충지였고, 반대로 체코슬로바키아 입장에서는 독일의 침략을 막기 위해서는 꼭 지켜야 하는 곳이었다. 히틀러는 주데텐을 차지하는 문제를 이 지역의 나치당인 주데텐독일당의 지도자 콘라트 헨라인(Konrad Henlein)을 통해 해결하려 했다. 주데텐독일당은 독일인들의 지지를 받아 지역 최대정당으로 자리잡고 있었다. 1938년 4월 24일 헨라인은 자치정부 수립 등 8개 요구사항을 체코슬로바키아 정부에 제시했다. 하지만 정부는 움직이지 않았다. 5월 하순 히틀러는 체코슬로바키아에 대한 전쟁계획을 수립했고, 8월에는 독일군은 체코슬로바키아 국경에 집결시켰다. 9월 12일 히틀러는 뉘른베르크(Nürnberg) 나치 당대회 연설을 통해 주데텐의 독일인들이 학대당하고 있다면서, 이들을 보호하는 데 나서겠다고 밝혔다.

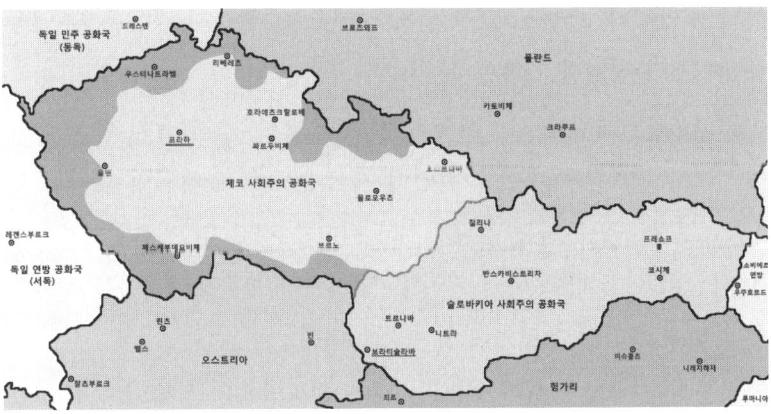

체코슬로바키아 주데텐란트(또는 주데텐) 지도. 체코의 진한 회색 부분이 주데텐란트지역이다.

히틀러의 연설에 흥분한 주데텐 독일인들이 폭력시위에 나섰고, 체코슬로바키아 정부는 계엄령을 선포했다. 상황이 이렇게 급박하게 돌아가자, 영국 총리 네빌 체임벌린(Neville Chamberlain)이 직접 나섰다. 히틀러와의 긴급회담을 제안했다. 체임벌린이 9월 15일 뮌헨 남동쪽 알프스 자락에 있는 베르히테스가덴(Berchtesgaden)까지 갔다. 비행기를 타보는 것도 처음이었고, 더구나 나이가 70세였다. 히틀러는 49세에 불과했다. 히틀러의 별장 베르크호프(Berghof)에서 회담은 열렸다. 히틀러는 집권 전인 1923년 600여 명의 무장 돌격대를 이끌고 쿠데타를 시도했다가 실패해 9개월 동안 감옥생활을 했는데, 그 집필한 『나의 투쟁』이 잘 팔려 그 인세로 이 별장을 샀다고 한다.

히틀러가 말을 많이 했다. 유럽의 일은 영국과 협의하는 게 맞다고 본다며 회담장 분위기를 주도해 나갔다. 체코슬로바키아에 있는 3백만 독일인들이 늘 걱정된다며, 그들이 독일제국 안으로 들어와야 한다고 말했다. 그들도 그걸 원하고 있으며, 히틀러 자신은 그 일을 해내기로 결심했다고 밝혔다.

듣고 있던 체임벌린이 히틀러의 말을 받았다. "확실히 좀 해둘게 있습니다. 3백만 주데텐 독일인이 제국 안으로 들어와야 한다고 했는데, 그걸로 만족하는 겁니까? 더 원하는 것은 없는 겁입니까? 많은 사람이 그게 다가 아닐 거라고, 당신은 체코슬로바키아를 해체하려 한다고 생각하고 있기에 묻는 것입니다".

히틀러는 길게 답했다. 원하는 것은 게르만족의 통합이며, 체코슬로바키아의 많은 부분을 원하는 게 아니라 주데텐의 독일인들을 원할 뿐이라고 말했다. 3백여 명의 주데텐 독일인들이 총살당했다며, 그런 일이 계속돼서는 절대 안 되고, 그 문제는 확실히 해결하겠다고도 말했다. 그 문제 해결을 위해서는 전쟁도 불사하겠다고 강조했다.

체임벌린은 얘기를 듣고 난 뒤 "협의 없이 무력으로 문제를 해결하려면 왜 나를 여기까지 오게 했습니까?" 반문했다. 그러면서도 체임벌린은 원칙적으로 주데텐 분리에 대해서는 반대하지 않는다고 했다. 다만 현실적인 어려움들은 히틀러가 잘 극복해야 한다는 전제를 달았다. 강경하게 주데텐 침략 반대를 말하지 못했고, 심지어는 할양에 찬성까지 해준 것이다. 다만 구체적으로 어떻게 주데텐를 분리할 것인지, 그 방법론만 남아 있을 뿐이었다.

금세 드러나는 히틀러의 욕심

히틀러와 첫 번째 회담을 마친 체임벌린은 프랑스와 협의를 진행해 나갔다. 독일과의 전쟁을 막는 데 프랑스와 의견을 일치시켜 나가는 것이 무엇보다 중요했다. 9월 18일 런던에서 총리·외교장관 회담이 열렸다. 영국의 체임벌린 총리와 핼리팩스(Lord Halifax) 외교장관, 프랑스의 에드아르 달라디에(Édouard Daladier) 총리와 조르주 보네(Georges Bonnet) 외교장관이 마주 앉았다. 독일과 충돌하는 것보다는 달래는 쪽으로 가야 한다는 데 의견이 모아졌다. 구체적으로는 체코슬로바키아 지역 중 주민의 50% 이상이 독일어를 쓰는 지역은 독일에 소속되어야 한다는 것이었다. 다음날 합의안을 발표했다.

체코슬로바키아 정부에 합의안이 전해졌다. 당연히 체코슬로바키아는 거부했다. 자국의 영토를 양보하는 일이니 쉽사리 동의할 수 없었다. 게다가 자국의 대표가 참여하지도 않는 회의에서 결정된 영토할양을 그대로 수용할 수는 없었다. 하지만 영국과 프랑스는 계속 압박했고, 결국 9월 21일 체코슬로바키아는 영국·프랑스가 제시한

안을 수용했다.

체코슬로바키아의 수용의사를 확인했으니 이제 히틀러를 만나야 했다. 이번에는 체임벌린이 본(Bonn) 남동쪽 바트 고데스베르크(Bad Godesberg)로 히틀러를 만나러 갔다. 9월 22일이었다. 영국과 프랑스가 주데텐 할양에 동의하기로 했고, 체코슬로바키아의 수락까지 얻어냈으니, 히틀러와의 대화는 쉬울 거라고 생각했다. 체임벌린은 자신이 가지고 온 것을 열심히 설명했다. 하지만 히틀러는 관심이 없었다. 그런 게 더 이상 필요 없게 됐다고 말했다. 헝가리와 폴란드도 체코슬로바키아 영토를 요구하고 있는데, 그런 것이 모두 함께 이루어져야 한다고 히틀러는 주장했다. 체코슬로바키아를 해체한 뒤 대부분을 차지하겠다는 복안을 염두에 둔 얘기였다. 체임벌린이 9월 15일 회담에서 주데텐 할양이면 된다고 하지 않았느냐 따져보기도 했지만 소용없었다.

주데텐과 관련해서도 히틀러의 요구사항이 많아졌다. 조속히 할양이 이뤄져야 하고, 주민투표를 하는 경우 주데텐에 살다가 독일로 이주한 58만여 명의 독일인들에게도 투표권이 부여되어야 한다고 히틀러는 주장했다. 다음날까지 회담은 계속되었지만, 의견 차이가 워낙 커 진전은 되지 않았다. 24일 회담은 결실 없이 끝나버렸다.

뮌헨회담…주데텐 할양 결정

두 번에 걸친 체임벌린-히틀러 회담이 실패로 돌아가자 영국과 프랑스도 좀 강경해졌다. 체코슬로바키아는 전쟁 불사를 외쳤고, 체코슬로바키아의 동맹국 소련도 체코슬로바키아를 보호하겠다는 입장을 프랑스에 알렸다. 험해진 상황을 타개하기 위해 체임벌린은 9월 26일 측근인 호러스 윌슨(Horace Wilson)을 특사로 보냈다. 히틀러에게 영국, 독일, 체코슬로바키아 3자회담을 제안하기 위해서였다. 하지만 히틀러는 특사의 제안을 진지하게 들을 생각이 없었다. 윌슨에게 10월 1일까지는 체코슬로바키아를 점령하겠다고 소리를 지를 뿐이었다. 윌슨은 체임벌린의 3자회담 구상을 제대로 전하지도 못한 채 물러 나올 수밖에 없었다.

체임벌린은 이제 무솔리니에게 중재를 요청했다. 무솔리니는 정권을 장악하는 과정, 그리고 국가를 운영하는 방식과 관련해 히틀러에게 본보기를 보여줬고, 실제 히틀러는 그를 마음으로 받들고 있었다. 9월 28일 무솔리니가 나서 회의를 주선했고, 다음날 유럽 질서를 정하는 4자정상회담이 뮌헨에서 열리게 되었다.

1938년 9월 뮌헨회담. 앞줄 왼쪽부터 네빌 체임벌린(영국 총리), 에드아르 달라디에(프랑스 총리), 아돌프 히틀러(독일 총통), 베니토 무솔리니(이탈리아 총리).

회담은 뮌헨의 총통실에서 9월 29일 오후 12시 45분에 시작해 다음 날 새벽 1시 반까지 계속되었다. 유럽 강대국의 수뇌 체임벌린과 달라디에, 무솔리니, 히틀러가 그야말로 마라톤 회담을 벌인 것이다. 유럽의 정치질서에 대한 많은 논의들이 길게 진행되었지만, 핵심논의사항은 물론 주데텐 문제였다. 이 문제에 대한 초안은 독일이 만들었고, 무솔리니가 제시했다. 10월 10일까지 독일이 주데텐를 차지한다는 것이 핵심내용이었다. 다른 분쟁지역 문제는 국제위원회를 구성해 결정한다, 국제위원회는 영국과 프랑스, 이탈리아, 독일, 체코슬로바키아의 대표들로 구성한다, 등의 내용도 있었다. 주테텐란트가 할양된 뒤 정해진 새로운 체코슬로바키아의 국경은 영국과 프랑스, 독일, 이탈리아가 보장하도록 했다. 히틀러가 주데텐 이외의 체코슬로바키아지역을 점령하면 안 된다는 내용도 합의에 들어간 것이다.

이 초안을 두고 정상들은 오랫동안 논쟁을 거듭했다. 체임벌린은 체코슬로바키아에 대한 보상방안도 고려하자고 제안하기도 했다. 히틀러는 이를 거절했다. 초안의 내용에 영국과 프랑스가 대체로 동의해 줌으로써 합의는 이루어졌다. 그렇게 뮌헨협정(Munich Agreement)은 완성되었다.

영국과 프랑스는 합의안을 체코슬로바키아에 전했다. 동의하든지, 아니면 독일을 혼자서 감당하는지 선택할 것을 요구했다. 체코슬로바키아는 유럽의 4대 강국이 합의한 사항에 저항할 힘이 없었다. 저항은 곧 히틀러의 침공을 의미하는 것이었다. 어쩔 수 없이 합의에 동의를 해줬다. 체코슬로바키아 땅에 대한 히틀러의 욕심은 그렇게 채워졌다.

뮌헨을 떠나기에 앞서 30일 오전 체임벌린은 히틀러에게 비밀회동을 제안했다. 곧 그들은 히틀러의 아파트에서 만났다. 체임벌림은 양복 안주머니에서 종이 한 장을 꺼냈다. '영독협정(Anglo-German Agrement)'라고 쓰인 것이었다. 내용은 단지 세 문단이었다. 핵심은 '양국은 뮌헨협정을 양국국민이 결코 전쟁으로 가지 않는다는 바람의 상징으로 간주한다'는 것이었다. 체임벌린은 여기에 자신과 히틀러가 서명하자고 했다. 히틀러는 선선히 서명을 해줬다. 그날 오후에 나치의 외교장관이 된 요하힘 폰 리벤트로프(Joachim von Ribbentrop)가 "왜 사인을 해주셨냐?"며 불만스럽게 말하자 히틀러는 "심각하게 생각할 것 없어. 그런 종이 조각 이젠 안 중요해" 했다고 한다. 그런 종이를 가슴에 넣고 호텔에 돌아온 체임벌린은 가슴을 톡톡 두드리면서 "확보했어"라고 안심하듯 말했다고 한다. 히틀러와 개인적으로 만나 평화를 지켜가자고 합의하고, 그런 문서를 만들면 평화가 영원히 보장된다고 생각했던 것일까.

체임벌린은 런던으로 날아와 공항에 내린 뒤 모여든 지지자들 앞에서 그날 오전 자신과 히틀러가 사인한 '영독협정'을 흔들며 "여기 히틀러와 나의 이름이 있는 문서가 있다"고 외쳤다. "와!"하는 함성이 울렸다. 체임벌린은 협정문을 읽었고, 함성은 이어졌다. 그리곤 바로 버킹엄궁으로 갔다. 왕궁의 발코니에 조지 6세 국왕과 함께 섰다. 수많은 군중이 모여들어 박수와 환호를 보냈다. 그러고는 총리실 쪽으로 가 인파를 향해 소리쳤다.

> 친애하는 여러분! 이번에 독일에서 다우닝 스트리트(영국 총리실)로 명예로운 평화를 두 번째로 가져오게 됐습니다. 이것이 우리시대를

위한 평화라고 믿습니다. 여러분께 가슴깊이 감사드립니다. 이제 집에 돌아가 평온하게 주무시기 바랍니다.

1878년 벤자민 디즈레일리(Benjamin Disraeli)가 '베를린 회의'에서 유럽의 평화에 기여한 이후 두 번째라는 것이었다. 당시 베를린 회의는 영국과 독일, 러시아, 오스트리아, 프랑스, 오스만투르크, 이탈리아 등 7개국이 모인 자리였다. 러시아-오스만투르크 전쟁 결과 맺어진 산스테파노 조약이 러시아의 흑해 지역으로의 영토확장을 허용했고, 그에 따라 러시아의 남하에 대한 유럽의 우려가 커진 상황이었다. 이를 조정하기 위해 베를린에서 유럽의 주요 국가들이 만난 것이다. 디즈레일리와 비스마르크의 활약으로 러시아가 차지하게 된 영토를 축소하고, 러시아의 남하를 저지하는 성과를 냈다. 체임벌린은 이러한 디즈레일리의 성과에 자신의 것을 빗댄 것이다.

히틀러의 정복욕 간과

많은 사람들이 환호하고 박수치고 칭찬할 때 윈스턴 처칠(Winston Churchill, 1874~1965)은 미래를 걱정하고 있었다. 처칠은 해군장관과 전쟁장관으로 1차 세계대전을 치른 뒤, 식민장관과 재무장관 등을 역임한 후, 원로 보수당 의원으로 국내외 정세를 관찰하고 있었다. 1933년 히틀러가 집권한 이후에는 그의 군국주의적 민족주의에 경고의 메시지를 계속 내고 있었다. 특히 군비를 증강하는 히틀러에 대비해 영국의 보다 단호한 입장과 국방강화, 그리고 상호방위조약을 통한 유럽의 공동대응을 지속적으로 주문하고 있었다. 그런 가운데 체임벌린 유화외교의 결정판 뮌헨협정을 마주하게 되었으니, 처칠의 반응은 차가울 수밖에 없었다. 1938년 10월 5일 의회 발언에서 처칠은 뮌헨협정을 두고 "완전하고 순전한 패배(total and unmitigated defeat)"라고 단정했다. "영국은 전쟁과 굴욕 중 하나를 선택하도록 제의를 받았다. 선택은 굴욕이었는데, 결국 전쟁을 맞게 될 것이다"라며 다가올 전쟁을 예고하기도 했다.

처칠에 동조하는 사람들도 몇몇 있기는 했다. 해군장관 더프 쿠퍼(Duff Cooper)는 뮌헨협정을 '무의미하고 비겁하며 실행 가능성 없는 것'으로 비난하면서 장관직을 버렸다. 하원의원 앤서니 이든(Anthony Eden), 해롤드 맥밀란(Harold Macmillan) 등도 반대의견을 피력하면서 뮌헨협정 인준 표결에서 기권 표를 던졌다. 하지만 그 숫자는 얼마 되지 않았고, 찬성이 압도적이었다.

그렇다면 체임벌린은 왜 그런 유화외교를 활발하게 전개했을까. 영국의 외교역량을 동원해 진행한 것인 만큼 나름의 생각과 선락 속에 이뤄진 것은 분명하다. 그렇다면 그의 생각과 전략은 어떤 것이었을까. 첫째, 그는 히틀러가 주데텐을 점령하면 그 이상의 욕심은 부리지 않을 것이라 믿었던 것으로 보인다. 실제 그렇게 하겠다는 얘기를 9월 15일 베르히테스가덴(Berchtesgaden)에서 히틀러로부터 직접 듣기도 했고, 뮌헨협정 안에도 그런 내용은 들어 있었다. 그래서 그렇게 믿었을 것이다. 그래서 히틀러의 더 큰 욕심을 제대로 보지 못한 것이다. 둘째는 사회주의에 대한 경계이다. 히틀러라는 파시스트보다 더 무서운 것은 소련의 사회주의였다. 영국과 프랑스는 히틀러가 사회주의의 팽창을 막아줄 것으로 기대하고 있었다. 그만큼 히틀러에 대한 경계심은 느슨해져 있었던 것이다. 1930~1940년대 장제스(蔣介石)가 중국을 침략하고 있는 일본보다는 마오쩌둥(毛澤東)의 공산주의 세력을 타도하는 데 더 힘을 쏟았던 것과 비슷한 상황이다. 결국 장제스는 중국인민들의 지지를 잃고 마오쩌둥에게 패배해 1949년 타이완으로 물러났다.

셋째는 베르사유 조약의 부정효과에 대한 우려이다. 베르사유 조약은 독일의 영토를 빼앗고 큰 배상금을 물도록 했다. 프랑스의 강경주장이 많이 반영된 것이었다. 영국은 이것이 과하다는 인식을 두고 있었다. 그래서 독일의 베르사유조약 위반에 대해 강경하게 대처하지 못했다. 군비를 강화하고, 비무장 지대에 군을 진주시키는 독일을 벌하지 못한 것이다.

히틀러의 영토욕구는 곧 적나라하게 드러난다. 1939년 3월에는 체코슬로바키아를 병합해 버렸다. 8월에는 소련과 독소불가침조약을 체결한 뒤, 9월에는 폴란드를 침공해 결국 인류사의 비극 제2차 세계대전의 문을 활짝 열어젖혔다.

뮌헨협정은 현대세계사에서 워낙 중요한 위치를 차지하고 있다 보니 지금도 여기저기서 많이 인용된다. 외교정책론 분야에서는 뮌헨증후군(Munich syndrome)이라는 말도 생겨났다. 외교를 하는 사람들은 뮌헨회담을 잘 알기 마련이다. 이 회담을 너무 잘 알고 있고, 그 영향이 크다 보니 상대국이 어떤 요구를 해올 때 이를 들어주기 보다는 오히려 강경책을 구사하는 경우가 많다. "잘 해줬다가 히틀러처럼 나오면 어떡하나"하는 생각 때문이다. 그렇게 대화와 협의보다는 강경책을 앞세우는 입장이 뮌헨증후군이다.

1956년 가말 압델 나세르(Gamal Abdel Nasser) 이집트 대통령이 수에즈 운하를 국유화했다. 수에즈 운하는 영국과 프랑스가 공동 운영해 왔는데, 아랍민족주의자 나세르가 대통령이 되면서 이집트 국유로 선언한 것이다. 영국 총리 앤서니 이든은 프랑스, 이스라엘과 함께 이집트를 군사적으로 공격했다. 이든은 1938년 2월 외교장관을 맡고 있었을 때, 체임벌린의 무솔리니에 대한 유화정책에 반대해 사표를 냈다. 그 연장선상에서 뮌헨협정에도 반대했다. 그런 이든이니 나세르가 무솔리니나 히틀러처럼 보였을 것이다. 유화정책은 고려되지 않고 바로 전쟁으로 들어갔다. 미국과 유엔이 나서지 않을 수 없었다. 이들이 나서 전쟁을 중단시키고, 수에즈 운하는 이집트 소유가 되었다. 이든의 이집트 공격은 뮌헨증후군의 대표적 사례가 아닐 수 없다.

지금도 비슷한 일은 세계 곳곳에서 일어난다. 북한, 이란, 쿠바 등을 악으로 단정해 놓고 대화를 배제하려는 세력이 있다. 물론 그러면 선명해 보인다. 지지세력을 모으는 데에도 좋다. 하지만 미래는 없다. 사람 사이도 그렇지만, 특히 나라와 나라 사이는 지속해서 대화하고, 상대의 이야기를 들어주고, 그러면서 조금씩 주고받기를 해나가야 비로소 우호적인 관계를 만들어갈 수 있다. 적대적인 관계에 있는 나라 사이에는 더 길고 더 많은 대화와 협의가 필요하다.

7

김일성의 스탈린·마오쩌둥 상대 개전외교 . 1950

여전히 우리생활을 규정하는 한국전쟁

한국전쟁은 언제 일어났나요? 이렇게 수업시간에 질문을 해보면 모르는 학생도 꽤 있다. 요즘 젊은 세대에게 한국전쟁은 잊혀진 전쟁인 것이다. 하지만 한국전쟁은 우리에게 잊혀질 수 없는 전쟁이다. 남북한 합쳐서 약 280만 명이 전쟁 중에 목숨을 잃었다. 이산가족도 수십만에 달해 지금도 죽기 전에 가족을 한 번 만나는 게 소원인 사람들이 많다. 그뿐인가? 70여 년 전에 일어난 전쟁이지만, 지금의 우리생활을 여러 측면에서 규정하고 있다. 남북이 서로 적으로 남아 대규모의 군을 유지하는 데 큰 비용을 들이고 있다. 상대를 보는 시각의 차이로 인한 갈등, 그로 인한 사회적 비용은 계산이 불가한 정도이다.

이런 한국전쟁은 그러면 왜 일어난 것일까? 이에 대한 해답을 찾기 위해 많은 연구가 있었다. 크게 보면 전통주의와 수정주의 시각이 있다. 전통주의는 소련의 팽창주의적인 대외정책에서 원인을 찾으려는 것이고, 수정주의는 남한지역의 계급갈등이 국제적 냉전체제와 연결되면서 남북한의 전쟁으로 비화했다는 주장이다. 여전히 많은 연구가 진행되고 있지만, 1990년대 탈냉전 상황에서 소련이 관련 비밀문서들을 공개한 이후 수정주의 시각은 힘을 잃게 되었다. 특히 이 문서들은 김일성이 스탈린(Iosif Stalin)과 마오쩌둥(毛澤東)을 만나 적극 설득하면서 전쟁을 일으키는 과정을 잘 보여주고 있다.

여전히 밝혀져야 할 내용이 많이 남아 있고, 북한 측 자료를 통해서만 확인될 수 있는 것들도 있다. 당시 냉전이 심화되는 상황 속에서 소련과 미국이 펼치는 대외전략이 남북의 충돌을 자아내는 과정에 대한 연구도 더 진행되어야 할 것이다. 그럼에도 불구하고, 지금까지 나온 소련의 자료, 한국전쟁 당시 미군이 노획한 자료 등을 종합하면, 전쟁이 결정되는 과정에서 김일성이 스탈린과 마오쩌둥을 상대로 적극 외교를 폈고, 결국 삼자가 전쟁을 결정했다고 보는 데에는 별 무리가 없어 보인다.

세 차례 회담으로 스탈린 설득

김일성이 언제부터 전쟁을 기획하기 시작했는지는 분명하지 않다. 하지만 1949년 초부터 김일성은 자신의 통일관을 분명히 드러내고, 전쟁을 위한 준비작업에 들어가는 모습을 보이기 시작했다. 1949년 신년사에서 '국토완정론'(國土完整論)를 제기함으로써 김일성은 통일의지를 명료하게 드러냈다. 국토완정론은 국토를 완전히 정리한다는 의미로, 남한을 접수해 하나로 만들겠다는 내용이다. 3월에는 모스크바를 방문했다. 고소공포증 때문에 평양~보로실로프 구간 3시간 정도만 비행기를 타고, 보로실로프에서 모스크바까지는 기차로 이동했다. 3월 3일 모스크바에 도착해 5일 스탈린과 회담했다. 회담장에는 칼 마르크스(Karl Marx)와 프리드리히 엥겔스(Friedrich Engels), 블라디미르 레닌(Vladimir Lenin)의 사진이 걸려있었다. 김일성이 주로 지원을 요청하고 스탈린은 대체로 긍정적으로 답을 해줬다. 공장복구와 지하자원 개발을 위한 기술자 파견, 차관 제공, 문화협정 체결 등이 합의되었다.

1949년 3월 모스크바를 방문한 김일성과 박헌영. 앞줄 맨 왼쪽이 김일성, 오른쪽에서 두 번째가 박헌영이다.

3월 5일 김일성과 박헌영은 스탈린과 따로 비밀회담도 가졌다. 이 자리에서 김일성은 "이제 우리가 공세를 취할 절호의 기회가 왔습니다"라면서 스탈린의 의견을 물었다. 하지만 스탈린은 남침에 반대했다. 이유는 세 가지였다. 첫째, 북한군이 남한군에 대해 확실한 우위를 확보하지 못하고 있다는 것이었다. 둘째는 남한에 미군이 있다는 점이었다. 셋째는 소련과 미국 사이에는 38도선을 경계로 남북을 분할 점령한다는 협정이 있다는 점이었다.

스탈린의 남침 반대 의견을 듣고 1949년 4월 7일 귀국한 김일성은 우선 군사력을 증강하는 작업을 본격 추진했다. 스탈린으로부터 "북한군의 우위가 확실치 않다"는 지적도 받은 터였다. 중국군에는 한인들로 구성된 2개 사단이 있었고, 여러 부대에 흩어져 있는 한인병사들도 있었다. 이들을 북한으로 데려오는 작업을 추진한 것이다. 이 문제를 중국과 협의하기 위해 김일성은 조선인민군 문화 부사령관 김일을 중국해 파견했다. 4월 말 김일은 중국을 방문해 중국공산당 주석 마오쩌둥과 국무원 총리 저우언라이(周恩來), 인민해방군 총사령관 주더(朱德), 중국공산당 동북국 제1서기 가오강(高崗) 등을 만나 한인부대 귀국 문제를 논의해 귀국에 합의했다. 그에 따라 1949년 7월과 8월에 한인부대인 중국군 166사단과 164사단이 북한으로 들어왔다. 입북 후 이들은 각각 북한군 6사단과 5사단이 되었다.

이후 마오쩌둥이 장제스(蔣介石)와의 내전에서 승리를 거두고, 1949년 10월 1일 중화인민공화국 건국이 선포된다. 국내적 준비를 강화하면서 주변정세를 관찰하고 있던 김일성은 1949년 말 어느 시점에 전쟁을 결심한다. 구체적으로 언제 어떤 자리에서 결정을 내렸는지를 말해주는 자료는 아직 발견되지 않고 있다. 하지만 1950년 들어서면서 김일성과 북한의 전쟁 준비를 위한 움직임이 기민해지는 점으로 미루어 1949년 말에는 결정되었다고 보는 게 옳을 것이다.

1950년 1월 주중 북한대사 리주연의 환송연이 부수상 박헌영의 관저에서 열렸는데, 여기서 김일성은 평양 주재 소련대사 테렌티 스티코프(Terenti Sytikov)를 만나 스탈린과 남한 공격문제를 논의해보고 싶다고 전했다. 스티코프의 보고를 받은 스탈린은 논의 준비가 되어 있고, 김일성을 지원할 용의도 있다고 전했다.

2월에 스티코프를 만난 김일성은 두 가지를 요청했다. 하나는 보병을 10개 사단으로 늘리는 것에 동의해달라는 것이었다. 북한군 병력은 1948년 12월 당시에는 보병사단 2개, 혼성여단 1개, 탱크연대 1개 정도였다. 1949년 초에는 보병사단을 7개로 늘렸다. 8월에는 중국군 한인부대 2개 사단이 입북해 9개 사단으로 증강되었다. 거기에 중국군 여러 부대에 흩어져 있는 한인병사들을 모아 1개 사단을 편성하는 문제를 중국군과 협의하고 있었다. 그렇게 해서 모두 10개 보병사단을 확보하려 하고 있었다. 김일성은 이에 대해 스탈린의 동의를 받고 싶어 했다. 또 하나의 요청은 1951년에 줄 차관을 미리 달라는 것이었다. 스티코프는 이 요청을 스탈린에게 보고해 동의를 받아 김일성에게 전했다.

1950년 3월 김일성은 소련 무기 확보작업에 들어갔다. 소련에서 1951년에 들어올 차관 가운데 7,100만 달러를 미리 받고, 이 돈으로 소련의 무기와 장비를 사들이는 일이었다. 김일성의 요청은 수용되어 4월부터는 소련 무기가 청진과 나진 등으로 들어왔다. 5월 말까지는 수송이 대부분 완료되었다.

중국군에 산재해 있는 한인병사를 귀국시키는 문제는 중국 측과 협의를 해오고 있었는데, 이 협의도 별문제 없이 진행됨에 따라 1950년 4월 1개 사단이 편성돼서 북한으로 들어왔다. 이 부대가 북한군 12사단이 되었다. 북한군은 기존 7개 사단에 중국에서 넘어온 한인부대 3개 사단이 합쳐져 10개 사단이 되었다. 특히 한인부대 3개 사단은 전투경험이 풍부해 북한군의 주력이 되었다. 전쟁 발발 시점의 총병력을 보면, 북한군은 보병 10개 사단과 1개 전차여단, 해·공군 등 19만 8,380명이었다. 남한은 8개 보병사단과 1개 독립보병연대, 해·공군 등 모두 10만 5,752명이었다. 북한이 남한의 2배 가까운 규모였다.

병력과 무기를 확보한 김일성은 3월 30일 모스크바행 특별기에 오른다. 고소공포증 때문에 비행기를 싫어했지만 이때는 마음이 바빴던지 비행기를 이용했다. 4월 말까지 오래 머물면서 스탈린과 세 차례 만나 논의를 거듭했다. 김일성의 남한공격 계획에 스탈린은 초반에는 반대했다. 미국의 개입을 걱정했기 때문이다. 북한이 제대로 준비를 해서 공격을 하겠다는 것인지, 성공 가능성은 있는 것인지에 대해서도 의구심을 갖고 있었다. 김일성은 세 차례 회담 과정에서 지속적으로 스탈린은 설득했다. 미국 개입 가능성과 관련해서 김일성은, 미국은 당시 대규모 전쟁을 벌일 의사가 없으며, 더욱이 소련과 중국이 북한의 뒤에 있기 때문에 개입하지 않을 것이라고 설명했다. 북한군이 남하하면 남쪽에서 유격대원들이 가세할 것이라고도 강조했다. 김일성과 함께 간 박헌영은 북한이 내려가면 남한에 있는 20만 공산세력이 봉기를 일으킬 것이라고 덧붙였다.

김일성과 박헌영의 설득으로 스탈린은 결국 남침에 동의를 해주었다. 스탈린이 그런 결정을 하는 데에는 세 가지 요소가 작용했다고 할 수 있다. 첫째는 중국 혁명의 성공이다. “중국공산당이 국민당에 대해 승리를 거둔 덕분에 조선에서의 행동개시에 유리한 환경을 만들었다”는 것이 스탈린의 생각이었다. 중국이 큰 국내문제를 해결했기 때문에 북한을 지원할 수 있게 되었다는 것이다. 1년 전 김일성이 모스크바를 방문했을 때는 남침 반대 의사를 분명히 밝혔다. 당시에는 중국공산당이 국민당과 싸우고 있었다. 하지만 1950년 4월 상황은 크게 달라져 있었다. 중국이 혁명에 성공해 여유를 갖게 되었고, 이러한 상황은 중국과 소련, 북한 모두에게 사회주의 세력 확장에 상당한 자신감을 주고 있었다.

둘째는 소련의 핵 개발 성공이다. 소련은 1949년 8월 29일 카자흐스탄의 사막에서 핵실험에 성공했다. 미국만 갖고 있던 비대칭 무기인 핵무기를 소련도 갖게 된 것이다. 이에 따라 미국이 한반도에 개입하기는 쉽지 않게 되었다는 것이 스탈린의 생각이었다. "소련이 원자탄을 보유하고 유럽에서의 위상이 강화됨으로써 이런 불개입 분위기는 더 심화되고 있다"는 스탈린의 당시 정세판단이 그의 생각을 잘 말해주고 있다. 셋째는 미군의 철수이다. 1948년 8월 15일 이승만 정부가 들어서고, 남한의 미군은 1949년 6월 말 철수했다. 스탈린이 걱정하던 남한의 미군이 500명 규모의 군사고문단만 남고 사라진 것이다. 이런 요소들을 고려한 뒤 스탈린이 남침에 동의해 준 것이다.

그러면서도 스탈린은 조건을 붙였다. 하나는 미국 개입 가능성을 더 검토해 보라는 것이었고, 다른 하나는 마오쩌둥의 승인을 받은 뒤 공격을 시작하라는 것이었다. 매사가 철저하고 정밀한 그의 성격을 잘 반영하는 부분이 아닐 수 없다. 미국이 개입할 가능성은 여전히 존재한다고 보고 더 세밀하게 살피라는 얘기였다. 또, 자신은 동의를 해주는데, 전쟁은 마오쩌둥의 승인을 받은 뒤 시작하도록 함으로써, 실제 전쟁 지원은 마오쩌둥이 하도록 하겠다는 것이었다.

이렇게 김일성은 모스크바에 한 달 가까이 머물면서, 소련의 고위

인사들을 두루 접촉하고, 스탈린과 깊은 논의를 진행했다. 당시의 세계정세, 동북아의 상황, 그리고 남한의 형편 등에 대해 종합적으로 의견을 나누면서 소련의 지도부, 특히 스탈린이 전쟁에 동의하도록 한 것이다.

"미군 개입하면 병력 지원해준다"

1950년 4월 말 소련에서 귀국한 김일성은 다시 베이징으로 향했다. 스탈린이 마오쩌둥의 승인을 받은 뒤 공격하라고 했으니, 마오쩌둥을 만나야 했다. 5월 13일 베이징에 도착해 그날 저녁 늦게 마오쩌둥과 첫 번째 회담을 진행했다. 김일성은 스탈린과의 회담 내용을 전했다. 스탈린이 남침에 동의하면서, 마오쩌둥의 승인을 받은 뒤 공격하라고 했다는 얘기가 핵심이었다. 마오쩌둥은 이 얘기를 듣고 회의를 중단했다. 주중 소련대사 니콜라이 로신(Nikolai Roshchin)을 찾았다. 스탈린에게 전보를 쳐서, 김일성의 남침에 동의했는지, 마오쩌둥의 승인을 받은 뒤 공격하라고 했는지 확인해달라고 요청했다.

다음날 스탈린이 답신을 보냈다. 그렇게 얘기했다는 내용이었다. 이런 답신을 받은 마오쩌둥은 주요 지도자들을 모아 회의를 했다. 마오쩌둥은 김일성과 스탈린이 사전에 자신과 상의도 없이 그런 결정을 한 것에 불만을 제기했다. 그러면서도 전쟁에 동의해 주는 중대사안인 만큼 진지하게 의견을 들어보지 않을 수 없었다. 이렇게 지도부의 생각을 들어본 뒤 다음 날인 15일 마오쩌둥-김일성 2차 회담이 열렸다. 마오쩌둥도 미국의 개입이 우려스러워 그 가능성을 물었고, 일본의 개입 가능성도 궁금해했다. 김일성은 미군이 직접 참여할 가능성은 거의 없다고 답했다. 다만, 미국이 일본군 2~3만을 파견할 가능성을 전혀 배제할 수는 없다고 말했다. 하지만 그것이 상황을 결정적으로 변화시키지 못할 것이라고 덧붙였다.

이런 설명을 듣고 마오쩌둥은 "북한이 현시점에서 작전을 개시하기로 함으로써 동 작전이 양국간 공동의 과제가 되었으므로 이에 동의하고 필요한 협력을 제공하겠다"고 말했다. 김일성의 남침계획에 동의해 주고 지원도 약속한 것이다. 그러면서도 미군의 참전 가능성은 여전히 남아 있음을 상기시켰다. "우리는 그들(미국)의 참모장이 아니다. 어떻게 그들의 마음을 알 수 있는가?"라며 미국의 개입 가능성은 염두에 두고 계획을 진행해야 한다고 강조한 것이다. 미군이 참전한다면 중국이 병력을 파견해 돕겠다며 병력지원 의사도 분명히 했다. 북중 국경지대에 중국군을 추가로 배치할지, 무기와 탄약이 필요한지도 물었다. 김일성은 감사를 표하면서도 당장의 지원은 사양했다.

마오쩌둥은 충고도 있지 않았다. 작전은 치밀하게 준비해야 하고, 사령관들과 병사들에게 시달하는 지침은 구체적이어야 한다고 조언했다. 군은 신속히 움직여야 하고, 주요도시를 포위하되 이를 점령하기 위해 시간을 지체해서는 안 되며, 적군을 섬멸하는 데 힘을 집중해야 한다고 강조했다. 치밀한 작전이 세워진 다음에 전쟁을 시작하고, 명령은 구체적이고 명료해야 하며, 빠르게 이동하면서 남한군을 무력화시켜야 전쟁에 이길 수 있다는 얘기였다. 국민당군과의 오랜 전투경험에서 나오는 실제적인 충고였다.

그런데 당시 마오쩌둥은 김일성이 남침계획에 왜 동의를 해줬을까? 크게 세 가지로 생각해 볼 수 있을 것 같다. 첫째는 스탈린이 이미 동의해 준 점이다. 1950년 상황이니 사회주의의 종주국은 소련이었다. 세계의 사회주의 국가들은 스탈린의 일거수일투족에 촉각을 곤두세우고 있었다. 김일성의 남침계획에 대해 조건을 달긴 했지만 이미 스탈린이 동의를 해줬기 때문에 마오쩌둥도 큰 부담 없이 동의할 수 있었다. 게다가 무기와 장비 지원은 소련이 맡고 있었고, 김일성이 중국군의 병력지원은 필요 없다고 얘기하고 있었다. 그러니 동의해 준다고 해서 중국이 바로 감당해야 할 짐은 거의 없었다.

둘째, 마오쩌둥은 한반도의 통일은 무력에 의해서만 가능하다고 보고 있었다. 한반도 전체의 사회주의화가 바람직한데, 그것이 남한과의 협상을 통해 이루어질 수 있는 성질은 아니라고 본 것이다. 남한과 전쟁을 해서 이길 때만 가능한 일이라고 여기고 있었던 것이다. 혁명가 마오쩌둥의 삶이 중국공산당을 세우고, 국민당과 일본이라는 이중의 적과 전쟁을 겪은 뒤 중화인민공화국을 창건하는 것이었으니, 그런 삶의 궤적을 가진 마오쩌둥으로서는 자연스럽게 몸으로 체득한 의견이 그런 것일 수밖에 없었다. 더욱이 국민당과 국공합작의 성사와 무산의 과정을 겪고, 결국은 내전을 통해 최종적으로 중국본토를 장악한 마오쩌둥은 다른 이념을 가진 정치세력과는 언젠가는 전쟁을 통해 승부를 낼 수밖에 없다는 생각하고 있었던 것으로 보인다.

셋째, 미국의 개입 가능성에 대해서는 김일성에게 주의를 당부하긴 했지만, 실제 가능성은 아주 낮은 것으로 보고 있었다. 남한처럼 작은 나라를 돕자고 나서서 3차 세계대전으로 비화할 수 있는 위험을 감수하지는 않을 것이라고 생각한 것이다. 국공내전 당시에도 미국은 장제스를 돕기는 했지만, 그다지 열성적이지는 않았다. 1949년

4월 21일 마오쩌둥 군대가 일제히 양쯔강을 건너 남쪽으로 장제스 군대를 공격할 때도 마오쩌둥이 가장 걱정한 것은 미군의 참전이었다. 미군이 장제스 군대를 대규모로 지원하고 나선다면 전황은 결코 유리하지 않다는 판단이었다. 하지만 그런 일은 없었다. 마오쩌둥의 군대는 도강에 성공해 23일 난징(南京)을 점령하면서 사실상 내전을 끝냈다. 이러한 과정을 긴장 속에서 경험한 마오쩌둥은, 김일성이 남침을 해도 미국이 대규모 군을 보내 남한 구원에 나서지는 않을 것으로 보고 있었다. 이러한 세 가지 요건이 어우러지면서 마오쩌둥은 어렵지 않게 남침에 동의를 해준 것이다.

15일 2차 회담이 종료되고, 그날 저녁에는 마오쩌둥이 주최하는 만찬이 있었다. 주중 소련대사 로신도 그 자리에 참석했다. 김일성은 로신과 마오쩌둥이 함께 있는 자리에서 그날 회담에서 모든 문제에 대한 완전한 합의가 이루어졌다고 말했다. 중국과 소련, 북한이 이견 없이 모두 같은 생각임을 재차 확인한 것이다. 그러고는 그 다음날인 5월 16일 김일성은 평양으로 돌아왔다.

남북은 여전히 '전쟁의 상태'

이렇게 김일성은 1949년 말 전쟁을 결심하고, 1950년 4월에는 스탈린을, 5월에는 마오쩌둥을 만나 전쟁의 필요성을 적극 설명하고 승인을 받았다. 그 과정에서 김일성과 스탈린, 마오쩌둥은 긴밀히 전문을 주고받으며 협의내용을 공유했다. 사회주의 대국의 지도자로서 스탈린과 마오쩌둥은 사회주의의 확산에 대한 욕구도 있었을 것이다. 특히 스탈린은 미국의 대소 봉쇄정책을 동북아 통로로 타파해 보려는 생각도 갖고 있었을 것이다. 하지만 구체적으로 남한에 대한 공격 계획을 제시하고, 이 대국의 리더들이 갖고 있는 일정한 의구심들을 제거하면서 전쟁에 대한 합의를 구체화해 나간 인물은 김일성이었다.

실제 전쟁의 시작일을 1950년 6월 25일로 정한 것도 김일성이었다. 북한에 있던 소련 군사고문단의 단장 알렉산드르 바실리예프(Alexandre Vasiliev. 소련군 중장)는 작전준비를 제대로 갖추기 위해서는 7월에 시작해야 한다고 주장했다. 하지만 7월에 시작하면 바로 장마철을 만날 수 있어 '6월 말 시작'에 동의해 주었다. 김일성은 6월 25일 전쟁을 시작해 조기에 끝낼 계획을 하고 있었다.

김일성은 한 달 정도면 전쟁을 끝낼 수 있을 것으로 생각했다. 하지만 전쟁은 3년이나 계속되었다. 그러면서 수많은 무고한 목숨을 앗아갔다. 남북한 사이에 깊은 골도 파놓았다. 전쟁이 심어놓은 적대감은 남북의 이념 차이만큼이나 남북을 다가서기 어렵게 해놓았다. 분단 이후 전쟁만 하지 않았어도 남북한을 지금처럼 멀리 새워놓지는 않았을 것이다. 어쩌면 독일처럼 벌써 통일이 됐을지도 모른다.

김일성은 1949년 신년사에서 국토완정론을 제기하면서 국토전체를 자주독립국가로 만들어야 한다고 강조했다. 한국전쟁은 이를 이루기 위한 과정이었다. 이를 통해 한반도 전체를 사회주의화하고 그 속에서 우리민족 모두가 핍박받지 않고 평등하게 살 수 있도록 하겠다는 것이 김일성이 제시한 전쟁의 명명분이었다. 정치가 김일성의 그런 명분이 얼마나 진정성 있는 것인지 확인하기 어렵지만, 그 진정성을 믿어준다고 해도 전쟁은 아니다. 전쟁은 때로는 경제공황을 극복할 수 있게 해주고, 과학기술 발전에도 상당한 기여를 해왔다. 하지만 그런 기술적이고 기능적인 성과는 인간의 생명을 빼앗고, 인간성을 말살한다는 보다 근원적인 폐해에 비하면, 감히 성과라고 이름붙일 수도 없는 것이 아닐 수 없다. 전쟁을 통한 통일, 전쟁을 통한 발전이라는 게 무슨 의미가 있겠는가?

그럼에도 불구하고 여전히 남북 사이에는 전운이 걷히질 않는다. 언제든 전쟁이 일어날 것 같은 상태, 즉 전쟁의 상태(state of war)를 벗어나지 못하고 있는 것이다. 북한은 미사일 시험발사를 멈추지 않으면서 전략핵능력 강화에 열을 올리고 있다. 남측은 여기에 강하게 맞서려고만 한다. 미국과의 동맹을 강화한단다. 핵협의그룹(NSG)도 만들어서 북핵에 대한 정보를 공유하고 핵무기 운용에 대해서도 협의를 정례적으로 한단다. 일본과의 안보협력도 함께 강화한단다. 그러면 되는 것인가? 그렇게 하면 한반도의 안정이 오는 것인가? 긴장은 더 높아지고 전쟁의 위험은 더 커진다. 북한이 위협이라고 한다면 위협에 대응하는 수단을 강화하는 것보다는 위협을 위협이 아닌 것으로 바꿔놓는 것이 안정과 안보에 더 다가가는 길이다. 그런데 위협을 더 키운다. 그러고는 거기 대응해야 하니 미국과 일본에 잘해야 한단다. 그런 길은 진정한 안보의 길도 아니고, 국가의 성장과 자율성을 도모하는 길과도 거리가 멀다. 김일성이 전쟁으로 통일하려 한 것이 잘못이듯 무력으로 북한을 굴복시키려는 시도도 그릇된 것이 아닐 수 없다. 통일도 남북관계도 정치의 연장선에 있으니 언제쯤 한반도에 해빙이 올지 알기 어렵다. 통일이 되어야 한반도를 덮고 있는 한국전쟁의 짙은 구름이 비로소 걷힐 텐데 그런 날이 오는지….

2장

전쟁을 키운 외교

1. 나폴레옹 전쟁을 러시아로 확대시킨 밀수외교(1806~1812)
2. 인류 최초의 원폭공격 불러온 일본의 대소련 중립외교(1945)
3. 베트남 전쟁을 키운 제네바 정치회담(1954)
4. 핵전쟁 위기 초래한 케네디-흐루쇼프 정상회담(1961)
5. 신냉전 촉진하는 미국의 중국 봉쇄 전략(2017~)

1 나폴레옹 전쟁을 러시아로 확대시킨 밀수외교 . 1806~1812

영국 잡으려 '대륙봉쇄령'

1789년 프랑스 대혁명은 시민들이 귀족, 성직자 등 특권신분에 저항하면서 일으킨 것이었다. 이를 지켜보던 유럽의 열강들은 국왕까지 처형해버리는 혁명의 물결이 자국에 흘러들어올 것을 걱정했다. 열강들은 연합을 형성해 1792년부터 프랑스와 전쟁을 벌였는데, 이 전쟁을 '프랑스혁명 전쟁'이라고 일컫는다. 전쟁이 확대되면서 전장에서 능력을 발휘한 나폴레옹(Napoleon Bonaparte)의 권력이 커졌고, 1799년에는 쿠데타를 통해 통령정부를 구성하고 초대 통령에 올랐다. 이로써 프랑스혁명은 막을 내렸다. 30살에 프랑스의 독재자가 된 나폴레옹은 유럽 전체를 지배하겠다는 야심을 갖고 있었다.

나중에 유배생활 중에 나폴레옹은 "나는 하나의 유럽체제, 유럽법전, 유럽 사법부를 창설하고 싶었다. 유럽에는 오로지 하나의 국민만이 있을 것이었다"라고 말한 적이 있다. 전체 유럽이 하나의 나라가 되는 '유럽합중국' 창설 욕구를 가지고 있었던 것이다. 나폴레옹은 이러한 욕구 실현을 위해 유럽의 각국을 상대로 본격 전쟁을 전개했다. 이때부터의 전쟁을 '나폴레옹 전쟁'이라고 부른다. 이 전쟁은 나폴레옹이 몰락하는 1815년까지 계속되었다.

오스트리아와 이탈리아, 프로이센 등을 차례로 굴복시킨 나폴레옹은 1805년 영국 점령에 나섰다. 하지만 영국은 호락호락하지 않았다. 당시 세계 최강국이었고, 특히 해군력이 강했다. 게다가 영국은 섬나라여서 해양의 저지력(stopping power)이라는 자연의 혜택까지 받고 있었다. 나폴레옹의 군대와 호세이쇼 넬슨(Horatio Nelson)이 이끄는 영국 해군이 스페인 남부 지중해 입구에 위치한 트라팔가 곶 앞바다에서 맞붙었다. 넬슨은 병력과 군함의 열세를 극복하기 위해 과감한 전술을 구사했다. 당시 해전은 통상 군함들이 일렬횡대로 포진해 적에게 포격을 가하는 단종진 방식이었다. 하지만 넬슨은 그렇게 해서는 승산이 없다고 보고 새로운 방식을 채택했다. 사선진, 즉 군함을 사선으로 세워 적진을 행해 돌진하는 전술이었다. 32척의 군함을 16척씩 두 줄로 세워 적진을 뚫고 들어갔다. 갑자기 돌진하는 배들 때문에 큰 파도가 일어 적군은 제대로 포격을 못했다. 적진을 삼등분한 영국해군은 소분된 적 함대를 차례차례 격파했다. 신장 164cm의 작은 거인 넬슨의 과단성이 이룬 세계 해전사에 빛나는 승리였다.

영국 점령에 실패하자 나폴레옹은 1806년 11월 21일 '베를린 칙령'을 내렸다. 영국과 영국식민지에 오는 선박이 유럽대륙의 항구에 들어오지 못하도록 한 것이다. 영국과의 거래를 못하게 유럽대륙을 묶어버리는 '대륙봉쇄령'이었다. 프랑스의 낭트와 보르도, 네덜란드의 암스테르담, 프로이센의 함부르크, 스페인의 카디스와 바르셀로나 등 유럽의 주요항구에 영국과 관련된 선박이 입항할 수 없게 되었다. 영국 상품의 거래 자체도 막았다. 영국 상품이 보이면 바로 압수했다. 압수된 물품은 프랑스군을 위해 쓰이기도 하고 때로는 불태워버리기도 했다. 영국의 상품 수출을 막아 경제침체를 유발하면 영국이 프랑스에 항복해 올 것으로 기대했다. 그렇게까지는 안 되더라도 영국 경제에 타격을 주면, 대륙의 국가들이 프랑스에 대항해 전쟁을 할 때 지급되던 영국의 전쟁지원금을 중지시킬 수 있다고 생각했다. 영국 상품의 대륙진출을 단절시킴으로써 프랑스 상품 판매의 확대, 그로 인한 프랑스 경제의 활성화도 함께 노린 다목적의 포석이었다. 당시 영국은 세계최강의 해상국가로 국제무역에 있어서 다른 어떤 나라보다 우위에 있었고, 프랑스와 네덜란드, 스페인, 포르투갈 등 해상무역의 확장을 노리던 나라들은 영국을 견제하기 위해 애를 쓰고 있었다. 프랑스는 그래서 대륙봉쇄령을 "모든 유럽의 이익을 위한 전쟁"이라고 선전하기도 했다.

대륙봉쇄령은 실제 영국경제를 어렵게 했다. 당시 영국 수출의 40%를 유럽대륙이 차지하고 있었는데, 이 수출길이 막히니 어렵지 않을 수 없었다. 부족한 곡물은 러시아 등에서 수입해야 했는데, 수입도 못 하게 됐으니, 국내의 물가는 올라 국민들의 생활이 어려워졌다.

대륙봉쇄령에 맞선 영국의 밀거래

나폴레옹의 조치에 그냥 당하고만 있을 영국은 아니었다. 프랑스 몰래 수출을 계속했다. 러시아, 프로이센, 네덜란드, 스페인, 포르투갈 등으로 면직물 등 18세기 후반 산업혁명으로 대량생산이 가능해진 상품을 계속 팔았다. 영국 상품에 대한 수요가 높고, 이를 대체할 만한 상품을 자국에서 만들어내지는 못하고 있었으니 밀수출은 계속될 수밖에 없었다. 영국은 밀수출을 제대로 하기 위해 우선 유럽대륙 코앞에 수출 중계지를 마련했다. 덴마크령이었던 북해의 헬골란트 군도를 점령해 영국 상품의 집산지로 활용한 것이다. 이를 위해 영국은 헬골란트 군도 바로 인근에 있는 프로이센에 대해 적극 외교를 벌였다. 영국과 영국 식민지에서 오는 상품을 프로이센으로 많이 공급하고, 프로이센의 공산품을 수출하는 데에도 헬골란트를 활용하도록 한 것이다. 프로이센은 특히 영국 식민지에서 들어오는 설탕과 커피, 코코아, 차 등이 필요했다. 영국과 영국 식민지에 자국의 공산품을 수출할 필요도 있었다. 그래서 영국과 협력한 것이다. 헬골란트는 그렇게 식민지를 포함한 영국과 프로이센의 밀거래를 활성화하게 해주는 주요 포스트가 되었다. 물론 헬골란트에 모인 상품은 프로이센뿐만 아니라 유럽 서부와 북부의 여러 나라로 수출되고 있었다.

남유럽의 중계지는 오스만 제국의 테살로니키이었다. 에게해에 연해있는 그리스 북동부 항구도시이다. 오스만 제국에 미치는 나폴레옹의 영향력은 유럽대륙보다는 약해서 영국의 상행위가 가능했다. 영국은 테살로니키뿐만 아니라 스페인 남부의 영국령 지브롤터, 이탈리아 동북부의 트리에스테, 지중해의 섬 시칠리아와 몰타 등을 거점으로 남유럽에 수출을 확대해나갔는데, 1809년에는 그 규모가 1천만 파운드에 이르렀다. 3년 전의 4배 규모였다. 1811년에는 남유럽 지역에서 영국 상품 밀수에 이용되고 있는 선박이 800여 척에 달했다.

이것이 가능했던 것은 영국해군이 강했기 때문이다. 당시 영국해군은 세계최강이었고, 북해와 대서양, 지중해를 장악하고 있었다. 프랑스는 육군은 강했지만 해군은 약했다. 그래서 트라팔가 해전에서 넬슨에게 졌고, 이후에도 대륙봉쇄령을 강력히 실행하기는 어려웠다. 바다를 순찰하면서 봉쇄령을 어기는 선박은 철저하게 감시하고 나포해야 봉쇄령이 제대로 지켜지고 밀수가 불가능할텐데 그렇게 하지 못한 것이다.

밀수가 성행한 데에는 세관원들의 부패도 한몫했다. 나폴레옹은 유럽대륙의 주요 항구들에 대한 교역 감독을 강화하기 위해 대규모 세관 네트워크를 구축했다. 1791년 1만 2천 명이던 세관원을 1810년 3만 5천 명으로 늘렸다. 문제는 세관원들의 부정부패였다. 밀수를 눈감아주고 돈을 받는 것뿐만 아니라 사전에 상인들과 짜고 대규모 밀거래를 함께하기도 했다. 예를 들면, 프랑스 보르도항 인근에 영국상품을 실은 배가 접근하면 프랑스의 사략선(포획특허선)이 이 배를 나포한다. 사략선이 배를 항구로 끌고 온다. 그러면 세관원은 배에 실린 상품을 인계받아 상인에게 넘긴다. 상품 대금은 세관원과 사략선 선주가 나누어 가진다. 이런 식으로 세관원이 밀수에 직접 가담한 것이다. 당시 프랑스는 해군력이 모자라 민간선박에 봉쇄령을 위반한 선박들을 나포하도록 허가했다. 이렇게 나포를 허가받은 민간선박이 사략선이다. 사략선의 선주들은 원래 배에 실린 상품을, 일정한 법적 절차에 따른 판정을 거쳐 자신의 수익으로 확보할 수 있었는데, 세관원과 짜고 바로 상인들에게 넘기는 식으로 밀수에 가담하기도 한 것이다.

심지어 나폴레옹의 측근들도 밀수에 손을 대고 있었다. 네덜란드의 왕좌를 차지하고 있던 나폴레옹의 동생 루이 나폴레옹 보나파르트(Louis Napoleon Bonaparte)는 네덜란드 상인들의 밀수를 묵인해 주고 있었다. 1807~1809년 사이 영국과 네덜란드의 밀거래 액수는 450만 파운드에 달하고 있었는데도 특별히 단속을 하지 않고 있었다. 나폴리 왕국의 왕 조아킴 뮈라(Joachim Murat, 나폴레옹의 매제)는 밀수를 통해 이익을 확보하고 있었다. 황후 조세핀 드 보아르네(Josephine de Beauharnais)은 암시장에서 밀수품을 사서 쓰고 있었다.

오스트리아와 이탈리아, 스페인 등 수많은 전장에서 나폴레옹과 함께 싸웠던 앙드레 마세나(Andre Massena) 원수는 나폴리에 주둔하는 동안 현지 상인들에게 영국과 교역할 수 있는 허가증을 팔아 엄청난 부를 축적했다. 나폴레옹이 이를 알게 돼 300만 프랑을 몰수해 버렸다. 함부르크 주재 프랑스 공사는 프랑스 육군이 사용할 방한용 외투와 망토 5만 벌을 구하라는 명을 받았는데, 현지에서 생산되는 것을 구할 수 없어서 밀수된 영국산을 살 수밖에 없었다. 실제 프랑스 군인들이 신고 있는 군화는 영국의 노스햄프턴에서 만들어진 것이 많았고, 방한 외투는 요크셔와 랭카셔에서 생산된 것이 많았다.

이렇게 밀수가 성행하자 나폴레옹은 관세 징수 재판소도 새로 설립해 부패행위에 대한 처벌을 강화하고, 과징금도 높였지만, 밀수는 좀처럼 줄지 않았다. 프랑크푸르트 출신의 로스차일드 가문은 이러한 밀수로 돈을 버는 상인들에게 자금을 대주는 사업으로 큰돈을 벌었다. 불법이든 합법이든 돈이 되는 곳에 사람과 돈이 몰리고, 부정과 부패가 만연하게 되는 것은 동서고금을 막론하고 아주 자연스러운 현상이 아닐 수 없다.

영국은 새로운 시장도 적극 개척했다. 나폴레옹은 1807년 포르투갈을 공격했다. 봉쇄령을 안 지키고 있는 포르투갈을 혼내주겠다는 생각이었다. 1808년에는 스페인도 공격했다. 이렇게 프랑스가 포르투갈과 스페인을 공격하자 포르투갈의 식민지 브라질과 스페인의 식민지인 대부분의 남미국가는 비교적 자유로운 상태가 되었다. 혼란스러운 종주국의 입장을 고려하지 않고 자체의 이익을 찾아 움직이기 시작한 것이다. 이때 영국이 남미국가들의 문을 두드렸다. 남미국가들도 옷감 등 영국의 값싼 공산품이 필요했다. 영국은 그렇게 남미시장을 새롭게 개척해 수출을 확대했다. 남미에 해군기지까지 설치해 수출시장 확대를 돕도록 했다. 1806년 영국의 남미로의 수출이 180만 파운드이었는데, 1810년에는 600만 파운드로 크게 늘었다.

나폴레옹이 봉쇄령을 내려놓고 서슬 퍼런 눈으로 감시를 계속하고 있는 가운데에서도 영국 정부는 외교력을 활용해 유럽대륙 국가들을 회유해 영국 상품과 영국 식민지에서 들어오는 상품들을 살 수 있도록 했다. 해군을 동원해 영국의 상선들이 문제없이 영국과 유럽대륙, 영국식민지와 유럽대륙을 오갈 수 있도록 했다. 이를 지켜보고 있는 나폴레옹은 영국을 어떻게 하면 고립시킬 수 있을지, 영국을 어떻게 하면 손들고 나올 수 있게 할 수 있을지, 고민을 계속할 수밖에 없었다.

대륙봉쇄령 무시한 러시아

1797년부터 프랑스와 전쟁을 계속해온 러시아는 1807년 6월 프리틀란트(현재 러시아의 프라브딘스크) 전투에서 참패해 7월에 틸지트(현재 러시아의 소베츠크) 조약을 체결했다. 러시아는 대륙봉쇄령을 지키고 영국과 관계를 끊기로 했다. 프로이센이 가져갔던 과거 폴란드 영토에 바르샤바 대공국을 수립하는 것도 인정했다. 대신 러시아는 오스만 제국과 스웨덴으로 진출할 수 있는 권리를 얻었다.

이렇게 틸지트 조약으로 대륙봉쇄 체제에 편입된 러시아도 대륙의 다른 국가들과 마찬가지로 어려움이 이만저만이 아니었다. 러시아는 당시 농업국가였다. 넓은 평원에 농작물을 심어 사람들이 먹고 살고, 그걸 팔아 필요한 것들을 사와야 했다. 그런데 봉쇄령으로 주요 수출품인 밀과 대마, 아마, 마직, 목재, 수지(獸脂) 등이 영국으로 가는 길이 막혔다. 영국의 융성한 조선공업에 필요한 이러한 물자를 계속 공급해야 러시아 경제가 지탱될 수 있었다. 면직물과 비단, 홍차, 설탕, 강철 등을 영국으로부터 수입해야 했는데 그것도 어려웠다. 프랑스는 자국에서 잘 만드는 향수와 보석, 도자기, 독주 등을 러시아에 수출했다. 하지만 러시아 입장에서는 이러한 사치품보다는 국민들의 실생활에 없어서는 안 되는 생필품을 확보하는 것이 더 급했다. 생필품 물가가 높아져 서민들의 생활이 어려워지고 있었다. 귀족들을 귀족들대로 영국과의 교역을 통해 벌어들이든 돈이 들어오질 않으니 불만이었다. 러시아도 역시 밀무역을 하지 않을 수 없었다.

상트페테르부르크에 주재하고 있던 프랑스 대사 아르망 드 콜랭쿠르(Armand de Caulaincout)는 대사 부임 이후 러시아가 영국과 거래를 할 기미가 있는지, 실제 무역거래를 하고 있는지 면밀히 관찰해 파리에 보고해야 했다. 1808년 7월에는 영국과 거래하던 무역회사들이 대마를 계속 비축하고 있고, 수출할 기회를 엿보고 있다고 보고하고 있었다. 이때부터는 영국과의 거래가 프랑스인들의 눈에 띄기 시작할 정도가 된 것이다. 이렇게 러시아의 대영무역은 시간이

지남에 따라 활성화되었고, 봉쇄령 이후에도 러시아 전체 수출의 절반 정도는 영국에 대한 수출이 차지하고 있을 정도였다. 특히 영국이 선박을 건조하는 데 필요한 대마와 아마, 수지, 역청 등은 수출이 거의 줄지 않았다.

영국과 러시아의 거래가 금지된 상황에서 밀수가 이뤄진 방법은 두 가지였다. 하나는 자국 상선을 중립국이나 프랑스의 동맹국 선박으로 위장해서 거래하는 방법이었다. 이런 선박들은 깃발도 거짓으로 달고, 중립국이나 프랑스 동맹국 선박인 것처럼 꾸민 위조서류를 구비하고 있었다. 다른 하나는 용선료를 내고 중립국이나 프랑스 동맹국의 선박을 이용하는 방법이었다. 이런 선박들은 프랑스에 나포될 가능성이 있었기 때문에 용선료는 비쌌다. 상트페테르부르크에서 런던까지 대마 1톤을 운송하는 데 대륙봉쇄령 이전에는 2파운드이었는데, 1809년에는 30파운드까지 올라와 있었다. 이렇게 비싼 용선료를 내면서도 양국의 필요에서 따라 밀수는 계속되고 있었다. 당시 양국 사이 운송을 주로 담당하던 중립국은 미국이었다. 미국은 러시아-영국 사이 해상수송으로 막대한 수익을 챙길 수 있었다. 미국경제에 상당한 활력을 줄 정도였다. 나폴레옹도 이런 내용들을 자세히 보고받고 있었다. 그에 따라 그의 러시아에 대한 적개심은 점차 커졌다.

봉쇄령에도 불구하고 밀수가 성행하자 나폴레옹은 아예 이를 이용해 관세 수입을 올릴 생각으로 1810년 8월 트리아농 칙령 내렸다. 프랑스가 인정하는 전략 상품의 경우 50%의 관세를 내면 수입을 허용하는 내용이다. 1810년 영국 농산물의 작황이 좋지 않았다. 그에 따라 영국 경제 전반이 어렵게 되었다. 나폴레옹은 영국을 좀 더 힘들게 하면 영국이 강화협상을 제안해 오리라 생각했다. 그래서 대륙으로 들어오는 영국 상품에 대한 밀수를 막고, 수입이 허용된 상품에 대해서는 관세 50% 적용을 더 분명히 하려 했다.

특히 러시아에 대한 감시를 강화했다. 콜랭쿠르 대사에게 특별지시를 내려 자신의 의사를 알렉산드르 1세에 분명히 전하는 등 압박 수위를 높여나갔다. 이렇게 되자 알렉산드르 1세는 더 이상의 퇴로는 없다고 여기게 되었다. 그에게 남은 것은 대륙봉쇄령에 대한 전면 거부였다. 1810년 12월 31일 결국 알렉산드르 1세가 황제칙령을 내렸다. 내용을 두 가지였다. 하나는 중립국 선박의 러시아 항구 입항을 허용한다는 것이었다. 당시 중립국 깃발을 달고 영국 상품을 싣고 다니는 상선이 많았으니, 결국 영국 상품의 러시아 수출을 용인하는 것이었다. 명백히 영국산 상품을 싣고 있는 선박은 입항을 불허한다는 내용도 있었지만, 서류상 제3국 상품이라고만 쓰면 되는 것이었으니 별 의미는 없는 단서였다. 칙령의 또 하나의 내용은 프랑스 상품에 대해서는 관세를 부과하는 내용이었다. 한 마디로 영국 것 받고, 프랑스 것 안 받는다는 것이었다. 나폴레옹은 이를 대륙봉쇄령에 대한 전면 거부일 뿐만 아니라 자신에 대한 배신으로 간주했다.

러시아의 조치에 나폴레옹은 더 강력한 방안으로 대응했다. 러시아 측과 거래를 해온 프로이센 북쪽의 항구들을 프랑스 영토로 합병해 버렸다. 함부르크, 브레멘, 뤼벡, 그리고 북서부 소공국들이 여기에 해당했다. 1811년 1월 올덴부르크에도 같은 조치를 내렸다. 알렉산드르 1세는 여동생 예카테리나 파블로브나(Ekaterina Pavlovna)를 각별히 아꼈는데, 그녀의 남편이 올덴부르크의 통치자였다. 이 조치는 이제 알렉산드르 1세를 분노하게 했다. 나폴레옹이 프로이센의 에르푸르트를 대신 주겠다고 제안했지만 거절했다. 자신을 완전히 무시하는 조치를 취해놓고 사후에 보상으로 뭘 제시하는 것이 알렉산드르 1세의 모욕감을 씻어줄 수는 없었다.

러시아와 프랑스 사이에는 경제문제뿐만 아니라 여러 가지 이슈들이 얽혀 돌아가고 있었다. 1810년에는 황제 알렉산드르 1세의 여동생 안나 파블로브나(Anna Pavlovna)와 나폴레옹의 결혼을 추진했다. 프랑스와의 관계를 개선하기 위해서였다. 어느 정도 진행되던 혼담이 결국 성사되지는 못했다. 오스트리아의 외교장관 클레멘스 폰 메테르니히(Klemens von Metternich)의 공작 때문이었다. 프랑스 주재 오스트리아 대사를 하면서 나폴레옹과 가까워진 메테르니히는 나폴레옹을 설득해 오스트리아의 공주 마리 루이즈(Marie Louise)와 결혼하도록 했다. 메테르니히는 이 결혼에 오스트리아의 명운이 걸린 것으로 보고 장관이 되자마자 적극 추진했다. 그래서 결국 나폴레옹으로 하여금 파블로브나 대신 마리 루이즈를 선택하도록 했다. 메테르니히가 이 결혼을 중시한 데에는 두 가지 구체적인 이유가 있었다. 첫째, 프랑스와 러시아의 동맹을 막으려는 것이었다. 두 나라가 동맹을 맺어 양쪽에서 오스트리아를 공격하면 오스트리아는 견디기가 어려웠다. 둘째, 프랑스와 오스트리아를 결혼동맹으로 묶어 프랑스의 침략을 저지해 보려는 것이었다.

진행되던 혼담이 깨지면서 러시아와 프랑스 관계는 악화되었다. 폴란드 문제는 엎친 데 덮친 격으로 양국관계를 더 긴장시켰다. 유럽국가들 가운데에도 주변의 강대국으로부터 핍박을 많이 받아온 나라가 여럿 있는데, 아일랜드와 폴란드가 대표적이다. 아일랜드는 800년 동안 영국의 지배를 받았고, 폴란드는 주변국의 움직임에 따라 영토가 쪼개지고 찢어지는 역사를 거듭해 왔다. 1795년 폴란드는 당시 강대국인 러시아와 오스트리아, 프로이센이 나누어 가졌다. 나폴레옹은 1807년 프로이센과의 전쟁에서 이겨 프로이센이 차지한 폴란드 지역에 바르샤바 대공국을 세웠다. 이후 나폴레옹은 바르샤바 대공국을 강화하는 정책을 시행하는데, 이게 러시아를 불편하게 했다. 폴란드 가톨릭 세력이 강해지는 것을 정교(Orthodox) 세력인 러시아는 싫어했다. 러시아가 차지하고 있던 과거 폴란드 지역의 주민들에게 독립의 희망을 심어줄 수도 있었다.

여기서 다시 메테르니히가 나섰다. 그는 나폴레옹이 바르샤바 대공국을 독립시키려 한다고 소문을 냈다. 그렇게 해서 러시아를 불안하게 하고 러시아와 프랑스 사이를 이간시키려 했다. 메테르니히 외교의 처음과 끝은 오스트리아의 보전이었다. 힘없는 제국이 된 오스트리아는 프랑스의 칼날 앞에 제대로 운신을 못하고 있었다. 거기에 프랑스와 러시아가 협력관계를 강화하고 오스트리아에 대한 압박을 심화하는 것은 오스트리아의 목을 조이는 것이었다. 반대로 프랑스-러시아 관계가 소원해지면 발칸반도로 진출할 수 있는 기회를 얻을 수도 있었다. 발칸반도를 지배하고 있던 오스만 제국은 힘이 떨어져 있었다. 러시아도 발칸반도에 대한 욕심을 가지고 있어서 오스트리아와 러시아는 경쟁관계에 있었다. 그래서 메테르니히는 러시아와 프랑스의 사이를 되도록 벌려 놓으려 한 것이다. 메테르니히의 공작은 성공적이어서 바르샤바 대공국에서도 "곧 독립국이 될 것이다"라고 믿는 사람들이 많아졌다. 알렉산드르 1세가 심어놓은 정보원들이 이런 분위기를 세밀하게 전해줬다.

알렉산드르 1세는 이러한 바르샤바 대공국에 대해서 어떻게 대응해야 하나 고민을 계속했다. 러시아의 입장은 고려하지 않고 프랑스가 폴란드 문제를 자기식대로 처리해 나간다면 무력으로 대응하는 수밖에 없다는 쪽으로 생각을 정리해 가고 있었다. 1811년 1월에는 바르샤바 대공국을 무력으로 점령하는 계획을 세우기도 했다. 알렉산드르 1세가 전쟁장관 바클라이 드 톨리(Barclay de Tolly)에게 지시해 무력 점령계획을 수립하도록 한 것이다. 28만의 명의 러시아 병력에 폴란드인 10만 명 정도를 끌어들여 38만 명의 병력을 마련한다는 구체적인 전략도 갖고 있었다. 실제 공격에 들어가지는 않았지만, 러시아는 폴란드 땅에 대한 집착은 질긴 것이었다.

러시아의 이러한 군사전략을 나폴레옹은 샅샅이 파악하고 있었다. 1811년 8월 15일 프랑스 주재 러시아 대사 알렉산드르 쿠라킨(Aleksander Kurakin)은 튈르리 궁에서 나폴레옹을 만날 기회를 가졌다. 나폴레옹의 42번째 생일을 맞아 외교관들이 궁으로 초대된 것이다. 쿠라킨을 발견한 나폴레옹은 다른 사람의 시선을 아랑곳하지 않고 러시아를 비난했다. 바르샤바 대공국 쪽으로 병력을 집중시키는 것은 공개적인 적대행위라고 일갈했다. "내가 80만 명의 군대를 갖고 있다는 사실을 모르는가!"라며 언제든 대군을 몰고 러시아로 들어갈 수 있다는 노골적인 협박도 서슴지 않았다.

나폴레옹의 러시아 침략

봉쇄령을 인정하지 않고 영국과 교역을 지속하는 러시아를 보며 나폴레옹은 공격을 결심했다. 결국 1812년 6월 24일 러시아 국경을 넘었다. 반대가 적지 않았다. 러시아 주재 대사 콜랭쿠르가 대표적이다. 그는 상트페테르부르크에 주재하는 동안 나폴레옹에게 러시아 땅에서 러시아군과 싸우는 것은 중대실수가 될 것이라는 내용의 보고서를 계속 올렸다. 특히 러시아 겨울의 혹한을 거론하며, 프랑스가 단기적으로는 이길 수 있지만, 장기적으로는 승리할 수 없음을 정확히 지적했다. 그러면서 그는 바르샤바 대공국의 일부를 러시아에 주면 전쟁으로 가는 길을 피할 수 있다고 제안했다. 하지만 나폴레옹은 거절했다. 스페인에서도 고전하고 있었는데도, 나폴레옹은 새로운 큰 전쟁을 시작한 것이다. 이에 따라 나폴레옹 전쟁은 중서유럽을 넘어 다른 차원으로 확대되었다.

나폴레옹이 1812년 모스크바에서 후퇴하는 모습을 그린 그림.

나폴레옹이 러시아와 전쟁을 시작하게 된 원인을 세밀히 보면, 크게 4가지이다. 첫째, 대륙봉쇄령을 무시하는 러시아를 징계하겠다는 생각이 나폴레옹의 모스크바행을 재촉했다. 둘째, 콜랭쿠르의 제안대로 바르샤바 대공국의 일부를 러시아에 할양하면 러시아의 팽창욕을 자극할 것으로 생각했다. 그래서 타협대신 전쟁으로 갔다. 셋째, 프랑스에 대적할 동맹을 결성하려는 영국의 전략을 좌절시키겠다는 생각도 작용했다. 영국은 대륙의 동맹 파트너를 찾고 있었는데, 프로이센과 오스트리아는 그동안 나폴레옹의 공격을 받아 겁을 먹고 있었다. 러시아가 영국의 유력한 협력의 대상이었다. 이를 간파하고 있던 나폴레옹은 러시아를 격파하면 영국은 고립무원이 되어 손들고 나오게 될 것으로 기대하고 있었다. 넷째, 프랑스 동쪽의 위협을 제거해야 할 필요도 있었다. 러시아를 점령하고, 바르샤바 대공국을 지속적으로 강화하면 이 목적을 달성할 수 있다고 나폴레옹은 생각했다. 요컨대, 대륙봉쇄령을 대놓고 거부하는 러시아를 혼내주고, 동맹국을 찾는 영국도 힘들게 해야겠다는 생각으로 전쟁을 크게 확장한 것이다.

60만 대군을 이끌고 러시아로 들어간 나폴레옹은 파죽지세였다. 9월에는 모스크바까지 점령했다. 하지만 러시아는 쉽게 항복하지 않았다. 겨울이 되자 반격을 시작했다. 콜랭쿠르가 경고한 대로 러시아의 겨울은 혹독했다. 프랑스군 병사들이 견디질 못했다. 식량과 보급품 조달도 제대로 되지 않았다. 러시아군이 후퇴하면서 식량과 휴식처가 될 만한 것은 모조리 불태워버려 상황은 더 어려웠다. 60만 대군이 대부분 사라지고, 나폴레옹은 8,000여 패잔병만 데리고 겨우 후퇴했다. 이후 러시아, 오스트리아, 프로이센 연합군의 공격을 막지 못해 1814년 3월 파리를 내주고 이탈리아 서북해안의 엘바 섬에 유배되었다. 이듬해 2월 섬을 탈출해 다시 재기를 시도했지만, 6월 벨기에 워털루에서 영국의 웰링턴(Duke of Wellington/Arthur Wellesley)에게 대패해 항복하고 말았다. 아프리카 서쪽의 세인트헬레나 섬으로 유배되어 6년을 살다가 숨졌다.

인류 최초의 원폭공격을 불러온 일본의 대소련 중립외교 . 1945

2

소련, 태평양 전쟁 참여 준비

1941년 12월 7일 일본이 하와이 진주만을 기습공격하면서 태평양전쟁은 시작되었다. 유럽의 참전 요구에 버티고 있던 미국이 2차 세계대전에 본격 참전하게 된 것이다. 미국이 참전하면서 전쟁은 훨씬 커졌다. 유럽에서 벌어지는 독일과 연합국의 전쟁에 태평양에서 벌어지는 미국과 일본의 전쟁이 더해지면서 그야말로 전 지구적 전쟁이 된 것이다. 영국, 프랑스, 러시아 등 연합국의 입장에서는 미국이 본격 가세하면서 병력뿐만 아니라 무기와 돈이 훨씬 풍부한 상태로 전쟁에 임하게 되었다.

1943년 1월 스탈린그라드 전투에서 소련군이 독일군을 물리치면서 유럽의 전세는 연합군 쪽으로 기울어갔다. 그해 9월 이탈리아는 항복하고, 1944년 6월 미군과 영국군이 노르망디 상륙작전에 성공해 연합군의 승세는 굳어졌다. 1945년이 되면서 연합국은 전후 세계질서에 대한 논의를 본격화했다. 2월에 크림반도 얄타에서 영국 총리 윈스턴 처칠(Wonston Churchill), 미국 대통령 프랭클린 루스벨트(Franklin Roosevelt), 소련의 공산당 서기장 이오시프 스탈린(Iosif Stalin)

이 만났다. 세 거두는 이후 세계정치를 규정하는 중요한 합의들을 만들어냈다. 미국, 영국, 프랑스, 소련에 의한 독일 분할 점령, 독일의 비무장화, 전범에 대한 재판, 그리고 소련의 대일전쟁 참여 등이 결정된 것이다.

이후 1945년 5월 8일 독일이 항복하면서 유럽에서의 전쟁은 끝났다. 하지만 일본은 만주일대와 중국대륙 등에 포진한 대규모 지상군, 그리고 여전히 전투력을 보유하고 있던 공군을 중심으로 항전을 계속하고 있었다. 미국은 얄타의 약속을 상기시키며 소련의 대일전 참여를 촉구하고 있었다. 미국은 소련의 참전이 전쟁을 물리적으로 단축시켜 많은 미국 병사들의 목숨을 구해줄 것으로 생각하고 있었다. 특히 전쟁장관 헨리 스팀슨(Henry Stimson)이 그런 입장을 강하게 피력하고 있었다. 육군부도 비슷한 생각을 하고 있었다. 하지만 소련은 미적거렸다. 독일과의 전쟁에서 워낙 큰 피해를 당한 데다 새로운 지역에서 새로운 전쟁을 시작하는 것은 쉬운 일이 아니었다.

소련은 일본과 1941년 4월 중립조약을 체결해 놓은 상태였다. 독일이 소련을 침공한 것이 1941년 6월이니까 그보다 2개월 전 소련은 일본과 중립조약을 체결한 것이다. 서로 침략하지 않는다, 제3국으로부터 한 나라가 공격을 당하는 경우 다른 나라는 중립을 지킨다, 등을 주요 내용으로 하는 것이었다. 당시 소련은 독일의 침략을 걱정하고 있었다. 독일과 전쟁을 하게 되면, 일본이 후방을 치는 사태는 막아야 했다. 그래서 일본과 중립조약 체결이 필요했다. 일본은 1937년 중일전쟁 시작 후, 중국의 공산당군과 국민당군 모두를 상대하면서 어려움을 겪고 있었다. 장기적인 지구전을 각오해야 하는 상황이었다. 그러자면 남방으로 진출해 전쟁에 필요한 물자를 확보해야 했다. 이를 위해서는 북방에서 소련이 내려와 일본과 충돌하는 상황을 막아놓아야 했다. 독일과 소련이 전쟁을 하는 경우에도, 일본은 개입하고 싶지 않았다. 그래서 소련에 대한 견제장치가 필요했다. 이렇게 소련도, 일본도 상호중립조약이 필요해 협정이 이뤄진 것이다.

이런 상황이니 소련으로서는 쉽게 전쟁에 참여할 수 없었다. 그러면서도 스탈린의 생각은 복잡했다. 얄타회담에서 약속받은 대일전 참여의 반대급부를 생각하지 않을 수 없었다. 당시 소련은 일본과 전쟁에 들어가는 대신 몇 가지 이권을 챙길 수 있도록 약속을 해놓았다. 러일전쟁 때 일본인 점령한 사할린과 인접 도시 회복, 쿠릴열도 확보, 뤼순(旅順)항 조차권 확보, 다롄(大連)항에 대한 특수이익 보장, 남만주철도에 대한 특수이익 보장, 외몽고에 대한 현상유지 등이 그것이었다. 외몽고는 과거 청나라 지배를 받았지만, 1921년 러시아의 지원으로 사회주의 혁명에 성공해 1924년 세계 두 번째 사회주의 국가 몽골인민공화국(약칭: 몽골)이 되었다. 1945년 2월 당시 현상유지라고 하는 것은 소련의 영향권 아래 둔다는 의미이었다.

이러한 이권을 확보하기 위해서는 일본과 당장 전쟁에 들어가야 했지만, 소련은 이를 쉽게 결정하지 못하고 있었다. 거기에는 일본의 강력한 로비도 있었다. 일본 입장에서는 국운이 걸린 것이었다.

일본, 소련의 전쟁 불참 기대

일본은 1941년 12월 진주만 기습 이후 기세가 등등했다. 홍콩을 점령하고, 인도네시아, 싱가포르, 버마 등을 차지해 동남아시아에서 영역을 확대했다. 뉴기니 등 남태평양으로도 진출했다. 하지만 1942년 6월 태평양의 미드웨이섬을 두고 벌인 대규모 해전에서 미국에 패한 이후 서서히 기울기 시작했다. 미군이 태평양지역사령관 더글러스 맥아더(Douglas MacArthur)에게 태평양의 섬들을 하나둘씩 빼앗겼다. 조종사들이 목숨을 내던지는 가미가제 공격을 계속했지만 미군을 당해내지 못했다.

미군은 1945년 2월 도쿄와 사이판의 중간에 위치한 이오지마(硫黄島)에 상륙했고, 4월에는 태평양과 동중국해 사이에 있는 오키나와(沖縄)를 공격했다. 일본은 미군에 대항하면서 소련에 대해서는 전쟁 불참을 기대하고 있었다. 소련 입장에서는 미군이 오키나와를 공격하는 상황이니 이제 대일전쟁을 선언해야 하는 상황이었다. 그래야 얄타회담에서 약속된 이권들을 제대로 챙길 수 있었다. 4월 5일 드디어 일본에게 중립조약 파기를 통보했다. 일본으로서는 청천벽력 같은 것이었다. 진주만 공격도 일소중립조약이라는 일본에 유리한 국제법적 장치가 있어서 가능한 것이었다. 오키나와에서 사활을 건 전투가 벌어지고 있는 상황에서 소련군이 공격해 들어오면 일본에게는 그 이상의 재앙이 없었다.

우선 일본은 파기 통고 후 1년이 지나야 효력이 발생한다는 조약의 내용을 소련에게 상기시켰다. 소련은 일단 조약의 내용이 그러니 수용할 수밖에 없었다. 1946년까지는 조약이 유효하고, 그때까지는 소련이 전쟁에 참여하지 않는 것으로 정리가 됐다. 하지만 일본은 그것으로 안심할 수가 없었다. 소련군이 베를린에 입성해 독일의 패망이 눈앞에 다가온 1945년 4월 30일 최고전쟁지도회의가 열렸다. 총리와 외무상, 육군상, 해군상, 육군참모총장, 그리고 군령부총장(해군참모총장에 해당하는 직책)으로 구성되는 전시 최고 의사결정기관이었다. 여기서 끝까지 전쟁을 수행하며, 영국·미국과 소련을 이간시키기 위해 소련에 대한 외교에 힘쓰기로 결정했다. 독일이 거의 망한 상황에서도 끝까지 항전한다, 이를 위해서는 소련이 끝까지 중립을 지키면서 전쟁에 참여하지 못하도록 노력한다, 이렇게 결의한 것이다.

당시 일본 내에도 이미 화평파가 있었다. 고노에 후미마로(近衛文麿. 총리 재임: 1937.6.~1939.1, 1940.7.~1941.10.), 기도 고이치[木戶幸一. 내대신(궁 내부를 통솔하는 직책)], 다카기 소키치(高木惣吉. 해군 소장), 마쓰타니 세이(松谷. 육군 대령), 마쓰다이라 야스마사(松平康昌. 기도 고이치의 비서), 가세 도시카즈(加瀨俊一. 외무성 비서관) 등이었다. 이들은 협상을 통해 전쟁을 되도록 빨리 끝내자는 주장을 하고 있었다. 하지만 이들의 세력은 강하지 못했고, 전쟁을 끝까지 하자는 주전파가 군부를 중심으로 강력한 세력을 형성하고 있었다. 미국은 일본에게 무조건 항복을 요구하고 있었다. 주전파는, 일본이 미국과 협상에 들어가면 영토를 보존하고 천황제를 유지하는 것도 쉽지 않기 때문에 끝까지 전쟁을 해야 한다고 주장하고 있었다. 물론 일본인이 모두 사라질 때까지 전쟁을 하자는 얘기는 아니었고, 항전을 계속하다 보면 미국의 피해도 커지고, 그렇게 되면 미국이 일정한 양보를 하면서 강화를 제의해 올 것이라는 기대를 하고 있었다.

그렇게 주전파의 목소리가 큰 가운데 5월 11, 12, 14일 최고전쟁회의는 소련에 대한 정책을 계속 논의했다. 모자라는 전략물자를 소련을 통해 마련해야 한다는 의견도 제시됐다. 특히 해군은 모자라는 석유와 항공기를 소련에서 들여오고 대신 일본의 순양함을 주자는 안까지 냈다. 실현 가능성은 작은 것이었지만, 그만큼 소련에 기대하는 것이 컸던 것이다. 이 회의들을 통해 일본의 방침은 대영미 항전, 소련의 참전 방지로 좀 더 분명하게 정리되었다. 당시 육군성을 중심으로 일본은 소련이 쉽게 일본 공격에 나서지는 않을 것으로 전망하고 있었다. 일본은 소련의 중립 유지에 대한 양보사항까지 마련해 놓고 있었다. 남사할린 반환, 동청철도 양도, 다롄·뤼순 조차 인정, 쿠릴열도 양도 등이었다. 다만 조선은 일본이 계속 보유하고, 남만주는 중립화하는 것으로 계획을 세웠다. 전쟁 막바지까지도 한반도에 대한 욕심을 버리지 않았고, 만주를 소련에 쉽게 내주려 하지는 않았던 것이다.

스탈린, 무조건 항복 주장

그즈음 스탈린은 어떤 생각을 하고 있었을까. 독일과의 전쟁이 끝나자 일본과의 전쟁을 위한 준비를 본격화하고 있었다. 우선 병력을 유럽전선에서 동쪽으로 이동시키는 작업을 하고 있었다. 하지만 그게 쉽지 않았다. 어느 지역에 어느 정도의 군을 배치해야 하는지 계획을 먼저 세워야 했다. 거기에 맞는 지휘관들도 선발해야 했다. 무기와 병력을 이동시키는 것도 만만한 일이 아니었다. 13만 량 정도의 열차가 필요했다. 이동거리도 1만 킬로미터에 이르렀다. 그런데 시베리아로 가는 철도는 하나뿐이었다. 하나의 노선으로 많은 병력을 이동시키려니 늦을 수밖에 없었다. 일본군의 눈을 피해 밤에만 작전을 하다 보니 일은 더 더디었다. 그렇게 전쟁이 늦어지면서 스탈인은 얄타회담에서 약속받은 대일전쟁 참여의 반대급부를 생각하지 않을 수 없었다. 미국과 영국의 요구에 크게 벗어나지 않게 태평양전쟁에 참여를 해줘야 반대급부도 쉽게 확보할 수 있는 것이었다. 스탈린의 머릿속도 복잡할 수밖에 없었다.

그런 스탈린의 생각을 파악해 보기 위해 1945년 5월 말 해리 홉킨스(Harry Hopkins)가 모스크바를 방문했다. 홉킨스는 원래 루스벨트 대통령의 오른팔이었다. 상무장관으로 뉴딜정책 실행에 핵심역할을 했다. 2차대전이 발발하자 루스벨트의 특사가 되어 처칠, 스탈린과 의견을 조정하는 데 중요한 역할을 했다. 트루먼도 그의 능력을 믿어 모스크바에 특사로 보낸 것이다. 홉킨스는 건강이 좋지 않았지만 트루먼의 요청을 수용해 스탈린을 만났다. 홉킨스는 일본을 어떻게 다뤄야 한다고 보는지 물었다. 무조건 항복을 받는 방안, 일본에 일정한 양보를 해주고 타협하는 방안 가운데 어느 쪽을 선호하는지 질문한 것이다. 스탈인은 무조건 항복을 받아야 한다고 답했다. 일본 군사력을 완전히 파괴해야 한다고 생각하고 있었던 것이다. 천황제도 폐지해야 한다고 보았다. 천황을 장식물로라도 존속시켜 두면, 실제 권력을 행사하려는 인물이 천황자리에 앉았을 때 위험해진다고 생각한 것이다.

홉킨스와의 면담에서 나타난 이와 같은 스탈린의 생각은 두 가지 의미로 볼 수 있다. 하나는 스탈린이 실제 일본의 완전한 패망을 지향했다는 점이다. 스탈린은 일본이 무조건 항복을 수용하지 않고 저항할 경우 독일처럼 완벽하게 파멸시켜야 한다고 홉킨스에게 말하기도 했다. 미국, 영국과 함께 망한 일본을 공동 점령할 생각도 하고 있었다. 다른 하나는 태평양전쟁을 연장할 의도도 갖고 있었다는

1943년 11월 29일 테헤란 회담에 참석한 스탈린, 루스벨트, 처칠(앞줄 왼쪽부터). 두 번째 줄 맨 왼쪽이 해리 홉킨스이다. 당시 홉킨스는 영국과 소련에 대한 외교를 주로 담당하면서 주요회담에 참여했다. 홉킨스의 옆으로 바체슬라프 몰로토프 소련 외무인민위원, 앤서니 이든 영국 외교장관이 차례로 서 있다.

것이다. 소련이 준비의 시간을 쏟고 있는 동안 전쟁이 끝나면 소련은 이권을 챙기는 데 어려움을 겪을 수 있었다. 그래서 미국으로 하여금 일본과 타협하지 말고 무조건 항복만을 요구하고, 일본은 여기에 불응해 항전을 계속하면서 전쟁이 계속되기를 바랐던 것이다. 그래야 종전 전에 소련이 참전해 원하는 걸 얻을 수 있었다.

스탈린은 의심이 많은 사람이었다. 2차대전이 그야말로 막바지에 이르자 연합전선을 형성해 온 미국도 의심했다. 대일전과 관련해 의심하고 있는 부분은, 미국이 대외적으로는 소련의 참전을 촉구하면서도 내부적으로는 홀로 일본의 항복을 받아내려고 준비하고 있는 것 아니냐 하는 것이었다. 그래서 미국이 일본을 온전히 지배하고, 소련의 대일전 참전에 따른 반대급부도 주지 않으려 하는 것 아니냐 하는 생각을 하고 있었다.

1945년 5월 말 무렵 스탈린은 대일전 참전 준비를 하면서 미국과 일본의 움직임을 세밀히 살피고 있었다. 일본이 혹시 빨리 항복할 기미는 없는지, 미국이 혹 일본에 무조건 항복 요구를 완화해주는 것은 아닌지 분주히 관찰하고 있었다.

일본의 대소련 본격 외교

5월 중순 소련에 대해 중립외교를 전개하기로 방침을 분명히 정리한 일본은 5월 말 본격적으로 움직이기 시작했다. 일본은 소련에 일본-미국 사이 중재를 맡아달라고 요청하려는 움직임도 보였다. 일본 주재 소련대사 야코프 말리크(Yakov Malik)가 그렇게 파악하고 있었다. 말리크는 5월 25일 본국에 보낸 보고서에서, 일본 외무성이 일본-미국 사이에 다리를 놔달라고 소련에 요청하려 했고, 이를 위해 일본은 소련 영해 어업권을 포기하고 남사할린과 쿠릴열도를 소련에 양보할 생각도 가지고 있다고 밝혔다. 특히 미국도 관심을 갖고 있는 쿠릴열도를 소련에 양도해서, 미국과 소련 사이 분쟁을 유도하려는 생각을 가지고 있다고 보고했다. 소련이 일본-미국 사이 중재에 나서도록 함으로써 전쟁참여는 지연시키고, 덤으로 미국과 소련 사이 갈등도 유발해 보려는 전략을 일본이 추진하고 있었던 것이다.

일본은 일본 정부의 움직임을 예의 주시하고 있던 말리크와 적극 접촉하면서 소련의 중립과 중재를 촉구하고 있었다. 말리크를 회유하는 작업은 히로타 고키(広田弘毅)가 맡았다. 1930년부터 1932년까지 소련 주재 대사를 지냈고, 이후 두 번에 걸쳐 외무상을 맡았으며, 1936년부터 1937년까지 총리를 지낸 일본외교의 거물이었다. 히로타는 도고 시게노리(東郷茂徳) 외무상과 긴밀하게 소통하면서 말리크에게 일본의 뜻을 전했다.

6월 3일 히로타는 예고도 없이 말리크를 찾아갔다. 말리크는 미군의 도쿄 공습을 피해 도쿄 남서쪽 하코네(箱根)의 한 호텔에 묵고 있었는데, 그리로 찾아간 것이다. 히로타는 그만큼 마음이 바빴다. 먼저 독일에 대한 소련의 승전을 축하했다. 말리크에 대한 찬사도 잊지 않았다. 젊고 능력 있는 외교관이라며 면전에서 칭찬한 것이다. 소련과 관계를 개선하고 싶다는 의사를 숨기지 않고 밝혔다. 그렇게 분위기를 만들어 놓은 뒤 다음 날 다시 방문했다.

두 번째 만남에서 히로타는 소련의 일본에 대한 정책을 알아내기 위해 애를 썼다. 소련이 일본-소련 관계를 어떻게 정립해 나갈 계획인지 직접 묻기도 했지만, 속 시원한 답을 들을 수는 없었다. 말리크 입장에서는 히로타가 소련의 속내를 알아보기 위해 갑자기 방문했음을 짐작하고 있었기 때문에 소련의 방침에 대해 답을 해주기 어려운 입장이었다. 말리크는 말조심을 하면서 히로타의 의도, 일본의 계획 등을 알아보려 노력했다. 히로타가 적국인 미국과 영국에 대한 비판적인 얘기를 하지 않는 점으로 보아 소련을 교두보 삼아 미국, 영국과도 추후 접촉할 것으로 짐작하기도 했다. 히로타의 갑작스런 방문으로 소련은 일본의 의도, 즉 전쟁을 조금이라도 유리한 상황으로 끌고 가 끝내겠다는 생각을 분명히 알 수 있었다. 하지만 히로타-말리크 회담으로 큰 합의가 이뤄질 수 있는 상황은 아니었다.

6월 6일 열린 최고전쟁지도회의에서도 전쟁 철저 수행과 대소련 외교 적극화가 결정됐다. 결사항전으로 미국의 대출혈을 야기하면 이후 협상의 길은 열린다고 여전히 생각하고 있었다. 18일에도 이 회의가 열려 소련의 중재를 요청하기로 결정했다. 7월 말까지 소련이 일본-미국 사이 협상을 중재해 9월까지는 전쟁이 끝나도록 하자는 것이었다. 소련이 그냥 중립을 지키는 데 그치지 않고 적극적으로 나서서 종전의 장을 마련하도록 하자는 얘기였다. 천황도 이 안을 선호했다. 전쟁이 종결될 수 있도록 외교를 하라고 도고 외무상을 독려했다. 22일에는 어전회의에서 '소련의 알선을 통한 종전'이라는 방침이 다시 한번 정리되었다.

6월 23일 미군이 오키나와를 점령했다. 이제 미군은 점점 본토로 향하고 있었다. 그럴수록 일본은 소련에 매달렸다. 24일 히로타가 다시 말리크를 만났다. 직접 중재를 요청하지는 않았다. 다만 중국과 만주 등에서 소련에 양보할 용의가 있다면서 일본-소련의 원만한 관계 유지와 발전을 강조했다. 28일에는 외무상 도고가 소련 주재 일본대사 사토 나오타케(佐藤尚武)에게 전보를 쳐서 소련의 중립조약 준수 의사를 다시 확인하라고 지시했다. 29일에는 히로타가 말리크를 도쿄의 소련대사관으로 찾아갔다. 세 번째 회담이었다. 히로타는 불가침조약 체결은 제안했다. 그 대가로 일본군 만주 철수, 소련 석유와 일본의 소련영해 어업권 포기 교환 등을 제시했다. 소련이 관심 갖고 있는 모든 문제를 해결할 수 있다는 포괄적 대가도 내놓았다. 하지만 말리크는 냉담했다. 회담 직후 관련 내용을 보고서로 작성해 통상적인 외교행낭으로 보냈다. 소련은 급할 것이 없었던 것이다. 이후에도 히로타는 소련대사관에 계속 전화를 했다. 7월 14일까지 전화는 계속되었다. 하지만 말리크는 만나주지 않았다.

히로타-말리크 3차회담 이후에는 소련 주재 일본대사관을 통해 일본이 소련에 대한 요청사항을 전했다. 7월 5일에는 도고가 사토 대사에게 바체슬라프 몰로토프(Vyacheslav Molotov) 외무인민위원(외무장관)이 포츠담 회담(7월 17일~8월 2일)에 참석하기 위해 독일로 출발하기 전에 몰로토프에게 일본의 제안을 다시 전하라고 지시했다. 일소 우호관계를 유지하고, 일본이 이에 대한 대가로 만주를 중립화하고 소련 영해 어업권을 포기한다는 것을 주요내용으로 하는 제안이었다. 사토는 실현가능성이 낮다고 보고 꾸물거렸다. 6일 후인 7월 11일 몰로토프를 만나 20분간 대화를 나눴다. 일본의 제안을 설명했지만, 몰로토프는 깊은 대화를 피하면서 "주의 깊게 검토해 보겠다"는 정도로만 답했다.

일본, 포츠담선언 거부

일본이 소련에 외교전을 펼치고 있는 사이 소련에서는 전쟁을 결정하고 있었다. 6월 26~27일 소련의 공산당 정치국과 정부, 군부의 합동회의가 열려 일본에 대한 전쟁을 8월에 시작하기로 결정했다.

미국은 핵무기 제조를 마무리해 가고 있었다. 7월 15일 첫 핵실험에 성공했고, 17일에는 두 번째 실험에도 성공했다. 핵무기를 만들면서도 미국은 핵무기 투하를 선뜻 결정할 수는 없었다. 전대미문의 무기인 만큼 세계정세에 미치는 파장은 엄청날 것이고, 그에 따라 실제 투하할 것인지, 한다면 언제 어디에 할 것인지 고민을 거듭할 수밖에 없었다.

7월 17일부터는 연합국의 회담이 독일 포츠담에서 시작되었다. 26일 독일과 일본에 대한 주요사항들에 대해 합의하고, 포츠담선언으로 발표되었다. 일본의 저항이 소멸될 때까지 전쟁 수행, 일본군의 무조건 항복, 일본군 무장해제, 전쟁범죄자 처벌 등을 주요내용으로 하고 있었다.

포츠담 회담 와중에도 일본은 소련에 대해 종전 알선을 계속 요청하고 있었다. 외무상 고노가 모스크바의 사토 대사에게 지시를 내려 소련에 대한 외교를 독려하고 있었던 것이다. 사토가 "7천만 민초가 말라죽어 천황 한 분의 안태(安泰. 평안하고 태평함)를 얻으랴"라며 일본 정부가 천황제 보전을 조건으로 내세워 종전 협상을 하려는 것을 비판하는 전보를 보내기도 했지만, 고노는 이를 계속 고집하고 있었다.

7월 25일에도 사토는 솔로몬 로좁스키(Solomon Lozovskii) 극동담당 외무 부인민위원(외교차관)을 만났다. 전쟁 종결 알선을 요청했다. 그동안에는 소련의 중립을 요청했는데, 이제 소련이 나서서 연합국과 일본 사이의 종전을 중재새 달라고 본격 요청한 것이다. 로좁스키는 여유 있게 일본의 요청사항을 서면으로 전해달라고 요구했다. 사토는 면담 후 그날을 넘기지 않고 일본의 요청사항을 문서로 정리해 전달했다.

일본은 포츠담 선언을 수용하지 않았다. 특히 육군은 일본군의 무조건 항복을 요구하는 포츠담 선언을 강하게 거부했다. 7월 28일 총리 스즈키 간타로(鈴木貫太郎)는 기자회견을 통해 "(포츠담선언은) 아무런 중대한 가치도 없다고 보고 그저 묵살할 뿐이다. 우리는 전쟁 완수에 끝까지 매진할 뿐이다"라고 밝혔다. 여전히 소련에 대한 외교가 성과를 낼 것으로 믿고 무조건 항복을 요구하는 포츠담선언을 거부한 것이다. 그러면서 일본군은 규슈(九州) 지역에 대한 병력 보강에 나섰다. 오키나와를 점령한 미군이 규슈로 상륙할 가능성에 대비하고 있었던 것이다. 30일에는 사토가 다시 로좁스키를 만나 소련의 알선을 다시 요청했다. 포츠담선언으로 소련의 종전 중재가 가능할지 걱정스럽다는 얘기도 전했다. 로좁스키는 분명한 약속을 할 수 없었다. 몰로토프에게 일본의 뜻을 전하겠다는 얘기만 했다.

스즈키 간타로 일본총리. 1945년 4월부터 8월까지 일본 총리로 재임했다.

첫 원폭 공격 그리고 소련의 참전

일본이 항복하지 않고 소련에 대한 외교를 지속 전개하자 미국은 7월 25일 일본에 원자폭탄 투하를 결정하고 준비해 착수했다. 8월 6일 오전 8시 15분 히로시마에 원폭이 떨어졌다. 인류 최초의 핵 공격이었다. 7만여 명이 목숨을 잃었다. 원폭이 떨어지는 절체절명의 상황에서도 일본의 미련은 질기게 계속되었다. 8월 7일 도고는 사토 대사에게 소련의 의사를 알아보라고 긴급전보를 보냈다. 끝까지 소련의 중재를 기대하고 있었던 것이다. 사토는 몰로토프 면담을 요청했다. 8일 오후 5시에 면담이 이뤄졌다. 사토가 사무실에 들어서자 몰로토프는 자리를 권하고선 곧바로 성명서를 읽어 내려갔다. "내일부터 소련과 일본은 전쟁상태에 들어가는 것으로 본다"는 내용을 핵심으로 하는 선전포고문이었다. 몰로토프는 포고문의 사본을 사토에게 전해줬다. 포고문을 받아든 사토는 종전 중재를 요청하고 있는 상황이니 전쟁이 참여하지 않는 것이 일본 국민의 희생을 줄이는 것이라고 항변해 보았다. 하지만 이미 엎질러진 물이었다. 사토는 포옹으로 인사를 나누고 몰로토프의 사무실을 나왔다.

8월 9일 0시(자바이칼 시간) 소련은 결국 태평양 전쟁에 참여했다. 만주로, 북한으로 군을 진주시켰다. 북한에 진입한 소련군은 9월 8일 남한에 진주하는 미군과 함께 한반도를 남북으로 나누어 점령했고, 당시의 분단은 지금까지 이어지고 있다. 소련이 참전한 9일 오전 11시 2분 나가사키에 두 번째 원자폭탄이 떨어졌다. 여기에선 4만여 명이 사망했다.

그러고도 일본은 곧바로 항복하지 않았다. 10일 도고가 말리크 대사를 만났다. 말리크는 선전포고문을 읽었다. 낭독이 끝나자 도고가 격분을 토해냈다. 소련에 중재를 요청해 놓고 있는데 이를 제대로 수행해 주지 않고 선전포고를 하는 것은 어불성설이라는 것이었다. 화를 낸 뒤 도고는 일본정부의 요청사항을 내놓았다. 포츠담선언을 수용할 테니 황실의 안태를 보장해 달라는 것이었다. 이 제안을 소련정부가 다른 연합국들과 협의해달라는 얘기였다. 이 제안은 곧 미국에 전해졌고, 미국은 이를 거부했다. 무조건 항복하라는 압박이었다.

미국은 일본에 대한 공습도 강화했다. 10일부터 14일까지 1천여 기의 폭격기를 동원해 도시들을 공격했다. 그 바람에 1만 5천여 명이 또 사망했다. 상황에 여기에 이르자 천황이 무조건 항복을 하지 않을 수 없었다. 군 소장파는 반대했다. 이들은 14일 쿠데타를 일으켜 황궁을 접수하기도 했지만 15일 새벽 진압되었다. 8월 15일 낮 12시 천황 히로히토(裕仁)는 떨리는 목소리로 항복선언문을 낭독했다. "짐(朕)은 깊이 세계의 대세와 일본제국의 현실을 생각하여 비상조치로써 이 사태를 수습하고자 이에 충성스럽고 선량한 너희 신하와 백성에게 고한다. 짐은 제국정부로 하여금 미국, 영국, 중국, 소련 4개국에 대하여 그 공동선언을 수락할 뜻을 통보하게 하였다…."

정보·외교의 실패, 합리적 결단의 부재

2차 세계대전의 종결 시점에 일본이 어떤 결정을 어떻게 하는지는 일본 스스로, 그리고 연합국의 피해 규모에 크게 영향을 주는 것이었다. 망해가던 일본은 그 와중에도 화평파와 주전파로 나뉘어 있었다. 대세가 기울었음을 알고 협상을 하려는 사람들도 있었지만, 육군을 중심으로 한 주전파를 누르지 못했다. 그래서 당시 일본의 최고위층은 소련을 중립에 묶어 놓고, 미국에 끝까지 항전하면서, 이면으로 협상을 하려 했다. 외무상 도고 시게노리, 내대신 기도 고이치 등이었고, 천황도 여기에 속했다. 하지만 그들은 소련의 의도를 제대로 파악하지 못했다. 차근차근 준비한 뒤 결국은 전쟁에 참여해 잇속을 챙기려 한 소련의 전략을 모른 것이다.

그래서 그들은 소련과의 외교에 매달리면서 5월 중순부터 두 달 정도의 시간을 허비했다. 기대 속에서 외교를 전개했지만, 소련을 움직이지는 못했고 전쟁이 길어졌다. 그러는 사이 미국은 핵무기를 완성했고, 일본 본토를 인류 초유의 무기로 공격했다. 핵 공격을 받고도 곧바로 항복하지 않아 무차별 공습까지 받았다. 그 속에서 무수한 민초들이 소리 없이 사라져 갔다.

물론 소련은 일본이 대소련 중립외교를 본격화하기 전부터 일본에 대한 전쟁을 결정해 놓고 있었다. 하지만 일본은 이를 제대로 읽지 못하고 '희망 섞인 생각(wishful thinking)' 속에서 소련에 매달리면서 전쟁을 지연시켰다. 그런데도 일본에서는 전쟁 지연에 대한 책임을 얘기하는 사람은 거의 없다. 소련에 대해서는 불난 집에서 도둑질을 했다고 비난하고, 미국에 대해서는 무자비한 무기를 일본에 투하했다고 원망하면서도, 전쟁지도부가 잘못해서 엄청난 피해를 입었다는 비판과 성찰은 없다.

포츠담선언 직후 이를 수용하기만 했어도 원폭투하는 없었을지도 모른다. 소련의 참전도 어려웠을 것이다. 그랬다면 무고한 일본인의 피해는 크게 줄일 수 있었다. 한반도의 분단도 없었을 가능성이 높다. 이렇게 추론을 하다 보니 새삼 일본이 원망스러워진다. 어쨌든 당시 일본의 대소련 중립외교, 종전 중재 외교는 정보의 실패였고, 외교의 실패였으며, 합리적 결단의 부재였다. 하긴 무모하고 무도한 전쟁을 일으킨 나라에게 그런 합리성과 과학성을 기대하는 것 자체가 무리일지도 모른다.

베트남 전쟁을 키운 제네바 정치회담 . 1954

3

민족의식 강한 베트남인

베트남은 고대에는 중국의 지배를 받았지만, 10세기에 중국에서 벗어나 오랫동안 독립적인 왕조를 유지해왔다. 주변의 다른 민족과는 달리 천 년 가까이 중국에 예속되지 않고 독립적인 나라를 유지해오는 과정에서 베트남인들의 높은 독립정신과 민족의식이 자리를 잡게 되었다. 1943년 연합국의 대일본 전쟁이 치열하게 전개될 당시 루스벨트(Franklin Roosevelt) 미국대통령은 중국의 더 큰 역할을 기대하면서 장제스(蔣介石)에게 베트남을 포함한 인도차이나에 대한 지배권을 제안했다. 장제스는 정중하게 사양했다. "베트남은 결코 중국에 동화될 민족이 아닙니다"라는 게 장제스의 말이었다.

19세기 후반까지 베트남은 그렇게 독립적으로 지냈다. 그러다가 19세기 후반 인도차이나를 점령한 프랑스의 식민지가 되었다. 2차 대전이 끝날 무렵에는 프랑스를 내치고 들어선 일본의 지배를 받았다. 식민지배를 받으면서도 베트남인들은 지속적으로 저항했고, 2차 대전 당시 베트남 독립운동의 중심은 호치민(Ho Chi Minh/胡志明)이었다. 호치민은 1941년 5월 베트민[Viet Minh, 베트남독립동맹(약칭: 월맹)]

베트남 독립운동 지도자 호치민

을 결성해 독립투쟁을 전개했다. 베트민은 공산주의 세력뿐만 아니라 민족주의 계열의 다양한 정파를 포괄하는 통일전선조직이었다.

일본제국이 패망하자 베트민은 1945년 9월 2일 독립을 선언하고, 베트남민주공화국(Democratic Republic of Vietnam)을 수립했다. 하지만 이전의 식민종주국 프랑스는 이를 인정하지 않고, 다시 인도차이나를 점령하려 했다. 프랑스는 하노이 부근으로 군대를 진주시켜 베트남을 쉽게 차지하려 했다. 하지만 독립투쟁 과정을 통해 민족의식이 더 높아진 베트남은 이제 프랑스가 쉽게 지배할 수 있는 나라가 아니었다. 1946년 12월부터는 베트남과 프랑스 사이 전쟁이 본격 시작되었다. 제1차 인도차이나 전쟁(1946~1954)이다. 베트남인들은 강력 저항했고, 싸움은 장기화되었다. 1949년 10월 중국혁명의 성공으로 중화인민공화국(중국)이 수립된 후 중국이 베트남에 박격포와 곡사포 등 무기를 지원하자 베트민의 전력은 더 강화되었다. 한국전쟁이 휴전된 이후에는 차량과 대공포, 기관총 등의 무기가 중국군에서 베트민군으로 전해졌다. 1953년에는 토지

개혁을 실시해 농민들의 민족독립에 대한 열망과 항전의지는 더 높아졌다. 이러한 정지작업으로 베트민군은 무장병력 12만 명 정도에 추가로 동원 가능한 예비병력을 농촌에 많이 확보하고 있었다.

프랑스군은 7만여 명에 이르렀는데, 무기가 모자랐다. 그래서 미국에 지원을 요청했다. 요청을 받은 미국은 프랑스군에 무기를 지원했다. 이제 베트남 독립전쟁은 동서진영의 충돌로 격화되어 갔다.

전쟁이 길어지자 프랑스의 고민이 깊어졌다. 국내경기가 나빠져 재정적으로도 부담스러울 뿐만 아닐 반전여론까지 확산되고 있어 전쟁을 되도록 빨리 끝내야 했다. 베트민군의 주력부대를 붕괴시켜 전쟁을 승리로 끝내겠다는 전략을 수립했다. 그러자면 우선 기동성 강한 주력부대를 특정지역으로 유인해야 했다. 프랑스군은 이를 위해 1953년 말, 베트남 북서쪽에 있는 디엔비엔푸 지역에 진지를 설치했다. 분지형의 지형에 외부로 통하는 길도 제대로 나 있지 않은 곳에 마련된 요새였다. 프랑스군은 베트민군의 1개 사단 정도의 공격을 예상했다. 그 정도의 공격이 오면 우세한 대포와 공군력으로 반격을 실시해 주력사단을 궤멸시키겠다는 생각이었다. 프랑스군은 70여 대의 항공기를 보유하고 있었는데, 베트민군이 갖고 있지 않은 항공기를 적극 활용해 공격하면 순식간에 숨어있는 적까지 모두 제거할 수 있다고 본 것이다.

베트민군 사령관 보응우옌지압(Vo Nguyen Giap/武元甲) 장군은 대병력으로 프랑스 요새를 포위하는 데 주력했다. 주로 밤을 이용해 병력을 모았다. 10kg 남짓의 쌀과 약간이 소금, 그리고 삽과 탄약을 휴대한 병력은 차근차근 모여 5만여 명(5개 사단)이 되었다. 요새를 둘러쌌다.

보응우옌지압 장군

본격적인 전투는 1954년 3월 중순 시작되었다. 지역 주민들은 2만여 대의 자전거와 수만 필의 말을 동원해 필요한 물자를 실어 날랐다. 민·군이 따로 없는 전쟁이었다. 프랑스는 포위된 채 대대적인 공격을 당했다. 이를 보고 있던 미국은 베트민에 대한 대규모 공습을 심각하게 고려했다. 그것만이 프랑스군을 살려내는 길이었다. 하지만 다시 한국전쟁과 같은 수렁에 빠지는 것이 두려웠다. 이제 겨우 한국전쟁에서 빠져나왔는데 다시 전쟁을 시작하면 미국인들의 아이젠하워 행정부에 대한 여론이 급전직하할 것이 뻔했다. 게다가 영국도 반대했다. 미국이 개입하면 전쟁은 커질 것이고, 그렇게 되면 영국도 팔짱 끼고 있을 수만은 없었기 때문이다.

결국 미국은 개입하지 않았고, 프랑스군은 탄약과 보급품이 떨어지자 항복하지 않을 수 없었다. 두 달 가까이 계속된 전투는 결국 베트민의 승리로 끝났다. 1954년 5월 7일이었다. 프랑스군은 5,000여 명이 전사하고, 1만 1,000여 명이 포로가 되었다. 베트민군 전사자는 2만 5,000여 명으로 프랑스군보다 더 많았다. 베트민 입장에서도 큰 대가를 치르고 얻는 슬픈 승리였다.

전쟁은 끝났고, 이제 베트남의 미래가 정리되고 결정되어야 했다.

제네바 정치회담이 그런 문제를 정하는 국제적 장이 되었다.

제네바 정치회담...한반도 문제 합의 실패

1954년 4월 26일 스위스 제네바에서 정치회담이 열렸다. 첫 번째 의제는 한반도 문제였다. 정전협정에 따라 국제회담을 통해 한반도 통일문제를 논의하게 된 것이다. 한국의 변영태 외교장관과 북한의 남일 외무상, 미국의 존 덜레스(John Dulles) 국무장관, 소련의 뱌체슬라프 몰로토프(Vyacheslav Molotov) 외무상, 중국의 저우언라이(周恩來) 외교부장이 만나 장시간 논의를 거듭했다.

1954년 제네바 정치회담

하지만 한반도 문제는 한 번의 국제회담으로 해결할 수 있는 것이 아니었다. 한국과 미국, 이에 맞서는 북한과 소련의 입장이 너무 달랐다. 가장 뚜렷하게 갈리는 이슈는 '입법부를 어떻게 구성할 것인가'이었다. 남한은 인구비례로 구성하자는 의견이었다. 반면 북한은 일대일(1:1)로 해야 한다고 주장했다. 남한의 인구가 북한보다 훨씬 많은 상황이어서 의견접근은 어려웠다. 선거감시기구를 두고도 남북한은 맞섰다. 남한은 유엔을 감시기구로 하자고 주장했고, 북한은 유엔을 미국의 하수인으로 여기면서 중립국감시위원회를 구성해야 한다고 대질렀다.

외국군 철수 문제도 남북이 합의하기 어려운 부분이었다. 남한은 중국군이 먼저 철수해야 한다고 했고, 북한은 미군철수가 먼저라고 주장했다. 변영태는 "강도가 경찰을 보고 '네가 먼저 무장해제하면 나도 하겠다'고 말하면 되겠는가?"라고 소리를 높였다. 북한이 남침했으니 북한 측에 참전한 중국군은 강도, 미군은 경찰이라는 얘기였다. 강도에 총을 겨누고 있는 경찰이 먼저 총을 내려놓는 일은 있을 수 없다는 주장이었다.

양측의 생각이 이렇게 다르니 합의가 이뤄질 리 없었다. 그보다 더 문제는 남한도 북한도 통일문제를 구체적으로 논의할 생각이 없었다는 것이었다. 이승만과 김일성 모두 전후 복구와 정권의 공고화에 마음을 쓰고 있었다. 통일문제를 진정성 있게 논의해서 일정한 합의를 이루고, 이를 지켜나가면서 남북이 하나 되어 가는 과정을 진행해 보겠다는 생각은 당시로서는 먼 나라 얘기였다. 오히려 스스로의 체제가 더 우수함을 보이기 위해 상대를 누르고 제압하는 데 더 관심을 쏟았다. 그러니 통일논의는 형식에 불과했고, 체제 선전의

장에 지나지 않았다.

강대국 뜻대로 남·북베트남 분단

제네바회담이 다룬 또 하나의 국제적 이슈는 베트남 문제였다. 디엔비엔푸 전투에서 프랑스가 항복한 다음 날인 1954년 5월 8일 베트남 문제에 대한 논의가 시작됐다. 회의에 참가한 나라는 모두 9개. 베트남민주공화국, 남베트남국, 프랑스, 영국, 미국, 소련, 중국, 라오스, 캄보디아이었다. 그 가운데서도 핵심은 호치민이 주석이면서 하노이를 수도로 하는 베트남민주공화국과 프랑스였다. 양측이 7년 동안 서로를 적으로 한 교전국이었던 만큼, 그 전쟁을 끝내는 평화협상의 당사국이 된 것이다. 사이공을 수도로 하는 베트남국(State of Viet Nam)은 프랑스의 괴뢰국이어서 주요역할을 못했다. 베트남국은 2차대전 후 프랑스가 인도차이나 재점령에 나서면서 1949년 6월에 세운 괴뢰국가로 바오다이(Bao Dai/保大)가 국가원수이었다.

1954년 7월 21일 협정이 마무리되었다. 협정의 핵심내용은 4가지이었다. 첫째, 프랑스군과 베트민군은 북위 17도선을 임시 군사분계선으로 삼아 휴전에 들어간다. 300일 이내에 베트남군은 분계선 이남의 병력을 이북으로 이동시키고, 프랑스군은 분계선 이남으로 이동시키는 내용도 포함하고 있었다. 둘째, 민간인도 자유의사로 북위 17도선 이남과 이북으로 이전할 수 있다. 셋째, 협정 조인 후 2년 내에 베트남 전역의 총선거를 실시한다. 1956년 7월까지 총선거를 해서 새로운 통일국가를 수립하도록 한 것이다. 북쪽은 베트남민주공화국이, 남쪽은 프랑스가 총선을 책임지고 실시하는 당국이었다. 넷째, 총선거 이후 프랑스군은 철수한다. 프랑스는 남측에서 총선을 실시한 뒤, 군을 철수시켜 베트남 지배의 역사에 종언을 고한다는 것이었다.

가장 첨예하게 부딪힌 부분은 말할 것도 없이 군사분계선을 정하는 문제였다. 당초 분단을 원치 않았던 베트남민주공화국은 대세가 '분단'임을 인식하고 북위 13도를 주장했다. 베트민이 베트남의 많은 부분을 장악하고 있는 만큼 분계선이 13도까지 내려가야 한다는 얘기였다. 반면, 프랑스는 18도를 주장했다. 남베트남국의 영토를 조금이라도 넓혀 놓아야 한다는 생각이었다. 언제나 그런 것처럼 영토문제였기 때문에 주장만 있고, 협의는 부족했다. 중재자가 필요했다. 저우언라이가 나섰다. 저우언라이는 베트남민주공화국의 주석 호치민과는 1920년대 파리에서 유학생활을 하면서 만나 친구가 된 사이였다. 원칙을 중심에 세우고 그 중심에서 벗어나지 않는 한 비교적 유연하게 움직였던 저우언라이는 프랑스와도 대화가 가능했다. 그의 중재로 양측은 북위 17도선에서 남·북베트남을 나누기로 합의할 수 있게 되었다.

그렇게 구체적인 부분에서 합의를 이루는 데에는 저우언라이가 많은 역할을 했지만, 전체적으로 회담의 분위기와 방향을 이끌어 간 것은 미국이었다. 미국의 관심은 베트남 자체보다는 중국이었다. 마오쩌둥(毛澤東)은 1949년 10월 국민당과 장제스(蔣介石)를 몰아내고 중화인민공화국(중국)을 세웠다. 이후 프랑스를 상대로 독립투쟁을 하고 있던 호치민을 지원했다. 한국전쟁 이후에는 지원을 더 강화했다. 시간은 호치민 편이었다. 농민과 민중들 속에서의 그의 지지는 더 확산되어 갔다. 반면 남베트남국은 민심을 잃어 갔다. 이런 형국에서 미국은 도미노이론의 실현을 우려했다. 중국의 영향과 지원을 받아 베트남이 공산화되면 인근 동남아국가들이 쉽게 공산화될 것을 우려한 것이다. 그래서 생각한 것이 베트남을 남북으로 나누는 것이었다. 군사분계선 남쪽으로 공산주의 세력이 확산하는 것을 막고, 남베트남을 교두보로 미국의 동남아 정책을 펴보려 한 것이다.

소련과 중국도 인도차이나에서 전쟁이 계속되는 것을 바라지 않았다. 전쟁의 장기화는 미국의 개입을 불러올 것이고, 그렇게 되면 인도차이나에서 미국의 영향력은 더 확대될 것이라고 본 것이다. 특히 중국은 한국전쟁이 휴전한 지 얼마 되지 않은 시점에 다시 베트남 전쟁에 개입하고 싶어 하지 않았다. 그래서 미국이 제시하는 베트남 분단과 전쟁의 중단이라는 안에 이의를 제기하지 않은 것이다.

프랑스는 전쟁을 더 이상 전쟁을 계속하기 어려운 상황이었다. 20만 가까운 병력이 베트남에 남아 있었지만, 디엔비엔푸 전투로 항복한 이후 다시 전투의욕을 살려내기 어려웠고, 알제리에서 독립운동이 격화돼(1954년 11월 1일 본격 독립전쟁 시작) 베트남에서 철수해야 하는 입장이었다.

호치민은 불만이었다. 베트민이 베트남의 5분의 4 정도를 장악하고 있는 상황이었는데, 베트남을 반분하는 것에 만족할 리 없었다. 그럼에도 어쩔 수는 없었다. 소련과 중국의 충분한 지원이 계속 이어진다는 보장이 없는 상황에서 전쟁을 계속 한다면 미국이 개입할 것이고, 미국과 대결해서 이기기는 어려운 만큼 강대국이 원하는 분단을 일단은 수용할 수밖에 없었다.

조인은 베트남민주공화국과 프랑스, 중국, 소련, 그리고 영국이 했다. 미국과 남베트남국은 협정에 불만을 표시하면서 도중에 대표를 철수해 버렸다. '남북베트남 총선거 실시에 의한 통일' 등은 남베트남과 미국에 큰 부담이었던 만큼 협정에 서명하고 싶지 않았던 것이다. 다만 미국은 국제사회의 여론을 고려해 이후 협정을 준수하겠다고 선언했다.

합의 지킬 생각 없었던 미국

제네바협정의 내용 가운데 핵심은 베트남의 남북통일 선거였다. 미국은 협정 준수 선언을 하긴 했지만, 이를 지키는 데에는 관심이 없었다. 남베트남에 친미·반공정권을 탄탄하게 세우는 데 진력했다. 프랑스의 괴뢰국 베트남국을 믿을 수 없어 응오딘지엠(Ngo Dinh Diem/吳廷琰)을 불러들였다. 지엠은 베트남의 가톨릭계 최상류층 집안 출신으로 프랑스 식민지 시절 식민지관료를 거쳐 남베트남국에서 내무대신을 지냈다. 베트민과 프랑스가 전쟁을 벌이자 망명길에 올라 프랑스와 벨기에, 미국 등지에서 10년을 지냈다. 미국은 그를 귀국시켜 남베트남국의 총리를 맡겼다. 하지만 바오다이 정권은 무능하고 부패했으며 반민족적이었다.

강력한 민족주의적 반공국가를 원한 미국은 1955년 국민투표를 통해 남베트국을 베트남공화국(Republic of Vietnam, 남베트남)으로 교체했다. 지엠이 대통령이 되었다. 미국은 대규모 원조로 지엠을 지원했고, 지엠정권은 미국의 승인 없이는 주요정책을 추진하기 어려운 형편이 되었다. 그 바람에 미국의 희망대로 친미·반공정부가 되었다.

하지만 국민의 광범위한 지지를 받는 확고한 민족주의적 반공정권은 되지 못했다. 부패하고 무능했다.

미국은 베트남 전역의 총선거를 실시하면 베트남이 공산화될 것임을 알고 있었다. 아이젠하워(Dwight Eisenhower) 대통령은 제네바협정 후 처칠(Winston Churchill) 영국 총리에게 보낸 편지에서 "남·북베트남에서 선거가 실시되었다면 아마 주민의 80%는 공산주의자인 호치민에게 표를 던졌을 것이라는 데 동의하지 않는 인도차이나 전문가들과 얘기해 보거나 편지를 교환해 본 일이 없다"고 밝힌 적이 있다. 베트남의 공산화에 대한 걱정을 표현한 것이다. 이렇게 현지 상황을 잘 인식하고 있던 미국은 총선실시는 곧 베트남을 통째로 호치민에게 넘겨주는 행위로 생각하고 있었다.

실제로 당시 호치민은 베트남 전역에서 높은 지지를 받고 있었다. 일생을 독립투쟁에 바친 그의 베트남을 위한 헌신, 사적 재산을 갖지 않는 무욕의 삶, 거기에 인민들에게 격의 없이 다가가는 친근한 성격까지 겹쳐져 호치민은 북베트남뿐만 아니라 남베트남에서도 존경 받고 있었다. 그래서 북베트남은 계속 자유민주적 총선을 주장할 수 있었다.

그래서 미국은 총선 실시 대신 남북분단을 고착화시키려 했다. 남베트남을 떼어내 반공기지로 만들려 한 것이다. 그렇게 해야 중국과 공산세력의 남진을 막고, 중국을 포위하는 전략에 남베트남을 활용할 수 있었다. 아이젠하워 행정부와 공화당은 이전의 트루먼(Harry Truman) 행정부와 민주당이 미온적인 태도로 중국본토를 공산세력에 내줬다고 비판하고 있던 터였다. 이런 환경에 처해 있던 미국의 관심은 반공, 반중국이었고, 베트남 민중들의 삶은 아니었다. 독재를 하더라도 반공정권을 탄탄하게 유지해주면 그것이 선이었다.

이러한 전략 아래 미국과 남베트남은 북베트남에서는 자유민주적 선거가 불가능하기 때문에 총선을 거부한다고 지속적으로 주장했다. 공산주의 체제에서의 선거는 자유민주적 선거가 될 수 없다는 얘기였다. 하지만 진정한 자유민주적 선거에 의해 총선이 실시되었더라도 남베트남 측이 승리할 가능성은 거의 없었던 만큼, 미국과 남베트남의 문제제기는 설득력이 크게 떨어지는 것이 아닐 수 없다.

남쪽의 책임당국이 사라진 것도 총선 미실시의 주요원인이 되었다. 남측의 총선 책임당국은 프랑스였는데, 프랑스는 무력했다. 제네바협정이 체결된 직후 프랑스는 휴전조항을 준수하고 총선거 실시를 책임지겠다고 선언했지만, 이후 미국과 남베트남에 주도권을 넘겨주고 책임지는 모습을 보이지 못했다. 북베트남은 총선 준비를 위한 협의를 하자고 프랑스에 여러 차례 요구했지만 프랑스는 응하지 않았다. 총선거 시한이 1956년 7월 말이었는데, 이를 3개월 남짓 남겨둔 4월 15일 프랑스는 베트남 주재 프랑스군 총사령부를 해체하고 철수해 버렸다.

총선거 책임당국이 사라진 상태가 되었기 때문에 남베트남이 그 책임을 인계받는 것이 당연한 이치였지만, 남베트남은 제네바협정의 조인국이 아니라는 이유로 책임을 회피했다. 미국도 조인국이 아니라면서 총선거를 외면했다.

통일의 첩경이 될 수 있었던 총선이 무산되면서 베트남 전쟁은 서서히 확대되었다. 베트남 전쟁이 남베트남 내전에서 남·북베트남 전쟁으로, 또 동서진영의 강대국이 개입하는 국제전쟁으로 커진 가장 중대한 원인은, 준수 의지가 결여된 제네바협정의 체결, 이후 미국과 남베트남의 총선거부라고 할 수 있을 것이다.

베트남 전쟁의 확대

북베트남은 남북총선거를 통해 베트남을 통일하려 했지만, 미국과 남베트남의 총선 거부로 무산되었고, 이후 남북베트남의 대결국면은 본격화되었다. 총선거부 이후 지엠 정권은 독재를 강화했고, 남베트남 내 베트남노동당 당원에 대한 탄압도 강화했다. 그러자 베트남노동당은 1959년 초 남베트남 인민의 대중조직이 중심이 되고, 노동당의 무장세력이 이를 지원하는 방식으로 총봉기를 일으켜 남베트남 정부를 붕괴시키는 방안을 주진했다. 미국의 개입을 피해가려는 전략이었다. 1960년 1월 밴째성 봉기를 시작으로 남베트남 전역으로 봉기가 확산되었다. 특히 농촌의 지엠정권 기반은 취약해 농촌을 중심으로 반지엠정권 운동은 빠르게 퍼져나갔다. 이러한 흐름 속에서 1960년 12월에는 베트남민족해방전선(베트콩/Viet Cong)이 결성, 출범했다.

베트콩은 베트남 남부 메콩강 델타지역에서 활동하던 반(反) 지엠정권 게릴라들이 중심이 되어 베트남의 통일과 독립, 중립, 평화를 추구하는 조직이었다. 1960년대부터는 북베트남의 군사원조를 받아 남베트남에 대한 공세를 강화해 나갔다.

이렇게 되자 미국이 개입하기 시작했다. 1964년 7월 미군 구축함이 북베트남 연안을 순찰하기 시작했고, 8월 2일에는 미군 구축함이 북베트남 통킹만에서 공격을 당했다. '통킹만 사건'으로 잘 알려진 갑작스런 공격이다. 미국은 이를 북베트남의 어뢰정 공격으로 단정하고 8월 7일 북베트남에 대한 폭격을 감행했다. 이에 따라 베트남 노동당은 1964년 가을 정규군 전투부대를 남베트남에 투입하기로 결정했다. 미국 지상군 개입이 큰 우려사항이었지만, 호치민은 프랑스의 패배와 중국군의 개입 가능성을 고려한 미국이 섣불리 지상군을 투입하기는 어려울 것으로 판단하고 정규군 투입을 결정한 것이다. 이 결정은 곧 실행되었다. 남베트남 내에서 남베트남 정부와 베트콩 사이에서 진행되던 내전은 이제 북베트남과 남베트남의 전쟁으로 확대되었다.

이를 지켜보던 미국은 1965년 3월 해병대를 파견했다. 전투부대 파병으로 제2차 인도차이나 전쟁(1965~1975. 일반적으로 이 전쟁을 '베트남전쟁'이라고 한다)이 시작된 것이다. 7월에는 존슨(Lyndon Johnson) 대통령이 전투부대 대규모 파병을 결정했다. 남북베트남 전쟁으로 확대된 전쟁은 이제 베트남과 미국의 전쟁으로 더 확대되었다. 1965년 말에는 베트남에 파병된 미군이 18만 명을 넘었고, 1966년 말에는 48만 명에 이르렀다. 중국과 소련은 북베트남을 지원하고, 한국과 타이, 필리핀, 오스트레일리아, 뉴질랜드 등은 미국 쪽에 참전해 베트남전은 그야말로 국제전이 되었다.

오랜 전쟁 끝에 1973년 1월 평화협정이 체결돼 미군은 철수했다. 하지만 이는 불안전한 평화였고, 1974년 1월 남북베트남 전쟁이 다시 시작됐다. 1975년 4월 전쟁은 북베트남의 승리로 끝났고, 1976년 7월 남북이 통합된 베트남사회주의공화국이 수립되었다. 1954년 제네바협정에 의한 남북총선거가 무산된 1956년부터 확산일로이었던 베트남전쟁은 20년의 긴 세월 동안 수백만 명(북베트남군·베트콩: 약 800,000, 남베트남군: 약 300,000, 미군: 약 58,000, 한국군: 약 5,000, 호주군 등: 약 1,000, 남북베트남 민간인 각각 수 십만)의 사망자를 낸 뒤에야 겨우 종결될 수 있었다.

핵전쟁 위기 초래한 케네디-흐루쇼프 정상회담 . 1961

4

동서 냉전의 발화점 베를린

2차 세계대전이 끝나고 미국과 소련은 곧 냉전의 세계로 치달았다. 동서의 맹주 미국과 소련은 세계 곳곳에서 부딪혔다. 양측의 이해가 첨예하게 맞부딪히는 대표적인 곳이 베를린이었다. 베를린은 동서로 나뉘어 서베를린은 미국과 영국, 프랑스가, 동베를린은 소련이 관할하고 있었다. 서베를린은 서독 국경에서 160km 떨어져 동독의 영토 안에 덩그러니 남아있는 하나의 섬이었다. 소련은 2차대전을 종식시키는 시점에서는 미국과 베를린을 나눠 점령하는 데 합의했지만, 냉전이 시작된 이후로는 동독 깊숙이 들어와 있는 서베를린을 '목에 걸린 가시'로 여기고 있었다. 1948년 1월이 되어 소련은 서베를린에 대한 출입제한을 시작하더니 6월에는 전면 봉쇄에 들어갔다. 제1차 베를린 위기였다. 서방을 압박해 서베를린을 동독의 영토로 만들려는 전략이었다.

서방측은 공수작전으로 맞섰다. 육로가 막힌 상태에서 식료품 등 생필품을 항공기로 실어 날랐다. 유엔 안전보장이사회를 중심으로 한 국제적 압박도 강화되었다. 이렇게 서방이 연합해 압력을 강화하자 소련은 1949년 5월 봉쇄를 해제했다. 제1차 베를린 위기는 그렇게 해결되었다.

베를린의 시련은 그것으로 끝이 아니었다. 서독이 경제적으로 부흥하고 동베를린에서 서베를린으로 넘어가는 사람이 많아지자(베를린의 동·서독 시민들은 동·서베를린을 자유롭게 오갈 수 있었다) 소련은 다시 서베를린을 차지하려는 시도를 한다. 1950년대에 매년 20만~30만 명이 동독에서 서독으로 넘어갔다. 1961년까지 서독으로 넘어간 동독인이 450만 명에 달했는데, 이는 동독인구의 10%에 이르렀다. 특히 변호사와 과학자, 엔지니어 등 전문인력이 대부분을 차지해 동독과 소련의 위기의식이 매우 높아져 있었다. 1958년 11월 소련공산당 서기장 니키타 흐루쇼프(Nikita Khrushchyov)는 서베를린을 비무장지대로 만들자고 제안한다. 이를 위해 미국과 영국, 프랑스의 군대를 철수해야 한다고 주장했다. 자신의 제안이 수용되지 않으면 다시 베를린을 봉쇄하겠다고 위협했다. 서방측은 거절했다. 제2차 베를린 위기였다. 소련은 기회 있을 때마다 서베를린에 대한 문제를 제기하면서 미국과 소련 사이 긴장은 계속되었다. 동독에서 서독으로 넘어가는 행렬은 계속 이어졌고, 양측의 긴장은 높아져 갔다.

조급한 케네디, 흐루쇼프와 정상회담 서둘러

제2차 베를린 위기를 해결하기 위해 1959년 5월 미국과 영국, 프랑스, 소련의 외교장관이 제네바에서 만나 회담을 진행했지만, 별다른 합의를 이뤄내진 못했다. 그해 9월에는 아이젠하워(Dwight

Eisenhower) 미국 대통령과 흐루쇼프 서기장이 캠프 데이비드에서 만나 다시 한번 베를린 위기 해결을 시도했지만 역시 실패했다. 아이젠하워는 냉전의 표상처럼 되어버린 이 문제를 해결하지 못하고 1961년 1월 임기를 마치게 되었다.

문제 해결의 책임은 이제 43세의 젊은 대통령 케네디(John F. Kennedy)가 지게 되었다. 케네디는 처음부터 흐루쇼프와의 정상회담을 원했다. 냉전이 점차 심화되어 가는 상황에서 열전으로 전이되는 것은 막아야겠다고 생각하고 있었다. 특히 핵전쟁이 일어날 수 있는 상황은 미리 저지해야 한다는 생각이 케네디의 머리를 가득 채우고 있었다. 그러려면 흐루쇼프를 만나서 그가 지금 무슨 생각을 하고 있는지, 어떤 계획을 가지고 있는지 조금이라고 알아보는 것이 중요하다고 여기고 있었다.

흐루쇼프도 케네디와의 정상회담을 하고 싶어 했다. 1956년 흐루쇼프가 스탈린의 개인숭배는 잘못된 것이라고 비판한 이후 소련과 중국은 관계가 악화되고 있었다. 중국은 스탈린을 격하하는 흐루쇼프를 '수정주의'라고 비판했고, 소련은 중국을 '교조주의'라고 맞받아쳤다. 이런 상황에서 흐루쇼프는 미국과 정상회담을 갖고 군축협상의 성과를 올려 자신의 정치적 입지를 강화하려 했다.

케네디에게 조언을 해주는 사람들은 양쪽으로 나뉘었다. 소련 전문가로 트루먼(Harry Truman) 행정부 당시 소련에 대한 봉쇄정책을 입안했던 조지 케넌(George Kennan)은 정상회담을 서두를 필요는 없다고 조언했다. 실무선에서 주요이슈에 대한 협상을 하도록 하고, 협상이 어느 정도 정리되는 단계에서 정상회담을 하라고 말해줬다. 국무장관 딘 러스크(Dean Rusk)도 신중한 입장이었다. 실무진에서 타협점을 발견하기 전에 동서진영을 대표하는 두 정상이 만나는 것은 도박이라고 말했다. 민주당 대통령 후보로 아이젠하워와 대결했던 애들라이 스티븐슨(Adlai Stevenson)은 케네디가 가장 먼저 해야 할 일은 흐루쇼프의 머릿속에 무슨 생각이 들어 있는지 파악하는 일이라며 정상회담은 빠를수록 좋다고 조언했다. 전문가 그룹은 '신중'을, 정치인들은 '실행'을 주문하고 있었던 것이다.

이런 조언을 청취한 케네디는 정상회담을 추진했다. 무엇보다도 흐루쇼프의 생각을 알고 싶은 케네디의 궁금증과 조급증이 회담을 서두르게 했다. 대통령에 취임한(1961년 1월 21일) 지 한 달 정도 되는 1961년 2월 22일 흐루쇼프에게 편지를 보냈다. 조만간 만나서 논쟁 중인 문제들과 관련해 비공식적인 의견교환을 하고 싶다는 내용이었다. 소련 주재 미국대사 르웰린 톰슨(Llewellyn Thompson)이 편지를 들고 시베리아의 도시 노보시비르스크까지 달려가 흐루쇼프에게 전했다. 편지를 받은 흐루쇼프는 정상회담에 원칙적으로 찬성한다면서, 장소는 오스트리아 빈이 좋을 것 같다고 말했다. 이후 회담은 본격 추진되었다.

비선으로 정상회담 성사

4월 12일 소련의 우주비행사 유리 가가린(Yuri Gagarin)이 지구궤도를 90분 동안 순회한 다음 무사히 귀환해 미국과 세계를 깜짝 놀라게 했다. 4월 17일에는 피그스만 사건이 일어났다. 미국 중앙정보국(CIA)이 훈련시킨 쿠바난민 1,500여 명을 쿠바 중남부 피그스만에 상륙시켜 쿠바를 정복하려 했다. 이틀 만에 모두 죽거나 체포되고 말았다. 어처구니없는 일이었지만, 미국이 그런 결정을 하고 그런 실패를 저질렀다. 아이젠하워 정부에서 이미 결정돼 준비를 해오고 있었던 것을 초보 대통령 케네디가 승인해 실행된 것이었다. 흐루쇼프는 국지전이 세계대전으로 확대될 수 있다는 경고를 담은 메시지를 케네디에게 보냈다. 난처해진 케네디는 쿠바난민들의 권리도 존중돼야 한다고 회신했다. 양측의 긴장은 정상회담의 동력을 떨어뜨릴 수 있었다. 하지만 케네디 입장에서는 이런 일로 정상회담을 피해가면 비겁하고 나약하게 보일 수 있었다. 정상회담에 대한 필요성이 더 커진 것이다.

5월 9일 케네디 대통령의 동생 로버트 케네디(Robert Kennedy) 법무장관이 워싱턴 주재 소련대사관의 게오르기 볼사코프(Georgi Bolshakov)를 비밀스럽게 만났다. 피그스만 사건 이후 케네디 대통령은 의심이 많아졌다. 그래서 공식라인으로 회담을 추진하면서도 동생을 시켜 소련군 정보요원을 만나게 했다. 볼사코프는 언론인 명함을 들고 다니면서 일하는 GRU(소련군 총참모부 정찰총국) 요원이었다. 흐루쇼프의 사위와 친구 사이이기도 했다. 로버트 케네디는 대통령이 정상회담의 진전을 기다리고 있다고 전했다. 회담에서 논의할 구체적인 이슈에 대해서도 미국의 의사를 전했다. 핵실험금지조약을 체결하자는 것이었다. 미국과 소련은 조약에 대해 논의해 왔지만, 세밀한 부분에서 차이를 보이고 있었다. 미국은 연간 20군데의 핵시설에 대해 검증을 해야 한다고 주장하고 있었고, 소련은 3군데로 하자자고 맞서고 있었다. 로버트는 이걸 10군데로 타협할 수 있다고 말했다. 다만 먼저 소련 측에서 제안을 하는 형식을 취해달라고 덧붙였다.

‘10군데 합의’는 쉽게 될 문제는 아니었지만, 이후 두 사람이 긴밀하게 협의했다. 모스크바 주재 톰슨 대사와 워싱턴 주재 소련대사 미하일 멘시코프(Mikhail Menshikov) 라인도 부지런히 움직였다. 5월 12일 흐루쇼프가 편지를 보냈다. 6월 3~4일 빈에서 만나 라오스, 군축, 베를린 문제 등을 논의하자는 것이었다. 라오스는 당시 군사정부가 미국의 지원을 받고 있었는데, 공산세력으로부터 공격을 당하고 있었다. 공산세력은 북베트남과 소련의 지원을 받고 있었다. 전략적으로 중요한 나라는 아니었지만, 미국과 소련이 이면에서 대결하고 있다는 점, 이 나라의 상황변화가 주변의 베트남과 태국 등에 영향을 줄 수 있다는 점에서 주목받고 있었다. 군축은 핵실험금지조약을 말하는 것이었고, 베를린 문제는 미소 양국이 모두 체제경쟁 차원에서 중시하는 사안이었다. 케네디는 편지를 가지고 온 멘시코프 대사에게, 구체적인 사안에 대해 논의하더라도 공식적으로는 ‘전반적인 의견 교환’의 기회를 얻기 위해 정상회담을 갖는 것으로 하는 것이 좋겠다고 말했다. 이렇게 해서 정상회담은 결정되었다. 케네디는 멘시코프에게 핵실험금지가 가장 진전을 보기 쉬운 문제라고 말하기도 했다. 의견교환을 위해 만난다고 하지만 실제 정상회담 결과 아무런 합의가 나오지 않으면 곤란하니 핵실험금지조약은 체결하는 쪽으로 의견을 모아나가자는 의미였다. 베를린 문제도 물론 해결하고 싶었지만, 단박에 해결될 수 있는 것은 아니었기 때문에 특별히 이 문제를 논의할 것이라고 공표할 필요는 없었다.

23살 차 두 정상의 첫 정상회담

흐루쇼프와의 회담을 앞두고 케네디는 1961년 5월 31일 파리를 먼저 방문했다. 드골(Charles de Gaulle) 프랑스대통령을 만나 베를린 문제에 대한 조언을 들었다. 베를린 위기는 미국뿐만 아니라 서베를린을 함께 관할하고 있는 영국, 프랑스의 문제이기도 했다. 드골은 단호한 그의 스타일대로 베를린 문제도 단순하게 보고 있었다. 흐루쇼프가 서방을 향해 '철군하라'는 요구는 허풍에 불과하다는 것이었다. 그래서 단호한 태도로 소련의 요구를 거부하며 강경하게 나가야 한다고 조언했다. 2차대전 당시 소련 주재 미국대사를 지낸 애버럴 해리먼(Averell Harriman)의 조언도 들었는데, 그는 흐루쇼프와 싸우려 들지 말라고 충고해주었다. 연설담당 보좌관 시어도어 소렌슨(Theodore Sorensen)은 흐루쇼프는 거칠게 공격하고 방어하는 데 능하니, 시종 온화하고 조용한 태도를 유지하는 것이 좋겠다고 주문했다.

파리에서 3일을 지내고 6월 3일 토요일, 케네디는 빈으로 가는 비행기에 올랐다. 오전 10시 45분에 공항에 도착해 정오 직후 회담장소인 미국대사 관저에 도착했다. 흐루쇼프는 12시 15분에 왔다. 관저 계단을 내려가 케네디가 흐루쇼프를 맞았다. 마주선 둘은 대조적이었다. 훤칠한 키에 젊은 모습의 케네디, 대머리에 목 하나 정도가 작은 흐루쇼프는 대립하는 두 나라만큼이나 다른 모양이었다. 간단한 인사를 마친 둘은 회담장으로 향했다. 회담장은 관저의 음악실. 통유리로 정원이 내려다보이는 풍광 좋은 곳이었다. 커피 테이블을 가운데 놓고 양측이 자리를 잡았다. 케네디의 양옆으로는 러스크 국무장관, 톰슨 대사, 찰스 볼렌(Charles Bohlen) 외교담당 보좌관, 포이

콜러(Foy Kohler) 국무부 유럽담당 차관이 앉았다. 흐루쇼프 옆에는 멘시코프 대사, 아나톨리 도브리닌(Anatoly Dobrynin) 외무성 미주국장이 자리했다.

양측의 가운데 위치한 두 정상은 외모만큼 성장과정이나 성격 등도 대조적이었다. 케네디는 44살의 젊은 리더였고, 23살이 많은 흐루쇼프는 원숙한 모습이었다. 케네디는 부유한 가정에서 태어나 하버드대를 졸업하고 연방하원의원 3번, 연방상원의원 2번을 거쳐 대통령이 된 미국정치의 풍운아였다.

반면 흐루쇼프는 온갖 풍상을 겪고 소련의 최고지도자가 된 입지전적 인물이었다. 1894년 우크라이나 접경지역인 러시아 남부 쿠르스크에서 가난한 광부의 아들로 태어났다. 가난 때문에 초등학교를 2학년까지만 다니다 그만뒀고, 15살까지 목동으로 일했다. 이후 공장과 광산에서 노동자로 일하다 1918년 공산당에 입당했다. 1919년 1월 러시아군에 들어가 하급 정치위원으로 근무했고, 1921년 제대한 뒤에는 노동자학교에 들어가 중등교육 과정을 이수했다. 1925년 유조프카의 지구당 서기가 되면서 당활동에 정열을 바치기 시작했다. 1933년 모스크바 시당위원회의 제2서기가 되어 중앙에 진출했고, 이후 빠르게 성장했다. 1935년 모스크바 시당위원회 제1서기가 되었고, 소련공산당 중앙위원을 거쳐 1939년에는 당 정치국 위원에 올랐다. 1949년에는 당 서기국 위원이 되었고, 1953년 스탈린이 사망한 뒤 게오르기 말렌코프(Georgi Malenkov), 바체슬라프 몰로토프(Vyacheslav Molotov), 니콜라이 불가닌(Nikolai Bulganin) 등과의 권력투쟁을 거쳐 1955년 당 서기장이 되었다.

155cm의 단신에 무학, 무교양이었던 흐루쇼프는 열등감도 갖고

있었지만, 늘 쾌활한 성격에 에너지가 넘쳤다. 이런 모순적인 요소를 함께 지니고 있어 때론 재치와 유머가 넘쳤지만, 갑자기 소리를 치고 욕설을 하는 등 감정 기복이 심한 편이었다.

케네디 대통령과는 한 번 만난 적이 있다. 1959년 9월 아이젠하워와 정상회담을 하기 위해 워싱턴에 왔을 때였다. 당시 케네디는 민주당 상원의원이었다. 흐루쇼프가 미국의회에서 연설한 뒤 잠깐 악수하며 한 두 마디 주고받았다. 흐루쇼프는 "젊어 보인다면서 떠오르는 미국 정치인이라는 얘기를 들었다"고 말했다. 케네디는 당시 흐루쇼프에 대한 인상을 메모해 두었다. "황갈색 양복, 프랑스풍 커프스, 키 작고 뚱뚱, 두 개의 붉은 리본, 두 개의 별".

개인적인 인연은 그 정도이지만, 흐루쇼프 입장에서는 케네디를 보면서 죽은 아들을 떠올렸을 것이다. 사전 협의 과정에서 톰슨 대사를 만난 흐루쇼프는 "나의 죽은 아들이 살아 있으면 케네디보다 나이가 많을 것"이라고 말한 적이 있다. 실은 그의 장남 레오니드 흐루쇼프(Leonid Khrushchev)는 1917년 11월생으로, 1917년 5월생인 케네디와 동갑이지만 반년 늦게 태어났다. 흐루쇼프가 생일까지 따져보진 않았을 것 같고, 다만 '내 아들 뻘밖에 안 된다'는 의미로 그렇게 말한 것 같다. 레오니드는 2차대전에 공군조종사로 참전했다가 전투기가 격추되는 바람에 전사했다. 전쟁 전 그는 방탕한 청년이었다. 아버지와 갈등으로 집을 나갔다. 그런 그가 전쟁에 나가 사망했다. 흐루쇼프의 가슴에 레오니드는 원망, 애틋함, 슬픔이 섞인 모습으로 남아 있었을 것이다. 테이블 저편 케네디의 얼굴에 흐루쇼프는 아들을 겹쳐놓고 있었을지도 모른다.

이념문제로 설전

회담이 시작되자 흐루쇼프가 말을 많이 했다. 이념 논쟁이 초반 대화를 지배했다. 흐루쇼프는 자본주의가 봉건주의에 도전한 것처럼 공산주의는 지금 자본주의에 도전하고 있고, 결국은 공산주의가 승리하게 될 것이라고 말했다. 그것이 역사발전의 필연적 법칙이라고 강조했다. 케네디도 질 수 없었다. 그게 역사적 필연은 아니며, 사람들의 선택이 중요하다고 역설했다. 자본주의를 선호하는 사람이 더 많을 것이라는 얘기였다. 이에 대해 흐루쇼프는 미국이 인간의 마음과 양심의 물길을 막는 댐을 짓고 있지 않느냐면서, 이는 이단자들을 잔혹하게 처단한 중세 스페인의 종교재판과 같은 것이라고 비판했다. 케네디는 미국은 정치적 자유를 매우 중시한다면서 미국의 입장을 설명했다. 동서진영을 대표하는 지위에 있는 만큼 두 정상은 이념논쟁에서 밀릴 수 없었고, 그러다보니 여기에 상당한 시간을 쓸 수밖에 없었다.

그나마 시간이 좀 지난 뒤 케네디가 양측의 오판이 가져올 위험을 지적한 뒤 이 회담을 통해 오판을 없애도록 하자고 제안하고, 흐루쇼프가 여기에 동의하면서 첫 만남이 아주 불쾌한 자리가 되는 것을 막을 수 있었다.

오후 2시쯤 점심을 함께 먹었다. 메뉴는 비프 웰링턴. 소고기 안심에 푸아그라(거위 간)와 덕셀(볶은 버섯으로 만든 페이스트)을 바른 뒤 페이스트리 반죽을 입혀 구운 영국요리이다. 여기에 고급 와인을 곁들인, 심플하면서도 품위와 풍미를 갖춘 점심이었다. 식사 중인 만큼 가벼운 얘기가 오갔다. 흐루쇼프는 뜬금없이 외무상 안드레이 그로미코(Andrei Gromyko)에 대해 어떻게 생각하냐고 물었다. 케네디가 '좋은 사람'이라고 답하면서 "그런데 그건 왜 물으시죠?"하고 반문했다. 그러자 흐루쇼프 왈, "여러 사람이 그로미코가 닉슨처럼 생겼다고 해서요." 썰렁한 얘기였다. 하지만 그런 것이 회담 분위기를 좀 부드럽게 해줬다. 케네디는 소련의 유인 우주비행에 대한 얘기를 하다가 미국과 소련이 공동으로 달 착륙 프로젝트를 추진하면 좋겠다고 제안했다. 여기에 흐루쇼프가 그러자고 맞장구를 치기도 했다.

오후에는 일대일 회담이 진행됐다. 구체적 이슈보다는 일반적인 얘기를 좀 더 했다. 케네디는 다른 나라의 체제전환에 개입하는 것은 조심해야 한다고 주장했다. 소련이 제3세계의 혁명을 계속 지원하면 자칫 미소 간 충돌이 발생할 수도 있음을 경고한 것이다. 흐루쇼프는 소련의 입장을 적극 해명하면서 공격도 서슴지 않았다. 제3세계에서 봉기가 일어나면 소련이 사주한 것이라고 미국이 주장하지만 사실은 그렇지 않고 오히려 미국이 잘못해서 혁명이 일어나는 경우가 많다고 반박했다. 이란의 경우, 미국이 팔레비 국왕의 전제정치를 지원하면서 국민들이 그에 대해 반감을 갖게 되었고, 쿠바의 경우도 미국이 바티스타 독재정부를 지지하는 바람에 국민들은 반미감정이 높아졌고, 혁명이 발생했다고 말했다. 미국이 피그스만 사건을 일으켜 카스트로의 입지는 더 강화되었다며 케네디의 아픈 부분까지 건드렸다.

케네디가 중국의 성장을 우려하며 중국 얘기를 꺼냈을 때에도 흐루쇼프는 바로 미국의 태도를 공격했다. 미국이 타이완을 지지해 인구 6억의 중국이 유엔에 가입하지 못하고 있다면서 공세를 계속한 것이다. 콩고와 앙골라, 알제리 등에서도 미국이 유럽 강대국들을 지원하는 바람에 국민들이 피해를 입고 있다고 강조했다. 흐루쇼프는 공격하고, 케네디는 방어하는 모양새가 계속된 것이다. 그나마 라오스에서 평화를 유지하는 것이 중요하다는 데에는 같은 의견이었다.

오후 회담도 그렇게 성과 없이 끝났다. 성과가 없는 것은 물론이고 케네디가 일방적으로 공격을 당한 회담이었다. 이념논쟁에 말려들지 말았어야 했는데 이념적인 얘기가 계속되면서 흐루쇼프의 거친 입을 막지 못한 것이다. 그렇지 않아도 찰스 볼렌이 이념논쟁이 계속되면 불리하니 되도록 하지 말라고 조언했었는데, 케네디는 정작 회담장에서 볼렌의 충고를 생각하지 못했다. 세계정세에 관한 논쟁도 흐루쇼프가 미국에 불리한 사례들을 많이 준비해 얘기하면서 케네디가 수세에 몰릴 수밖에 없었다.

"독일문제로 전쟁을 하려면 하시오"

둘째날 회담은 6월 4일 일요일 오전 10시 15분, 장소를 옮겨 소련대사관에서 열렸다. 18세기풍의 대저택 같은 곳이었다. 전날 일반적인 얘기를 주로 했기 때문에 이날 회담은 구체적 사안에 대한 논의를 중심으로 진행되었다. 케네디가 핵실험금지조약 얘기를 꺼냈다. 그러자 흐루쇼프는 제삼국들로 통제위원회를 구성해 1년에 3군데를 검증하는 것으로 하자고 주장했다. 미국이 이미 비선을 통해 '20군데 검증'에서 '10군데 검증'으로 검증횟수를 줄이는 양보안을 제시했는데도 흐루쇼프는 여전히 3군데 검증만을 주장한 것이다. 케네디로서는 실망할 수밖에 없었다. 그렇다고 '3군데 검증'을 수용할 수도 없었다. 미국이 지나치게 양보했다는 얘기를 들을 수는 없었다.

정작 케네디가 해결하고 싶어 한 베를린 문제는 맨 마지막 의제로 등장했다. 서로 가장 신경 쓰이는 문제였던 만큼 뒤쪽으로 미루어 놓았던 것이다. 이야기가 시작되자 흐루쇼프가 길게 설명했다. 평화조약을 체결하고 서방이 철수해야 한다, 그러지 않으면 소련은 동독과 조약을 체결해 동독이 베를린 전체를 통치하도록 하겠다, 등등의 기존주장을 계속한 것이다. 이에 대해 케네디는 현상유지를 주장했다. 서베를린은 서방이, 동베를린은 소련이 관할하는 체제를 계속해야 한다는 얘기였다. 미국이 서베를린을 떠나는 것은 유럽을 포기하는 것이라면서 강경한 입장을 피력했다. 베를린 문제에 약한 모습을 보이면 미국의 국내여론뿐만 아니라 세계 여론으로부터 미국정부가 비난을 받게 될 것이 뻔한 만큼 케네디도 양보할 수 있는 여지가 없었다.

서로 양보할 수 없는 대치 속에서 감정 섞인 대화까지 오갔다. 흐루쇼프는 2차대전의 가장 큰 피해 국가는 소련임을 새삼 강조하면서, 자신의 아들도 희생되었고, 그로미코 외무상의 두 동생, 그리고 아나스타스 미코얀(Anastas Mikoyan) 부수상의 아들도 2차대전으로 사망했다며 목소리를 높였다. 케네디도 자신의 형이 2차대전에 참전해 목숨을 잃었다고 말했다. 그러다보니 감정이 격해져 전쟁까지도 거론하게 되었다. 흐루쇼프는 "독일문제로 전쟁을 하려면 하시오"라고 심한 말을 던졌다. 케네디는 그나마 격한 감정을 다스리면서 "미국의 서베를린에 대한 접근권을 부인하는 것은 호전적 행위입니다"라고 맞받았다. 동서냉전이 심화되어 있는 가운데 냉전의 상징이 되어버린 베를린를 두고 누구도 물러설 수 없었다. 회담은 평행선 달리기에서 벗어나지 못했다.

점심시간이 되자 소련 측에서 식사를 차렸다. 캐비아와 생선 파이, 아이스크림을 얹은 치킨이 주요리였고, 와인도 함께 나왔다. 음식을 앞에 놓으니 분위기가 조금 가벼워졌다. 케네디가 전날 점심때 했던 우주개발 얘기를 다시 꺼냈다. 하나라도 합의를 해서 내놓고 싶은 생각에서였다. 달 착륙 프로젝트를 함께 하자고 다시 제안했다. 흐루쇼프는 전날 건성으로 대답하던 모습이 아니었다. "달 여행은 아주 고비용입니다. 미국은 부자이니 먼저 가시고, 소련이 뒤따르겠습니다"라며 전날의 긍정신호를 거두어들였다.

점심이 끝나고 케네디가 흐루쇼프에게 단둘이서 잠깐 얘기를 나누자고 제안했다. 이층으로 올라갔다. 케네디는 마지막까지 베를린 문제에 대한 일정한 진전을 이뤄내고 싶었다. 양측의 대치를 피하는 방안을 모색해보자며 베를린위기 해결을 제안했다. 이에 대해 흐루쇼프는 단호했다. "전쟁을 위협하는 것은 소련이 아니라 미국"이라며 서베를린에서의 서방 철군 입장을 고수했다. 케네디가 "변화를 강요하는 것은 당신"이라며 동·서베를린 분할점령 유지를 다시 강조했지만, 흐루쇼프는 "전쟁이든 평화든 당신들 마음대로 결정하라"며 비타협적인 태도를 견지했다.

이틀간의 회담은 그렇게 아무런 소득이 없이 종료됐다. 공동성명도 없이 두 정상은 돌아섰다. 베를린 문제에 대해 양측은 서로 다른 입장을 확인하는 것 이상의 진전을 보지 못했다. 핵실험금지조약에 대해서도 미국과 소련은 서로 양보 불가였다. 흐루쇼프는 케네디를 애송이 취급했고, 시종일관 공격했다. 흐루쇼프가 보기에 케네디는 경험도 없고 배짱도 없는 초보대통령에 불과했다. 게다가 나이도 23살이나 어린 아들뻘이었다. 더욱이 한 달 보름 전 1,500명의 난민

부대로 쿠바를 점령하겠다고 덤볐다가 철저히 실패한 인물이었다. 흐루쇼프는 자기 마음대로 말하고 마음대로 다뤄도 된다고 생각했을 것이다. 회담 직후 케네디는 인터뷰를 위해 미국 대사관에서 기다리던 『뉴욕타임스』의 논설위원 제임스 레스턴(James Reston)에게 "내 평생 이렇게 힘든 것은 처음이네요"라고 하소연할 정도였다.

냉전 심화...핵전쟁 일보직전까지

미국과 소련의 냉전은 2차대전이 끝나자마자 시작되었다. 시작된 냉전은 심화일로였다. 소련은 동구를 소련의 세계로 만들어 버렸고, 미국은 마샬계획을 통해 서유럽을 살려 소련의 서진을 막으려 했다. 1948년 1차 베를린위기는 미소가 언제든 충돌할 수 있음을 알게 해줬고, 1950년 한국전쟁은 냉전이 언제든 열전으로 바뀔 수 있음을 여실히 보여주었다. 그 연장선상에서 발생한 1958년 2차 베를린위기는 그래서 그 어느 때보다 높은 긴장감을 세계에 주고 있었다. 서방의 리더가 된 케네디는 이 문제를 무엇보다 먼저 해결하려 했다. 그래야 자유주의 세계의 후견국 미국의 지위가 계속 유지될 수 있었다.

그래서 흐루쇼프와의 정상회담도 서둘렀다. 하지만 준비가 덜 되어있었다. 의욕이 앞서고 전략은 부족했다. 반면 흐루쇼프는 노회했다. 양측 모두 실무회담을 통한 주요문제 의견접근의 중요성을 몰랐다. 회담의 결과는 '하지 않은 것만 못하다' 할 정도였다. 그래서 빈 정상회담은 '철저한 사전준비 없는 정상회담은 실패한다'는 것을 보여주는 대표적인 사례가 되었다.

회담 이후 소련은 더 기세를 올렸고, 긴장은 심화되었다. 소련은 서방이 서베를린에서 철군하지 않으면 동독과 조약을 맺어 서베를린까지 동독이 관할하도록 하겠다고 계속 엄포를 놓고 있었다. 케네디는 핵전쟁이 벌어지는 상황까지 대비하지 않을 수 없었다. 국방부에 핵전쟁이 일어나면 미국의 인명피해가 어느 정도 될 것인지 묻기까지 했다. 국방부는 소련의 핵미사일 1기만 도시에 떨어져도 60만 명은 죽을 것이고, 본격 전쟁이 진행되면 7천만 명, 즉 미국인구의 절반 정도가 사라질 거라고 보고했다.

동베를린에서 서베를린으로 넘어가는 사람은 더 많아졌다. 1961년 6월에 2만여 명, 7월에는 3만여 명이 건너갔다. 동독정부는 경계지역의 검문소를 늘리고 도로의 통제를 강화해 넘어가는 사람을 막으려 했다. 발터 울브리히트(Walter Ulbricht) 동독 국가평의회 의장은 동서 베를린의 경계를 봉쇄하는 안을 흐루쇼프에게 제안했다. 8월 3일 흐루쇼프는 이 제안을 승인했다. 처음에는 가치철망으로 막고, 곧바로 콘크리트로 장벽을 쌓아올리는 방안이었다. 동독과 조약을 맺어 베를린 전체를 동독에 맡기는 안보다는 온건한 방책이었다. 8월 13일 일요일 새벽 동독은 경계선에 가치철망이 쳤다. 날이 밝아지면서 철조망은 빠르게 장벽으로 바뀌어갔다. 케네디는 "전쟁보다 장벽이 낫다"며 군사적 대응을 피했다. 결국 베를린 장벽을 용인한 것이다. 이후 허가를 받은 사람들만 브란덴부르크문으로 왕래할 수 있게 되었다.

빈 회담 결렬과 베를린 장벽 용인은 흐루쇼프를 자만하게 만들었다. 1962년 봄부터 흐루쇼프는 쿠바에 핵미사일을 배치했다. 10월에 미국이 이를 알게 되고 양국은 핵전쟁 일보직전까지 갔다가 한 발

베를린 장벽 설치(1961. 8.)

씩 양보하며 전쟁위기를 가까스로 모면했다. 1963년 11월 케네디는 암살을 당하지만, 이후 베트남전은 본격화되고, 이념분쟁과 냉전은 1970년대 데탕트가 올 때까지는 격화·심화의 길을 계속 갔다.

물론 모든 게 1961년 6월 케네디와 흐루쇼프의 빈 회담이 잘못됐기 때문이라고 할 수는 없다. 하지만 냉전이 격화되는 길목에서 빈 정상회담이 양 진영의 거두가 구체적인 문제 해결을 위한 방안을 협의하고, 해결책을 찾기 위한 노력에 의견을 함께하는 자리가 되었더라면, 이후 세계역사는 조금 다르게 진행되었을지도 모를 일이다. 그래서 국가 간 회담, 특히 강대국 사이 정상회담은 세계정치에서 늘 중요한 의미를 지니지 않을 수 없다.

신냉전 촉진하는 미국의 중국 봉쇄 전략 . 2017

5

세계 제1의 국가 되려하는 중국

1945년 2차대전이 끝나고 세계는 곧 냉전으로 들어갔다. 전쟁이 아닌 듯 전쟁인 상태, 즉 차가운 전쟁(cold war)이 시작된 것이다. 미국과 소련은 서로 총질은 하지 않지만, 다양한 방면에서 전쟁과도 비슷한 경쟁을 계속했다. 1970년대 초반 데탕트의 시기가 있었다. 미국과 중국이 관계를 개선하고, 미국과 소련이 핵무기 감축에 합의하면서 세계는 화해의 분위기였다. 하지만 그것도 잠시. 1980년대가 되어 미국과 소련의 냉전은 다시 격화되었다. 미국의 레이건(Ronald Reagan) 대통령이 군비를 확장하고 소련과 군비경쟁에 불을 붙이면서 세계가 차가운 전쟁으로 새삼 회귀한 것이다.

1980년대 후반이 되면서 세계는 다시 새로운 조류를 맞게 된다. 소련의 공산당 서기장 미하일 고르바초프(Mikhail Gorbachev)가 신외교 전략으로 서구와 화해·공존을 추구하면서 탈냉전의 시대에 접어든 것이다. 큰 흐름을 탄 탈냉전의 조류는 동구와 소련을 송두리째 바꾸어놓았다. 사회주의는 역사의 뒤안길로 물러나고 자본주의와 민주주의 이념이 대부분의 나라에 흘러들었다. 독일은 통일되고, 소련은 붕괴되었다. 세계는 미국과 소련의 양극체제에서 미국 주도의 일극체제가 되었다. 미국은 이제 세계 유일 초강대국으로 세계질서를 주도했다. 일본과 유럽연합(EU)이 이에 맞서는 듯했지만, 지속성장에는 한계가 있었다.

2010년이 되어 세계는 다시 큰 변곡점을 맞는다. 중국이 일본의 국내총생산(GDP)를 넘어선 것이다. 중국은 1978년 덩샤오핑(鄧小平)의 주도로 개혁개방정책을 채택한 이후 고도성장을 30년 이상 계속해왔고, 2010년에는 세계 2위 자리에 있던 일본을 대체한 것이다. 이후에도 중국의 높은 성장은 계속되고 있다. 성장만 계속하는 것이 아니라 산업구조를 고도화시켜 세계경제를 끌고 나가려 하는 모습이다. '세계의 공장(world factory)' 역할을 하면서 성장을 시작했고, '세계의 시장(world market)' 기능까지 하면서 크게 발전했는데, 이제 '세계의 혁신센터(innovation center of the world)'가 되어 창조와 혁신으로 세계를 주도하겠다는 전략을 추진하고 있다.

돈 많으면 권세를 갖고 싶은 것은 인지상정. 인간의 특성은 사람들이 모여 만든 국가에서도 그대로 나타난다. 경제력이 커지면 정치적, 외교적 영향력을 확대하려 한다. 길러진 힘을 써보려는 생각이 자연히 생기는 것이다.

덩샤오핑 시대 중국의 외교전략은 도광양회(韜光養晦)이었다. '빛을 감추고 능력을 기르는 것'이었다. 장쩌민 시대에는 유소작위(有所作爲)를 모토로 삼았다. '해야 할 일은 적극 나서서 이뤄낸다'는 방침이었다. 후진타오는 화평굴기(和平崛起), 즉 '적을 만들지 말고 서서히 목소리를 내라'를 제시했다. 2012년 집권한 시진핑은 달랐다. 주동작위(主動作爲), 즉 '스스로 주인이 되어 할 일을 한다'를 중국외교의 주요 화두로 제시했다. 시진핑은 더 구체적으로, 중국몽(中國夢)을 내세우면서 2049년에는 세계 제1의 국가가 되겠다는 야심도 숨기지 않고 있다. 중화인민공화국 건국 100주년이 되는 2049년까지 국가 부강과 민족진흥, 인민행복을 이뤄 중화민국의 위대한 부흥을 완성하겠다는 것이다. 경제력의 성장을 바탕으로, 정치, 외교, 군사 측면에서 세계에 우뚝 서겠다는 전략을 추진하고 있는 것이다.

중국을 막으려는 미국

성장일로의 중국은 미국을 불안하게 했다. 불안한 미국의 대응은 중국을 견제하는 것이었다. 1960~1970년대 최고의 중국학자였던 하버드대의 존 페어뱅크(John Fairbank)가 "미국은 1840년 아편전쟁 이후 중국을 관리하려는 꿈을 버린 적이 없다"고 얘기했었는데, 실제 미국은 세계 2위가 된 중국에 대해서는 적극 봉쇄에 나선다. 오바마(Barack Obama) 행정부는 '아시아 중심(Pivot to Asia) 전략'을 시행해 미국의 관심과 국력을 유럽이나 중동보다는 아시아로 돌려놓았다. 아시아라고 하지만 실제는 중국이다. 중국의 성장을 견제하고 중중국의 대양진출에 대한 경계를 시작한 것이다.

2017년 출범한 트럼프(Donald Trump) 행정부는 '인도태평양전략(Indo-Pacific Strategy)'이라는 이름으로 중국봉쇄외교를 본격화했다. 일본, 인도, 호주와 함께 2007년 구축한 쿼드(Quad)를 더욱 활성화하면서 중국에 대한 포위를 노골화했다. 특히 경제성장을 저지하기 위해 첨단제품의 대중국 수출을 제한하고 중국의 대미 수출 상품에 대한 관세도 대폭 인상했다. 무역전쟁이라 할 만한 정책을 실행한 것이다.

트럼프 행정부를 이은 바이든(Joe Biden) 행정부는 중국에 대한 봉쇄와 포위를 더 강화해왔다. 트럼프 행정부가 중국을 '경쟁자(competitor)'라고 칭한 반면, 바이든 행정부는 2022년 발표한 『국가안보전략』(National Security Strategy)에서 '유일한 경쟁자(the only competitor)'로 규정했다. 게다가 그냥 '유일한 경쟁자'가 아니라 "국제질서를 변경하려는 의지와 이를 실행할 수 있는 경제적·외교적·군사적·기술적 힘을 가지고 있는" '유일한 경쟁자'로 중국을 묘사했다. 그만큼 큰 경계심을 가지고 있는 것이다.

이러한 중국에 대한 개념적 정의를 기반으로 바이든 행정부는 특히 글로벌 공급망의 미국중심 재편을 적극 추진해 왔다. 반도체와 AI(인공지능), 양자컴퓨팅, 바이오 등 첨단산업과 관련된 제품과 기술이 중국으로 넘어가는 것도 막았다. 이를 위한 동맹 네트워크 강화도 지속 추진했다. 쿼드뿐만 아니라 2021년 9월에는 호주, 영국과 함께 오커스(Aukus)를 구성해 경제·군사협력을 강화해왔다. 2022년 3월에는 칩4동맹, 즉 미국, 일본, 대만, 한국의 반도체공급망 구축을 제안했다. 네 나라가 반도체 기술과 소재, 장비와 관련한 협력을 강화하면서 중국에게는 어떤 것도 제공을 금지해 중국의 반도체 산업 발전을 막자는 것이었다.

2022년 5월에는 인도·태평양 경제 프레임워크(IPEF)를 만들었다. 무역, 글로벌공급망, 탈탄소 및 청정에너지, 반부패 및 조세 등의 분야에서 인도·태평양 국가들이 협력을 강화해 나가기 위한 협력체이다. 미국을 위시해 한국과 일본, 호주, 뉴질랜드, 인도, 브루나이, 인도네시아, 말레이시아, 필리핀, 싱가포르, 태국, 베트남, 피지 등 14개 나라가 참여하고 있다. 한 달 후인 6월에는 '핵심광물 안보 파트너십(MSP)'을 구축해 리튬, 니켈, 코발트, 망간, 흑연 등 핵심 광물에 대한 중국 의존을 줄이기 위한 노력을 함께 하고 있다. 여기에는 미국을 비롯해 영국과 독일, 프랑스, 캐나다, 일본, 호주, 핀란드, 스웨덴, 유럽연합, 한국 등이 참여하고 있다. 한미일 안보협력도 한층 심화하려는 노력을 계속해 왔다. 다차원적인 네트워킹을 통해 중국을 이중 삼중으로 포위하려는 것이다. 우호국가들의 네트워크를 통해 상대국의 성장을 저지하려는 '네트워킹 균형 전략(networking balancing strategy)'을 적극 구사하고 있다.

이러한 바이든 행정부의 대중전략이 우리에게도 직접적인 영향을 주고 있음은 물론이다. 우선 미국이 추진하는 대중제재와 대중봉쇄를 위한 다차원의 네트워크에 참여하도록 압력을 받고 있다. 거기서 그치면 그나마 다행이다. 우리의 주요 외교정책에도 중차대한 영향을 미치고 있다. 윤석열 정부가 경색되어 온 한일관계를 풀기 위한 해법으로 강제동원 피해자에 대해 제3자 변제방식을 2023년 5월에 발표했다. 피해자들에게 우리기업이 보상하도록 하는 방식이다. 일본 전범기업이 배상하도록 한 우리 대법원의 판결에도 위배되고, 일본의 불법성 인정과 사과가 전제되지도 않는 얼토당토않은 방안이 아닐 수 없다. 근본적인 문제에 대한 고민이 전혀 담기지 않은, 그저 한일관계를 풀어보자는, 임기응변 그 이상도 이하도 아니다.

왜 이런 방식이 나왔을까. 미국의 압력 때문이다. 미국은 전통적으로 한일의 원만한 관계를 동아시아 안정의 핵심조건으로 여겨왔다. 1965년 한일국교정상화 당시에도 미국이 조야를 막론하고 압력을 강하게 행사했었다. 동아시아의 핵심파트너 일본과 한국이 티격태

격하고 있는 동안에는 미국이 양국의 철저한 협력을 바탕으로 동아시아에서 자신들의 국익실현을 위한 전략을 펴나가기가 어렵다. 더욱이 중국과의 패권경쟁이 고조되어 있는 지금의 상황에서 한일관계 악화는 대중포위의 대오를 일사분란하게 유지하는 데 장애가 될 수밖에 없다. 그래서 미국은 한일관계의 개선을 윤석열 정부에 지속 요구했음에 틀림없다. 이를 받은 윤석열 정부는 명분 측면에서도, 논리적으로도, 실현가능성 측면에서도 악수에 불과한 제3자 변제 방식의 강제동원 해법을 내놓은 것이다.

어쨌든 미국의 중국봉쇄전략은 10년 이상 진행되고 있고, 미국-중국뿐만 아니라 미국 세력과 중국 세력의 대결, 특히 미국·일본·한국과 중국·러시아·북한 사이의 대결을 구조화하고 있다. 신냉전체제를 가속화하고 있는 것이다. 그러면서 주변국의 외교정책에도 직간접적으로 간여하는 양상으로 전개되고 있고, 이런 현상이 조만간 끝날 것으로 기대하기는 어려운 환경이다.

미국의 '역외균형 전략'

그런데 미국은 왜 이렇게 중국을 포위하고 봉쇄하려 하는가. 물론 중국의 경제적·정치적·군사적 성장을 막기 위해서이다. 그냥 성장하게 놔두고, 성장하는 중국과 협력하면서 서로 윈윈하면 좋은 것 아닌가. 그러면 얼마나 좋겠는가. 세계도 평화로워지고 우리의 고민도 적어지고…. 문제는 미국이 그렇게 생각하지 않는다는 것이다. 성장하게 놓아두면 언젠가 중국이 세계 제1의 국가가 될 것이고, 이후 중국은 패권을 행사하면서 미국의 쇠퇴를 재촉할 것으로 보고 있는 것이다. 이런 사태를 막기 위해서는 중국의 성장을 저지해야 한다고 판단하고 있는 것이다. 그것이 미국의 패권을 유지하는 길이고, 미국의 국익을 꾸준히 확보하는 길이라고 보고 있는 것이다. 그래서 공화당 정부, 민주당 정부 불문하고 미국이 지속적으로 중국봉쇄전략을 펴고 있는 것이다.

조금 더 세밀하게 들어가 보자. 미국이 중국을 봉쇄하는 전략을 다른 이름으로 '역외균형전략(Offshore Balancing Strategy)'이라고 한다. 미국은 패권국인데, 세계전체를 향해 패권, 즉 지배권을 행사한다고 보기는 어렵고, 아메리카 대륙에 대한 패권 정도는 행사하고 있다고 보아야 할 것이다. 이를 지역패권국이라고 한다. 미국은 이 지역패권을 바탕으로 아시아에서도 상당한 패권을 행사해왔다. 경제력과 군사력, 그리고 일본, 한국 등 동맹국과의 긴밀한 네트워크를 통해 일정한 지배력을 행사하면서 국익을 챙겨온 것이다.

그런데 아시아에서 새로운 강자 중국이 아시아의 패권국이 되어가고 있다. 중국이 아시아의 패권국으로 등극하게 되면 미국의 아시아 지배력은 더 이상 유지하기 어렵다. 아시아에서 국익을 확보하기도 어렵게 된다. 그래서 미국은 중국이 성장해 아시아의 패권국으로 올라서는 것부터 막으려 하는 것이다. 미국이 아메리카 대륙이라는 자신이 속한 지역이 아니라 그 바깥에서 새로운 패권국의 등장을 막으려 하는 행위여서 '역외균형'이라는 이름이 붙었다. '균형(balancing)'이라는 말은 국제정치학에서 많이 쓰는 용어인데, 어느 세력에 '편승(bandwagoning)'하는 것이 아니라 그 세력에 맞서는 것을 이른다. 요컨대 미국은 아메리카 대륙의 범위 바깥에서 중국이 지역의 패권국이 되는 것을 막아서는 정책을 지속적으로 실행하고 있는 것이다.

그럼 이런 전략을 써서 뭘 하려 하는가. 우선 아시아에서 미국의 지배권과 영향력을 중국에 뺏기지 않고 계속 유지하려 한다. 지배권과 영향력은 왜 계속 가지고 있으려 하나. 결국은 경제다. 미국이 자랑하는 자본과 기술을 활용한 상품들을 보다 쉽게 보다 많이 팔 수 있는 시장을 계속 유지하려 하는 것이다. 미국이 필요로 하는 원료와 노동력을 쉽게 확보할 수 있는 자원공급지로서의 아시아 유지도 미국에게는 중요하다. 결국은 이걸 영원히 가지기 위해, 그를 통해 영원히 잘먹고 잘사는 미국을 유지하기 위해 중국에 대해 '균형전략'을 적용하고 있는 것이다.

중국에 대한 봉쇄전략에는 군사적으로 중국군이 대양으로 나오지 못하게 하고, 이념적으로 중국식 국가중심 발전모델인 베이징컨센서스(Beijing consensus)가 아니라 시장중심 발전모델인 워싱턴컨센서스(Washington consensus)가 아시아를 지속적으로 지배하도록 하려는 의도도 들어가 있다. 이 또한 그 자체가 목적은 아니고, 미군의 위력이 유지되고, 국가의 간섭 없이 상품거래를 자유롭게 할 수 있는 환경이 지속되면서 미국이 자신의 상품과 서비스를 보다 쉽게 팔 수 있는 여건이 영원히 확보되도록 하는데 근본 목적이 있다고 할 수 있다.

범위를 세계로 넓히면 문제는 더 심각해진다. 아메리카 대륙만은 못하지만, 미국의 지배력은 유럽, 중동, 아프리카 등에서도 일정부분 발휘되고 있다. 중국은 이들 지역에서도 미국의 자리를 넘보고 있다. 그러니 미국으로서는 중국을 되도록 꼼짝 못하게 묶어두고 싶은 것이다.

중국은 '일대일로 전략'

미국의 봉쇄에 대해 중국이 가만있을 리 없다. 시진핑은 2013년 집권한 뒤 곧바로 일대일로(一帶一路) 전략을 시작했다. 내륙으로는 중앙아시아와 중동을 거쳐 유럽에 이르는 실크로드, 그리고 해상으로는 동남아시아와 아프리카를 거쳐 유럽에 이르는 실크로드를 개척해 중국의 경제영토를 획기적으로 확대하겠다는 것이다. 여기에 현재 140여 나라를 참여시켜 실제 중국의 무역과 경제협력을 크게 확장하고 있다. 미국의 봉쇄에 맞서 오히려 영토확장 전략을 펼치고 있는 것이다.

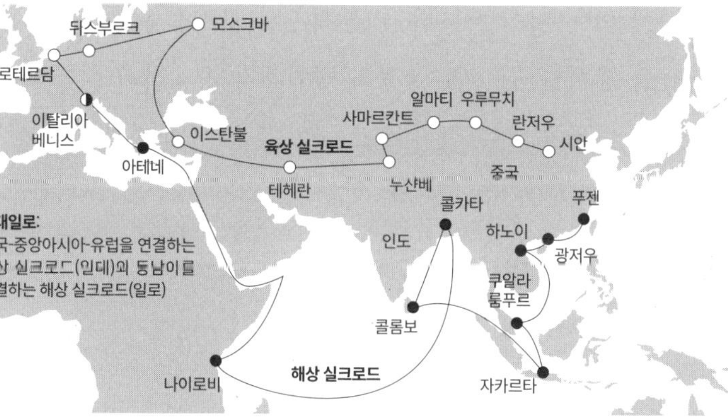

중국이 일대일로 전략을 통해 구축하려 하는 육상·해상 실크로드

미국의 글로벌 공급망 차단에 맞서 자립 기술을 확보해 나가는 데에도 힘을 쏟고 있다. 첨단기술분야에 대한 대규모 연구개발비 투자를 통해 미국의 봉쇄를 이겨나간다는 전략이다. 실제 중국의 화웨

이가 2023년 8월 출시한 5G 스마트폰이 7나노 반도체를 장착해 미국을 놀라게 했다. 미국은 그동안 일본, 네덜란드 등과 함께 중국이 10나노급 이하의 첨단 반도체를 생산하지 못하도록 제재를 가해왔다. 그런데 그런 제재를 뚫고 중국이 7나노 반도체를 개발한 것이다.

미국에 대한 역공 차원에서 중국은 이렇게 제재를 돌파해 새로운 기술과 장비를 획득하기 위해 다양한 방법을 쓰고 있다. 싱가포르나 말레이시아 등에 회사를 설립해 이 회사가 미국의 기술과 장비를 확보해 중국으로 들여가는 방식이 많이 활용된다. 미국의 제재망이 촘촘하다고 해도 이를 뚫고 가는 길은 또 있는 것이다. 국내가 아니고 국제적인 거래에서는 그런 제재망이 뚫릴 가능성은 더 높다. 국제사회는 국내사회처럼 규제와 규율, 이를 실행하는 경찰력이 분명하게 확보되어 있는 것이 아니다. 기본적으로 무정부상태(anarchy), 즉 각 국가들을 통제할 수 있는 상위의 권위체가 존재하지 않는 상태이다. 규율이 있어도 잘 지켜지지 않는 것이다. 미국이나 유엔이 제재령을 내려도 지키는 나라는 지키고 안 지키는 나라는 안 지키는 것이다. 그런 구멍들을 이용해 중국이 미국의 첨단 기술과 장비를 확보할 수 있는 것이다.

미국 기술을 몰래 복제하거나 해킹으로 빼내오는 방식도 지속적으로 추진되고 있는 것으로 보인다. 산업스파이는 이제 국제사회에 공공연하게 존재하는 것이 되었다. 존재를 인정하면서 되도록 정보를 빼앗기지 않기 위해 방첩활동을 더 강화하고 있다. 미국이 앞서가는 기술로 정보보호활동을 강화하고 있지만, 순사 열이 도둑 하나 잡기는 원래 어려운 것이다. 가뜩이나 실제 뛰어다니는 도둑도 아니고 온라인 상에서 활동하는 도둑을 모두 막기는 쉽지 않다. 막아놓으면 금세 다른 길을 만든다. 그런 방법으로도 중국은 새로운 기술을 확보하려 하고 있는 것이다.

중국은 핵심광물에 대한 통제도 강화하고 있다. 2023년 8월에는 반도체용 희귀금속인 갈륨, 게르마늄 등에 대한 수출을 중단했다. 9월에는 요소 수출도 막았다. 중국의 이같은 광물수출 통제가 가능한 것은 광물시장에서 중국의 장악력이 매우 높기 때문이다. 전체적으로 핵심광물 50여 종 가운데 중국은 30여 종에 대해 가장 높은 점유율을 확보하고 있다. 2023년 9월 원자재 컨설팅기업 CRU가 추산한 바에 따르면, 채굴량에서 중국은 흑연의 경우 78%, 코발트는 41%, 리튬 28%, 니켈 6%, 망간 5%를 차지하고 있다. 가공된 광물의 경우 중국의 비중은 훨씬 더 늘어난다. 망간의 95%, 코발트 73%. 흑연 70%, 리튬 67%, 니켈 63%가 중국 것이다. 중국은 그동안 아프리카와 남미 등 자원부국에 대한 대규모 투자를 통해 광물을 선점해 왔고, 그 결과 지금 세계 어떤 나라보다도 많은 광물을 확보하고 있다.

반도체에 필요한 핵심광물뿐만 아니라 전기차 배터리의 핵심소재인 음극재와 양극재의 생산량도 중국이 압도적이다. 미국이 소비하는 음극재·양극재의 75%를 중국이 공급해 왔다. 중국이 이에 대한 공급을 중단하면 미국의 전기차 배터리 생산에 큰 차질이 생길 수밖에 없다. 바이든 행정부가 2050년까지는 신차의 50%는 전기차 등 친환경차가 되도록 하겠다는 목표를 가지고 있는데, 이 목표를 달성하기 위해서는 중국산 소재의 원활한 공급이 필수조건이다. 역으로 보면, 이런 상황을 중국은 활용할 수 있다. 이에 대한 대미수출을 중단해 미국의 정책에 타격을 줄 수 있는 것이다.

미국의 포위에 맞서면서 대양으로 진출하기 위해 군사력도 강화하고 있다. 강력한 해군의 상징과도 같은 항공모함을 갖고 있는 나라는 미국(11척)과 영국(2척), 이탈리아(2척), 프랑스(1척), 러시아(1척), 인도(1척), 스페인(1척) 등이고, 중국도 2척을 보유하고 있다. 그런데 중국은 항공모함을 계속 늘리고 있다. 세 번째 항공모함을 건조 중인데, 앞의 것과는 달리 전적으로 중국이 스스로 설계하고 건조도 자체기술로 하고 있다. 세 번째 항공모함을 실제 실전배치하고 나면 중국의 항모 건조능력은 이전보다 훨씬 발전한 상태가 될 것이고, 앞선 기술을 활용해 추가로 항모를 건조할 가능성도 아주 높다. 국제 해양안보 전문가들은 중국이 향후 항모를 10척까지는 늘릴 것으로 전망하고 있다. 중국이 대양해군을 지향하면서 바다에서도 미국과 직접 경쟁하는 양상이 전개될 수밖에 없는 것이다.

뿐만 아니라 AI(인공지능)를 활용한 무인 잠수함, 극초음속 미사일, 레이저 무기 등 최첨단 무기를 지속적으로 개발하고 있다. 이렇게 첨단무기 개발과 확보에 투자를 하기 위해서는 국방비를 늘릴 수밖에 없다. 실제 2023년 중국의 국방비는 우리 돈으로 약 293조원으로 2022년에 비해 7.2% 증가했다. 우리의 방위비가 57조원이니까 그 5배 정도이다. 미국은 약 1,100조원으로, 중국의 3배 정도 된다. 그런데 중국의 증가세가 가파르다. 2022년에는 7.1%, 2021년에는 6.8% 증가했다. 게다가 우주개발, AI첨단기술 개발 등의 예산에 국방비로 볼 수 있는 항목들도 많다. 이런 추세대로 가면 국방비 총액에서도 중국이 미국을 따라갈 날이 멀지 않았다고 보아야 할 것이다. 요컨대 중국은 미국의 경제적 제재를 극복하면서 오히려 경제적으로, 군사적으로 미국을 따라잡고, 장기적으로는 미국을 넘어서려는 노력을 끊임없이 하고 있는 것이다.

투키디데스 함정과 킨들버거 함정

미국과 중국은 2차대전 이후 1970년대 후반까지는 냉전의 주요 당사국으로 심한 긴장관계를 벗어나지 못했다. 1971년 핑퐁외교와 헨리 키신저(Henry Kissinger) 백악관 국가안보보좌관의 비밀 방중을 계기로 관계가 개선돼 1979년에는 수교를 하기에 이르렀다. 2000년대 후반까지 상호협력관계가 유지되어 왔지만 2008년 미국의 금융위기, 2010년 중국의 세계 2위 경제대국 부상을 계기로 양국은 전략적 경쟁의 관계로 변화했다. 미국의 봉쇄전략 시행과 2013년 출범한 시진핑 정권의 대응으로 이러한 양국관계의 성격은 보다 분명해졌고, 2017년 트럼프 행정부의 수출입규제로 미중관계는 전쟁과도 같은 상태로 변화했다. 이러한 경향은 바이든 행정부 들어서도 지속되고 있다.

그렇다면 이러한 심한 전략경쟁은 도대체 어디를 향하고 있는 것인가. 양국 사이에 전쟁이라도 일어나는 것인가. 실제 전쟁의 가능성이 없지 않다는 것이 많은 전문가들의 걱정 어린 전망이다. 기원전 5세기 당시 그리스의 도시국가들 중 최강자는 스파르타였다. 스파르타 이후 성장하는 국가가 아테네였다. 스파르타는 수시로 간첩을 보내 아테네를 탐지했다. 어떻게 경제력과 군사력을 강화하고 있는지, 전쟁을 일으킬 가능성은 있는지 등등을 살펴봤다. 아테네는 동맹국들을 하나둘씩 늘려가면서 동맹 사이 공동방위를 위한 방안들을 마련하고 있었다. 동맹국들로부터 금을 갹출해 델로스 섬에 마련된 금고에 보관하기까지 했다. 해군도 늘리고 아테네 주변에 방어벽도 쌓았다. 이런 상황을 낱낱이 파악하고 있던 스파르타는 '더 성장하도록 내버려두면 안 되겠다' 생각하고 아테네를 공격한다. 그래서 일어나는 게 펠로폰네소스 전쟁이다.

패권국 스파르타가 도전국 아테네의 성장을 저지하기 위해 전쟁을 일으킨 것이다. 이런 전쟁을 『펠로폰네소스 전쟁사』를 쓴 투키디데스(Thucydides)의 이름을 따서 '투키디데스 함정(Thucydides Trap)'이라고 한다. 지금의 세계에서 스파르타는 미국, 아테네는 중국이 된다. 미국은 중국을 감시하고 봉쇄하면서 성장을 저지하려 하고 있다. 스파르타의 행위와 아주 닮아 있다. 스파르타는 전쟁까지 일으켜 결국은 승리했다. 미국이 지금 감시와 봉쇄를 계속하고 있지만, 그걸로 끝낸다는 보장은 없다. 중국이 미국의 감시와 봉쇄를 피하면서 나름의 전략으로 지속성장을 추구한다면 미국이 중국을 치지 말란 법이 없는 것이다. 투키디데스의 함정이 점점 우리 앞으로 다가오는 느낌을 피하기 어렵다.

좀 다른 시각에서 전쟁을 예측할 수도 있다. 1950~1970년대 활동하던 저명한 미국의 경제사학자 찰스 킨들버거(Charles Kindleberger)는 2차대전의 원인을 패권국의 부재에서 찾았다. 20세기 초반까지는 패권국이 영국이었다. 영국이 세계질서를 유지하는 제도를 만들어내고 세계의 경찰 역할도 하면서 대전쟁의 발발을 막았다. 그런데 1차대전 이후 영국의 힘은 뚝 떨어졌다. 영국의 바톤을 이어받은 것이 미국이었다. 산업혁명이 좀 늦게 시작되긴 했지만, 풍부한 자연자원과 유럽으로부터 건너온 많은 인적자원을 바탕으로 미국 경제는 급속하게 발전했다. 이제 미국이 세계질서를 유지하는 구실을 해나가고 있었다. 그런데 1929년 대공황이 닥쳤다. 미국경제가 꼬꾸라졌다. 세계를 리드하는 국가가 힘을 잃은 것이다. 영국은 이미 기울어 있었고, 미국은 떠오르다 가라앉은 상황이 된 것이다. 이렇게 리더가 없는 G0(지 제로)의 시대가 되자 독일이 큰 전쟁을 도발하면서 2차대전이 발발했다. 이런 논리로 킨들버거는 2차대전의 원인을 분석했는데, 결국 G0의 시대가 되면 세계대전의 가능성이 높아진다는 얘기다. 이걸 '킨들버거 함정(Kindleberger Trap)'으로 부른다.

2차대전 이후 세계의 리더는 미국이었다. 그런데 미국의 힘은 많이 떨어졌다. 1960년대 베트남 전쟁, 1980~1990년대 일본과 유럽연합(EU)의 성장, 2000년대 금융위기, 2010년대 중국의 부상으로 미국은 과거보다는 크게 약화된 위상을 갖고 있다. 그런데 새로운 패권국 후보라고 할 수 있는 중국은 아직 최강대국이 되지 못하고 있다. 경제력과 군사력에서 아직은 미국에 뒤져있고, 소프트파워 측면에서도 리더 국가로서의 면모는 갖추지 못하고 있다. 코로나 19 사태의 원인을 제공했고, 이 재난을 극복해나가는 데에도 세계적 리더십을 발휘하지는 못했다. 미국도 중국도 세계적 리더국가로서의 역할을 하지 못하는 G0의 시대라고 할 수 있는 것이다. G0의 조건을 갖추었으니 '킨들버거 함정'에 빠질 가능성도 존재하는 것이다.

비관적으로만 볼 일은 물론 아니다. 영국에서 미국으로 패권을 넘어갈 때 큰 전쟁이 없었던 것처럼 패권전이의 시대라고 해도 반드시 전쟁이 발생하는 것은 아니다. 실제로 미국은 중국에 대해 봉쇄전략을 추진하면서도 경제교류를 중심으로 한 협력의 가능성을 타진하는 모습도 보이고 있다. 타이완 해협이나 한반도, 우크라이나 등 미국과 중국이 직접 충돌할 가능성이 높은 지역이 있지만, 이런 곳에서 양국은 결정적인 위기는 만들지 않으려 애를 쓰고 있다. 때론 강한 톤으로 말하기도 하지만 그건 어디까지나 레토릭(rhetoric. 외교상의 필요에 따라 과장되게 꾸미는 말)이고, 실제 행동은 적절히 조정해가는 모습들이다.

미국이 중국을 글로벌 공급망에서 완전히 배제하려는 탈동조화(decoupling) 전략에서 이보다 좀 약한 탈위험화(derisking) 전략, 즉 중국을 배제하지는 않고 중국으로부터 발생할 수 있는 위험을 피해가는 전략으로 옮겨가려는 모습도 보이고 있다. 2023년 6월 제이크 설리번(Jake Sulivan) 백악관 국가안보보좌관은 CNN에 출연해 중국과의 경제적 관계에서 추구하는 것은 탈동조화가 아니라 탈위험화라고 말했다. 설리번은 구체적으로 세 방향으로 탈위험화가 실행되고 있다면서, 반도체 등 첨단기술 분야에서 한 국가에만 공급을 의존하지 않도록 하고, 군사적 목적으로 활용되는 최첨단 기술을 보호하며, 국내산업의 원천기술에 대한 투자를 우선적으로 하도록 추진하고 있다고 밝혔다.

핵심광물이나 원재료에 대한 중국 의존도를 줄이고, 군사기술로 이용될 만한 것은 중국 이전을 차단하며, 미국 내의 첨단산업의 육성에 대한 투자를 늘려가겠다는 얘기다. 지금까지 해온 탈동조화를 그대로 설명해 주고 있는 것이다. 외부에서 보기에는 중국과 관계를 끊으려는 것처럼 심하게 중국을 배제해온 것인데, 설리번은 그것이 중국 배제가 아니라 중국 견제 정도라고 설명하고 있는 것이다. 결국 디커플링과 디리스킹은 정도의 차이이고, 보는 시각에 따라 다를 수 있는 것이다. 중국의 『신화통신』은 "디커플링을 디리스킹으로 표현하는 것은 오래된 술을 새로운 병에 담는 것과 같은 것"이라고 묘사했다. 디커플링에 대한 비판여론을 의식해 만들어낸 용어일 뿐 내용은 크게 다르지 않다는 것이다.

요컨대 미국과 중국이 심한 전략경쟁을 계속하고 있고, 미국은 봉쇄, 중국은 반봉쇄의 전략을 추진하고 있어 충돌의 가능성은 높다. 하지만 그것이 미중관계의 전부는 아니다. 이면으로 협상하면서 협력할 가능성도 존재한다. 하지만 여전히 미국 정책의 지향점은 봉쇄이든 견제이든 중국의 성장을 저지하는 쪽에 있다. 그 강도가 세지면 충돌의 가능성은 높아지는 것이고, 좀 완화되면 긴장은 조금 줄어드는 양상이 될 것이다.

줏대·일관성 있는 외교가 중요

미국의 대중봉쇄가 언제까지 갈지 알 수 없다. 공화당이든 민주당이든 중국은 포위해야 한다는 생각은 같기 때문에 어느 순간 쉽게 끝날 일이 아닌 것은 분명하다. 그런 국제환경 아래에서 중요한 것은 '우리는 어떻게 해야 하나'이다. 요는 우리에게 가장 유리한 쪽, 우리의 국익을 가장 잘 확보할 수 있는 길로 가야 할 것이다.

역사의 큰 물줄기를 먼저 보아야 할 것이다. 대세는 미국은 정점을 지나 쇠퇴해왔고, 중국은 성장을 계속하고 있다는 것이다. 그렇다고 해서 미국이 내일모레 망하고 중국이 유일 초강대국으로 올라설 상황은 아니다. 그러니 양쪽을 다 보아야 한다. 한미동맹 지상주의로 흘러 미국만을 붙들고 있어서는 곤란하다. 그렇다고 해서 하루아침에 미국을 버리고 중국과의 관계 강화에 올인하는 것도 정답이 될 수는 없다.

함께 전쟁을 치르며 오랫동안 이해관계를 함께한 미국은 여전히 우리에게 중요하다. 안보적으로, 경제적으로. 기존의 협력관계를 꾸준히 유지할 필요가 있다. 성장하는 중국은 우리에게 우선 경제적으로 중요한 협력국이다. 지리적으로 가까워 경제협력의 효과는 더욱 커질 수 있다. 안보적으로도 남북 사이 중재자 역할까지 기대할 수 었어 중요하지 않을 수 없다. 북중관계가 이념적·역사적·전략적으로 긴밀한 만큼 한중관계가 발전하면 남북중 협력의 가능성은 높아진다. 이를 통해 남북의 긴장완화, 경제협력를 적극 추진할 수 있다.

미국과 중국 중 하나만을 선택해야 하는 것처럼 말하는 사람들이 있다. 단견이다. 시원할지는 몰라도 손해보는 일이다. 한쪽으로 기울면 다른 쪽의 보복을 걱정하지 않을 수 없다. 보이는 것이든 안 보이는 것이든. 양다리 걸치기는 좀 야비한 것 아니냐는 얘기를 할 수도 있을 것이다. 하지만 이건 남녀 사이의 관계가 아니다. 남녀관계에서 양다리 걸치기는 혼날 일이다. 해서도 안 된다. 하지만 남녀 관계가 아니고 그저 사람 사이의 관계에서는 여러 사람하고 잘 지내는 게 좋은 것 아닌가. 국가 간의 관계는 더 그렇다. 특히 작은 나라는 여러 강대국과 두루 잘 지내는 게 좋다. 사이가 좋지 않은 강대국들 사이를 오가면서 모두와 원만한 관계를 형성하면 그 이상 좋은 게 없다. 그렇게 외교를 잘 하는 나라들이 있다. 싱가포르, 베트남, 인도네시아, 인도, 튀르키예 같은 나라는 미국과 잘 지내면서 중국과도 협력관계를 잘 하고 있다.

그런 외교를 여러 가지로 표현하는데, 양다리 걸치기는 너무 직설적이고, 등거리외교, 중립외교, 균형외교 등으로 얘기할 수 있겠다. 그 중에서도 균형외교가 좀 품위 있어 보인다. 그런데 이 균형외교를 잘 하려면 대통령이나 고위 외교관들의 자존감이 중요하다. 너무 숙이고 들어갈 필요가 없는 것이다. 이념, 역사에서 탈피할 필요도 있다. 지금까지 공동의 가치를 추구해왔으니, 또는 역사적으로 신세를 졌으니 어느 나라와 의리를 지켜야 한다는 식의 외교는 구시대적이다. 구식이기도 하지만 국익에 도움이 되지 않는다. 물론 의리를 저버리지 않는 것도 중요하지만 더 중요한 것은 우리의 국가이익에 어떤 길이 더 도움이 되는가 하는 것이다. 그 길을 가면서 의리를 철저히 지키지 못하는 면이 있다면 상대국에 충분히 설명하는 된다. 설명, 설득이 외교의 시작이고 끝 아닌가.

너무 숙이고 들어가는 것은 우리가 가진 자원에 대한 객관적인 평가와 가치 부여에 인색하기 때문이기도 하다. 우리는 세계 10위 수준의 경제력과 세계 6위 수준의 군사력을 가지고 있다. 우리의 지정학적 위치는 수치로 계산하기 어려울 정도의 높은 가치를 보유하고 있다. 세계에서 가장 역동적인 경제권인 동북아의 주요 국가이면서, 미중경쟁의 와중에 중국의 턱밑에 자리를 잡고 있다. 우리가 어떤 스탠스를 취하느냐 따라 동북아 정세와 미중경쟁의 양상에 상당한 영향을 줄 수 있다. 21세기에도 여전히 중요한 군사기지를 제공할 수 있는 조건은 특히 미중경쟁에서 중대한 전략자산으로 기능할 수 있다. 쉽게 말해 우리가 미국에 군사기지를 제공하는 것을 중요한 레버리지로 활용할 수 있는 것이다. 이런 점에 주목하면서 우리의 자존감을 살려 간다면 지금보다 훨씬 더 자율성 높은 외교를 전개할 수 있다. 지금보다 훨씬 더 많은 국익을 확보할 수 있는 것이다.

결국 외교도 마인드의 문제이다. 개인에게 자유가 중요한 기본권인 것처럼 국가에게도 자율성과 독립성은 그 어떤 것과도 바꾸기 어려운 가치이다. 하찮은 정파적 이익, 지지세력 확보 등을 위해 국가의 중대가치를 헌신짝처럼 내팽개치는 정부는 오래 가기 어렵고, 역사적 평가를 받기는 더욱 어렵다. '중헌 것'이 무엇인지에 대한 진지한 고민, 깊은 고민 속에서 나온 진정성 깊은 외교정책, 좌고우면 없는 한결같은 실행을 통한 정책의 일관성, 이런 것들을 분명히 확보하면서 전개하는 외교, 즉 줏대 있고 일관성 있는 외교가 정부의 지향점이 되어야 할 것이다. 그것이 날로 심화되어가는 미중전략경쟁의 소용돌이 속에서 우리가 살아남고, 또 장기적인 번영을 찾아가는 길이 될 것이다.

3장 전쟁을 중단시킨 외교

1. 팍스 로마나 이룬 아우구스투스의 파르티아 외교(BC 21)
2. 수에즈 전쟁을 조기 중단시킨 유엔사무총장 함마르셸드(1956)
3. 중국-인도 전쟁 확대 막은 갤브레이스의 적극외교(1962)
4. 냉전 해체 시작한 브란트의 동방정책(1969)
5. 지독한 종교분쟁 끝낸 벨파스트 협정(1998)

팍스 로마나 이룬 아우구스투스의 파르티아 외교 . BC 21

1

로마의 초대 황제 아우구스투스

천 년이 넘는 고대 제국 로마의 역사는 크게 세 시기로 나뉜다. 건국 이후 왕정을 실시했던 왕정기(BC 753~509), 왕정이 폐지되고 선출된 집정관이 통치하던 공화정기(BC 509~27), 공화정이 폐지되고 황제가 다스린 제정기(BC 27~476)를 거치면서 오랫동안 유럽 지역과 지중해 동·남부 지역을 통치했다. 제정기가 상당기간 지속되다가 로마는 쇠퇴·분열의 시기에 접어드는데, 395년에 동·서로마로 분리된 뒤 서로마는 476년에 게르만족의 침입으로 멸망했다. 고대 로마제국의 역사는 여기서 막을 내렸다. 콘스탄티노플(지금의 튀르키예 이스탄불)을 수도로 했던 동로마는 천 년 가까지 더 지속되다가 1453년 이슬람족의 공격을 막지 못하고 운명을 다하게 되었다. 동로마는 고대 로마제국과는 다른 나라였다. 수도가 로마와는 거리가 먼 콘스탄티노플이었고, 문화적으로도 라틴문화보다는 그리스문화의 영향 하에 있었으며, 종교적으로도 다신교와 가톨릭의 나라였던 서로마와는 다른 동방정교회의 기반 위에 있었다.

긴 로마 역사 가운데 제정기를 새로이 만들어낸 인물이 아우구스쿠스(Augusus, BC 63~AD 14)이다. 본명은 가이우스 옥타비우스 투리누스(Gaius Octavius Thurinus, 약칭: 옥타비우스). 율리우스 카이사르(Julius Caesar, BC 100~44)의 누나 율리아 카이사리스(Julia Caesares)의 외손자이다. 그의 어머니 아티아 발바(Atia Balba)가 카이사르의 조카가 된다. 어머니 아티아는 카이사르 집안이니 귀족이었지만, 아버지가 평민이어서 그도 평민이었다. 4살 때 아버지가 사망한 뒤 어머니는 재혼했고, 이후 외할머니 율리아 카이사리스와 함께 살았다.

BC 44년 카이사르가 암살된 뒤 유언장이 공개되었는데, 옥타비우스가 양자(후계자)로 지명되어 있었다. 카이사르는 바람둥이였지만 정작 부인과의 사이에 아들을 두지 못했다. 그래서 누나의 외손자로 어릴 적부터 총명함을 보인 옥타비우스를 양자 겸 후계자로 유언장에 적어놓은 것이다. 이때부터 옥타비우스의 운명은 새로운 길을 달리게 된다. 주변의 만류에도 불구하고 그는 로마의 권력투쟁에 뛰어든다. 당시 19세였다. 이때부턴 이름도 가이우스 율리우스 카이사르 옥타비아누스(Gaius Julius Caesar Octavianus, 약칭: 옥타비아누스)로 바꿨다. 약관의 나이에 경험도 부족해 불리한 입장이었다. 마르쿠스 안토니우스(Marcus Antonius), 마르쿠스 아이밀리우스 레피두스(Marcus Aemilius Lepidus) 등 경쟁자들은 역전노장들이었다. 특히 안토니우스는 군사력과 재력 면에서 옥타비아누스를 크게 앞지르고 있었다.

힘겨운 상황에서 옥타비아누스에게 의외의 원군이 나타났다. 다름 아닌 당시 최고의 지식인이며 정치인이었던 마르쿠스 키케로(Marcus Cicero)였다. 그는 원래 카이사르 반대파였다. 카이사르가 권력을 한 손에 다 쥐려 한다면서 그의 반대편에 가담해 폼페이우스(Gnaeus Pompeius Magnus)를 지원했다. 폼페이우스가 카이사르와의 전투에서 지고 사망한 뒤에는 숨죽여 지내고 있었다. 그런 그가 옥타비아누스를 지지하고 나섰다. 이유는 안토니우스가 제2의 카이사르가 될 수 있다는 것이었다. 그가 모든 권력을 독점하는 것을 막기 위해 약자인 옥타비아누스를 지원한 것이다. 카이사르의 후광에다가 키케로의 지원까지 받은 옥타비아누스는 빠르게 힘을 키웠다. BC 43년에는 안토니우스, 레피두스와 함께 삼두정치체제를 구성했다. 로마 역사에서 '제2차 삼두정치'라고 일컫는 시기이다. 옥타비아누스는 로마와 서쪽 영토를, 안토니우스는 동방과 이집트를, 레피두스는 에스파냐와 갈리아, 아프리카를 차지하고 있었다. 이보다 앞서 있었던 '제1차 삼두정치'는 카이사르와 폼페이우스, 크라수스(Marcus Licinius Crassus)가 형성한 것으로, BC 59년에서 BC 48년까지 지속되었다.

제2차 삼두정치체제에서 먼저 무너진 것은 레피두스. 레피두스는 시칠리아를 차지하려 하고 있었는데, 시칠리아를 양보할 수 없었던 옥타비아누스가 BC 36년 레피두스의 군대를 제압하고 그를 유배시켜 버렸다. 안토니우스와의 경쟁은 쉽게 결판나지 않았다. 동방의 풍부한 물자와 이집트의 지원을 바탕으로 안토니우스는 옥타비아누스와 맞섰다. 결국 둘은 BC 31년 그리스 중서부 악티움 앞바다에서 최후의 결전을 벌였다. 안토니우스는 여전히 용장이었다. 게다가 이집트의 여왕 클레오파트라(Cleopatra VII Philopator, BC 69~30)가 그와 합세하고 있었다. 클레오파트라는 BC 48년 폼페이우스를 치기 위해 이집트에 들어온 카이사르와 가까워져 아들을 낳았고, 카이사르의 부하 장수였다가 이제 동방의 맹주가 된 안토니우스와 깊은 관계가 되어 있었다. 옥타비아누스는 군사적인 능력이 뛰어나진 않았지만, 그

곁에는 마르쿠스 빕사니우스 아그리파(Marcus Vipsanius Agrippa. 약칭: 아그리파)가 있었다. 실제 전투 능력뿐만 아니라 전술·전략 마인드도 뛰어난 장수였다. 카이사르가 일찍이 미래를 보고 어린 옥타비우스에게 친구처럼 부하처럼 붙여준 인물이었다. 동갑인 그들이 17살 때의 일이다. 아그리파가 지휘하는 옥타비아누스군은 해전에서 승리하고, 상륙작전에도 성공해 안토니우스의 방어기지를 하나하나 부수어 전쟁을 승리로 이끌었다. 이집트로 패주한 안토니우스와 클레오파트라는 스스로 목숨을 끊었고, 옥타비아누스는 최종승자가 되었다.

BC 27년에는 원로원으로부터 '아우구스투스'(존엄자)라는 칭호를 받았고, 황제와 같은 지위를 누리기 시작했다. 이때부터는 제정기로 불리고, 일반적으로 아우구스투스는 로마의 첫 번째 황제로 일컬어진다. '임페라토르(Imperator)'라고 불린 군통수권자, '프린켑스(Princeps)'라는 원로원 1인자의 지위를 가지게 되었다. 호민관의 특권인 민회소집권과 거부권까지도 보유하게 되었다.

동방의 숙적 파르티아

이렇게 강력한 권한을 가진 황제였지만, 아우구스투수에게 동쪽 국경지역은 여전히 근심거리로 남아 있었다. 당시 동방의 강국은 파르티아였다. BC 3세기 중엽 이란계 유목민이 세운 나라로, 유프라테스강과 티그리스강 유역을 중심으로 농업이 발달해 있었다. 로마와 한나라, 인도 등을 연결하는 중계무역으로 크게 성장했다. 지금의 이란, 이라크를 비롯해 북쪽으로는 조지아, 서쪽으로는 시리아 동부, 남쪽으로는 페르시아만, 동쪽으로는 타지키스탄과 파키스탄 지역까지 영토를 확장해 놓고 있었다. BC 1세기 무렵부터는 로마의 적 가운데 가장 큰 나라였다. BC 44년 3월 카이사르가 원로원 회의장에서 마르쿠스 브루투스(Marcus Brutus)를 비롯한 공화파에 의해 암살을 당할 당시 그는 파르티아 원정을 준비하고 있었다.

그 전에도 파르티아 원정은 몇 차례 있었다. BC 53년에는 카이사르, 폼페이우스와 함께 삼두정치체제를 이루고 있던 크라수스가 파르티아 원정에 나섰다. 크라수스는 로마의 알아주는 거부였다. 많은 정치인들에게 돈을 빌려주는 방식으로 네트워킹을 했다. 카이사르도 그의 돈을 많이 빌려 쓰는 정치인이었다. 크라수스는 집정관을 지낸 뒤 BC 55년 속주 시리아의 총독으로 부임했다. 그는 부자였지만 군사적인 업적에서는 카이사르, 폼페이우스에 미치지 못했다. 총독으로 재임하면서 군사적 실적을 쌓을 방안을 모색했다. 그래서 생각한 것이 로마의 숙적 파르티아를 치는 것이었다. BC 53년 6월 4만 군사를 이끌고 당당하게 출정했다. 초반 기세는 좋았다. 손쉽게 파르티아군에 승리를 거뒀다. 자신감에 찬 크라수스는 과감하게 유프라테스 강을 건넜다. 내친 김에 적진 깊숙이 들어갔다.

카레(지금의 튀르키예 하란) 인근에 이르자 적장 수레나스(Surenas)가 기다리고 있었다. 곧 전투에 들어갔다. 개활지여서 보병위주의 로마군보다는 기병 위주의 파르티아군이 훨씬 유리했다. 수레나스는 서른 살에 불과했지만 파르티아 명문가 출신으로 군사전략에 능한 청년이었다. 사전에 기병을 훈련시켜 전투능력을 향상시켰고, 활을 개선해 사정거리를 늘려놓았으며, 낙타를 동원해 화살도 충분히 공급할 수 있도록 해놓았다. 이렇게 준비가 잘 된 군사를 크라수스가 넘어서기는 어려웠다. 전투 시작 사흘 만에 패주할 수밖에 없었다. 4만 명 가운데 2만여 명이 전사했다. 크라수스의 아들도 그 중 하나였다. 만여 명은 포로가 되었고, 겨우 만 명 정도만 살아남았다. 은독수리가 그려진 로마군의 군단기도 빼앗겼다. 로마군은 군단기 빼앗기는 것을 어떤 것보다 큰 치욕으로 여겼는데, 크라수스 군대가 그런 치욕을 당한 것이다.

겨우 목숨을 건져 도망친 크라수스의 군대를 막아선 수레나스가 강화회담을 제안했다. 크라수스는 응하지 않을 수 없었다. 크라수스가 앞서고 참모장과 경호장교들이 뒤를 따라 적진으로 향했다. 크라수스를 맞은 수레나스는 "강가에 따로 자리를 마련해 두었다"면서 함께 가자고 권했다. 곧 수레나스 부하들이 크라수스를 생포하려 했다. 양측 사이 충돌이 발생했다. 그 와중에 크라수스는 칼에 맞아 죽었다. 적군의 칼이 아니라 부하의 칼이었다. 생포되는 것보다는 죽는 게 낫겠다는 생각으로 부하 중 하나가 크라수스의 목을 벤 것이다. 로마의 최고권좌를 노리던 갑부 크라수스는 그렇게 61세의 나이로 유명을 달리했다.

BC 36년에는 안토니우스가 파르티아와 전쟁에 나섰다. 이번에는 로마의 안보를 보다 튼실하게 하겠다는 생각이 아니었다. 파르티아를 점령해 클레오파트라에게 주기 위해서였다. 마음이 앞서 전쟁을 서둘렀다. 그러다 보니 정지작업에 눈을 돌리지 못했다. 파르티아 주변세력을 우군으로 만드는 외교가 중요했는데, 그걸 못한 것이다. 전통적으로 로마는 주변국에 대한 외교를 먼저 하고 이후 전쟁을 했다. 안토니우스는 마음이 바쁠 뿐만 아니라 외교 같은 것엔 무관심한 우직한 무장이었다. 그렇게 11만의 병력을 이끌고 출정해 8개월이나 전투를 했다.

파르티아군은 스마트한 전략을 구사했다. 안토니우스군의 보급로를 차단하고 식량과 물자를 수송하는 부대를 먼저 공격했다. 식량이 부족해지고 여름 더위에 물까지 찾기 어려워지자 안토니우스군은 견디기 어려웠다. 병력 2만을 잃고 후퇴할 수밖에 없었다. 크라수스 같은 처절한 패배는 아니었지만, 어쨌든 패전이었다. 안토니우스가 옥타비아누스보다 나은 점이 전쟁능력이었고, 이를 새삼 증명하려 했는데 실패한 것이다. 이로써 로마의 제1인자가 되려던 안토니우스의 계획에도 많은 차질을 빚게 되었고, 결국은 옥타비아누스와의 경쟁에서 패자가 되고 말았다.

파르티아와 이런 유쾌하지 못한 역사를 가진 로마로서는 파르티아의 관계를 어떤 식으로든 정리해 동쪽의 국경을 안정시켜야 했다. 안토니우스를 물리친 뒤 아우구스투스에게 주어진 과제도 그것이었다.

아르메니아를 쳐서 파르티아를 위협

최고 권력자가 된 아우구스투스는 국내적으로 정비해야 할 일이 많았다. 자신의 권력을 공고화하는 작업, 치안과 식량을 안정적으로 확보하는 일이 시급했다. 아우구스투스가 본격적으로 동방 국경문제에 신경 쓰기 시작한 것은 BC 23년. 이때 그는 아그리파를 동방으로 파견했다. 동쪽 속주들의 상황, 아르메니아와 파르티아 등 적대국들의 움직임을 파악하도록 했을 것이다. 이듬해 아우구스투스는 황후 리비아 드루실라(Livia Drusilla)와 함께 동부로 출발했다. 우선 시칠리아에 들렀다. 시칠리아를 순시 한 뒤 BC 21년에 사모스 섬으로 갔다. 튀르키예에 바싹 붙어있지만 지금도 그리스 영토로 남아 있는 곳이다. 수학을 사랑한 철학자 피타고라스(Pythagoras)가 태어난 섬이기도 하다. 아우구스투스는 사모스를 본거지로 삼아 동방정책을 실행했다.

정책의 기초자료는 아그리파가 전해준 첩보였을 것이다. 아그리파는 동방에서의 임무를 마치고 서쪽으로 갔다. 갈리아, 스페인 등의 상황을 살펴보고 필요하면 이민족과 전투도 했다. 동쪽 국경문제 해결에 본격 나선 아우구스투스가 먼저 한 일은 티베리우스(Tiberius Caesar Divi Augusti Filius Augustus, BC 42~AD 37. 약칭: 티베리우스)를 시켜 아르메니아를 정복하도록 하는 것이었다. 로마군의 전통인 사전정지작업을 먼저 한 것이다. 티베리우스는 아우구스투스의 양아들이다. 당시 21살에 불과했지만, 건장한 체격에 무장으로서의 능력도 갖추고 있었다. 티베리우스의 어머니 리비아 드루실라가 아우구스투스와 결혼하면서 데려온 의붓아들이기도 하다. 아우구스투스는 유부녀 리비아에 반해 이혼까지 시키고 결혼했다. 리비아는 티베리우스뿐만 아니라 뱃속에 전남편의 또 다른 아이까지 가진 채 아우구스투스와 결혼했다. 티베리우스는 아우구스투스 다음으로 로마의 황제가 된다.

아우구스투스에게는 외조카[누나 옥타비아(Octavia)의 아들]가 있었다. 이름은 마르쿠스 클라우디우스 마르켈루스(Marcus Claudius Marcellus, 약칭: 마르켈루스). 핏줄에 대한 집착이 강한 아우구스투스는 마르켈루스를 후계자로 고려하고 있었다. 그래서 자신의 딸 율리아 아우구스투스(Julia Augustus)와 결혼시켰다. 그런데 마르켈루스가 BC 23년 말 전염병으로 죽었다. 20살의 나이에 자식도 없이. 아우구스투스는 직접 장례식에서 조사를 할 만큼 슬퍼했다. 10년 후 완공되는 극장의 이름을 '마르켈루스 극장'으로 지을 만큼 그의 슬픔은 오래 갔다. 마르켈루스의 죽음이 티베리우스에게는 기회가 되었다. 아르메니아 원정도 마르켈루스가 살아 있었다면 그의 몫이 되었을지 모른다.

아우구스투스의 특별한 관심 속에서 티베리우스는 BC 21년 아르메니아 점령에 나섰다. 손쉽게 점령했다. 로마군이 진주하자 신하들이 왕을 죽이고 아르메니아를 그대로 티베리우스에게 바쳤다. 죽은 왕의 동생이 새 왕이 되었다. 티베리우스가 직접 왕관을 씌워주었다. 아르메니아는 이제 로마와 동맹관계가 되었다. 파르티아 북쪽 지역을 로마의 우군으로 만들어 버린 것이다. 이렇게 되자 파르티아는 고민에 빠지지 않을 수 없었다.

로마는 크라수스와 안토니우스가 패할 때 빼앗긴 군단기를 돌려달라고 요구하고 있었다. 또, 크라수스 패전 당시 파르티아에 잡힌 만 명의 전쟁포로를 돌려보내라는 요청도 해놓고 있었다. 파르티아의 왕이 이미 이 두 가지를 들어주겠다고 약속을 한 적도 있었다. 아우구스투스가 파르티아 원정에 나서기 몇 년 전 파르티아에 쿠데타가 있었다. 당시의 왕 프라테스 4세(Phraates IV)의 동생 티리다테스(Tiridates)가 반란을 일으킨 것이다. 티리다테스는 일단 왕세자를 로마로 보냈다. 그런데 전투 끝에 왕이 승리하고 티리다테스는 로마의 속주 시리아로 망명했다. 프라테스 4세는 로마에 왕세자와 동생을 모두 돌려달라고 요구했다. 이에 아우구스투스가 내건 조건이 위의 두 가지, 즉 군단기 반환과 포로 송환이었다. 파르티아가 두 조건을 수락해 일이 해결되는 듯했다. 하지만 아우구스투스가 생각을 바꿨다. 왕세자만 넘겨주고 티리다테스는 남겨두었다. 로마로 망명한 사람을 본인의 의사에 반해 송환하는 것은 신의에 어긋난다고 생각한 것이다. 이렇게 되자 파르티아가 두 가지 조건을 들어주지 않고 버텼다. 프라테스 4세가 죽고 왕세자가 프라테스 5세(Phraates V)로 왕위에 오른 뒤에도 마찬가지였다.

동방의 국경을 정리해야 하는 아우구스투스에게는 이것이 오히려 좋은 명분이 되었다. 로마의 동쪽 안보를 분명히 확보한다는 대의, 거기에 파르티아가 이미 약속한 바 있는 군단기 반환, 포로 송환 실현이라는 명목까지 더해져 정당성을 충분히 확보한 채 파르티아 원정에 나설 수 있었던 것이다.

부전승 전략으로 성취한 팍스로마나

아르메니아를 점령한 티베리우스가 방향을 남쪽으로 틀면 바로 파르티아로 향할 수 있었다. 아르메니아가 로마와 동맹이 되었으니 파르티아 입장에서는 중요한 우군을 잃어버린 것이었다. 프라테스 5세로서는 결단을 해야 했다. 로마와 결전을 할 것인지, 아니면 평화조약을 맺을 것인지. 후자를 선택한다면 로마의 기존 2가지 요구조건을 들어줘야 했다. 프라테스 5세는 고심 끝에 로마의 요구를 들어주고 평화를 얻기로 했다. 그렇게 해서 로마와 평화조약을 맺게 된다.

아우구스투스의 전략은 전쟁보다는 고차원의 외교였다. 『손자병법』 모공편(謀攻篇)에서 말하는 "백 번 싸워 백 번 승리하는 것이 최선책이 아니다. 싸우지 않고 적을 굴복시키는 것이 최선책이다(是故百戰百勝, 非善之善者也, 不戰而屈人之兵, 善之善者也)"라는 부전승전략을 그대로 실현한 경우가 아닐 수 없다. 손자는 전쟁보다는 훌륭한 병력을 갖추어 상대의 전투의지를 상실시키고, 적의 외교도 선제적 전략으로 무력화시키는 게 제대로 이기는 것이라고 설파했다. 적의 병사를 상대로 싸움을 하거나 성을 공격하는 것은 하책으로 보았다. 싸우면 아군의 손실이 없을 수 없고, 적의 원한을 사는 일도 피할 수 없다고 본 것이다.

아우구스투스는 파르티아가 군기를 반환하고 포로를 송환할 수밖에 없는 상황을 만드는 데 주력했다. 파르티아 바로 북쪽의 아르메니아는 파르티아의 전통적 동맹국으로 파르티아 안보에 중요한 역할을 해왔다. 이러한 아르메니아를 먼저, 그것도 이렇다 할 전쟁 없이 점령했다. 훈련된 병사, 능력 있는 장수를 갖추고 있었기 때문이다. 아르메니아를 쉽게 점령하는 장면은 곧바로 파르티아에 전해졌고, 이는 프라테스 5세로 하여금 안보상의 중대결단을 하지 않을 수 없는 상황을 만들어 냈다. '싸움 없는 평화'가 파르티아 왕의 결론이 될 수밖에 없도록 환경을 형성한 것이다.

로마-파르티아 평화조약의 서명식은 성대하게 진행됐다. BC 21년 5월 12일이다. 장소는 로마와 파르티아의 굳건한 국경선이 된 유프라테스 강의 가운데에 위치한 작은 섬. 로마의 대표는 티베리우스였다. 파르티아의 대표도 왕실의 인물 가운데 무장이었을 가능성이 높지만, 정확히 누구인지는 알려져 있지 않다. 두 대표가 나란히 앉아 조약문에 서명을 했다. 이로써 로마의 숙적 파르티아와의 오랜 적대관계는 종료되었다. 로마도 파르티아도 이런 기념비적인 날을 그냥 보낼 수는 없었다. 서명식 직후 파르티아가 먼저 연회를 열었다. 유프라테스 강 동쪽 자신의 영토로 티베리우스를 초대해 성대하게 대접했다. 이튿날에는 로마가 파르티아 대표를 강의 서쪽으로 초대해 잔치를 열어줬다. '전쟁 끝 평화 시작'을 서로 축하하고 즐기는 자리였다. 즐거운 대화가 이어지는 축제의 장이 아닐 수 없었다.

전쟁 없이 평화를 이룬 것에 대해 아우구스투스 자신도 스스로를 자랑스럽게 생각했다. 파르티아 평화를 기념하는 개선문을 로마 한가운데에 있는 포로로마노(로마광장)에 세웠다. 조약 서명일인 5월 12일은 국경일로 정해 매년 기념축제를 열었다. 자신의 동상도 세웠는데, 흉갑에 로마군기를 파르티아로부터 돌려받는 모습이 새겨진 것이었다. 그 가운데 하나가 온전한 형태로 바티칸 박물관에 보존되어 있는 '프리마 포르타의 아우구스투스상'이다. 황후 리비아 드루실라의 별장이 로마 북쪽에 있는 프리마 포르타에 있었는데, 그 별장에서 1863년 발굴된 것이다. 오른손을 치켜들고

프리마 포르타의 아우구스투스상.

병사들에게 연설하는 모습이다. 오른 발 옆에 있는 큐피드는 돌고래에 올라타고 있다. 카이사르는 자신이 미의 여신 비너스의 직계후손이라고 주장했다. 아우구스투수도 비너스의 아들 큐피드를 옆에 두어 신의 직계후손임을 역설하고 있다. 흉갑에 군기를 되찾아오는 장면을 새긴 건 자신의 외교적 능력, 안보확보에 대한 자신감을 표현한 것이다.

실제로 평화조약이 체결된 뒤 군단기는 반환됐다. 하지만 크라수스 원정 당시 포로가 된 병사들은 돌아가지 못했다. 아니 돌아갈 수 없었다. 모두 사망했기 때문이다. 파르티아는 당시 포로들을 험지인 북동쪽 변방의 메르프(지금의 투르크메니스탄 마리)로 보내 평생 병역에 종사하게 했다. 그런 지역에서 30년 이상을 견디며 살아남은 사람이 없었다. 생존했다면 대부분 60세가 넘었을 테니 당시로서는 거의 불가능한 일이기도 했다. 병사들은 모두 죽었지만, 파르티아의 전리품은 남아 있었다. 전쟁 당시 파르티아가 챙긴 로마군 전사자들의 무기와 갑옷 같은 것들이었다. 로마는 병사 대신 그것들을 돌려받았다.

그렇게 동방의 적과 평화를 이루어 내고 동쪽 국경을 분명히 해 로마는 이후 오랫동안 평화를 구가하게 된다. '팍스 로마나(Pax Romana)', 즉 '로마 지배 하의 평화'였다. 변방의 방어선은 견고해 외침이 없었고, 국내 질서도 안정되고 곳곳에 도시도 번성해 경제적으로도 안정된 시기였다. 팍스로마나는 AD 180년 마르쿠스 아우렐리우스(Marcus Aurelius, 121~180)가 죽고 아들 코모두스(Lucius Aelius Aurelius Commodus, 161~192, 약칭: 코모두스)가 황제가 되면서 외침과 국내적 혼란이 발생할 때까지 계속되었다.

수에즈 전쟁을 조기 중단시킨 유엔사무총장 함마르셸드 . 1956

2

이스라엘-팔레스타인 70년 전쟁 중

지구 곳곳에서 다양한 형태의 분쟁은 지금도 계속되고 있다. 어디는 영토 때문에, 어디는 종교나 자원, 이념 때문에 분쟁을 벗어나지 못하고 있다. 그 중 대표적인 곳이 이스라엘-팔레스타인 분쟁(이팔분쟁)이다. 영토와 종교, 민족의 문제가 함께 얽혀 있어 여전히 해결난망이다. 세계적으로 널리 알려진 이팔분쟁과 나도 직접 깊이 연결될 뻔한 적이 있다. 2006년 3월의 일이다. 그때 나는 KBS 보도국 국제부 차장으로 일하고 있었다. 3월 14일 KBS의 중동특파원이 팔레스타인 가자지구에 취재를 갔다. 총선에서 파타(Fatah)당을 누르고 승리한 하마스(Hamas)를 깊이 취재하기 위해서였다. 특파원은 가자지구 북부 해변에 위치한 디라호텔에 투숙했다. 그런데 오후 1시쯤 갑자기 팔레스타인 무장세력 팔레스타인해방인민전선(PFLP)의 무장괴한들이 호텔로비로 들이닥쳤다. 현장에 있던 KBS 특파원과 프랑스 기자 2명이 납치되었다. KBS에서는 난리가 났다. 특히 담당 부서인 보도국 국제부는 호떡집에 불난 형세였다. 특파원 가족에게 연락해 안심시키고, 외교부와 연락하면서 특파원의 안전여부를 실시간으로 확인했다. 관련부서장들이 모여 대책회의도 계속했다. 몇 차례 회의 결과 다음날 나와 국제부장이 현지에 급히 가기로 했다. PFLP와 접촉해 석방협상을 하기로 한 것이다. 다음날 특파원의 안위를 계속 체크하면서 출장을 준비했다. 호텔, 비행기편도 찾아봐야 했다. 험지에 가는 만큼 보험도 들어야 했다. 납치 대비 보험이 있음을 그때 처음 알았다. 납치되면 납치되어 있는 기간 동안 하루 백만 원씩 보험금을 주는 보험에 가입했다. 그런 보험을 가입하고 나니 겁이 덜컥 났다. 죽는 건 별로 무섭지 않은데 고문을 하거나 팔다리를 자르면 어떡하지 하는 생각까지 들었다. 납치됐다 별일 없이 풀려나면 돈 좀 벌겠다는 생각을 하기도 했다(지금도 가끔 그 생각을 하면서 헛웃음을 지을 때가 있다).

그렇게 불난 호떡집에서 이런저런 생각 속에서 동분서주하다보니 3월 15일 저녁 즈음이 되었다. 뜻밖의 급보가 날아들었다. 특파원이 석방된 것이다. 예상보단 훨씬 빨리 풀려났다. PFLP는 당초 자신들의 지도자를 이스라엘이 잡아간 것을 세계에 알리고, 그의 처형을 막기 위해 KBS 특파원 등을 납치한 것이었다. 납치 후 이스라엘이 이 지도자를 처형하는 것을 막을 수는 있었다. 그래서 일단 소기의 목적은 달성한 것으로 보고 기자들을 석방한 것이다. 나는 "휴~" 한숨을 내쉬었다. "그때 현지에 갔고, 뭐가 잘못됐으면 어떻게 됐을까?" 요즘도 이팔분쟁과 관련된 뉴스가 나오면 이런 생각을 저절로 하게 된다.

사설이 좀 길어졌는데, 이팔분쟁은 역사가 깊다. 아랍인과 유대인뿐만 아니라 강대국들과 관련돼 있어 분쟁의 시작부터 다차원적이고, 그래서 여전히 해결의 기미도 잘 보이지 않는다. 팔레스타인

(Palestine)은 지금은 팔레스타인인이 거주하는 가자지구와 요르단강 서안을 중심으로 한 국가(국가 팔레스타인)를 이르지만, 본래는 지중해로부터 요르단강 유역까지의 지역(지리상 팔레스타인)을 이르는 말이다. 이 본래의 팔레스타인 땅은 기원전 2,000년경부터 유대인의 조상 히브리족이 차지하고 있었다. 서기 72년에는 이들이 로마의 박해로 여기서 쫓겨났다. 대신 아랍인의 한 분파인 팔레스타인인이 들어왔다. 이후 팔레스타인인은 여기서 오랫동안 자리를 잡고 살아왔는데, 19세기 말 유럽에 거주하는 유대인들이 '시온(Zion. 예루살렘 성지의 언덕)으로 돌아가자'는 구호 아래 시오니즘(zionism) 운동을 일으키면서 이 지역은 분쟁지역화 되어갔다.

1차 세계대전이 한창 진행 중일 때 영국은 오스만제국 내에서 아랍인들이 반란을 일으키도록 독려했다. 독일 편에 있던 오스만제국의 힘을 떨어뜨리기 위해서였다. 영국의 이집트 총독 헨리 맥마흔(Henry McMahon)은 1915년과 1916년 아라비아 반도의 통치자 후세인에게 몇 차례 편지를 보냈다. "오스만제국의 주요지역을 공격해 달라, 그러면 전쟁 후 아랍인들의 독립국가 건설을 지지해 주겠다"는 내용이었다. '맥마흔선언'이다. 아랍인에게 독립국가 건설을 약속한 것이다.

영국은 그렇게 아랍인들에게 약속을 해놓고, 그와 모순된 약속도 했다. 1917년 외무장관 제임스 밸푸어(James Balfour)가 시오니즘 운동에 앞장서고 있던 영국의 대자본가 라이어널 로스차일드(Lionel Rothschild)에게 편지를 보내 팔레스타인 땅에 유대인 국가 건설을 지지한다고 밝혔다. 이것이 '밸푸어 선언'이다. 밸푸어는 영국이 유대국가 건설을 위해 최선을 다하겠다고도 말했다. 1차 세계대전을 치르고 있는 영국정부에 돈 많은 유대인의 지원은 절실했다. 미국에 사는 유대인들이 나서서 미국의 1차 세계대전에 참전하도록 하고, 참전 이후 미국정부를 지원하도록 하는 것도 필요했다. 그래서 그런 약속을 하게 된 것이다.

전쟁 이후가 문제였다. 영국은 맥마흔 선언을 잊고 유대국가 건설을 지지했다. 1920년 이 지역에 대한 위임통치를 하면서 유대국가 건설을 승인했다. 2차 세계대전 후에는 이 문제를 유엔에 넘겼다. 유엔은 1947년 11월 총회결의 181호를 통과시켜 팔레스타인 땅을 팔레스타인인 지역과 유대인 지역으로 분할하도록 권고했다. 인구는 팔레스타인인 129만 명, 유대인 60만 명으로 팔레스타인인이 2배 이상이었는데, 땅은 44대 56으로 유대인이 많이 가져가도록 했다. 팔레스타인인들은 불만이었다. 하지만 유대인들은 유엔이 권고한 지역에 1948년 5월 이스라엘을 건국했다.

이스라엘 건국 후 이스라엘과 아랍권은 1948년(제1차 중동전쟁), 1956년(제2차 중동전쟁), 1967년(제3차 중동전쟁), 그리고 1973년(제4차 중동전쟁) 네 차례의 전쟁을 치렀다. 이후에도 총성과 포격은 계속되고 있다. 특히 요르단강 서안의 팔레스타인 자치지역에 유대인 정착촌을 확대하는 문제를 두고 양측이 접점을 찾지 못하면서 갈등과 충돌은 줄지 않고 있다. 70년도 넘은 전쟁인데 언제쯤 끝날지 여전히 누구도 알 수 없다.

나세르의 수에즈 운하 국유화

서론이 좀 길었는데, 이제 본론으로 들어가 보자. 이스라엘과 아랍권 전쟁 중 두 번째인 1956년 전쟁 얘기다. 1956년 10월 29일 이스라엘이 이집트를 침공했다. 31일에는 영국과 프랑스가 가세해 이집트의 수에즈 운하 지역을 공격했다. 약소국 이집트를 강대국들이 연합전선까지 구축해 공격한 것이다. '제2차 중동전쟁', '수에즈 전쟁', '수에즈 위기' 등으로 불리는 전쟁이다. 영국과 프랑스라는 세계적 강대국, 작지만 군사적 능력은 강대국 못지않은 이스라엘의 공격을 받게 된 이집트는 힘을 쓰기 어려웠다.

강대국 연합의 약소국 침략 형태인 '제2차 중동전쟁'이 발생한 데에는 긴 사연이 있다. 1922년 이집트 왕국은 영국으로부터 독립했다. 하지만 여전히 가난하고 왕권은 약해 영국의 영향을 많이 받고 있었다. 1948년 5월 14일 이스라엘이 건국되자 이집트를 비롯한 요르단, 사우디아라비아, 시리아, 레바논 등 격분한 아랍국가들은 이틀 후인 16일 이스라엘을 공격했다. 하지만 이집트는 전쟁준비가 제대로 되어있지 않았다. 팔레스타인 지도도 없어서 카이로의 상점에서 사와야 했다. 작전계획도 부실했고, 식량을 비롯한 군수품도 부족했다. 다른 아랍국가들과의 연합작전도 제대로 되지 않았다. 결국 전쟁은 1949년 3월 10일 이스라엘의 승리로 끝났다. 이스라엘의 영토는 지리상 팔레스타인 땅의 56%에서 78%로 증가했다. 팔레스타인인들의 땅이 그만큼 줄어든 것이다.

제1차 중동전쟁에서의 패배에 누구보다 격분한 인물이 있었으니, 바로 가말 압델 나세르(Gamal Abdel Nasser, 1918~1970)이다. 당시 이집트의 육군 소령이었다. 1918년 이집트 북부 항구도시 알렉산드리아에서 우체국 직원의 아들로 태어나 1939년 육군사관학교를 졸업하고 군에서 복무하고 있었다. 육군 소령으로 전쟁에 참여한 나세르는 패전의 과정을 지켜봤고, 이집트 왕정의 무능과 부패, 사치에 크게 실망했다. 중령이던 1952년 7월 쿠데타를 성공시켜 이듬해 왕정을 폐지하고, 무함마드 나기브(Mohamed Naguib) 장군을 대통령으로 추대했다. 1954년 2월에는 나기브가 물러나고 나세르가 총리를 맡아 이집트를 통치하기 시작했다.

나세르 총리는 정부의 핵심목표를 영국군 철군 및 완전독립, 나일강의 아스완하이(Aswan High)댐 완공 및 농업발전, 이스라엘을 능가하는 군사력 확보 및 군비증강에 두고 이집트의 근대화를 추진했다. 군비증강을 위해 미국과 영국의 무기 도입을 시도했다. 미국과 영국은 '바그다드 협정'에 가입할 것을 요구했다. 이라크를 중심으로 튀르키예, 이란, 파키스탄, 영국 등이 참여하는, 소련 견제를 위한 협력체이었다. 이라크와 경쟁관계에 있는 이집트가 가입한다면, 뒤늦게 참여해 이라크에 힘을 실어주는 역할만 하는 셈이었다. 나세르는 바그다드 협정에 참여하지 않고, 무기는 체코슬로바키아에서 구입하기로 했다.

그렇게 민족주의적인 성향이 강한 나세르가 1956년 6월 23일에는 대통령이 되어 권력을 더 강화했다. 서방이 인정하지 않던 마오쩌둥(毛澤東)의 중화인민공화국과 정식 외교관계도 수립했다. 당시 미국의 국무장관 존 덜레스(John Dulles)는 철저한 반공주의자로 중화인민공화국을 인정하지 않은 채 대중봉쇄전략을 시행하고 있었다. 나세르의 민족주의적, 사회주의적, 비동맹주의적, 반서방주의적 노선은 더 분명해지고 있었다. 그러자 미국과 영국은 7월 19일 이미 약속했던 아스완하이 댐 건설자금 제공을 취소했다. 지나치게 큰 프로젝트를 추진해 이집트경제에 부담을 줄 것이라는 게 취소 이유였다. 세계은행도 약속했던 2억 달러 지원을 취소했다.

나세르는 이에 강경하게 맞섰다. 7월 26일 수에즈 운하 국유화를 선언했다. 운하 통행료를 받아서 아스완하이 댐 건설에 쓰겠다고 밝혔다. 당시 수에즈 운하는 영국과 프랑스의 합작회사가 운영하고 있었다. 국유화는 영국·프랑스 회사의 재산권 침해도 되는 것이지만, 서방이 더 걱정한 것은 수에즈 운하 통할권이 나세르의 손에 맡겨진다는 것이었다. 영국과 프랑스는 격분했다. 수출입의 30% 정도를 수에즈 운하를 통해 하고 있던 영국의 총리 앤서니 이든(Anthony Eden)은 군사행동을 검토하기 시작했다. 프랑스의 외무장관 크리스티앙 피노(Christian Pineau)는 "20년 전 히틀러가 라인란트를 점령한 것과 같다"며 흥분했다.

1차 중동전쟁에서 맞붙었던 이스라엘도 군비를 강화하는 나세르를 벼르고 있던 차였다. 게다가 나세르는 이스라엘에서 홍해로 나가는 길목에 있는 티란 해협을 봉쇄해 이스라엘의 무역을 방해하고 있었다. 1956년 10월 프랑스 총리 기 몰레(Guy Mollet), 영국 총리 앤서니 이든, 이스라엘 총리 다비드 벤구리온(David Ben-Gurion)이 파리 근교에서 머리를 맞댔다. 나세르에 대한 적대의식을 공유하고 있어 합의가 이뤄지는 데 시간이 오래 걸리지는 않았다. 이스라엘이 선제공격을 하면, 영국과 프랑스가 뒤따라 공격을 하기로 했다.

침략전쟁…유엔긴급군 투입으로 중단

영국·프랑스·이스라엘 합의대로 이스라엘이 이집트의 시나이반도로 공격해 들어갔다. 1956년 10월 29일 오후 3시 이스라엘 공군이 시나이반도를 공습하고, 곧 공수부대가 낙하했다. 나세르가 군사력 강화에 애를 썼지만, 이집트는 여전히 이스라엘의 상대가 되지는 못했다. 저항이 있었지만 이스라엘군을 저지할 만한 것은 못됐다. 31일에는 영국과 프랑스가 합세했다. 수에즈 운하 지역을 집중 공격했다. 곧 수에즈 운하를 점령했다. 미국은 이제 전쟁에 반대하고 나섰다. 영국과 프랑스의 이집트 공격이 비동맹세력을 자극해 오히려 제3세계의 결속을 강화할 수 있을 것이란 생각 때문이었다. 벌 한 마리 잡으려고 벌집을 쑤시면 안 된다는 인식이었다. 그럼에도 영국과 프랑스, 이스라엘은 공격을 계속했다.

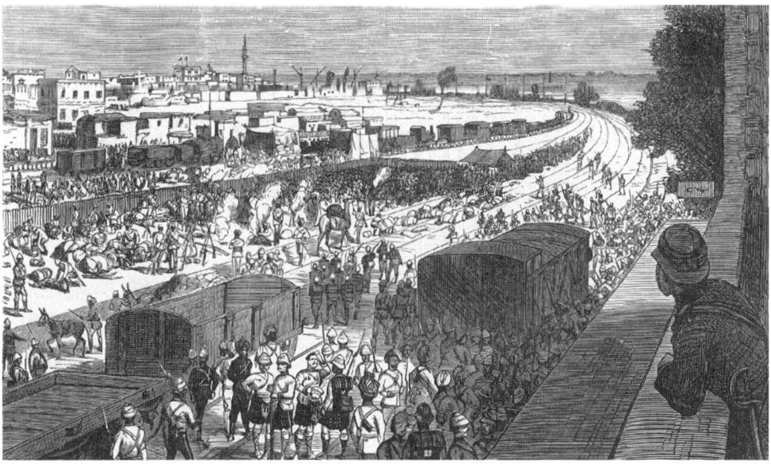

수에즈 전쟁(1956. 10).

서방의 강대국 사이에서 의견이 엇갈리는 미묘한 상황에서 당시 유엔 사무총장 다그 함마르셸드(Dag Hammarskjöld)가 전쟁을 중단시키기 위해 발벗고 나섰다. 먼저 휴전을 요구했다. 그러나 공격을 계속되었다. 그러자 함마르셸드는 사무총장의 권한을 적극 활용했다. 노르웨이 출신 1대 사무총장 트뤼그베 리(Trygve Lie)에 이어 2대 사무총장에 오른 함마르셸드는 유엔헌장 제99조를 활용해 수에즈 사태를 유엔안전보장이사회에 안건으로 올렸다. 유엔헌장 99조는 "사무총장은 국제평화와 안전의 유지를 위협한다고 그 자신이 인정하는 어떠한 사항에 대해서도 안전보장이사회의 주의를 환기할 수 있다"고 규정하고 있다. 하지만 안보리는 이 문제를 다루지 못했다. 영국과 프랑스가 안보리에서 거부권을 가지고 있으니 그럴 수밖에 없었다.

그래서 함마르셸드는 이 문제를 유엔총회로 끌고 갔다. 안보리가 거부권 때문에 분쟁해결을 못하면 총회가 이를 다룰 수 있게 한 '평화를 위한 단결 결의'(uniting for peace resolution)를 활용한 것이다. 이 결의는 유엔이 한국전쟁을 다루는 과정에서 마련되었다. 1950년 6월 25일 전쟁이 일어나자 안보리는 바로 그날 소집돼 안보리결의 82호를 통과시켰다. 북한이 군사분계선 이북으로 철수해야 한다는 내용이었다. 27일에는 안보리결의 83호를 채택했다. 회원국에 한국에 대한 지원을 권고하는 내용이었다. 그에 따라 한국에 파병을 하게 되었다. 이 당시 소련은 안보리에 출석하지 않고 있었다. 타이완이 맡고 있는 상임이사국 자리를 중화인민공화국(중국)이 가져가야 한다고 주장하면서 회의에 불참해 온 것이다. 그런데 소련이 1950년 8월부터는 안보리 회의해 출석했다. 불참한 가운데 불리한 결의가 통과되니 다시 나오기 시작한 것이다. 그래서 유엔총회가 나서 1950년 11월 '단결을 위한 결의'를 채택하고, 안보리가 불능상태인 경우 총회가 분쟁을 해결할 수 있도록 한 것이다.

그렇게 만들어진 '단결을 위한 결의' 덕분에 1956년 11월 1일 특별유엔총회가 소집돼 수에즈 사태를 논의하게 되었다. 함마르셸드는 몇몇 주요국가들과 긴밀하게 협의하면서 결의안을 준비해나갔다. 특히 캐나다의 외교장관 레스터 피어슨(Lester Pearson, 1963년 캐나다 총리가 되어 1968년까지 재임했다)과 자주 만나 깊이 협의했다. 세계 비동맹세력의 리더 역할을 하고 있던 인도의 총리 자와할랄 네루(Jawaharlal Nehru)도 함마르셸드를 적극 도왔다. 전쟁 중단과 철군을 촉구하는 총회결의들을 차례로 통과시켰다. 11월 7일에는 '유엔긴급군'(UNEF, United Emergency Force) 구성을 위한 총회결의 1001호를 통과시켰다. 48시간 내에 '유엔긴급군' 구성계획을 사무총장이 총회에 제출하도록 하는 내용이었다. 이를 위한 구체적인 활동계획 등은 사무총장에게 일임되어 있었다.

총회 결의에 따라 구체적 권한을 확보한 함마르셸드는 분주하게 움직였다. '유엔긴급군'을 조직하는 것이 급선무였다. 군을 파견해 줄 만한 나라들과 부지런히 접촉했다. 캐나다와 덴마크, 노르웨이, 스웨덴, 핀란드, 유고슬라비아, 브라질, 콜롬비아, 인도, 인도네시아 등 10개국으로부터 파병 약속을 받았다. 안보리 상임이사국들은 접촉하지 않았다. 자칫하면 강대국 중심으로 조직이 운영될 염려 때문이었다. 6,000명 규모로 최초의 유엔평화유지군을 꾸릴 수 있게 되었다. 캐나다의 육군소장 이드슨 번스(Eedson Burns)가 사령관을 맡았다. 미국과 이탈리아, 스위스는 장비를 지원해 줬다.

그렇게 평화유지군을 구성해놓고 이집트, 영국, 프랑스, 이스라엘과 접촉했다. 평화유지군을 배치를 사전에 고지하고 협조를 구했다. 그러고는 11월 15일 수에즈 운하 지역과 시나이반도에 평화유지군을 배치했다. 양측의 가운데에 자리를 잡게 해 서로 공격하지 못하게 한 것이다. 이후 이집트와 유엔, 국제사회가 나서 영국과 프랑스, 이스라엘군의 철수를 강력히 촉구했다. 12월 22일까지 영국과 프랑스군이 철수함으로써 전쟁은 중단되었다. 이스라엘은 철수를 거부하고 좀 더 남아 있었다. 이집트군을 직접 공격하지는 않았지만, 시나이 반도의 대규모 시설들을 파괴했다. 철도와 도로, 전화선 등이 파괴되었다. 이스라엘군의 철수는 1957년 3월 8일이 되어서야 이뤄졌다. 이후 영국, 프랑스, 이집트가 협상을 벌여 수에즈 운하는 이집트 소유가 되었고, 1957년 4월 24일 다시 개통되었다.

지금도 평화의 사표로 남아 있는 함마르셸드

함마르셸드는 전쟁을 막고, 중단시키는 일이 유엔사무총장의 핵심임무라고 여기고 끊임없이 분쟁에 관여했다. 1960년에는 아프리카의 분쟁지역 콩고민주공화국(Democratic Republic of the Congo. 약칭: 민주콩고)이 그의 평화 DNA를 자극하고 있었다. 아프리카 중부의 대국 민주콩고는 19세기 말부터 아프리카 식민지 개척에 나선 벨기에의 지배를 받았다. 1960년 6월 30일 독립했다. 바로 서쪽에 붙어있는 콩고공화국(Republic of the Congo)과는 다른 나라이다. 콩고공화국은 프랑스 식민지이었다가 1960년 8월 15일 독립했다.

1960년 7월부터 독립국가가 된 민주콩고의 통치는 독립운동 지도자 3명이 담당했다. 조제프 카사부부(Joseph Kasavubu) 대통령, 파트리스 루뭄바(Patrice Lumumba) 총리, 동남부지역인 카탕가(Katanga) 주의 지사 모이스 카펜다 촘베(Moise Kapenda Tshombe)가 권력을 나눠 가진 것이다. 곧 정부와 촘베 사이 내전이 일어났다. 다이아몬드와 구리, 코발트, 우라늄 등 광물자원이 풍부한 카탕가 주를 장악하고 있는 촘베가 독립을 선언한 것이다. 촘베는 벨기에군을 끌어들여 정부에 맞섰다. 광산 개발을 위한 기술과 자본을 벨기에와 미국 등의 광산개발사에 의존하면서 서방과 긴밀한 관계를 유지하고 있었던 것이다.

친서방의 촘베는 민족주의 성향의 민주콩고 정부는 대립할 수밖에 없었다. 특히 총리 무뭄바는 민주콩고의 완전한 독립을 내세우며 독립 이후 군 지도부에 남아있던 벨기에인들을 축출한 뒤, 측근인 세세 세코 모부투(Sese Seko Mobutu)를 육군참모총장에 임명해 탈서방을 시향하고 있었다. 그에 따라 소련과는 가까워졌다. 그 과정에서 카사부부와 루뭄바의 알력도 심해져 카사부부가 루뭄바를 해임했다. 루뭄바는 카사부부를 대통령으로 인정 못 하겠다며 맞섰다. 카사부부는 모부투를 끌어들여 루뭄바를 가택연금해버렸다. 독립 후 3개월도 안 된 1960년 9월 14일의 일이다.

카바부부와 촘베 사이의 내전은 계속되었다. 다시 함마르셸드가 나섰다. 분쟁이 발생하면 세계언론들이 "다그에게 맡겨라(Let Dag do it. Leave it to Dag)"라고 주문할 정도였으니 나서지 않을 수도 없었다. 함마르셸드는 유엔안보리 회의를 소집했다. 유엔헌장 제99조를 적극적으로 해석하면, 사무총장에게 안보리 회의 소집 권한을 부여한 것으로 볼 수 있다. 그런데 함마르셸드 이전에는 소집한 적이 없었고, 실제 사무총장이 안보리 회의를 소집한 것은 그때가 처음이었다. 안보리 결의로 유엔평화유지군인 ONUC(Organisation des Nations Unies au Congo, United Nations Organization in the Congo)을 구성했다. 가나, 모로코, 에티오피아, 튀지지 등 주로 아프리카 국가들의 병력으로 ONUC를 조직해 민주콩고로 파견했다.

함마르셸드는 그렇게 우선 전쟁을 중지시킬 수 있도록 평화유지군을 보내놓고는 민주콩고로 향했다. 그의 손에는 『나와 너(*Ich un Du*)』라는 책이 들려 있었다. 이스라엘 헤브루대학의 철학교수 마르틴 부버(Martin Buber)가 쓴 것으로, 인간관계에서 중요한 것은 나(I)와 너(You)의 관계 자체가 중요한데, 실제로는 너가 아니라 너의 그것(It)과의 관계를 중시하고 있음을 비판하는 저서이다. 그것에는 돈, 권력, 명예 등이 대표적이라는 것이다. 함마르셸드는 독일어로 된 원서를 들고 비행기에 올랐다. 분쟁의 현장에서 틈나는 대로 읽으면서 스웨덴어로 번역을 하려는 생각이었다.

현지에서 함마르셸드는 정부와 카탕가주 사이를 오가며 내전을 끝낼 수 있는 방안 마련에 분주했다. 우선은 카탕가주에 있는 벨기에군과 외국 용병을 철수하는 데에도 힘을 쏟았다. 외국군대가 철수해야 내전 종식을 위한 협상이 본격 시작될 수 있었다. 그 과정에서 평화유지군과 용병 사이 전투가 벌어지기도 했다. 1961년 9월 17일 함마르셸드는 카탕가 지역을 날고 있었다. 촘베를 만나러 가는 길이었다. 비행기는 하강 신호를 보낸 뒤 천천히 은돌라 공항에 다가가고 있었다. 그러다가 불현듯 비행기가 추락했다. 함마르셸드를 비롯해 탑승하고 있던 16명이 모두 목숨을 잃었다.

이해관계가 얽히고설킨 내전지역에서, 그것도 내전을 중재하던 유엔사무총장이, 그것도 비행기 추락사고로 사망했으니 단순사고라고 생각하는 사람은 많지 않았다. 당시 민주콩고 주재 미국대사 에드 갈리언(Ed Gullion)은 불과 사고 몇 시간 후 "벨기에인 용병 조종사가 비행기를 격추했을 가능성이 있다"는 내용의 전문을 워싱턴에 보냈다. 벨기에 출신으로 영국 공군에서 복무한 경험이 있는 얀 판 리세험(Yan van Risseghem)이 촘베를 위한 용병으로 일하면서 함마르셸드가 탄 비행기를 격추했을 가능성이 있다는 것이었다. 이후에도 이 용병 조종사가 친구들에게 격추 실행 사실을 얘기했다는 증언들이 나왔다. 하지만 본인은 부인했고, 몇 차례 조사에서도 명백한 증거는 나오지 않았다.

당시 촘베에게는 함마르셸드가 눈엣가시였다. 자신에게 필요한 벨기에군과 용병들을 철수시키려 했다. 카탕가주를 독립시켜 풍부한 자원을 마음대로 주무르고 싶은데, 함마르셸드는 외국군 철수, 내전 종식, 민주콩고 전체의 안정적인 발전을 이루어내려 하고 있었다. 촘베에게는 "네가 가진 것을 대부분 포기해라"라는 소리로 들렸을 것이다. 촘베와 손잡고 있던 벨기에와 영국, 미국의 자본들도 "함마르셸드만 없으면 한몫 챙길 수 있는데…" 이런 생각을 하고 있었을 것이다. 그런 와중에 함마르셸드는 비행기 추락사고를 당해 사망했다.

한편, 연금 중이던 루뭄바는 탈출을 했다가 1960년 12월 1일 모부투 병력에 의해 체포된 뒤, 정적 촘베에게 인계되어 처형되었다. 1964년에는 카사부부와 촘베가 화해해 촘베가 총리를 맡기도 했다. 하지만 다시 대립하기 시작했고, 1965년 11월에는 군 최고사령관 모부투가 쿠데타를 일으켜 정권을 잡았다. 카사부부는 연금되었다가 석방돼 1969년 사망했다. 촘베는 스페인으로 망명했으나 1967년 납치되어 알제리에 인계되었고, 수도 알제(Alger) 부근에서 연금상태로 생활하다가 역시 1969년 사망했다.

모부투는 오랫동안 집권하다가 1997년 5월 로랑데지레 카빌라(Laurent-Desire Kabila)로부터 쿠데타를 당해 모로코로 망명했고, 그해 9월 전립선암으로 사망했다. 카빌라는 2001년 경호원에게 암살당했고, 이후 그의 아들 조제프 카빌라(Joseph Kabila)가 대통령이 되어 2017년까지 통치했다. 2018년 독립 58년 만에 처음으로 선거를 통한 평화적 정권교체가 이루어져 펠릭스 치세케디(Felix Tsdhisekedi)가 대통령이 되었다.

1961년 민주콩고의 평화와 안정을 위해 힘쓰다 목숨을 잃은 함마르셸드에게는 그해 노벨평화상이 추서되었다. 사망자에게는 노벨평화상을 주지 않는다는 오랜 관행이 있었지만, 함바르셸드가 그 관행을 깼다. 1945년 유엔이 출범한 이래 지금까지 9명이 사무총장을 지냈지만, 평화를 위한 철학과 열정, 실행능력 측면에서 그를 능가하는 인물은 없을 것 같다. 지구 곳곳에서 분쟁과 갈등이 끊이지 않는 시대에 그는 여전히 평화의 사표로 남아 지금의 유엔이 갈 길을 제시해주고 있다.

3 중국-인도 전쟁 확대 막은 갤브레이스의 적극외교 . 1962

오래된 중국-인도 국경문제

나라와 나라 사이가 다들 복잡다기하고 묘하지만, 중국과 인도 사이도 기묘하다. 가까운 듯하면서도 멀고, 먼 듯하면서도 필요할 땐 협력한다. 중국과 미국이 심한 전략경쟁을 계속하고 있는 최근, 인도는 양국 사이에서 실용적인 외교를 벌이며 실익을 챙기고 있다. 중국과는 경제협력을 강화하면서, 미국과는 전략적인 협력을 해나가고 있다. 그렇게 중국과 인도는 묘한 관계를 계속 유지하고 있는데, 필요한 협력은 하면서도 아주 가까워지지는 않고 있다. 그도 그럴 것이, 양국 사이에는 국경문제가 장기 미해결 상태로 남아 있다. 국제정치에서 고래로 사라지지 않는 것 가운데 하나가 국경분쟁이다. 영토를 두고는 어느 쪽도 양보하기 어렵다. 양보하는 순간 국제사회에서 웃음거리가 되고, 국내 지지를 잃어 정권을 내놓기 십상이다. 그러니 사활을 걸고 영토분쟁에서 이기려고 하는 것이다. 전쟁에서 이기려 하는 것과 다를 바 없다. 그래서 국경을 맞대고 있는 이웃국가 사이가 대부분 안 좋다.

중국과 인도 사이에는 긴 국경이 있다. 1,000km나 된다. 게다가 사람 살기 어려운 히말라야 산맥이 대부분이다. 그러니 경계를 정하기도 애매하고, 정해도 지켜지기 어렵다. 중국-인도 국경분쟁은 그래서 오래된 이슈이고, 그럼에도 여전히 해결난망이다.

백 년 전으로 거슬러 올라가 보자. 1911년 신해혁명이 일어나 청나라가 무너졌다. 그러자 티베트도 혼란을 틈타 독립을 선언했다. 당시 인도는 영국이 지배하고 있었다. 영국과 티베트 사이 국경을 정할 필요가 있었다. 협상을 벌여 나온 것이 '맥마흔 라인'이다. 당시 활약한 영국 외교관 헨리 맥마흔(Henry McMahon)의 이름을 딴 것이다. 북쪽 티베트 쪽으로 올라간 자리에 그어진, 그래서 인도에 유리한 국경이었다. 중국이 혼란스러운 상황에서 마련된 국경이어서 결코 확정적인 것이 되기는 어려웠다.

1962년 10월 중국의 전격 침공

1949년 중국혁명이 성공한 이후 중국은 1951년 티베트를 무력으로 점령해 중국으로 복속시켰다. 중국은 1953년 이오시프 스탈린(Iosif Stalin) 사망 후 소련과 관계가 악화되고, 소련과 가까운 인도와도 긴장관계가 계속되었다. 1950년대 후반부터 활성화되는 비동맹운동의 주도권을 놓고도 중국과 인도는 경쟁하는 관계가 되었다. 1959년에는 티베트에서 독립을 요구하는 대규모 시위가 발생해 중국이 유혈진압했고, 티베트의 지도자 달라이 라마(Dalai Lama)는 이에 반발하면서 인도 동북부 다람살라로 탈출해 망명정부를 세웠다. 인도정부가 이 망명저부를 용인했으니 양국 갈등은 고조되어 갈 수밖에 없었다. 중국이 경제발전을 위해 1958년부터 추진한 대약진운동이 1960년 초 실패로 드러나면서 중국정부의 권위가 약화되는데, 이를 계기로 인도는 국경문제를 수면 위로 밀어 올렸다. 인도는 자신에게 유리한 맥마흔 라인을 공식화하고자 했고, 중국은 이에 반대했다. 중국과 인도 사이 많은 외교문서가 교환되고, 저우언라이(周恩來) 중국총리와 자와할랄 네루(Jawahalal Nehru) 인도총리가 회담도 열었다. 하지만 국경선을 긋는 문제가 그렇게 쉽게 정리되지는 않았다.

당시 인도의 적대국 파키스탄은 친중정책을 쓰고 있었다. 인도 입장에서는 파키스탄도 중국도 견제대상이었다. 중국과 관계가 악화된 소련은 인도를 지원하고 있었다. 중국-파키스탄 대 인도-소련이 대결하는 양상이 당시의 지역정세였다. 중국과 인도가 분쟁을 시작하면 자칫 큰 전쟁으로 번질 가능성이 높은 형세이었다.

인도는 소련이 군사고문단까지 파견해 지원해주고 있어서 나름 자신감을 갖고 있었다. 1962년 초 인도는 맥마흔 라인을 지키기 위해 국경지역에 군을 배치했다. 이에 따라 중국도 군의 준비태세를 강화했다. 그러면서 양국군 사이 작은 충돌이 잦아졌다. 결국 10월 6일 중국의 수뇌부는 인도에 대한 공격을 결정하고, 10월 18일 중국 공산당 정치국 회의를 열어 공식 결의했다. 이틀 후인 10월 20일(토요일) 새벽 중국군은 기습공격을 전격 단행했다. 중국군 17만여 명을 동원한 대규모 공격이었다. 예비병력 30만은 티베트에 대기시켜 놓고 있었다. 인도는 공격을 예측하지 못하고 1만여 명의 병력으로 대응했다. 중국군은 티베트의 고산지대에서 1년 이상 훈련을 받았고, 장비도 우수했다. 뿐만 아니라 중국군의 지휘관들은 일본과의 오랜 전쟁과 국민당군과의 내전, 그리고 한국전쟁을 거치면서 실전경험을 많이 쌓았다. 그런 준비된 대규모 중국군의 공격에 인도군은 밀릴 수밖에 없었다.

더욱이 인도는 중국의 전격 침공을 전혀 예상하지 못하고 있었다. 당시 인도의 국방장관은 크리슈나 메논(Krishna Menon)이었다. 네루 총리와 함께 독립운동을 했고, 유엔한국임시위원단(UNTCOK) 위원장으로 1948년 남한 단독선거, 대한민국 정부수립이 이루어지는 데 상당한 역할을 한 인물이다. 유엔의 인도 대표로 한국전쟁 당시 휴전 성립에도 기여했다. 1957년부터 국방장관을 맡고 있었는데, 의욕에 찬 그는 대대적인 국방개혁을 단행했다. 연공서열에 따른 승진 시스템을 버리고 성과 위주로 승진시켰다. 군의 명령체계도 효율성을 최대화하는 방향으로 재구조화했다. 육군참모총장이 사임하는 등 군의 반발이 심했다. 효율보다는 자신의 개인취향에 따라 군의 구조를 바꾼다는 비난도 있었다. 이렇게 메논은 기존의 군 세력과 갈등하면서 군 내부의 정보를 믿지 않았다. 중국군의 전쟁 준비에 대한 상황도 그래서 정확히 파악하기 어려웠다. 메논이 군을 개혁하긴 했지만 실제 군 내부에서 개혁의 내용은 실현되지 못하고 있었다. 전투태세 불비는 중국-인도 전쟁 발발 직후 드러났다. 당장 전투를 해야 하는데, 무기가 모자랐고 장비가 없었다. 사기도 떨어져 있었다. 그래서 인도군은 밀릴 수밖에 없었다(이런 상황이 되자 메논은 계속 비판을 받다가 10월 31일 사임했다).

중국군은 서쪽으로는 카슈미르 지방으로 쳐들어가 악사이친(Aksai Chin)과 라다크(Ladakh)로 밀고 내려갔다. 동쪽으로는 네팔과 부탄 사이에 있는 시킴(Sikkim) 지역을 따라 일사천리로 전진해 미얀마 접경 지역 부근까지 갔다. 그 과정에서 인도군 천여 명이 사망했다. 중국군도 수백 명이 전사했다.

비동맹 인도의 미국 지원 요청

상황이 여기에 이르자 인도의 총리 네루는 미국에 지원을 요청했다. 무기지원뿐만 아니라 중국군에 대한 공중폭격도 요청했다. 당시 네루는 제3세계 국가들의 비동맹운동을 주도하고 있었다. 미국에도 소련에도 기대지 말고 자율적인 국가로 살아가자는 것이었다. 그렇게 독립성과 국가자율성을 중시하던 네루였지만 인도의 생존 자체가 풍전등화가 된 상황에서는 어쩔 수 없었다.

이렇게 큰 나라 사이의 전쟁이 심각한 상황에 이르고, 인도가 지원요청까지 하자 미국도 나서지 않을 수 없었다. 당시 인도 주재 미국대사는 유명한 경제학자 존 케네스 갤브레이스(John Kenneth Galbraith)였다. 하버드대 경제학과 교수이던 1958년 『풍요한 사회(*The Affluent Socity*)』를 써내 미국사회를 정면으로 비판한 인물이다. 미국은 소비자들이 충분히 필요한 것을 소비하고 있지만, 끊임없는 광고의 영향으로 필요이상의 소비를 계속하고 있다고 지적했다. 소비자들은 개인적인 만족을, 생산자들은 기호충족을 위한 방안만을 생각하니, 사회문제의 개선과 발전, 미래세대를 위한 준비는 미국의 안중에 없다는 얘기였다. 이에 대한 대안으로 판매세를 도입해 소비를 억지하고 인플레이션도 완화하면서 공공부문에 대한 투자를 확대할 것을 제안하기도 했다.

갤브레이스는 미국뿐만 아니라 세계문제를 해결하는 데에도 관

존 케네스 갤브레이스

심이 많았다. 특히 인구가 많고, 영토가 넓으면서 민주주의를 실행하고 있는 인도에 주목해 1956년과 1959년 직접 인도를 여행했다. 델리(Delhi), 뭄바이(Mumbai), 바라나시(Varanasi), 콜카타(Kolkata), 카슈미르(Kashmir) 등 곳곳을 다녔다. 이렇게 큰 나라가 민주주의를 실현하면서 경제를 발전시킬 수 있다면 주변국과 세계에 주는 영향을 매우 클 것이라고 생각했다. 사회주의를 채택하고 있는 소련, 중국과의 체제 경쟁에서 큰 우위를 점할 수 있을 것이라고 보았다. 그래서 미국정부가 인도의 발전에 적극 기여해야 한다고 주장했다.

케네디(John F. Kennedy)가 대통령이 되자 그는 인도 대사가 되었다. 친하게 지내던 케네디에게 스스로 청해서 인도 대사가 된 것이다. 케네디는 미국의 국내문제뿐만 아니라 세계 전체를 상대로 한 정책에 대해 갤브레이스의 조언을 구할 생각이었는데, 인도 대사를 청하는 갤브레이스에게 세계문제에 대한 조언을 계속한다는 조건을 붙여 인도로 보냈다. 실제로 부임 이후 갤브레이스는 케네디에게 직접, 그리고 세계의 다양한 문제에 대한 조언을 담아 소식을 전했다. 하지만 그것도 잠시, 중국-인도 전쟁이 발발하자 갤브레이스는 이에 매달렸다. 인도의 정부와 군부, 파키스탄 정부, 그리고 워싱턴과

24시간 대화하면서 상황을 관리했다. 그의 최우선 관심은 전쟁을 최소화하는 것이었다. 같은 시기에 미국은 쿠바 미사일 사태를 겪고 있었다. 매일 긴급회의가 소집돼 대처방안을 논의했다. 케네디는 거기에 온 신경을 다 쓸 수밖에 없었다. 그런 만큼 인도문제는 상당부분 갤브레이스가 알아서 처리해야 했다.

미국의 무기 지원

인도는 먼저 소련에 무기지원을 요청했다. MIG 전투기 등을 지원해달라는 것이었다. 하지만 소련은 꺼렸다. 중국과의 관계가 안 좋긴 하지만 중소관계를 파탄낼 만한 행위를 하고 싶어 하지는 않았다. 중국과 전쟁 중인 인도에 무기를 지원한다면 중국과 소련 사이는 돌이킬 수 없는 상태가 돼 버릴 수도 있는 형편이었다.

인도는 서방에 손을 벌릴 수밖에 없었다. 캐나다에 먼저 요정했다. 국방장관 메논은 10월 25일 아침 인도 주재 캐나다 고등판문관 체스터 로닝(Chester Ronning)을 자신의 사무실로 불러 무기 지원을 요청했다. 수송기에서부터 헬리콥터, 장거리 박격포, 대포 등 여러 가지를 거론했다. 로닝은 중국에서 선교사의 아들로 태어나 중국에서 선교사와 외교관으로 오래 일한 중국통이었다. 저우언라이 중국 총리와는 아주 친밀한 사이였다. 메논이 미국 외교관 대신 로닝에게 무기지원을 먼저 얘기한 것은 미국이 그를 싫어했기 때문이기도 했다. 비동맹운동과 반제국주의 캠페인에 열성적인 반미주의자 메논과 얘기하는 것을 미국 측은 반기지 않았다. 메논도 뉴델리 외교가에서 큰 영향력을 발휘하며 네루 총리를 수시로 만나는 갤브레이스를 총독처럼 행동하는 사람으로 여기고 있었다. 이런 적대적 관계이다 보니 직접 얘기하는 자리를 서로 달가워하지 않았다.

미국에 대한 무기지원 요청은 총리 네루가 케네디 대통령에게 편지를 보내는 방식으로 이루어졌다. 미국 주대 인도대사 브라즈 쿠마 네루(Braj Kumar Nehru, 네루 총리의 5촌 조카)가 10월 26일 케네디 대통령을 만나 네루 총리의 편지를 전하면서 무기지원을 요청했다. 이후 외교장관 데사이(M. J. Desai)도 갤브레이스를 만나 재차 무기지원을 요청했다. 그때부터 인도와 미국 사이 구체적인 협의에 들어갔다. 인도가 원하는 것은 여러 가지였다. 자동소총에서 박격포, 포탄까지 다양했다. 미국은 인도가 원하는 모든 것을 들어줄 수는 없었고 적절한 선에서 인도의 안보확보에 도움이 되는 정도를 지원해주어야 했다. 그래서 의사결정이 쉽지는 않았다.

게다가 미국은 무기를 주는 대신 자신들이 원하는 것을 얻고자 했다. 반미주의자인 국방장관 메논을 교체하는 것이었다. 갤브레이스는 총리 네루와 다른 정부 고위관료들을 만날 때 교체의 필요성을 얘기했다. 메논이 국방장관으로 남아 있는 한 인도-미국 사이 협력이 원활할 수 없다는 얘기를 계속한 것이다. 무기지원 문제도 메논 교체와 일대일로 교환되는 문제는 아니지만, 메논이 교체돼야 지원이 확실히 될 수 있다고 얘기했다. 미국의 분명한 결정, 그 이후 원활한 지원을 위해서는 메논을 교체하는 것이 좋겠다는 말이었다.

전쟁이 시작된 지 6일째 되는 28일까지 미국의 답이 없자 인도는 중국에 맞서 싸우고 있는 장군을 직접 갤브레이스에게 보냈다. 중국군과 동부전선에서 맞서 있는 인도 제4군 사령관 브리 카울(Brij Kaul)

중장이 인도 주재 미국대사관을 찾아가 갤브레이스를 만났다. 병력과 무기, 장비가 부족한 상황을 세밀히 설명하고 신속한 무기 지원을 촉구했다.

다음날인 29일 오전에는 네루 총리가 갤브레이스를 만났다. 무기 지원을 재차 요청했다. 갤브레이스가 매일 써온 일기에 대화내용까지 자세히 기록해놓고 있지는 않지만, 이날도 무기지원이 원만하게 이뤄지려면 미국이 원하는 것, 즉 메논 교체를 들어줘야 한다는 식의 얘기는 했을 것으로 보인다.

29일 오후에는 미국과 직접 접촉하는 것을 꺼리던 국방장관 메논이 미국대사관으로 갤브레이스를 찾아갔다. 한 나라의 장관이 자국에 주재하는 나라의 대사관을 찾아가는 것은 외교관례에는 어긋나는 일이었다. 인도 정계의 거물인 메논은 그런 문제에는 별 신경을 안 쓰는 인물이었다. 게다가 중국군에 계속 밀리면서 무기와 장비가 부족한 인도군의 사정은 다급하기만 했다. 미국의 지원이 지연되고 있는 상황에서 인도 국방부의 요정사항을 보다 분명하게 피력해야겠다고 생각했다. 게다가 미국이 싫어하는 것을 알고 있던 메논은 미국과 잘 지낼 수 있는 인물임도 보여주고 싶어 하기도 했다. 그런 여러 가지 포석으로 메논은 갤브레이스를 방문했다. 국가 위기 상황을 반영한 듯 긴장한 얼굴로 미국대사관을 찾은 메논은 탱크와 장거리 박격포 등 전장에서 긴급하게 필요로 하는 무기는 물론, 무기고를 정비하는 데 필요한 전동공구까지 일일이 필요한 것들을 열거하며 지원을 요청했다.

국방장관이 직접 방문한 만큼 갤브레이스도 더 적극적으로 나설 수밖에 없었다. 무기뿐만 아니라 당시 인도군이 절실하게 필요로 하고 있던 겨울군복까지도 지원할 준비가 되어 있다고 답해주었다. 그리고 양측의 실무책임자를 지정해 구체적인 지원품 리스트를 작성하게 했다. 그들은 리스트를 만들어 그날 밤 워싱턴으로 보냈다. 케네디 대통령은 쿠바 미사일 사태에 온통 신경을 쓰고 있었지만, 갤브레이스는 개인채널로 직접 연락해 인도문제에 대해서도 관심을 유지하도록 하고 있었다.

10월 31일 미국이 원하는 바가 이루어졌다. 국방장관이 교체된 것이다. 미국의 요구뿐만 아니라 인도의회의 요구도 컸다. 미국의 지원을 위해서는 국방장관을 교체해야 한다는 요구였다. 그러자 미국의 지원은 최종 결정됐고, 곧 준비가 이루어져 11월 2일에는 첫 지원품이 인도에 도착했다. 이후 차례로 지원은 이어졌다. 하지만 그것으로 끝나는 것은 아니었다. 뉴델리에서 전투현장으로 무기와 장비를 보내는 것도 쉬운 일은 아니었다. 수송기 연료를 구하는 것도 쉽지 않았고, 어떤 경우는 박격포의 포탄이 너무 녹슬어 쓸 수 없는 경우도 있었다. 갤브레이스와 인도 주재 미국대사관 직원들은 미국의 지원팀과 인도군 사이 소통 창구 역할을 하면서 지원품이 현장으로 전해지도록 했다.

항공모함 파견은 자제

갤브레이스의 스탠스는 방어차원의 무기는 지원하되 지나친 개입은 자제한다는 것이었다. 한때 미국은 벵골만에 항공모함을 파견하는 문제를 고려했다. 미 해군 7함대를 배치하려 한 것이다. 7함대에는 항공모함뿐만 아니라 핵추진 잠수함과 이지스 순양함, 이지스 구축함 등이 딸려 있다. 일정지역에 항공모함을 파견하는 것은 상징적인 의미가 있다. 그 지역을 전략적으로 매우 중시한다는 것이고, 미군 스스로 전쟁에 대비한다는 의미가 있는 것이다. 갤브레이스는 숙고 끝에 배치하지 않는 것이 바람직하다고 판단했다. 그의 이러한 판단은 당시 상황에 대한 면밀한 이해와 평가를 바탕으로 한 것이었다. 당시 상황에 대한 갤브레이스의 이해는 크게 두 갈래였다. 첫째, 중국의 공격은 제한적이라는 판단이었다. 중국이 인도의 많은 부분을 점령하려는 계획을 세운 것이 아니라는 인식을 갤브레이스는 갖고 있었다. 중국의 침공 목적은 맥마흔라인에 대한 불만을 표출하면서, 국경을 그보다 조금 인도 쪽으로 밀고 들어가는 정도라는 생각이었다. 서부의 악사이친 지역을 중국이 2년 동안 점령하고 있었고, 이 지역에 대한 영유권을 분명히 하는 정도에서 전쟁은 종료될 것이라는 상황판단이었던 것이다.

둘째, 그런 상황에서 미국이 항공모함을 인도양에 배치하면 중국을 크게 자극할 것이라는 판단이었다. 군사적 공격을 통해 힘을 과시한 뒤 적절한 선에서 휴전한다는 생각을 하고 있는 중국에게 미국의 항공모함 파견은, 미국을 넘어서야 자신들의 목적을 달성할 수 있을 것이라는 인식을 줄 수 있었다.

비슷한 맥락에서 인도의 공습요청도 갤브레이스는 거절했다. 11월 중순이 되어도 중국군이 철수 기미가 없자 인도는 공습을 요청했다. 미 공군이 중국군을 공중에서 공격해달라는 것이었다. 이는 미국의 직접 참전이 아닐 수 없었다. 미군의 공습을 중국군이 보고만 있을 리 없었다. 중국이 미군의 공습에 맞서 미국과 공중전을 벌인다면 전쟁은 완전히 다른 차원으로 발전할 수 있었다. 게다가 중국군은 숲속을 주로 밤을 이용해 진격했다. 그래서 공습이란 것이 그다지 효과가 없을 가능성이 높았다. 한국전쟁에서도 그랬었다. 밤에 산을 이용해 이동하면서 새벽에 꽹과리를 대대적으로 울리면서 미군의 정신을 빼놓은 다음 공격하는 식이었다. 갤브레이스와 인도 주재 미국대사관은 한국전쟁 사례를 충분히 검토해 놓고 있었다. 미군 공습 자체의 전략적 심각성과 그럼에도 그것이 전술적으로 효과를 발휘할 수 없을 가능성을 인도 측에 설명해 공습을 거절했던 것이다.

또한 갤브레이스는 인도 공군의 공습도 말렸다. 인도 측이 일단 자신들의 공군으로 공습을 감행하고 미 공군의 지원을 유도하는 전략을 쓰려고 했는데, 갤브레이스는 이를 간파하고 인도 공군의 공습 자체를 만류한 것이다. 인도 공군의 수준은 높지 못했다. 무기도 조종사도 효율적이지 않았다. 그런 상태로 공습을 시작하면 오히려 역습을 당해 피해가 클 수 있었다.

이렇게 갤브레이스는 인도 군의 의사결정 과정 깊숙한 곳까지 들어가 인도가 큰 피해를 보지 않도록, 전쟁은 확대되지 않도록 하는 데 많은 역할을 했다.

파키스탄의 군사행동 저지

중국-인도 전쟁이 시작되면서 갤브레이스가 신경 쓴 또 하나의 문제는 파키스탄의 개입여부이었다. 1947년 영국으로부터 인도와 따로 독립하는 과정에서 무력충돌이 발생한 이후 힌두교도 중심의 인도와 이슬람교도 중심의 파키스탄은 계속 서로를 향해 으르렁거렸다. 1947년 독립 직후 카슈미르 영유권을 두고 전쟁이 발생한 것을 비롯해 양국의 충돌이 끊이지 않은 것이다. 중국-인도 사이 전쟁이 발생했으니 파키스탄에게는 절호의 기회가 아닐 수 없었다. 게다가 중국군의 침공에 속수무책으로 당함으로써 인도군의 허약함이 백일하에 드러나게 되었다. 숙적 파키스탄으로서는 이 기회에 인도를 공격하면 카슈미르 국경분쟁과 관련해 큰 양보를 받아 낼 수 있겠다는 판단을 할 수 있었다.

그래서 갤브레이스는 파키스탄의 인도 침공을 막기 위해 동분서주했다. 당시 파키스탄의 수도 카라치(1958년까지는 카라치가 파키스탄의 수도였다. 1959년 라왈핀디, 1967년 이슬라마바드로 수도를 옮겼다)에는 미국 대사로 월터 맥코노기(Walter McConaughy)가 주재하고 있었다. 갤브레이스는 맥코노기와 수시로 연락하면서 파키스탄 대통령 무함마드 아유브 칸(Muhammad Ayub Khan)이 공격적인 행동을 하지 않도록 설득했다. 칸은 뻣뻣했다. 중국 측과 대화를 계속했다. 파키스탄-중국 불가침 조약까지 거론되고 있었다. 칸은 특히 미국이 인도에 무기를 지원하는 것에 불만이었다.

칸의 불만스런 심기를 달래줘야 했다. 갤브레이스는 네루를 찾아가 파키스탄에 주재하는 인도의 고등판무관 고팔라스와미 파사자라시(Gopalaswami Parthasarathy)를 활용하도록 했다. 고등판무관으로 하여금 칸을 만나게 해서 국경지역의 중국군 상황을 구체적으로 얘기해 주면서, 중국군이 쉽게 물러날 것 같지 않고 그래서 인도에 대한 방어무기 지원은 필요하다고 강조하라는 것이었다. 갤브레이스는 이런 세밀한 얘기를 네루에게 하면서 네루가 지나친 간섭으로 여기지 않도록 수시로 다른 얘기도 하면서 자신의 생각을 전했다.

갤브레이스, 맥코노기, 파사자라시 등이 파상공격 식으로 설득을 계속하자 칸도 좀 부드러워졌다. 인도에 대한 군사적 공격보다는, 일정한 양보를 바라는 쪽으로 기울었다. 우선 인도에 지원하는 미국 무기가 파키스탄을 공격하는 데 쓰이지 않을 것을 보장해 주기를 바랐다. 맥코노기와 갤브레이스는 이 문제를 워싱턴과 협의해 해결해 주었다. 칸은 또, 미국 무기의 운동 상황을 알고 싶어 했다. 이 또한 들어줬다.

갤브레이스는 여기에 그치지 않고 네루로 하여금 칸에게 편지를 쓰도록 했다. 보다 원만한 양국관계를 기대하는 긴 편지였다. 또한 인도군에게는 군의 움직임에 대해 파키스탄 측에 많은 정보를 주도록 독려했다. 파사자라시는 양국의 장관급회담을 제안하면서 보다 부드러운 분위기를 만들어내는 데 힘을 쏟았다.

갤브레이스를 중심으로 맥코노기와 파사자라시가 분주하게 칸의 불만과 걱정을 워싱턴과 네루에게 전하면서 이를 관리하고, 또한 워싱턴의 필요한 조치와 네루의 보다 유화적인 태도를 끌어내면서 파키스탄의 태도는 누그러질 수 있었다. 역사 이래 많은 국제분쟁이 오인과 오해 때문에 발생해 왔다. 중국-인도 전쟁 당시 외교관들은 인도와 파키스탄이 상대국에 대해 오인과 오해를 하지 않도록, 상황을 보다 긍정의 방향으로 볼 수 있도록, 또 그런 쪽으로 행동할 수 있도록 애를 썼다. 덕분에 중국-인도 전쟁이 중국·파키스탄 대 인도의 전쟁으로 확대되는 것을 막을 수 있었다.

휴전

미국의 인도 지원이 계속되자 중국은 휴전을 선언하고 군을 철수했다. 11월 21일의 일이다. 대신 악사이친 지역은 점령했다. 인도군 포로는 석방했고, 빼앗은 무기와 장비도 돌려줬다. 이런 소식을 접하면서 네루는 중국군 철수를 가져온 원인으로 두 가지를 지적했다. 하나는 인도인들의 분노였다. 중국의 기습에 인도인들은 대대적으로 격노했다. 인도군의 군사력은 너무 약해 이에 부응하지 못했지만, 인도인들의 전투의지는 매우 높아 있었다. 이런 상황을 관찰하면서 중국도 전쟁을 오래 끌면 안 되겠다는 판단을 했을 것이란 얘기였다. 네루가 언급한 중국군 철수의 또 다른 원인은 미국의 대응이었다. 비교적 빠르게 무기를 지원하고, 항공모함 배치까지 고려하는 미국의 대응을 보면서 중국은 최소한의 목적만 달성하고 철수할 생각을 하게 되었다는 것이다.

이 전쟁에 파키스탄이 개입해 중국을 도왔더라면 전쟁의 양상이 달라졌을 것이다. 또, 미국이 무기지원을 넘는 관여를 했더라면 전쟁이 어떤 식으로 비화됐을지 아무도 모를 일이다.

당시 전쟁은 이렇게 한 달 만에 끝났지만, 이후에도 중국-인도 국경분쟁은 잊을만하면 한 번씩 발생해왔다. 그만큼 해결이 어렵고 양국이 이해가 첨예하게 맞서 있는 부분이다. 지금 당장 이 국경을 두고 다시 전쟁이 일어나도 놀랍지 않은 상황이다. 중국과 미국의 경쟁이 더 심화되고 있는 상황에서 전쟁이 다시 일어난다면 그 전쟁이 어떤 상황으로 이어질지 예측하기 어렵다. 인도가 미국을 끌어들이기라도 한다면 생각보다 훨씬 큰 재앙으로 연결될 수도 있다. 그래서 외교는 더 필요하다. 어디서든 그렇지만, 특히 중국과 미국 사이, 그리고 중국과 인도 사이 더 깊은, 더 지속적인 외교가 필요하다.

냉전 해체 시작한 브란트의 동방정책 . 1969

4

사민당 소속 첫 서독총리 브란트

우리가 유럽 국가의 대통령이나 총리 이름을 기억하는 경우는 많지 않을 것 같은데, 그래도 몇몇은 우리에게도 잘 알려져 있다. 2차 대전을 승리로 이끈 윈스턴 처칠(Winston Churchill), '철의 여인' 마가렛 대처(Margaret Thatcher), 나치에 맞서 프랑스의 저항운동을 지휘했던 샤를 드골(Charles De Gaulle), 독일 통일을 이끈 헬무트 콜(Helmut Kohl) 등이 대표적이다. 우리가 기억할 만한 유럽의 지도자 중 빼놓을 수 없는 인물이 빌리 브란트(Willy Brandt)이다. 1960년대 말부터 1970년대 초까지 서독의 총리를 지낸 인물이다.

브란트는 여러 가지로 특이한 인물이다. 성장과정, 집권과정, 정책 등 모든 면이 그렇다. 1913년 12월 18일 독일 북부 뤼베크에서 태어났다. 사생아였다. 어머니는 미혼상태였고, 생부는 그의 출생 소식을 듣고 다른 지역으로 도망쳐버렸다. 어머니는 생계를 위해 주 6일 일을 해야 했기 때문에 이웃, 그리고 외할아버지가 그를 돌봤다. 중학교 졸업 후 직업학교를 거쳐 실업고등학교를 졸업했다. 고등학교 시절 사민당(MSPD)에 가입해 활동하기 시작했다. 1931년에는 온건노선의 사민당에서 희망을 찾지 못하고 탈당해 사회주의 노선의 사회주의노동당(SAPD)에 들어갔다.

1933년 1월 히틀러(Adolf Hitler)가 집권하면서 사회주의 세력을 탄압하기 시작했고, 브란트는 이를 피해 노르웨이로 망명했다. 망명 생활 중 그는 좌파신문이나 노조소식지에 글을 쓰는 활동을 주로 했다. 독일 정치와 외교정책, 유럽의 정세에 대한 내용들이었다. 스웨덴, 영국, 프랑스, 스페인 등을 여행하며 견문을 넓히고 사회주의자들과 네트워크를 확대하는 일도 계속 했다. 1938년 독소불가침조약은 사회주의 정당에 대한 실망을 불러왔다. 히틀러의 유럽침략을 눈감아 주고 대신 동유럽 지배권을 챙기는 소련과 이오시프 스탈린(Iosif Stalin)의 모습에 좌절한 것이다. 결국 브란트는 1944년 사민당으로 다시 돌아갔다.

2차대전이 끝난 뒤 1948년 2월 베를린으로 돌아가 사민당 활동을 본격화했다. 사민당 집행위원회 베를린 연락관으로, 연합국의 고위관리들을 상대하는 일을 했다. 사민당은 독일이 연합국에 종속되는 것을 반대하고 동서독의 재통일과 완전한 독립을 주장했다. 브란트는 이러한 당의 정책기조를 연합국에게 지속적으로 전달하고 설명하면서 새로운 독일 건설 작업에 기여하려 했다. 1949년 8월 초대 연방의회 선거에서 의원에 선출되었다. 외무위원회에서 활동하면서 외교적 식견과 경험을 확대해 나갔다. 1957년에는 베를린 시장에 출마해 당선되었다.

브란트가 시장으로 있던 시절 베를린은 더 분명한 냉전의 상징이 되어갔다. 동독에서 서독으로 넘어오는 사람이 연간 25만 명에 이르자 소련은 베를린에 장벽을 설치했다. 1958년 8월의 일이다. 서베를린은 사방이 막힌 외로운 섬이 되어가고 독일의 분단이 고착화되어 갔지만 강대국들은 냉정했다. 미국과 영국, 프랑스는 똘똘 뭉쳐 소련을 협박해 장벽 설치를 막아야 했지만, 그런 위험을 감수하려 하지 않았다. 브란트는 이런 광경을 처연하게 보고 있었다. 그러면서 독일이 스스로 길을 찾아가야 한다는 생각을 새삼 되뇌었다.

1964년 2월 브란트는 사민당의 당수가 되었다. 1966년 12월에는 기민당(CDU)과 연정을 이뤄 브란트는 부총리 겸 외무장관이 되었다. 당시 총리 쿠르트 키징거(Kurt Kiesinger)는 유연한 보수였다. 소련, 동독과 관계를 서서히 개선해 나가야 한다는 생각을 가지고 있었다. 그런 키징거의 인식은 브란트의 활동공간을 확장해주었다. 브란트는 서독외교의 지향점은 독일 민족의 이익 확보가 되어야 한다고 보고, 이를 위해서는 동서독 사이 평화를 유지하며 주변국과 협력을

서베를린 시장 빌리 브란트(1964년 12월). 당시 서베를린을 방문한 한국의 대통령 박정희와 만났다.

강화해야 한다고 보았다. 독일 내 두 개의 국가가 존재함을 인정해야 하며, 동독과 동등한 자격으로 북대서양조약기구(NATO) 회의에도 참여해야 한다고 주장했다. 동방정책(Ostpolitik), 즉 소련 및 동유럽국가들과의 관계정상화정책에 대한 구상이 이미 이때부터 나오기 시작한 것이다.

1969년 9월 총선에서 사민당은 42.7%를 득표해 연방의회 의석 가운데 224석을 차지했다. 보수연합인 기민/기사당은 46.1%로 242석을 확보했다. 둘 다 과반은 안 됐다. 양측 모두 자민당(FDP. 5.8%, 30석)에 연정을 제안했다. 한 달 간의 협상 끝에 자민당은 사민당과 손을 잡았다. 1969년 10월 21일 브란트는 서독의 총리로 선출되었다. 사민당 소속 첫 총리가 된 것이다. 독일민족의 이익을 위한, 독일의 통일을 위한 그의 생각을 충분히 펼칠 조건을 마련한 것이다.

"독일에는 두 개의 국가가 존재한다"

브란트와 사민당은 집권 이후 그동안 기획해온 많은 정책들을 속도감 있게 추진했다. 큰 틀은 민주주의를 확장하고, 복지를 확대하며, 동서화해를 추진하는 것이었다. 우선 선거권자의 연령을 21세에서 18세로 낮추었다. 젊고 능력 있는 인물들이 정치에 나설 수 있도록 선거과정의 투명성을 강화했다. 사회적 약자들에 대한 배려를 중심으로 복지도 강화해 나갔다. 연금생활권자의 범위를 넓혔고, 저소득층의 교육기회도 확충했다. 오랫동안 논쟁거리였던 낙태 허용의 문제는, 사회적·의학적 이유가 있는 경우 낙태를 할 수 있도록 법률을 개정했다.

이처럼 대내정책으로 낡은 것을 바꾸어 나가는 개혁을 지속해 나가면서도 브란트가 가장 크게 관심을 두고 있던 부분은 대외정책, 그 가운데서도 소련, 동독과의 관계를 개선해 나가는 것이었다. 시작은 1969년 10월 28일 의회연설이었다. 당시 그는 "독일에는 두 개의 국가가 존재한다"고 선언했다. 서독이 독일 전체를 대표하는 합법정부라는 기존 보수정권의 기조를 버린 것이다. 평화가 정착하고 통일이 이루어지려면 동독과 대화를 해야 하는데, 그러려면 동·서독이 서로 국가로서의 권위와 정당성을 인정해야 한다는 생각이었다. 동서독 문제를 다루는 부처의 이름도 전독일문제부(Gesamtdeutsche Fragen)에서 독일내부관계부(Innerdeutsche Beziehungen)로 바꿨다. 동독을 포함한 독일 전체를 서독이 대표한다는 의미에서 지어진 이름을 유지하면서 대화와 교류에 나설 수는 없다는 생각에서였다. 이러한 기반 위에서 긴장완화가 가능하고, 평화를 유지할 수 있으며, 민족 동질성 유지도 이룰 수 있다는 것이 브란트의 기본적인 인식이었다.

보수야당인 기민당은 두 개의 국가를 인정하고, 동독을 동등하게 대우하려는 브란트의 인식에 반대했다. 동독이 먼저 변해야 한다는 것이었다. 기민당은 그동안 계속 동독의 변화를 요구해왔다. 동독이 주민들의 생활을 먼저 개선하고 자유를 확대해야 한다는 것이었다. 주민생활을 개선하려면 경제체제를 바꿔야 하고, 자유를 확대하려면 정치시스템도 변화시켜야 할 테니 결국 체제의 변화를 요구한 것이다. 동서냉전이 고조되어 있던 당시로서는 전혀 실현 불가능한 얘기였다. 불가능한 주장을 계속하는 것은 결국 대화와 협력을 하지 않겠다는 것이었다. 기민당은 그런 정책을 견지하고 있었다.

브란트의 정책은 이러한 기민당의 정책을 완전히 뒤엎는 것이었다. 긴장완화와 평화의 출발점으로 '민족' 개념을 활용했다. 1970년 1월 발표한 연두교서에서 브란트는 동서독이 하나의 독일민족임을 강조한 것이다. 같은 언어와 문화, 전통을 공유하는 하나의 민족임을 강조해 동서독의 연결고리를 찾고, 사회체제를 넘어서는 지속적인 소속감을 유지해 가면 하나의 독일을 이루는 것도 언젠가는 가능함을 역설했다.

브란트는 독일분단의 원인을 강대국 점령으로 보지 않았다. 더 근본원인은 히틀러의 2차대전 도발과 유럽평화 파괴라고 여겼다. 따라서 분단을 극복하는 길도 유럽평화의 회복에 있다고 생각했다. 이를 위해서는 미국과 프랑스, 영국 등 서방의 강대국들과 관계를 돈독히 하면서 동독과 동유럽, 그리고 소련과의 관계를 개선해야 한다는 생각을 가지고 있었다. 서방의 강대국들과의 관계 증진은 이전 기민/기사당 정부가 특히 관심을 갖고 추진해 왔다. 브란트 정부의 책임은 이제 동쪽의 국가들과 관계를 실질적으로 개선해 나가는 것이었다.

동독과 첫 정상회담

실제 동방정책의 실행은 동독과의 대화로 시작되었다. 먼저 동독과 만나서 대화를 하는 게 중요하다는 것이 브란트의 생각이었다. 1970년 1월 말 동독 총리 빌리 슈토프(Willi Stoph)에게 편지를 썼다. 만나서 대화하고, 주요문제에 대해 논의하자는 내용이었다. 곧 슈토프가 답을 했다. 브란트를 초대한다는 것이었다. 둘은 3월에 동독의

에르푸르트에서 만났다. 본과 베를린의 중간에 위치한 곳이다. 기차로 이동안 두 총리는 역에서 만났다. 슈토프가 먼저 와 기다렸다가 브란트를 맞아 호텔 회담장으로 안내했다.

곧 회담장에 둘이 마주앉았다. 동서독의 첫 정상회담이었다. 브란트가 먼저 얘기했다. 서독은 동독에 대해 무력공격 의사가 없음을 먼저 밝혔다. 동독의 주권을 위협하는 행위를 하지 않을 것이며, 동서독은 각자 독자적인 존재임도 분명히 말했다. 5개월 전 의회연설을 통해 밝힌 '2국가론'을 동독 총리에게 직접 얘기한 것이다.

슈토프는 보다 구체적인 이슈들을 제기했다. 상대에 대한 불간섭, 군비 삭감, 상호 무역 증진 등을 제시한 것이다. 동독을 국제법상의 국가로 승인하라는 요구도 했다. 브란트가 2국가론은 제시했지만, 이는 어디까지나 동독을 사실상의 국가로 인정하자는 것이었다. 국제법상 완전한 국가로 인정하는 것과는 다른 문제였다. 말하자면 브란트의 2국가론은 '정치적 2국가론'이었지, '법적 2국가론'은 아니었다. 국제법상 동독을 정식 국가로 인정하는 것은, 우선 동독을 국가로 인정하지 않는 서독 기본헌법에 위배되는 것이었다. 또, 기민당과 기사당 등 보수정당의 반대로 의회에서 인준받을 수도 없는 사안이었다. 이 문제에 대해서는 동서독 총리의 입장이 너무 달랐고, 그만큼 의견 접근도 어려웠다.

첫 회담이었던 만큼 구체적인 합의를 만들어내지는 못했다. 하지만 서로의 생각을 상대에게 직접 얘기하고, 상대의 주장을 직접 들어볼 수 있는 기회가 되었다. 두 달 후 다시 만나자는 약속까지 했다. 두 번째 동서독 정상회담은 5월 말 서독의 카셀에서 열렸다. 브란트는 동서독 사이 조약을 체결하자며, 주요 내용을 제시했다. 무력사용

자제, 독립성 인정과 별개의 지위 인정, 군비 축소 노력, 이동의 자유 확대, 교류협력 확대, 상주대부 설치 및 대사 임명 등이 주요내용이었다. 슈토프는 외교적 승인이 먼저 이뤄져야 한다고 맞섰다. 분단 25년을 맞은 동서독은 서로 다른 상황에 직면해 있었다. 서독은 서방의 지원을 받아 높은 경제성장을 구가하고 있었고, 안정된 사회를 이뤄가고 있었다. 동독은 경제성장에서 열세였고, 서독의 영향력 확대를 걱정해야 하는 상황이었다. 서독과 별개로 동독의 정통성을 인정받아 정권을 더 안정화시켜야 했다. 그래서 외교적 공식 승인에 매달렸다.

역사적인 동서독 정상회담은 이렇게 양측의 인식 차이가 커 분명한 성과를 남기지는 못했다. 하지만 브란트의 회담제안을 슈토프가 받아들여 대화를 할 수 있는 기회를 가졌고, 서로 어디가 어떻게 어긋나는지 확인할 수 있었다. 차이를 확인하는 것은 문제해결의 시작이 될 수 있다. 그런 점에 동서독의 첫 정상회담은 충분히 의미가 있었다.

소련과 '긴장완화' 합의

브란트는 동독과 관계 개선을 추진하면서 동시에 소련과의 협상을 시작했다. 총리실의 국무차관 에곤 바르(Egon Bahr)에게 전권을 주고 소련과 협상하도록 했다. 바르는 모스크바를 쉴 새 없이 오가며 안드레이 그로미코(Andrej Gromyko) 외무상을 만났다. 1970년 1월부터 5월까지 14차례 회담을 했으니 거의 매주 만난 것이다. 그로미코는 슈토프와 마찬가지로 동독의 외교적 승인을 주장했다. 바르는 서독의 입장을 반복적으로 설명했다. 기본헌법 상의 장애, 야당의 반대, 그리고 4대강국(미국, 영국, 프랑스, 소련)의 합의 필요성까지 조곤조곤 말해줬다. 그로미코의 태도는 변해갔다. 처음엔 외교적 승인을 강력 주장했지만 차츰 서독의 입장을 이해하게 되었다. 외교적 승인을 더 이상 고집하지 않게까지 되었다. 외교와 대화, 협상의 기능은 원래 그런 것이 아닌가. 전혀 합의 가능성이 없는 것 같다가도, 자주 깊이 의견을 교환하다 보면 서로 상대의 입장을 알게 되고, 그러다 보면 작은 부분부터 합의가 만들어지기도 하는 것이다. 자고로 외교의 기능과 가치는 거기에 있는 것이다.

5개월의 협상은 하나의 문서로 정리됐다. 무력포기와 국경선 인정, 동서독의 유엔 가입, 경제·과학·기술 협력 등이 포함됐다. 이 문서가 서독의 언론에 누설되면서 한 때 난항을 겪기도 했지만, 양국은 합의 사항을 일부 수정해 1970년 8월 조약을 체결했다. 모스크바 조약이다. 두 나라가 '국제평화와 긴장완화를 정책의 가장 중요한 목표로 삼는다', '분쟁은 평화적 수단으로 해결한다', '현재 유럽의 국경선은 침해하지 않는다' 등이 주요내용이었다. 모스크바 조약은 서독에게 단순히 한 나라와의 조약에 그치는 것이 아니었다. 동유럽의 주요 국가들과의 관계 개선에 있어서 하나의 기준이 되는 것이었다. 동유럽 국가들에게는 서독과 관계 개선의 길을 갈 수 있는 녹색등이기도 했다. 소련이 서독과 조약을 맺은 만큼 동유럽 국가들도 서독과 유사한 조약을 체결하고 관계를 발전시켜 나갈 수 있게 된 것이다.

무릎 한 번 꿇어 독일을 일으키다

독일의 바로 동쪽에 위치하고 있는 폴란드는 동유럽 국가들 중 특히 독일과 오랫동안 갈등관계를 겪어 왔다. 나폴레옹 전쟁 후 빈(Wien) 조약을 체결한 당시에도 프로이센은 폴란드를 되도록 많이 차지하려 했고, 결국 폴란드의 많은 부분을 차지한 러시아와 갈등관계를 형성했다. 1차대전, 2차대전 당시에는 독일의 침략으로 폴란드가 피해를 입었다. 2차대전이 끝나면서 폴란드는 독일의 동부 지역을 차지했다. 대신 폴란드 동쪽 일부는 소련이 차지했다. 소련이 서쪽으로 밀고 들어오면서 폴란드 땅이 서쪽으로 좀 밀려난 것이다. 패전국 독일은 결국 동쪽의 포메른, 슐레지엔 등의 지역을 잃었고, 그렇게 정해진 동독-폴란드 국경이 오데르-나이세 선이다.

동독은 1950년 폴란드와 괴를리츠 조약을 맺어 오데르-나이세 선을 인정했다. 하지만 서독은 아니었다. 특히 기민당과 기사당은 오데르-나이세 선을 거부했다. 이 국경선을 인정하면 통일을 포기하는 것이라고 주장했다. 포메른, 슐레지엔 지역에는 여전히 독일 사람들이 살고 있어, 국경선 문제는 독일인들에게는 매우 민감한 문제가 아닐 수 없었다. 그만큼 폴란드는 상대하기 껄끄러운 나라였다.

브란트는 폴란드와의 국경선 문제를 정면으로 다루지 않고서는 동쪽으로 나아갈 수 없다고 보았다. 1970년 2월부터 폴란드와 협상을 시작했다. 폴란드는 물론 오데르-나이세 선의 인정을 원했다. 브란트의 결단이 필요했다. 이 문제에 대한 결심 없이 협상이 진전되기는 어려웠다. 브란트의 판단은 빨랐다. 인정하기로 했다. 2차대전 침략국 독일이 이제 와서 빼앗긴 땅을 찾겠다며 국경을 옮기자고 주

2차대전 이후 설정된 국경. 새로운 국경에 따라 폴란드 영토는 서쪽으로 이동했다.

장하게 되면 폴란드뿐만 아니라 세계가 독일을 적대시하게 될 것이라는 판단을 한 것이다.

다음 문제는 모메른, 슐레지엔 지역에 사는 독일인들의 이주문제였다. 서독은 사유의사에 맡기자 했다. 폴란드는 그럴 수 없었다. 유능한 독일인 인재들을 놓치고 싶지 않았다. 양측의 주장이 맞서 결론이 나지 않았다. 시간이 많이 흘렀다. 여기에 매달리면 협상은 결렬될 것이라는 인식이 양측에 공유되었다. 그래서 나온 아이디어가 적십자회담으로 넘기자는 것이었다. 모두 여기에 공감했다.

밀고당기기 끝에 협상이 마무리되었다. 조약의 서명식은 1970년 12월 7일 폴란드 바르샤바에서 있었다. 서명을 위해 브란트는 12월 6일 바르샤바로 향했다. 동유럽과 화해를 위해 무엇을 해야 할까, 독일로 인해 고통 받은 폴란드인들에게 어떤 식으로 사과를 해야 할까, 어떤 식으로 하는 것이 독일의 반성과 평화에 대한 의지를 제대로 표현하는 것일까, 많은 생각을 했다. 다음날 무명용사의 묘소를 방문했다. 묘지 입구에는 제단이 마련되어 있었다. 제단에 헌화를 한 브란트는 곧 무릎을 꿇었다. 누구도 예측 못한 행동이었다. 실은 브란트 본인도 사전에 계획한 것이 아니었다. "그렇게 하는 것이 도리일 것 같았다"는 게 브란트가 나중에 한 말이었다. 폴란드인들이 고난, 독일의 악행, 양국의 화해와 유럽의 평화 이런 문제를 고민해온 브란트이었기에 2차대전에서 희생당한 이름없는 병사들의 묘소 앞에 선 그에게서 자진도 모르게 나온 행동이 지극한 사과의 표현, 즉 '무릎꿇기'이었던 것이다.

세계로 전해진 그의 모습은 반성하는 독일, 용기 있는 독일로 읽혔다. 세계언론들은 '무릎을 꿇은 사람은 한 사람인데, 일어선 것은 독일 전체'라고 평했다. 한 사람이 무릎을 꿇어 독일 전체를 일으켜 세웠다는 얘기였다. 폴란드 국민들도 가슴에 갖고 있던 응어리를 조금씩 씻어냈다. 일본 총리가 우리 국립묘지에서 무릎 꿇는 날이 있을까를 생각해보면, 폴란드 사람들이 느꼈을 그날의 감동을 조금은 짐작할 수 있을 것 같다. 세계인의 가슴을 울린 브란트의 무릎꿇기는 그가 추진하는 동방정책, 유럽평화 만들기에도 진정성을 더해줬다.

그렇게 진정성 어린 퍼포먼스를 실행한 후 브란트는 조약에 서명을 했다. 바르샤바 조약으로 이름 지어진 조약의 핵심내용은 '오데르-나이세 선을 국경선으로 한다'이었다. 국경선의 불가침성, 상대방에 대한 영토 요구 불허, 분쟁의 평화적 해결 및 무력 사용 포기 등도 명료하게 규정했다.

1970년 말에는 베를린 문제에 대해 미국과 영국, 프랑스, 소련 사이의 협상도 시작돼 이듬해 9월에는 베를린 협정이 체결되었다. 서독과 서베를린 사이 통행 자유 보장, 서베를린 시민의 동독 방문 허용, 서베를린에 소련영사관 설치 등을 합의한 것이다.

조약으로 동서독이 서로를 인정

동독, 폴란드, 소련을 분주하게 오간 브란트는 이제 눈을 동서독 관계로 돌렸다. 주변국과 조약을 통해 관계를 개선해놓은 만큼, 본령에 집중할 시간이 된 것이다. 동독과의 관계 개선을 먼저 하려 했지만 두 번의 정상회담 뒤 그 길이 막혔고, 그래서 소련과 동유럽을 돌아 다시 동독으로 돌아온 것이다. 1972년 6월부터 동독과 협상에 들어갔다. 서로 합의가 쉬운 문제부터 풀어갔다. 상대를 인정하는 문제는 협상의 출발이기도 하니 어렵지 않게 합의되었다. 경제, 문화, 스포츠 등 분야의 교류 확대도 이견이 별로 없었다. 기능적인 부분이고, 서로 도움이 되는데다 양보할 것이 없으니 합의가 쉬웠다. 경계선 불가침, 무력 사용 포기 등도 반대할 이유가 없으니 합의가 어렵지 않은 부분이었다.

하지만 부딪히는 부분도 적지 않았다. 서독은 서로 상대측에 상주대표부를 설치하자 했다. 이에 대해 동독은 대사관을 설치하자고 맞섰다. 외교적 승인과 관련된 문제였다. 서독은 국제법상 공식 외교관계를 형성하는 것이 아니니 상주대표부가 맞다는 주장이었다. 하지만 동독은 되도록 관계를 공식화하고 싶어 했고, 그래서 대사관 설치를 통해 공식 외교관계의 상징으로 기능할 수 있도록 하려 했다. 이 문제는 서독의 주장이 워낙 완강해 상주대표부 설치로 결론이 났다.

그 연장선상에서 상주대표부의 소속도 논쟁거리였다. 서독은 내독관계성에 소속시키자고 했다. 독일 내부의 문제이니 그게 논리적이라는 것이었다. 동독은 외무성 소속을 주장했다. 역시 동서독관계를 공식 외교관계로 보려는 시각이었다. 이 문제는 하나로 수렴이 어려웠다. 각자 따로, 즉 서독은 총리실 소속으로, 동독은 외무성 소속으로 하기로 했다.

논쟁과 토론, 협의를 통해 11월 초 동서독기본조약이 만들어졌다. 11월 8일에는 동서독이 가조인했다. '동서독은 동등한 권리의 토대 위에서 정상적인 우호관계를 발전시킨다'(제1조), '갈등을 오직 평화적 수단을 통해서만 해결하고, 무력 위협과 무력 사용을 포기하며, 양측은 현존하며 앞으로도 존속할 경계선의 불가침을 재확인하고 존중한다'(제3조), '각자의 권력이 각자의 영토 내에서만 행사될 수 있다는 원칙을 고수하며, 국내 및 대외문제에 있어서 상대방의 독립과 자주성을 존중한다'(제6조), '관계정상화 과정에서 현실적이고 인도적인 문제들을 타결한 용의가 있음을 천명한다. 양국은 이 조약의 원칙에 입각하여 상호이익을 도모하기 위하여 경제, 학술, 기술, 무역, 사법, 우편, 전화, 보건, 문화, 스포츠, 환경보호 등의 분야에서의 교류협력을 촉진, 발전시키는 협정을 체결하기로 한다'(제7조), '상주대표부를 교환한다'(제8조) 등을 내용으로 한 것이었다.

11월 19일에는 총선이 치러졌다. 사민당과 자민당의 의석은 과반을 달성해 다시 집권하게 되었다. 동방정책에 대한 서독 국민들의 신임도 받은 셈이었다. 선거 한 달 후인 12월 21일 동서독기본조약은 체결되었다. 보수의 반격은 거셌다. 기민당과 기사당은 기본조약이 불법적인 동독 정권을 정당화하는 것이라고 공격했다. 동서독 분단을 영구화하는 것이라고도 했다. 브란트 정부는 대화와 협력을 위해서는 상대를 인정하는 것이 우선이고, 기본조약은 동서독의 평화를 확실하게 하는 것이라고 반박했다.

기사당이 집권하고 있던 바이에른 주정부는 1973년 5월 기본조약에 대해 연방헌법재판소에 위헌심사까지 청구했다. "독일의 민족적 통일을 부정하고, 동독을 독립된 국가로 인정하며, 독일 내 경계선을 국경으로 인정함으로써 독일의 분단을 영구화했다"는 것이 위헌심사 청구의 이유이었다. 두 달 후 연방헌법재판소의 판결이 나왔다. 위헌이 아니라는 것이었다. "동서독기본조약은 재통일 추구라는 서독기본법의 정신을 위배하지 않는다"는 것이 헌법재판소의 판결취지였다.

이후에도 동방정책은 지속 추진되었다. 1973년 12월에는 체코슬로바키아와 관계개선을 위한 프라하 조약을 체결했고, 동서독의 왕래와 교류는 확대되었다. 전화통화와 우편도 많아졌다. 1973년 5월부터는 동독인의 서독방송 시청도 자유로워져 동독에서 서독방송의 청취도 차츰 증가했다. 동서독의 소통이 다차원적으로 증가하면서 해빙의 무드가 조성되고, 민족동질성을 유지해 나가는 데 유리한 환경이 형성된 것이다.

브란트 곁에는 에곤 바르

브란트 본인이 늘 책을 가까이 하면서 새로운 동서독관계 형성에 대해 고민을 많이 하기도 했지만, 이러한 동방정책이 성안되고 추진되는 데에는 에곤 바르의 공이 컸다. 바르는 1922년 독일 중부 트레푸르트에서 태어나 알게마이네차이퉁의 기자로 일하다 1959년 베를린 시장 브란트의 공보실장을 맡으면서 브란트와 오랫동안 함께 일하게 된다. 때론 참모로, 때론 친구로 브란트와 생각을 교환하고, 정책을 함께 만들어내 내고, 그걸 함께 추진했다. 1966년까지 공보실장직을 수행했고, 1966년 브란트가 외무장관이 되었을 때는 해외계획처장을 맡아 브란트를 도왔다. 브란트가 총리가 된 뒤에는 주요 정책을 수립하는 일에 총리와 머리를 맞댔다. 1970년에는 총리실 국무차관, 1972년에는 특임장관을 맡아 브란트를 보좌했다.

바르가 생각하는 좋은 외교정책은 '접근을 통한 변화'를 추구하는 것이었다. 동독과 동유럽, 소련도 그런 시각으로 대해야 한다고 보았다. '통일'을 말하기보다는 통행, 통신, 가족방문 등 작은 일들을 먼저 해나가는 것이 중요하다고 생각했다. 그래서 '작은 발걸음 정책'이라는 이름이 붙었다. 대화의 기반을 만들고 그 기반 위에서 꾸준히 소통하고 협력해야 한다는 브란트와 같은 생각이었다. 그런 '대화중심', '점진적 변화 지향'이 브란트와 바르를 엮어 주었고, 둘의 관계가 오래도록 지속되게 해주었다.

바르는 브란트와 지근거리에서 의견을 주고받고 정책을 조율하면서 소련의 외무상 그로미코와 만나고 동독의 내각청 차관 미하엘 콜(Michael Kohl)과 협상했다. 그렇게 소련의 협력을 얻어내고 동독과 관계를 한 발씩 진전시켜 나갔다. 브란트의 동방정책 뒤에는 에곤 바르가 늘 함께 한 것이다. 그런 바르는 지금 '냉전 시대 동방정책 데탕트의 선구자'로 불린다.

일로 만났지만 브란트와는 공적 관계를 넘어 진정한 친구로 우정을 나눴다. 1992년 사망 직전 병상에 누워있던 브란트에게 아들이 "아버지에게 친구는 누구이었어요?"라고 물었다. 브란트는 "에곤"이라고 짧게 답했다.

일관된 동방정책, 독일 통일로 결실

동방정책이 활성화되어 가던 와중에 1974년 4월 귄터 기욤(Günter Guillaume) 사건이 터졌다. 브란트의 개인비서 기욤이 동독이 보낸 스파이로 밝혀진 것이다. 기욤은 1956년 동독에서 서독으로 넘어왔다. 1957년부터 사민당에서 일을 했고, 1970년에는 총리실 직원이 됐다. 1972년부터는 브란트의 개인 사무실에서 비서로 일했다. 1973년부터 서독 정보기관이 그를 의심하며 조사를 시작했다. 1974년 4월에는 그를 동독의 스파이로 체포, 발표했다. 5월 브란트는 부수의에 대한 책임을 지고 총리직에서 물러났다.

4년 반 만에 물러났지만, 그가 실행한 동방정책은 많은 결실을 맺었다. 집권 직후 동독, 소련, 폴란드와 다각적으로 협상을 벌여 모스크바 조약, 바르샤바 조약, 베를린 협정 등을 체결함으로써 동쪽과의 관계를 개선했다. 서독-동독, 서독-동유럽, 서독-소련 사이 흐르던 엄혹한 냉전의 기운을 훈풍으로 돌려놓았다. 2차대전 후 이념에 따라 나누어진 동과 서 사이 냉전의 구도를 해체하기 시작한 것이다. 그런 공로를 인정받아 1971년 노벨평화상도 받았다. 이후에도 동독과의 관계개선 작업을 다방면에서 진행해 장래 통일을 위한 기반을 조성했다.

브란트의 뒤를 이은 사민당의 헬무트 슈미트(Helmut Schmidt)는 1982년까지 총리를 지내며 동방정책을 지속적으로 추진했다. 이어 총리가 된 헬무트 콜은 자신이 소속한 보수 기민당 내부의 반발에도 불구하고 동방정책의 틀을 유지해 갔다. 콜의 뚝심과 일관성 있는 정책 추진은 결국 1989년 11월 9일 베를린 장벽 붕괴, 1990년 10월 3일 독일통일로 이어졌다. 좀 단순화시켜 말한다면, 서독의 일관성 있는 동방정책의 추진이 종국에는 역사적인 독일통일을 가져왔다고 할 수 있겠다.

동서독의 통일 이후에도 여전히 분단의 질곡을 벗어나지 못하고 있는 우리에게 동방정책의 성공은 벤치마킹의 대상이 아닐 수 없다. 내용도 내용이지만, 정권의 부침과 교체에도 불구하고 정책의 큰 틀이 변하지 않고 지속 추진된 점은 동방정책 성공의 핵심원인이라 하겠는데, 그렇게 일관성이 견지될 수 있었던 이유는 무엇일까. 크게 세 가지를 얘기할 수 있을 것 같다. 첫째, 동방정책의 내용이 명분과 논리, 실행가능성 등에서 우수한 것이었다. 하나의 민족으로서의 동질성을 유지하는 게 중요하고, 이를 위해서는 동독과의 교류, 주변국과의 협력이 필수이기 때문에 이를 적극 추진하겠다는 것이 그 내용이었다. 실행에 있어서도 가능한 것부터 차근차근 추진해 시행착오가 적도록 했다. 이런 정책이 성안되는 데에는 브란트 총리 자신의 독일문제에 대한 천착, 그리고 바르를 비롯한 참모들의 견실한 보좌가 큰 몫을 했다.

둘째, 후임 총리들의 큰 정치이다. 전임자를 지우기보다는 독일의 미래를 먼저 생각했고, 싸우고 경쟁하면서도 민족과 국가의 백년대계를 위해 필요한 것은 보전하고 발전시켜 나갔다. 그런 점에서 슈미트나 콜은, 인류전체는 모르겠지만, 적어도 독일민족을 위한 정치가 어떤 것인지에 대한 고민은 늘 하는 정치인이었다고 하겠다.

셋째, 서독정치에서 흔히 보이던 연정과 이를 통해 자신의 노선과 정책을 지속적으로 펴나가려던 소수정당의 기여도 정책의 일관성 유지에 상당한 기여를 했다. 자민당은 스스로 집권을 하지는 못했지만, 1969년부터 사민당과 연정을 통해, 1982년부터는 기민당과 연정으로 자신들의 노선을 정책에 적극 반영해 나갔다. 동방정책이 브란트의 것이지만, 절반은 자민당의 것이라고 해도 과언은 아닐 것이다. 특히 부당수와 당수로 자민당을 이끌면서 연정에 참여한 한스디트리히 겐셔(Hans-Dietrich Genscher)는 브란트 정권에서 내무장관으로 동방정책의 수립과 실행에 적극 관여했다. 동독 출신인 겐셔는 브란트 못지않게 통일문제에 관심을 집중했고, 1974년부터는 서독의 외무장관을 맡아 동방정책을 직접 실행했다. 1982년에는 기민당과 연정을 이뤄 외무장관을 이어갔고, 동방정책을 지속 추진해 나갔다. 겐셔는 1992년까지 외무장관직을 수행하면서 독일통일을 이끌었다. 동유럽·소련은 물론 서구와의 관계도 긴밀하게 유지하면 관련국의 협력을 이끌어 내는 데 겐셔의 기여는 매우 컸다. 그래서 그에게 붙여진 별칭이 '독일통일의 설계사'이다. 사민당의 브란트가 동방정책을 시작했지만, 자민당의 겐셔는 18년 동안 외무장관 자리를 지키면서 정책이 항상성을 유지할 수 있도록 했고, 결국 독일민족의 염원인 통일도 이루어질 수 있게 한 것이다.

지독한 종교분쟁 끝낸 벨파스트 협정 . 1998

5

아일랜드 독립이 북아일랜드 분쟁 시작

이웃사촌이란 말이 있지만, 국가 간의 관계는 많이 다르다. 가까이 붙어있는 나라들끼리 사이가 좋은 경우가 별로 없다. 우리와 일본이 그렇고, 중국과 러시아, 중국과 베트남, 독일과 프랑스, 독일과 폴란드 등도 사이가 안 좋다. 영국과 아일랜드도 좋지 않은 관계를 유지해오고 있다. 두 나라의 옹치관계는 길고 긴 역사를 가지고 있다. 아일랜드에는 기원전 900년쯤부터 유럽대륙에서 켈트족이 건너가 살기 시작했다. 켈트족의 나라를 영국이 1169년 침략을 시작으로 계속 공격하고 정복해나갔다. 17세기 초에는 식민지화했고, 1800년에는 아예 영국 땅으로 합병해버렸다. 그러는 과정에서 영국은 잉글랜드와 스코틀랜드의 개신교도들을 아일랜드로 이주시켰다. 이들은 아일랜드에 정착해 있던 가톨릭교도들과 섞이지 못했고, 그러면서 양측 사이 분쟁이 발생하게 되었다. 특히 개신교도가 많이 이주한 북아일랜드 지역은 신·구교도의 갈등과 분쟁 현장이 되어갔다.

영국의 지배를 받고 있던 아일랜드는 지속적으로 저항했다. 20세기 초 1차 세계대전이 시작되면서 민족자결주의가 확산되어 독립투쟁은 더 가열되었다. 1916년 부활절봉기로 영국에 무력으로 맞섰고, 영국군은 무력진압에 나서 아일랜드인 수백 명이 사망했다. 1918년 1차 대전이 끝난 뒤 독립을 선언했지만, 영국은 다시 무력진압에 나섰다. 하지만 이제는 아일랜드도 물러서지 않았다. 독립전쟁이 시작된 것이다. 전쟁을 하면서 영국과 협상을 진행했다. 협상 끝에 1922년 '아일랜드 자유국(Irish Free State)'의 지위를 얻었다. 물론 아일랜드 측은 완전한 독립을 원했다. 하지만 영국은 아일랜드가 영국의 속령으로 남아 캐나다와 같은 자치권을 누리는 안을 주장했다. 윈스턴 처칠(Winston Churchill)이 당시 영국의 식민장관으로 협상을 이끌어 갔다. 처칠이 아일랜드 측을 끈질기게 설득해 영국의 안으로 합의를 하게 되었다. 아일랜드는 완전한 독립국은 아니지만 영국의 자치령으로서의 지위를 갖게 되었고, 국가의 수반은 영국 왕이 맡아 외교와 군사 등의 문제를 관장하되, 스스로의 헌법을 갖추고 대통령을 선출해 내치는 자율적으로 할 수 있게 되었다(완전한 독립은 1949년에 이루게 된다. 이때부터는 새로운 헌법에 따라 국가수반은 영국 왕이 아니라 아일랜드 대통령이 된다).

1922년은 아일랜드가 식민지 시대를 청산하고 독립을 이루는 해이지만, 영국-아일랜드 관계에서 새로운 중대문제가 시작된 해이기도 하다. 당시 아일랜드는 영국으로부터 독립하면서 북쪽 얼스터 지방의 6개 주는 영국 땅으로 남겨두었다. 이 지역에는 영국에서 이주한 개신교도들이 많이 살고 있었다. 영국과 아일랜드가 독립문제를 놓고 협상을 하면서 주민들의 의사를 묻기 위해 주민투표를 실시했는데, 영국령으로 남겠다는 쪽이 다수였다. 개신교도가 많으니 당연한 결과였다. 투표결과를 기반으로 아일랜드 섬의 북쪽 얼스터 지방

6개주, 즉 북아일랜드는 영국령으로 잔존시키는 합의가 이루어졌다. 이 합의는 아이러니하게도 오랜 분쟁의 시작이 되었다.

개신교 세력, 가톨릭교도 차별

영국 땅으로 남은 북아일랜드에서 다수 세력이 된 개신교도들은 소수인 가톨릭교도들을 차별했다. 취업, 교육, 선거 등 제반분야에서 차별정책이 실행되었다. 군대를 비롯한 공직이나 북아일랜드의 주요산업이었던 조선업 분야에서 가톨릭교도들은 배제되었다. 공공임대주택에도 들어갈 수 없었다. 선거구도 개신교도들에게 유리하게 획정되었다. 지금 보면 "같은 북아일랜드에 살면서 그렇게까지?"하는 생각이 절로 들 정도이지만, 1970년대까지 그런 차별은 계속되었다.

차별이 심하게 오랫동안 지속되다보니 저항이 없을 수 없었다. 가톨릭교도들은 신페인(Sinn Fein. '우리 자신'이라는 의미의 아일랜드 말)당을 중심으로 저항운동을 이어갔다. 신페인당은 산하에 무장단체인 아일랜드공화국군(IRA. Irish Republican Army)을 두어 종종 테러도 감행했다. 개신교 측은 얼스터 민병대로 맞대응해 북아일랜드는 언제든 충돌이 일어날 수 있는 상황의 연속이었다.

1969년 7월 런던데리(원래 '데리'이었는데 17세기 초 아일랜드가 영국의 식민지가 되면서 공식명칭이 '런던데리'가 되었다. 현지인들은 지금도 그냥 '데리'로 부른다)에서 가톨릭교도들이 평등한 참정권을 요구하며 시위를 벌였다. 개신교도들도 맞불시위를 벌여 양측의 유혈충돌이 발생했다.

런던데리에 있는 '피의 일요일' 기념물. 당시 사망한 14명의 이름과 사망 당시 나이가 적혀있다.

시위는 북아일랜드 곳곳으로 번져 10월까지 계속되었다. 1972년 1월에는 다시 런던데리에서 시민들이 시위를 시작했다. 순식간이 사람이 늘어나 1만 5,000여 명이 되었다. 아이도 있었고, 여성들도 참여했다. 영국정부는 강경진압에 나섰다. 최루가스와 물대포를 쏘았다. 그럼에도 시위가 격렬해지자 공수부대까지 동원했다. 결국 시위대를 폭도로 간주한 영국군은 1월 30일 시민들을 향해 총을 쏘았다. 14명이 목숨을 잃었다. 그중 7명은 10대 청소년이었다. 이날이 일요일이어서 '피의 일요일(Bloody Sunday)'로 불린다. 6개월 후 IRA가 보복 테러를 벌여 9명이 죽었다. 이는 '피의 금요일(Bloody Friday)'이라고 부른다.

성직자들의 중재로 대화 시작

갈등, 긴장, 충돌의 연속이던 북아일랜드에 그나마 훈풍이 불기 시작한 것은 1980년대 중반. 긴 분쟁으로 경제사정이 악화되고 실업률이 높아지자 양측 모두 대화의 필요성을 절감하게 된 것이다. 1985년 영국과 아일랜드가 북아일랜드 분쟁을 평화적으로 해결해 나간다는 내용의 협정을 맺었다. 이에 따라 북아일랜드의 신교와 구교 세력도 대화를 시작했다. 하지만 진행은 더뎠다. 많은 준비와 절차, 시행착오가 있어야 했다.

우선 중재자가 필요했다. 성직자와 시민단체가 나섰다. 가톨릭 성직자들은 우선 가톨릭 세력 내부의 강경파와 온건파가 만나도록 종용했다. 1993년 4월 강경파 신페인당의 당수 게리 아담스(Gerry Adams)와 온건파 사회민주노동당(SDLP)의 당수 존 흄(John Hume)의 회담을 주선했다. 이 회담을 통해 양측의 간극을 좀 좁힐 수 있었고, 대화를 통해 문제를 해결해 나간다는 데 대해 의견일치를 볼 수 있었다. 신교도와 구교도들이 힘을 합쳐 만든 시민단체들은 신·구교 정당들이 협상테이블에 마주앉을 수 있도록 중재해 갈등과 충돌을 종식시키고 화해로 나갈 수 있는 단초를 제공했다.

영국 정부는 IRA와 비밀접촉을 지속했다. IRA는 리비아에서 대량의 무기를 들여와 무장력을 강화하려 했지만, 영국의 정보기관 MI5가 IRA 내부에 심어놓은 정보원에 의해 발각되고 계획이 좌절되어 향후 진로를 고민하고 있었다. 영국은 그런 IRA와 접촉을 계속하면서 협상을 통한 문제해결을 제안하고 있었다. 사회민주노동당의 존 흄도 IRA의 무장해제를 적극 설득했다. IRA는 그동안 군사적 공격을 우선시해왔지만, 분쟁의 근본적 해결에 다가가지 못하고 있음을 인식하지 않을 수 없었다. 무기도입의 실패와 영국, 그리고 가톨릭 온건파의 설득은 IRA에게 정치적 해결 쪽으로 눈을 돌리게 해주었다. 94년 8월 IRA는 휴전을 선언했다. 여기에 호응해 10월에는 얼스터 민병대도 정전을 선언했다. 이로써 무력분쟁의 큰 흐름은 끊기게 되었다. 그때까지 30여 년의 분쟁 속에 죽은 사람만 3,500여 명에 이르렀다.

1996년부터는 본격 협상이 시작되었다. 북아일랜드의 8개 정당과 영국, 아일랜드가 참여하는 길고 험한 협상이었다. 북아일랜드의 개신교 측은 얼스터연합당(UUP)의 당수 데이비드 트림블(David Trimble)이 대표였고, 가톨릭 측은 사회민주노동당의 당수 존 흄, 신페인당의 마틴 맥기네스(Martin McGuiness) 등이 협상의 주역들이었다. 워낙 첨예하게 대립하던 세력들인 만큼 위기도 많았다. 개신교 강경파인 민주연합당(DUP)은 IRA의 무장해제를 강하게 주장했다. 가톨릭 강경세력인 신페인당은 정치범 석방을 내세웠다.

휘청거리는 순간도 많았지만, 워낙 국제적인 주목거리였던 만큼 협상을 독려하는 측도 많았다. 미국은 조지 미첼(George Mitchell) 상원의원을 특사로 보내 중재역할을 충실히 했다. 미첼은 미국과 북아일랜드를 100여 차례 오가면서 양측의 대화를 촉진했고, 비폭력 등 6개 항의 전제조건을 제시해 협상이 후진하는 것을 막는 데 기여했다. 1995년 1월 빌 클린턴(Bill Clinton) 미국 대통령은 벨파스트를 방문해 신페인당의 당수 게리 아담스를 만나 협상을 촉구하기도 했다.

영국과 아일랜드는 협상의 당사국이면서 조력자, 중재자 역할을 동시에 했다. 양국은 북아일랜드의 자치가 확대되도록 한다는 데 원칙적으로 합의하고, 재정지원도 확대해 평화가 조기에 정착할 수 있도록 한다는 약속도 함께했다. 앨버트 레이놀즈(Reynolds) 아일랜드 총리는 1994년 9월 존 흄, 게리 아담스와의 회담을 통해 협장의 장 마련에 기여하는 등 협정의 타결을 위해 적극적으로 움직였다. 토니

블레어(Tony Blair) 영국 총리도 1997년 10월 신페인당의 당수 게리 아담스와, 이듬해 1월에는 게리 아담스·마틴 멕기네스와 만나 가톨릭 세력을 설득하면서 타협안이 만들어질 수 있도록 하는 데 진력했다. 북아일랜드 내부의 논의와 협상이 물론 중요했지만, 주변 관련국가들의 태도도 결실의 생산에 매우 중요한 요소가 되었던 것이다.

'신·구교 공동정부' 합의

2년여의 줄다리기 끝에 1998년 4월 10일 협상은 마무리되었다. 그 결과 '벨파스트 협정(Belfast Agreement)'이 맺어졌다. 협상 타결일이 예수가 십자가에 못 박힌 날을 기념하는 성주간 금요일이어서 '성금요일 협정(Good Friday Agreement)'라고도 한다. 내용은 크게 세 가지였다. 북아일랜드의 의회와 정부의 구성, 북아일랜드와 영국의 관계, 그리고 북아일랜드와 아일랜드의 관계에 관한 것이었다.

북아일랜드 의회·정부 구성의 핵심은 신·구교 세력이 공동으로 정부를 구성해 운영하도록 하는 것이었다. 우선 자치의회를 설치하게 했다. 두 세력 중 다수파에서 총리, 소수파에서 부총리를 맡도록 했다. 중대한 사안은 양 진영의 동의를 다 얻어야 통과될 수 있도록 했다. 군사조직의 무장해제와 정치범 석방문제도 북아일랜드 내부 문제 가운데 매우 중요한 부분이었지만, 워낙 민감한 문제여서 완결짓지 못하고 '2년 내 해결하기로 한다' 정도로 합의했다.

북아일랜드와 영국의 관계는 북아일랜드의 자치권을 충분히 인정하는 쪽으로 정리했다. 북아일랜드와 아일랜드의 관계는 좀 미묘한 문제가 있었는데, 아일랜드 헌법의 제2조 "아일랜드섬 전체를 영토로 한다"는 조항이 그것이었다. 이 조항에 따르면 북아일랜드도 아일랜드 영토였다. 이에 대해 개신교도들은 언젠가 가톨릭세력이 아일랜드와 손잡고 하나의 구교국가를 건설하지 않을까 우려하고 있었다. 벨파스트 협정의 협상과정에서 중요한 쟁점 가운데 하나가 될 수밖에 없었다. 논쟁 끝에 타협점을 만들어냈다. "아일랜드섬에서 태어난 사람은 아일랜드 민족의 구성원이 된다"로 바꾼 것이다. 영토 색깔을 빼고 민족개념을 넣어 추상화함으로써 싸움거리가 되지 않도록 했다. 또, 북아일랜드에 독자성이 강한 자치정부가 들어설 수 있도록 문을 열어 주었다. 우리헌법의 제3조도 "대한민국의 영토는 한반도와 그 부속도서로 한다"로 되어 있는데, 북한을 진정한 대화의 상대로 간주하는 인식과는 모순되는 측면이 있다. 그런 점에서 벨파스트 협정은 우리에게도 말해주는 바가 많다.

트림블과 흄은 오랜 분쟁을 종식시킨 공로를 인정받아 1998년 노벨평화상을 받았다. 미첼은 1999년 유네스코 평화상을 수상했다. 그런 큰 상을 받지는 못했지만, 협상 타결에 크게 기여한 인물로 깊이 살펴볼 만한 인물이 신페인당의 협상대표 맥기네스이다. 그의 생애를 훑어보면, 북아일랜드의 파란 많은 역사를 한눈에 알 수 있다. 그는 1950년 런던데리에서 태어났다. 15살에 기술학교를 마치고 자동차 정비공이 되려고 했지만, 가톨릭교도라는 이유로 거절당했다. 그래서 정육점에 취직했다. 1968년 시위현장에서 경찰의 곤봉에 맞아 피투성이가 된 가톨릭계 리더 게리 핏[Gerry Fitt, 북아일랜드 사회민주노동당 창당의 주역. 영국 하원의원(1966~1983)]의 사진을 보고 충격을 받아 IRA에 입대했다. 군사적·전략적인 능력을 발휘해 곧 IRA의 핵심

인물이 되었고, 참모장을 거쳐 1972년 '피의 금요일' 당시에는 부사령관이었다. 당시 그의 나이 22살이었다. 이후 IRA 사령관이 되었다. 영국정부 입장에서 보면 '테러리스트의 두목'이었다. 1970년대 중반부터는 군사에서 정치로 관심을 돌려 신페인당의 중심인물이 되었다. 벨파스트 협정 체결 당시에도 신페인당을 대표하는 협상가로 나섰다. 북아일랜드가 영국정부로부터 자치권을 인정받은 이후 북아일랜드 제1부장관, 제1장관 대리 등을 맡았다.

1997년 영국 하원의원에 당선돼 2013년까지 활동했다. 의회의원이면서도 런던의 의사당에 가지는 않았다. 임기시작 때 하는 여왕에 대한 충성서약을 하고 싶지 않아서였다. 신페인당 소속 영국 하원의원들은 그렇게 런던에 가지 않고 지역에서 활동했는데, 이를 궐석주의(abstentionism)라고 한다. 하원의원 활동을 끝낸 맥기네스는 2014년 4월 아일랜드 대통령이 영국을 국빈 방문할 때 동행했다. 엘리자베스 2세가 주최하는 만찬에도 참석했다. 여왕은 1979년 IRA가 감행한 테러로 사촌 마운트배튼 경을 잃기도 했다. 여왕은 건배사에서 "미래가 과거에 저당 잡혀서는 안 된다"고 강조했다. 맥기네스는 여왕에게 고개를 숙여 예를 표했다. 여왕의 만찬에 참석해 의미있는 건배사에 찬동해주는 맥기네스의 모습은 영국과 북아일랜드 사이의 깊은 골을 메워주는 제스처가 아닐 수 없었다. 그렇게 테러리스트 맥기네스는 화해의 상징이 되었다. 3년 후 그는 2017년 3월 23일 사망했다. 영결식에 참석한 사람들은 "위엄과 결단, 겸손을 모두 갖춘 인물을 보낸다"며 그를 추모했다.

여전히 남아있는 '평화의 벽'

협정이 맺어진 이후에도 연립정부를 세우는 구체적인 방안, IRA의 무장해제 등을 놓고 갈등과 줄다리기가 계속되었다. 1999년 얼스터연합당과 신페인당이 300시간에 달하는 마라톤협상 끝에 연립정부 구성에 합의해 실제 자치에 들어갔다. IRA의 무장해제 문제는 해결에 더 시간이 걸렸다. 되도록 완전하게 해제하려는 개신교와 일단 무장해제를 하게 되면 다시 무장하기는 너무 어렵다는 것을 알고 있는 가톨릭의 밀고 당기기가 그만큼 오랫동안 계속된 것이다.

2003년 개신교 측에서는 민주연합당, 가톨릭 측에서는 신페인당이 다수당이 되었다. 민주연합당은 신페인당에 IRA의 무장해제를 강력히 요구했다. 무장해제 없이는 연립정부 구성도 불가하다며 강경주장을 이어갔다. 민주연합당의 강경주장은 누그러질 기미가 없었다. 미국도 부시(George W. Bush) 대통령까지 나서서 IRA의 무장해제를 촉구했다. 당초 강경했던 신페인당은 가톨릭계 다수당이 되면서 어느 정도 여유를 갖게 되었다. 거기에 국제사회의 요구까지 이어지면서 신페인당은 무장해제를 결정하게 된다. 2005년 7월 IRA가 무장해제를 공식 선언했다. 이제 큰 무장충돌의 염려는 사라지게 되었다. 영국군 대부분은 북아일랜드에서 철수했다.

그렇다고 그동안의 갈등이 눈 녹듯 사라진 것은 아니다. 2011년에는 개신교와 가톨릭 측이 충돌했다. 2013년에는 IRA의 후신을 자처하는 신IRA가 생겨났고, 2019년 이들이 경찰과 총격전을 벌여 여기자가 사망하기도 했다. 북아일랜드의 수도 벨파스트에는 이 도시를 동서로 나누는 '평화의 벽'이 여전히 남아있다. 1970년대 초 신·구교 측 무장세력이 상대측에 무력공격을 가하자 지역의 주민들이 스스로를 보호하는 차원에서 세운 벽이다.

종교나 이념에 기반한 갈등이 보통 그런 것처럼 북아일랜드의 신·구교 갈등도 완전한 갈등해소와 화합으로 가는 데에는 아직 시간이 더 필요하다. 그럼에도 1998년 벨파스트 협정은 워낙 어려운 과정을 극복하고 이뤄낸 큰 합의인 만큼 그 틀은 여전히 지켜지고 있다. "싸우면 공멸한다", "완전한 화해에는 서로의 인내가 필요하다"는 인식이 오랜 분쟁으로 고통을 겪은 북아일랜드 사람들 사이에 공유되고 있기 때문일 것이다.

4장

전쟁을 막은 외교

1. 후금의 침략을 막은 광해군의 전략적 외교(1618~1619)
2. 비스마르크, 화려한 비밀외교로 유럽전쟁을 막다(1873~1888)
3. 소련의 베를린 봉쇄 그리고 미국의 전략적 대응(1948~1949)
4. 제3차 세계대전을 막은 미국-소련 막후 협상(1962)
5. 한반도 전쟁을 방지한 카터의 뱃놀이 외교(1994)

후금의 침략을 막은 광해군의 전략적 외교 . 1618~1619

1

평가 엇갈리는 광해군

역대 임금 가운데 광해군만큼 엇갈리는 평가를 동시에 받는 경우도 드물다. 폐륜아, 혼군(昏君. 어둡고 어리석은 임금) 등으로 매도되는가 하면, 현란한 외교의 주인공으로 묘사되기도 한다. 그도 그럴 것이 재위 중 쿠데타를 당해 폐위된 임금이니 반정을 감행한 쪽의 평가는 가혹할 수밖에 없고, 폐위를 당한 측은 "잘 하고 있었는데 왜"라는 관점으로 광해군을 바라보고 있었다. 그러니 각자의 처한 입장에 따라 다른 평가가 나올 수밖에.

또 국내정치 측면을 부각시켜서 보면, 정적 제거를 위한 옥사, 왕권강화를 위한 무리한 궁궐 중건 등 실정으로 볼 수 있는 것들이 많았다. 하지만 대외정책 측면을 집중 조명해보면, 주변정세가 격변하는 가운데에서 국익을 지켜내려 다양한 정책과 전략을 구사했고, 그것들이 상당한 효과를 발휘했음을 어렵지 않게 알 수 있다.

광해군은 당초 왕위에 오를 위치에 있지 않았다. 선조의 정부인, 즉 정비(正妃)는 의인왕후 박씨이었다. 그에게는 자녀가 없었다. 선조의 후궁 공빈 김씨에게서 두 아들이 태어났는데, 첫째가 임해군

(1574년생), 둘째가 광해군(1575년생)이다. 임해군은 광패(狂悖. 미친 사람처럼 말과 행동이 사납고 막됨)한 성격 때문에 일찌감치 선조의 눈 밖에 나게 되었다. 1592년 4월 13일 임진왜란이 발생하자 선조는 4월 29일 '광패한' 임해군 대신 광해군을 세자로 결정했다. 절체절명의 국난에 맞닥뜨린 절박한 입장이 된 선조는 만일의 사태에 대비해 자신을 대신할 세자를 서둘러 정해놓지 않을 수 없었다.

일본과의 전쟁 상황에서 북쪽 의주로 떠난 선조는 여차하면 압록강을 건너 명나라에 의탁할 생각을 가지고 있었다. 그래서 만든 것이 분조(分朝), 즉 조정의 분소이었다. 광해군은 권섭국사(權攝國事)라는 직책으로 분조 책임자가 되었다. 피난을 간 임금 대신 전란을 감당했다. 1592년 12월 영변, 이천, 성천 등 평안도 지역을 돌며 병사들의 전투를 독려하고 의병 모집 등의 활동을 전개했다. 1593년 말부터 이듬해 상반기 동안에는 수원과 공주, 전주 등을 다니면서 민심을 달래고 군량을 수집하는 활동을 계속했다. 무능한 아버지 선조 대신 전란 중 임금 노릇을 하다시피 한 것인데, 이로 인해 상당한 인망도 얻을 수 있었다.

1600년 의인왕후 박씨가 사망한 뒤, 1602년 인목왕후 김씨가 새로운 왕비가 되었다. 당시 선조의 나이는 51살, 인목왕후는 19살이었다. 4년 후인 1606년 인목왕후가 아들 영창대군을 낳았다. 정비에게서 아들이 태어났으니 후궁의 소생, 그것도 차남인 광해군의 세자 지위는 흔들거렸다. 소북파(小北派) 유영경 등이 영창대군으로 세자를 바꿔야 한다고 대놓고 주장하기도 했다. 대북파(大北派) 정인홍 등의 지지로 겨우 세자 자리를 보전할 수 있었다. 1608년 선조가 사망한 뒤 왕위에 올랐는데, 이후에도 태평성대는 결코 아니었다. 친형

임해군을 진도로 귀양 보냈다가 이듬해인 1609년 사사(賜死)했다. 이복동생 영창대군도 강화도로 유배시킨 뒤 1614년 강화부사를 시켜 죽였다. 인목왕후는 1618년 서궁(지금의 덕수궁)으로 유폐시켰다. 물론 자신들의 권력을 강화하려는 대북파의 거센 요구에 따른 것이었다. 광해군은 냉혈한은 아니었다. 형제를 해하고 싶지는 않았다. 패륜을 저지르는 것도 꺼렸다. 하지만 대북파는 위험요소는 모조리 제거해야 했다. 우유부단하기도 했던 광해군은 이를 막지 못했다. 세자 자리를 유지하고 왕위에 오르는데 대북파가 큰 역할을 한 만큼 그들의 요구를 내치기도 어려웠다. 그런 그의 운명이 폭군, 혼군, 패륜아의 굴레를 그에게 씌웠다.

이런 파란만장한 개인사의 소용돌이 속에서도 광해군은 나름의 일들은 해나갔다. 지방의 특산물을 나라에 바치는 공납제 개선을 위해 대동법을 시행했다. 반드시 특산물을 내도록 해서 생긴 관리들의 농간을 막기 위해 쌀로 대신 낼 수 있도록 한 것이다. 왕권을 강화하는 작업도 적극 시행했다. 대규모 궁궐공사를 한 것은 왕권강화를 위한 것이었다. 우선 전쟁 중 불에 탄 창덕궁을 보수했다. 곧 창경궁도 중수했다. 이어 새 궁궐인 경덕궁과 인경궁, 자수궁을 건설하는 공사를 시작했다. 임란 당시 몽진의 길에 오르고, 조선에 원군을 이끌고 온 명나라 장수들에게서 모욕적인 언사를 당하면서 실추된 왕권을 회복, 강화하겠다는 것이 광해군의 생각이었다. 하지만 여러 궁전을 고치고 새로 짓는 것은 과한 것이었다. 세금을 더 거두고, 노역을 더 부과할 수밖에 없었는데, 그에 따라 백성들의 불만은 높아졌다.

이렇게 실정을 많이 저지른 광해군이지만, 국방·외교정책만큼은 높은 점수를 받을 만했다. 왜란을 겪은 후 국방을 강화하는 정책을 지속 추진했다. 화포와 조총, 창, 칼 등의 제조를 이전보다 훨씬 조직적으로 하게 했다. 명나라에서 청나라로 중국의 주인이 바뀌는 상황을 면밀히 관찰하면서 조선의 실리를 챙기고, 그러면서도 자주적인 외교를 전개해 나갔다. 특히 명과 후금 어느 쪽에도 치우치지 않으면서 양측 모두와 우호적인 관계를 유지해 전쟁을 방지하고 실리를 확보한 외교정책과 전략은, 여전히 강대국 사이에서 국익을 최대화하면서 살아가야 하는 지금의 한국에도 많은 참고사항을 제시하고 있다. 그러면 광해군이 실제 어떤 전략과 정책을 실제로 펼쳤는지, 그의 현란한 외교의 세계로 들어가 보자.

여진족에 현상유지책

광해군은 1608년부터 1623년까지 15년 동안 왕위에 있었다. 당시 동아시아는 격동의 와중에 있었다. 중국 땅에서는 명나라가 쇠하고 후금이 강자로 떠오르고 있었다. 1368년 원나라를 쓰러뜨리고 등장한 명나라는 황제가 직접 각부를 관장하는 강력한 중앙집권제로 정치적 안정을 이뤄 발전을 거듭했다. 농업과 상공업이 성장하고 곳곳에 번성한 도시를 바탕으로 문화와 예술도 융성했다. 하지만 건국한 지 100년 정도가 지나면서 초기의 기세와 활력은 떨어지기 시작했다. 환관의 득세로 궁정은 혼돈스러워졌고, 관리들은 부패해졌다. 토지와 부는 귀족층에 집중되었다. 그에 비례해 백성들의 불만은 커졌고, 민란이 발생하기 시작했다. 약해지는 명나라는 주변 작은 민족들의 침략대상이 되어갔다. 몽골족과 왜구가 명나라 변경을 공략했다.

17세기 초반이 되어서는 여진족(만주족)의 후금이 명나라를 괴롭혔다(명은 1643년 이자성의 난으로 망한다).

후금은 1616년에 세워졌다. 12세기 만주에서 출범했다가 13세기 몽골에 멸망한 금나라의 후신이라는 의미로 후금이라고 이름을 지었다(후금은 1636년 청나라가 된다). 금나라가 망한 후 여진족은 여기저기 흩어져 살았는데, 16세기 후반 명나라가 약해지면서 각 지역의 지도자들이 나타나 힘을 규합해 나갔다. 그런 지도자들 가운데 누르하치가 특히 두드러졌다. 만주지역에 살던 여진족은 크게 세 부족, 즉 건주여진, 해서여진, 야인여진으로 구성되어 있었는데, 누르하치는 건주여진의 우두머리로 지금의 지린성(吉林省) 지역을 본거지로 했다. 1588년쯤 건주여진의 대표격이 되었고, 명나라 상인들과 무역을 통해 부를 늘렸다. 여진족의 특산물 인삼, 모피 등을 명의 상인들에게 넘기고 곡식과 면포 등을 받아 팔았다. 1589년경에는 왕을 칭할 정도가 되었다. 1592년 임진왜란이 일어났을 때는 조선에 지원군 파병을 제안하기도 했지만 조선이 거절했다.

일본과의 전쟁 중에도 조선은 여진족과는 우호적인 관계를 유지하기 위해 애를 썼다. 여진족이 국경을 넘어와 산삼을 캐가기도 했는데, 이에 대해서도 강경책보다는 유화책을 썼다. 국경지역 여진족에게 면포 등을 보내 마음을 사려했다. 1595년에는 신충일을 누르하치에게 보내 그들의 생활상과 동태를 살피기도 했다. 1611년에는 여진족에 포로로 잡혔다 돌아온 역관 하세국에게 벼슬을 내리기도 했는데, 그의 경험을 국방과 외교에 활용하기 위해서였다. 신하들이 반대했지만, 광해군이 고집을 부려 한 일인데, 상대국에 대한 정보를 그만큼 중시하는 모습이 아닐 수 없다.

누르하치의 침략에 대한 대비책도 세우고 있었다. 여진족은 주로 기마병으로 전쟁을 했는데, 기마병의 기동력이 뛰어났다. 흙자루를 들고 쏜살같이 달려 성 아래 차례로 떨어뜨려 높은 도약대를 만들고 이후 대열이 이걸 밟고 성으로 쳐들어가 상대를 일거에 점령하는 식이었다. 광해군은 이런 정보를 확보한 뒤 이에 대한 대응책은 화포라고 보고, 여러 종류의 화포를 만들게 했다. 조총과 창검도 체계적으로 생산, 관리하도록 했다. 유화책을 쓰면서 안으로는 유사시를 대비하고 있었던 것이다. 먼저 공격하지 않으면서 상대의 움직임은 예의 관찰해 현상유지가 계속되도록 한 것인데, 이름하여 기미책(羈縻策)이었다. 기미가 굴레와 고삐이니 소의 고삐를 잡아 움직이지 못하게 하는 것처럼 여진족이 특별한 행위를 못하도록 단속하면서 현상을 유지하려는 정책을 적용한 것이다.

그런 가운데에서도 누르하치는 점점 강성해져 1616년에는 다른 여진 부족들을 통합해 후금을 건국했다.

명나라의 파병 요구에 지연전략

누르하치의 야심은 만주 지배에 그치지 않았다. 중원을 차지할 생각이었다. 망설이지 않았다. 1618년 4월 '자신의 아버지와 할아버지를 죽인 것', '건주여진을 무시한 것' 등 명나라에 대한 7가지 원한을 격문으로 밝혔다. 곧 명의 청하를 공격해 점령해 버렸다. 청하는 요동 지역에 있는 도시로 누르하치가 명나라 상인들과 교역을 해온 곳이었다. 교역 중심지 청하를 잃은 명은 이제 국운을 걸고 후금과 전쟁에 나서지 않을 수 없었다.

불똥이 후금과 원만하게 지내던 조선에까지 튀었다. 명이 조선에 파병을 요구한 것이다. 임진왜란 때 조선을 구해주었으니 이제 그 은혜를 갚으라며 원병을 요청한 것이다. 이 요구를 받고 조선의 조정은 논란을 거듭했다. 대북파를 비롯한 많은 관료들은 "나라를 구해준 명나라의 은혜는 반드시 갚아야 한다"며 파병을 주장했다. 임금과 지근거리에 있는 소수의 신하들은 "파병에 응하면 후금과는 바로 적대관계가 되는 것이니 신중해야 한다"는 입장이었다. 광해군이 판단해야 했다.

광해군은 파병에 대한 답을 미루고 미뤘다. 그럴 수밖에 없었던 것이, 우선 조선의 여건이 어려웠다. 왜란의 고난을 경험한 백성들이 겨우 후유증을 극복해 가고 있었다. 파병을 위한 징병과 증세는 지게 위에 큰 돌을 얹어놓는 격이 아닐 수 없었다. 가뜩이나 여러 궁궐을 짓고 고치는 데 돈과 노역을 많이 쓰고 있는 상황이었다. 후금의 반응도 신경쓰지 않을 수 없었다. 명을 위해 파병을 한다면 후금이 이를 괘씸하게 여겨 조선을 공격할 수도 있는 것이었다. 이런 것들을 걱정하면서 광해군은 파병요구에 답하지 않고 있었다.

파병을 요청한 측이 명나라 병부와 요동도사(요동지역 책임자)였는데, 광해군은 우선 이걸 문제 삼았다. "황제의 칙서도 없이 대규모 원병을 보낼 수는 없다"는 것이었다. 명나라 황제에게 사신도 보냈다. 임진왜란 이후 나라의 사정이 어렵고 군대도 약함을 설명하도록 했다. 일본의 재침략 위험이 상존한다는 점도 강조하도록 했다. 그런데 그렇게 파견된 신하들 가운데 윤휘가 명 황제의 칙서를 받아 돌아왔다. 광해군은 더 이상 칙서 부재를 핑계 삼을 수 없게 되었다.

파병을 피할 수 없게 된 광해군은 파병을 파병 자체로 보지 않고 외교의 수단으로 여겼다. 명의 요청에 응하면서, 동시에 후금과 대화할 수 있는 기회로 삼은 것이다. 그래서 도원수(都元帥. 전쟁시 일정 규모의 군을 통솔하는 정2품의 임시 관직)라는 직책의 파병군 사령관으로 강홍립을 선택했다. 선택지가 여럿 있었지만, 강홍립을 고른 것은 그가 중국어를 잘했기 때문이다. 임금의 통역사인 어전통사까지 했던 인물이었다. 광해군은 당시 명나라가 후금을 이기기 어렵다고 판단하고 있었다. 그렇다면 명나라 군대를 위해 파병된 조선의 군대가 처하게 될 상황을 미리 예측해 보아야 했다. 강력한 후금 군대와 전투를 하다가 몰살을 당할 수도 있고, 포로로 잡힐 수도 있었다. 그런저런 상황에 민첩하게 대처하기 위해서는 중국어 잘하는 지휘관이 필요했다. 그래서 강홍립이 명나라로 가는 파병군을 이끄는 도원수가 된 것이다.

파병군의 규모는 1만 5,500명이었다. 그중 전투병 1만 명은 각 도에 할당해 징병된 병사들이었는데, 평안도에서 가장 많은 3,500명이 동원됐고, 전라도 2,500명, 황해도 2,000명, 충청도 2,000명 등의 순이었다. 전투병 외에 나머지 5,500명은 짐을 운반하는 등의 일을 하는 비전투원이었다. 1619년 2월 만주 쪽으로 출발했다. 출발 전 광해군은 강홍립에게 몇 가지 지시를 내렸다. "경솔하게 행동하지 마라", "지지 않는 싸움을 할 수 있도록 최선을 다하라", "적극적으로 나서지 말고 상황에 따라 대처하라" 등이었다. 요컨대, 명을 위해 목숨 걸지 말고, 적절히 후금에 '적이 아님'을 알려서 척지지 않도록 하라는 것이었다.

이중위험회피 전략(Double Hedging Strategy)

조선군은 참전에 나서면서 명나라 부대에 배속시켜 달라고 요청했다. 홀로 한 방면을 온전하게 담당하게 되면 후금군과 사활을 걸로 싸우는 상황을 맞을 수 있기 때문에 이를 피하기 위한 것이었다. 그런 요청이 수용돼 조선군은 명나라 장수 유정의 부대에 배속되었다. 유정은 조선군에 감독관을 파견해 감시·감독했다. 참전과정부터 소극적이었기 때문에 전투에 적극 나서지 않을 것이라는 짐작을 하고 있었던 것이다. 감독관 교일기는 조선군은 몰아쳤다. 군량 보급이 제대로 되지도 않는 상황인데도 전투지역으로 서둘러 이동시켰다. 군사들은 행군보다 배고픔 때문에 더 고통을 겪어야 했다.

주린 배를 움켜쥐고 행군을 거듭한 조선군은 1619년 3월 사르후(薩爾滸) 지역에 이르렀다. 지금의 랴오닝성(遼寧省) 선양(瀋陽)의 동쪽 지역이다. 여기서 명군과 후금군의 대전투가 벌어졌다. 17세기 중원의 패권을 놓고 건곤일척의 전투가 전개된 것이다. 조선군도 전투에 투입돼 명군을 도와 싸웠다. 하지만 중과부적이었다. 군량도 무기도 너무 부족한 상황이었다. 명나라 군대는 후금의 기세를 감당하지 못하고 이 전투에서 패했다(이후 명은 쇠하고 후금은 계속 커졌다).

명군이 패하는 상황이 되자 강홍립은 후금군에 투항했다. 패장이 된 강홍립은 이때부터 외교관이 되었다. 살아남은 조선병 5,000을 이끌고 투항한 강홍립은 우선 조선이 진정 명을 위해 싸운 것이 아님을 설명했다. "조선의 파병은 어쩔 수 없이 이뤄진 일"임을 역설한 것이다. 명나라 군대의 뒤를 따르면서 전투에 임하고 있었음도 강조했다. 강홍립의 이런 입장은 광해군의 지시에 따른 것이었다. 강홍립과 조선군의 장수들은 후금의 수도 허투알라에서 상당한 후대를 받으면서 생활했다. 이들 대부분은 1년 후 병사들과 함께 귀국했다. 강홍립은 인질로 허투알라에 계속 남았다(인조반정 이후 후금이 1627년 1월 정묘호란을 일으켜 조선을 침략할 당시 강홍립은 후금군의 선도로 입국해 조선과 후금의 화의를 주선한 뒤 조선에 머물렀다. 그해 7월 병을 얻어 사망했다). 인질로 남아 있는 동안 광해군에게 밀서를 계속 보냈다. 후금의 상황을 자세히 보고한 것이다.

강홍립의 투항 직후 조정에서는 논란이 벌어졌다. 오랑캐에게 패하고 투항까지 했으니 강홍립의 가족들을 처벌해야 한다고 주장하는 신하들이 있었다. 광해군은 수용하지 않았다. 강홍립의 직명을 박탈해야 한다는 주장 정도만 받아들였다. 밀서로 소통하고 있는 상황이었고, 후금과의 관계를 만들어가는 데에 강홍립의 보고 내용은 아주 중요한 것이었다. 광해군 입장에서는 강홍립이 자신의 지시를 충실히 실행하고 있었다.

파병 지연, 강홍립의 투항 등을 보고 있던 명나라는 의심했다. "조선이 후금 쪽으로 가는 것 아닌가?" 생각한 것이다. 많이 쇠하긴 했지만 여전히 중원을 차지하고 있는 상황이었으니 명나라의 의심을 방치할 수는 없었다. 광해군은 사르후 전투에서 그야말로 목숨 바쳐 싸운 장수를 추모하는 일을 곧 시행했다. 명나라 보란 듯이 후금과의 싸움에서 분전 끝에 숨진 김응하를 크게 기린 것이다. 사르후 전투에서 패색이 짙어진 가운데 창으로 공격을 당해 숨이 끊어져 가는 상황에서도 많은 후금군을 쓰러뜨린 인물이었다. 많은 피해를 당한 후금군도 그에게는 존경심을 표했다고 한다. 광해군은 김응하를 새삼 추모하면서 호조판서를 추증했다. 김응하를 추념하는 사당도 지었다. 그것도 명나라 사신들이 오가면서 잘 볼 수 있는 곳에. 또, 신하들에게 그를 숭앙하는 시를 짓게 해 『충렬록』이라는 책으로 펴냈다. 이 책을 명나라 지역에 보내 퍼뜨리기까지 했다.

전쟁에 나가면서 적국과의 관계를 우선 고민하고, 장수를 투항하게 해서 소통의 기회를 찾고, 그러면서도 당초 종주권을 행사하려는 나라의 기의(氣意)까지 광해군은 부지런히 살피고 있었다. 지금의 용어로 하자면 이중위험회피전략(double hedging strategy)이 아닐 수 없다. 한미동맹을 중시하면서도 중국과의 관계를 해치지 않도록 하고, 중국과의 경제교류를 강화하면서도 미국에 우리의 입장을 충분히 설명해야하는 지금의 우리 처지와 같은 상황에서, 광해군은 그런 고도의 전략이 필요할 때 제대로 적용, 활용하고 있었다.

약소국의 독재

그걸로 끝일 수 없었다. 나라의 명운이 걸린 상황에서 해볼 수 있는 대응책을 입체적으로 쓰고 있었다. 사르후 전투 후 수세에 몰린 명은 조선에 다시 원병을 요구했다. 광해군은 1차 파병요구 때보다는 분명하게 거부의 의사를 밝혔다. 1619년 11월 명이 사신을 보내 파병을 요구했지만, 광해군은 파병 불가 입장을 명료하게 얘기한 것이다. 여기서 그치지 않고 한발 더 나아갔다. 조선에 대한 지원을 요구한 것이다. 자신이 믿는 윤휘를 명에 보내 의주의 맞은편에 있는 만주 지역에 명군을 배치해 달라고 요청한 것이다.

여기에는 두 가지 의도가 깔려 있었다. 첫째, 파병을 요구하는 명에 오히려 병력의 배치를 통한 조선 지원을 요구함으로써 원병 요구를 더 이상 하지 못하게 하려는 것이었다. 둘째, 조선을 돕지 않으면 위험해진다는 메시지를 전하려 한 것이다. 후금이 영토를 확장하면서 조선까지 욕심을 낼 수 있다, 그러니 명나라가 어서 조선을 지킬 수 있는 조치를 취하라, 그러지 않으면 후금이 조선 영토를 차지할 수도 있다, 이런 의미의 메시지였다. 약자의 독재(tyranny of the weak) 전략을 그대로 구사한 경우가 아닐 수 없다. 한국의 초대 대통령 이승만이 한국전쟁 말미에 미국에 한미동맹조약 체결을 종용할 때 활용한 전략이다. 이승만은 당시 "동맹조약을 체결해주지 않으면 공산세력이 남한을 먹을 수 있다"는 식으로 미국을 위협했다. 약자인데 그냥 약자가 아니라 강대국을 상대로 독재를 행사하는 묘한 약자였다. 광해군도 유사한 전략으로 명을 협박하고 있었다. 외교전략에 지대한 관심과 식견을 가지고 있던 이승만이니 광해군을 깊이 공부했을지 모를 일이다.

강대국을 향해 위협만 해서는 외교가 될 리 없다. 광해군은 명나라에 사신을 계속 보내 조선의 어려운 사정을 계속 설명하도록 했다. 훌륭한 문장으로 설득력 있는 외교문서를 작성해 보내기 위해 뛰어난 문장가도 활용했다. 대표적인 인물이 이정구이다. 명나라 사람들도 인정해주는 문장가였다. 그렇게 위협과 함께 호소를 병행한 것이다. 나라 사정이 너무 어려우니 파병을 요구하지 말아달라는 호소였다. 명나라도 쉽게 포기하진 않았다. 내정이 불안한 상황에서 후금과 맞서려니 지원 병력이 꼭 필요하기도 했다. 1622년에 이르러서는 구체적으로 군사 2만, 함선 100척, 그리고 군량미를 보내라고 요구해 왔다. 광해군은 이 가운데 함선에 대해서만 긍정 답변을 보내고 나머지는 요구에 응하지 않았다. 대신 명과 후금의 상황을 면밀히 관찰했다. 명의 더 어려워지는 처지, 기세가 강해지는 후금의 형편을 소상히 파악하고 있었던 것이다. 그럴수록 파병에 대해서는 거부의사가 더 분명해졌다. 1623년 즈음이 되어서는 파병을 요구하기 위해 오는 명의 사신을 아예 접견하지도 않았다.

문제아 모문룡을 섬으로

중원을 놓고 벌어지는 전쟁은 단순히 만주의 전투로 끝나는 것이 아니었다. 동아시아의 국제질서에 전변을 가져오는 일인 만큼 다양한 각도로 동아시아 곳곳에 영향을 주고 있었다. 후금은 공세, 명은 수세의 상황이 지속되다 보니 후금에 밀린 명의 세력이 조선으로 밀려 들어오기도 했다. 난민이 발생한 것이다. 일반 백성도 있었고, 병사도 있었으며, 심지어 장수도 있었다. 모문룡은 명의 장수로 압록강을 넘어 들어온 인물이었다. 한때 무공을 세우기도 했지만, 1621년 후금에 패전을 거듭하다가 조선 땅으로 들어왔다. "만주 회복"을 외치며 패잔병과 난민을 모았다. 조선에게는 두통거리가 아닐 수 없었다. 식량을 대주는 것도 어려운 일이었을 뿐만 아니라 후금군이 그를 치러 압록강을 넘기도 했다. 모문룡이 계속 명의 난민들을 모으는 행위는 후금군을 지속적으로 자극해 보다 큰 분쟁의 발화점이 될 수도 있었다.

모문룡에 대해 어떤 조치를 취하지 않으면 명-후금-조선 사이 큰 분쟁이 발생할 가능성이 높아지고 있었다. 광해군은 모문룡을 어떻게 다뤄야 할지 고민에 고민을 거듭했다. 명색이 명나라 장수 출신이니 완전히 무시하거나 버릴 수는 없었다. 그렇다고 그를 대접해주고 그가 하는 일을 도울 수도 없는 일이었다. 그랬다간 후금의 보복을 당할 수도 있었다. 그래서 광해군은 모문룡에게 섬으로 갈 것을 요청했다.

그래서 모문룡은 압록강 하구에 있는 가도로 가게 되었다. 1622년 11월의 일이다. 후금을 견제하려 한 모문룡 입장에서 압록강 하구에 있는 가도의 위치가 나쁘지 않았다. 광해군 입장에서는 바다 가운데 섬에 모문룡을 떨어뜨려 놓음으로써 그의 신변을 우선 보호하고, 그가 문제를 일으킬 가능성도 줄일 수 있었다. 후금이 볼 때도 섬에 가 있으니 덜 성가시게 여길 수 있었다. 바다를 건너야 하니 후금이 쉽게 공격할 수도 없는 곳이었다. 만주를 무대로 활동해온 후금이니 해전에 약할 수밖에 없었다. 이런 요소들이 모두 고려돼 모문룡의 가도 주둔이 결정됐을 것으로 보인다.

삼국의 골칫거리 모문룡을 가도에 보냄으로써 어느 쪽도 크게 불만스럽지 않게 한 것인데, 당시 명과 후금 사이에 끼인 광해군으로서는 최선의 해결책이었다. 인조반정 이후 모문룡은 후금을 급습하고 조선에 군량을 강요하는 등 문제를 자주 일으켰다. 이렇게 지속적으로 문제를 일으키자 1629년 명에서 군대를 보내 처형했다. 광해군이 계속 왕위에 있었더라면 모문룡이 어떻게 움직였을지, 그에 대해 광해군이 어떤 조치를 어떻게 했을지 궁금해진다. 어쨌든 광해군은 우선 그가 문제를 일으키지 않게 하려 했고, 가도로 보낸 조치는 당시로서는 성공적이었다.

지금의 대한민국에 많은 시사점

광해군은 1623년 반정에 의해 폐위되었다. 강화도로 유배되었다가 나중에는 제주도로 옮겨가 1641년 숨졌다. 반정세력은 광해군을 철저히 폄훼했다. 폐모살제(모친을 폐위하고 동생을 죽임), 무리한 토목공사 강행, 후금과 밀통 등을 구체적인 죄목으로 내세웠다. 폐위의 명분을 그런 데에서 찾은 것이다. 신흥국의 상황을 파악하던 행위는 밀통으로 단죄되었다. 인조반정 이후 광해군의 외교는 배은망덕으로 격하되고, 이전의 전통이었던 숭명배금(명을 숭배하고 금나라를 배척함)으로 돌아갔다. 후금은 이제 철저한 적일 뿐이었다. 그로부터 4년 후인 1627년 정묘호란을 당했다. 후금의 공격을 당한 것이다. 이후 9년이 지나 1636년이 되어서는 병자호란을 당하게 되었다. 조선은 완전한 패전과 굴욕을 피하지 못했다. 인조는 삼전도(지금의 서울 송파구 삼전동에 있던 한강 상류의 나루)에서 청태종에게 삼배구고두(三拜九叩頭)라는 항복의 예를 나해야 했다. 누르하치의 여덟째 아들 홍타이지가 청나라의 두 번째 황제가 되어 조선에 직접 쳐들어와 인조에게 굴욕을 준 것이다. 배(拜)는 무릎을 꿇고 양손을 땅에 대는 것, 고두(叩頭)는 머리를 땅에 닿게 하는 것이다. 인조는 무릎 꿇고 양손을 땅에 댄 뒤 머리를 세 번 조아리는 것을 3세트 되풀이했다.

정세의 변화에 눈감고 명분과 대의에만 집착한 대가는 그렇게 처참한 것이었다. 19세기 중엽 영국의 총리를 지낸 팔머스톤 자작(Viscount Palmerston)은 "국제정치에서 영원한 적도 영원한 친구도 없다. 다만 국가이익이 있을 뿐이다"라고 갈파했다. 그보다 2백 년 전 광해군은 국가이익 추구가 외교의 첫 번째 목표임을 이미 알고 있었다. 국제질서를 주도하는 강대국이 아니라 강대국 사이에 끼여 생존의 길을 찾아야 하는 약소국의 처지였기에 팔머스톤보다 훨씬 더 절실하게 국가이익 실현을 고민하고 있었을 것이다.

왜란 이후 피폐해진 백성의 삶을 더 살펴 내정을 안정시켰어야 했다. 무리한 궁궐공사는 그런 점에서 실정이었다. 패륜으로 비판받을 만한 일도 피했어야 했다. 그렇게 민심을 얻는 데 더 힘써야 했다. 이런 흠에도 불구하고, 광해군의 외교는 지금의 한국에도 일러주는 점이 많고도 많다. 일찍이 정보의 중요성을 깨닫고 정보 확보에 주력했다. 이를 바탕으로 위험을 무릅쓰고 신흥국과 소통했다. 기존 패권국의 움직임도 예의 관찰하며 관계를 면밀하게 관리했다. 한쪽에 줄서서 다른 쪽과 척지거나 명분만을 좇아 실리를 버리는 일은 피한 것이다. 그런 용의주도한 외교로 전쟁과 국난을 막았다. 그런 점에서 광해군의 정교한 외교는 미중전략경쟁의 와중에서 나름의 살길을 헤쳐 나가야 하는 지금의 대한민국 정부에게도 많은 시사점을 제공하고 있다.

2 비스마르크, 화려한 비밀외교로 유럽전쟁을 막다 . 1873~1888

전쟁으로 통일한 비스마르크, 전쟁 막기에 주력

비스마르크(Otto von Bismarck)는 독일인들에게 여전히 영웅이다. 독일역사의 주요 변곡점이 된 제국의 시대가 세 차례 있었는데, 제1제국은 신성로마제국(962~1806), 제2제국은 호엔촐레른 왕조 제국(1871~1918), 제3제국은 히틀러 제국(1933~1945)이다. 1871년 시작된 제2제국 창설의 주역은 비스마르크였다. 1862년 프로이센의 왕 빌헬름 1세(Wilhelm I. 1797~1888)의 재상이 되어 프로이센과 독일민족의 창성을 위해 분골쇄신했다. 우선 프로이센의 경제력과 군사력을 키우는 데 주력하고, 이후 독일민족의 통일에 진력했다. 당시 독일 지역은 30여 개의 작은 나라들로 나뉘어 있었다. 이 나라들을 하나로 통일해야 독일민족의 융성이 비로소 가능할 거라는 게 비스마르크의 생각이었다.

이를 위해 비스마르크는 전쟁도 서슴지 않았다. 1964년에는 덴마크와 전쟁을 해서 덴마크-프로이센 사이에 있는 슐레스비히 공국을 차지했다. 1866년에는 독일 지역 내 경쟁국가이던 오스트리아와 전쟁을 치러 홀슈타인 공국을 점령하고, 마인 강(Main River) 북부 지역

국가들을 하나로 묶는 북부독일연방을 구성했다. 1870년에는 독일 통일의 큰 장애가 되었던 프랑스와 전쟁을 벌여 승전했다. 1871년 프랑스와의 전쟁을 승리로 끝내면서 제2 독일제국을 창설한 것이다. 이후 통일된 독일은 강대국으로 성장했고, 유럽과 세계 정치의 중요한 행위자가 되었다.

아이러니한 것은, 그렇게 큰 전쟁을 통해 독일통일을 이뤄낸 비스마르크가 통일 이후에는 전쟁 막기에 주력했다는 것이다. 통일 전 생각은 독일민족의 융성을 위해서는 '하나 됨'이 중요하고 이를 위해서는 전쟁도 불사하겠다는 방침이었다. 하지만 통일 이후에는 내실을 다지는 것이 무엇보다 중요하고 이를 위해서는 외침을 막고 유럽 내 평화를 유지하는 것이 최우선 과제가 되어야 한다고 생각한 것이다. 그래서 통일 이후 비스마르크 외교의 제1 화두는 '전쟁 방지'가 되었다. 이 목적을 달성하기 위해 그는 유럽의 강대국들을 상대로 화려한 외교술을 펼쳐나갔다. 대부분 비밀외교이었다.

프랑스를 고립시켜라

독일민족이 하나의 국가를 이룬 1870년대 유럽의 정세는 결코 독일에 유리하지 못했다. 그도 그럴 것이, 프로이센만으로도 꽤 강한 나라였는데, 독일민족이 하나의 큰 국가를 이뤘으니 주변의 경계심은 커질 수밖에 없었다. 구체적으로 당시 독일이 처한 상황은 이랬다.

첫째, 지리적으로 독일은 유럽의 중앙에 위치해 어디서든 공격받기 쉬운 처지였다. 둘째, 특히 서쪽으로는 강한 적국 프랑스가 독일에 대한 적대감을 키워가고 있었다. 1870년 프로이센-프랑스 전쟁에서 패한 프랑스는 독일에 복수할 날을 모색하고 있었고, 더욱이 그 전쟁으로 상실한 알자스-로렌 지역은 꼭 수복해야 할 땅으로 상정하고 있었다. 셋째, 동쪽으로는 유럽의 강대국 오스트리아와 러시아가 자신들의 영향력 확대를 추구하고 있었고, 이들은 서쪽의 프랑스와 언제든 연대를 추진할 수 있는 상황이었다.

넷째, 당시 유럽의 사조는 민족주의와 자유주의가 확대되고 있었고, 이는 유럽 내 분쟁으로 이어질 수 있었다. 다섯째, 13세기부터 아시아와 아프리카, 유럽에 걸쳐 크게 세력을 떨쳐오던 오스만 제국이 쇠퇴하면서 오스트리아와 러시아가 발칸반도에서 영향력 강화에 나서 유럽질서에 대한 현상변경의 가능성을 높이고 있었다.

언제 어디서 전쟁이 일어나도 이상하지 않은 살얼음 정세의 한복판에 놓여 있던 독일의 재상 비스마르크 외교의 지향점은 너무 분명했다. 프랑스와 러시아를 견제하는 것이었다. 비스마르크의 외교정책을 담은 '키싱겐 강령(Kissingen Dictation, Kissingen Diktat)'에 구체적인 내용이 잘 나와 있다. 비스마르크는 휴양을 위해 가끔 독일 중부의 온천 도시 바트 키싱겐(Bad Kissingen)에 갔다. 1877년 6월 중순에도 갔는데, 6월 15일 자신을 만나러 온 아들 헤르베르트 폰 비스마르크(Herbert von Bismarck)에게 당시 독일 외교의 핵심과제를 구술해줬다. 구술이 바트 키싱겐에서 이뤄져 '키싱겐 강령'이라는 이름이 붙었다. 아들 헤르베르트는 아버지의 요청에 따라 1874년부터 독일 외교부에서 일하고 있었다. 주요내용은 ①프랑스와 러시아가 동맹을 맺어 독일에 대해 양면전쟁을 일으키지 못하도록 하라, ②프랑스를 고립시켜라, ③러시아 안보전략의 중심을 아시아로 이동시켜라, ④프랑스를 제외한 모든 열강들이 독일을 필요로 하게 만들어라 등으로 요약된다.

비스마르크는 1890년 재상 자리에서 물러날 때까지 '키싱겐 강령'의 범주 안에서 외교를 전개했다. 물론 그 내용 가운데에서도 핵심은 프랑스 고립이었다. 독일에 대해 앙심을 품고 있는 프랑스가 다른 강대국과 동맹을 맺어 독일을 공격하는 사태를 막는 게 비스마르크 외교의 핵심 중 핵심이었던 것이다. 그 길이 곧 독일의 외환을 막고, 유럽의 평화를 지속시키는 길이라고 비스마르크는 믿고 있었다.

독일-오스트리아-러시아 삼제협정으로 프랑스 견제

1871년 프로이센-프랑스 전쟁을 승리로 마무리할 당시 비스마르크의 큰 고민에 휩싸여 있었다. 프랑스 동부 라인강 유역에 있는 알자스-로렌을 차지해야 하나 하는 고민이었다. 라인강과 보주산맥(Vosges Mt.) 사이에 위치해 안보전략적 가치가 높은 지역인데다 철과 석탄 등 자원이 풍부하고 기후도 좋은 지역이어서 점령 욕구가 발동하지 않을 수 없었다. 하지만 독일이 이 지역을 차지하게 되면 프랑스 사람들의 굴욕감은 커질 것이 분명했다. 고민 끝에 비스마르크는 이 지역을 차지하기로 결정했다. 프랑스의 국력 약화 전략에 도움이 될 뿐만 아니라 독일의 안보와 경제에 큰 보탬이 될 수 있겠다는 판단이었다. 게다가 프랑스에 50억 프랑의 배상금도 물게 했다. 배상금에 대한 담보 성격으로 프랑스 주요 요새에 독일군대도 주둔시켰다.

비스마르크의 이 같은 조치는 프랑스인들의 독일에 대한 적대감을 높일 수밖에 없었다. 그만큼 독일은 프랑스를 경계해야 했다. 프랑스가 군비를 강화하는지, 다른 나라와 동맹을 맺는 것은 아닌지 늘 신경을 곤두세워야 했다. 주변국들과의 관계를 더 돈독하게 해 프랑스와 손잡지 못하도록 하는 외교도 강화해야 했다. 강대국들과의 협정이나 동맹조약을 통해 프랑스를 공동으로 고립시키려 했다. 당시 유럽대륙의 최강국은 러시아였다. 비스마르크는 러시아에 먼저 손을 내밀었다. 러시아와는 그즈음 관계가 좋았고, 러시아도 1812년 나폴레옹의 침략을 받은 이후 프랑스에 대해서는 경계심을 늦추지 않고 있었다. 비스마르크의 의사 타진에 러시아는 긍정적인 신호를 주었다.

러시아와 함께 유럽 최강국으로 인정받고 있던 영국의 의사도 물었다. 그런데 영국은 프랑스 고립 전선에 참여하는 것을 꺼렸다. 전통적으로 영국은 '화려한 고립(splendid isolation)'을 즐기면서 유럽 대륙의 정치에 깊숙이 개입하는 것을 되도록 피하려 해왔다. 게다가 프랑스를 공동으로 고립시키는 것은 프랑스의 원한을 사는 일이 아닐 수 없었다. 그런 점을 고려해 영국은 프랑스 고립 협정 가입에 부정적이었다. 오스트리아는 1866년 독일과 전쟁을 했지만, 발칸반도 진출을 추진하고 있는 상황에서 독일의 도움이 필요했다. 그런 만큼 독일의 대(對)프랑스 전선 구축에 협조적이었다.

러시아와 오스트리아의 긍정입장을 확인한 비스마르크는 1871년 8~9월 빌헬름 1세와 오스트리아 황제 프란츠 요제프 1세(Franz Joseph I)의 만남을 주선했다. 세 차례 만남을 통해 두 황제는 유럽의 안정, 사회주의 세력에 대한 대응을 위해서는 양국이 적극 공조해야 한다는 데 인식을 같이 하게 되었다. 1872년 9월에는 러시아 황제 알렉산드르 2세(Alexander II)도 참여하는 세 황제의 회동이 성사되었다. 베를린에서 이뤄진 세 황제 회동에서 합의문이 나오지는 않았지만, 3국의 협력에 대해서는 공감을 이루게 되었다.

이러한 정지작업을 바탕으로 독일과 러시아는 1873년 5월 군사협정을 체결했다. 두 나라 중 하나가 공격을 받으면, 다른 협정 당사국은 병력을 동원해 돕는다는 내용이었다. 6월에는 알렉산드르 2세가 오스트리아를 방문해 쇤브룬(Schönbrunn) 협정에 서명했다. 제3국이 침입했을 때 서로 협의한다는 내용이었다. 10월에 독일이 쇤브룬 협정에 추가로 서명해 삼제협정이 이뤄졌다. 유사시 군사적으로 직접 도움을 준다는 군사동맹의 형태는 아니고 서로 협의해 대처해나간다는 정도의 합의였다. 하지만 유럽의 세 강대국이 유럽질서 유지에 적극 협력해 나가기로 한 만큼 프랑스를 고립시키기엔 충분했다.

독일-오스트리아 양국동맹으로 러시아·프랑스 견제

1877년 4월 러시아가 오스만 제국을 공격했다. 약화된 오스만 제국을 공격해 발칸반도의 슬라브족 국가들의 입지를 강화하기 위해서였다. 늙은 제국 오스만은 러시아의 공격을 버텨내지 못했다. 1877년 10월 사실상 러시아의 승리로 전쟁은 끝났다. 이듬해 3월 두 나라는 산스테파노(San Stefano) 조약을 체결했다. 세르비아와 루마니아, 몬테네그로 등이 오스만 제국에서 독립하고, 러시아는 흑해 서부와 소아시아 일부를 차지하는 내용이었다. 러시아가 발칸지역에서 입지를 강화하자 오스트리아가 불만이었다. 영국도 싫어했다. 이들

국가들이 비스마르크에게 중재를 요청했다. 유럽 강대국의 이해가 첨예하게 충돌하는 상황에서 비스마르크가 나서야 조정이 가능하다는 의견들이었다.

이러한 여론에 따라 비스마르크는 러시아와 오스트리아, 영국, 프랑스, 이탈리아, 오스만 제국의 외교장관을 초청해 베를린회의를 열었다. 1878년 6월이었다. 회의는 한 달 동안이나 진행됐다. 러시아가 차지한 것을 줄이자고 모인 회의인 만큼 논의의 초점은 거기에 맞춰져 있었다. 하지만 영토문제는 늘 민감한 것이고, 한 번 차지한 영토를 줄이는 것은 너무 어려운 일일 수밖에 없었다. 그래서 오랜 논의와 조정이 필요했다. 결국 러시아는 흑해 서부지역(동루멜리아)를 내놓았다. 그 대신 불가리아를 러시아 황제의 조카가 다스리도록 했다. 오스트리아는 보스니아-헤르체고비나를 차지하고, 영국은 사이프러스를 갖게 되었다. 강대국들이 이익을 나눠가짐으로써 충돌을 피하도록 한 것이다. 비스마르크의 전쟁방지, 평화유지라는 외교목표가 여기에도 어김없이 적용되고 있었다.

여러 나라가 압박을 하는 회의장의 분위기 때문에 러시아는 양보를 했지만 불만이었다. 특히 회의의 주재자 비스마르크에게 유감이었다. 실제 러시아는 비스마르크와 빌헬름 1세에게 편지를 보내 불쾌감을 표현했다. 이렇게 되자 1873년 이뤄진 독일-오스트리아-러시아의 삼제협정은 자연스럽게 깨지게 되었다.

비스마르크는 대안을 마련하지 않을 수 없었다. 오스트리아와 협상에 나섰다. 오스트리아의 외교장관 줄러 안드라시(Gyula Andrassy)는 비스마르크와 대화가 잘 되는 인물이었다. 오스트리아는 러시아가 발칸반도에서 영향력을 키워가자 불안해하고 있었다. 독일과의 협력관계 구축이 필요한 상황이었던 것이다. 서로가 상대를 필요로 하는 상황이어서 대화는 일사천리로 진행됐고, 1879년 10월 독일과 오스트리아 양국동맹이 체결되었다. 둘 중 하나가 러시아의 공격을 받으면, 나머지 한 나라가 병력을 동원해 돕는다는 내용이었다. 프랑스가 독일을 공격하는 경우, 또 이탈리아가 오스트리아를 공격하는 경우, 침략국을 돕지 않고 중립을 지킨다는 내용도 포함하고 있었다(이 동맹조약은 5년 단위로 갱신돼 1918년까지 지속되었다).

비스마르크는 독일의 안보를 위해, 특히 프랑스와 러시아의 공격에 대비하기 위해 이러한 동맹조약을 맺었지만, 조약의 탄생과정은 난산이었다. 황제 빌헬름 1세가 반대했기 때문이다. 러시아 황제 알렉산드르 2세는 빌헬름 1세의 조카였다. 빌헬름 1세의 여동생 알렉산드라 표다라우나(Alexandra Feodorovna)가 니콜라이 1세(Nikolai I)와 결혼해서 얻은 아들이 알렉산드르 2세였다. 빌헬름 1세는 조카의 나라 러시아에 대적하기 위해 오스트리아와 비밀동맹을 맺는 것이 달가울 리 없었다. 그래서 반대했고, 비스마르크와는 충돌할 수밖에 없었다.

비스마르크는 나름의 계획이 있었다. '사임 불사 전략'이었다. 동맹이 성사되지 않으면 사표를 내겠다고 위협했다. 1862년 프로이센의 재상이 된 이후 오랫동안 국정을 책임지면서 가끔 구사하던 전략이었다. 비스마르크가 빌헬름 1세와 의견이 갈릴 때 그렇게 강경책을 쓸 수 있었던 것은 관료들의 강력한 지지를 뒷배로 갖고 있었기 때문이다. 당시 독일의 관료들은 부국강병과 다차원의 외교를 통해 독일의 발전을 추구하는 비스마르크를 믿고 지원했다. 그런 배경을 기반으로 세게 버티는 비스마르크를 빌헬름 1세가 이겨먹기는 어려웠다. 결국 빌헬름 1세가 양보할 수밖에 없었고, 양국동맹은 비스마르크의 뜻대로 이뤄졌다.

양국동맹을 승인하면서 빌헬름 1세가 부탁한 것은 오스트리아와 동맹을 맺은 사실을 러시아에게는 끝까지 비밀로 해달라는 것이었다. 조카에게 너무 미안했던 것이다. 독일-오스트리아 동맹도 다른 사례들처럼 비밀로 하려던 것이 당초 비스마르크의 생각이었기 때문에 그 부탁은 안 들어 줄 이유가 없었다. 이런 우여곡절 끝에 독일 주변의 전쟁을 저지하기 위한 또 하나의 비밀조약이 탄생하게 되었다.

러시아와 다시 화해

오스트리아와 양국동맹을 맺었지만, 독일에게 더 중요한 것은 러시아와의 관계 개선이었다. 러시아는 오스트리아보다 더 강한 나라였다. 1800년대 후반 러시아 정정은 불안했다. 자유주의자와 급신주의자들이 도시와 농촌에서 혁명적인 변화를 추구했다. 이를 막으려는 러시아 제정과는 대립이 심화되어 갔다. 그런 가운데 1881년 3월 알렉산드르 2세가 암살되었다. 사회주의혁명운동 세력인 나로드니키의 일파인 '인민의 의지'라는 조직의 일원이 폭탄을 던져 살해한 것이다. 러시아 사회는 혼란에 빠졌다. 여기저기서 테러가 발생하고 소요가 일어났다.

내정이 이렇게 불안해지자 정부로서는 독일과의 관계를 개선할 필요를 느꼈다. 외교장관 니콜라이 폰 기어스(Nikolai von Giers)는 친독일적이었다. 이런 기회를 활용해 비스마르크는 기어스와 접촉했다. 협상이 3개월 동안 계속됐다. 결국 1881년 6월 오스트리아도 참여시키는 제2차 삼제협정이 맺어졌다. 한 나라가 침략을 받으면, 다른 나라들은 중립을 지켜야 한다는 내용이었다. 독일이 프랑스를 공격해도 러시아는 중립을 지키고, 러시아가 영국을 침략하는 경우에도 독일과 오스트리아는 중립을 유지한다는 공격적인 내용도 포함되었다. 상대를 군사적으로 돕는 군사동맹은 아니지만, 제1차 삼제협정보다는 강한 형태가 된 것이다.

제2차 삼제협정은 비스마르크에게 두 가지 큰 의미가 있었다. 첫째, 악화되어 있던 러시아를 우호국가로 돌려놓은 것이다. 러시아를 관리하는 것은 프랑스를 고립시키는 것만큼 당시 독일에게 중요한 과제가 아닐 수 없었다. 둘째, 힘의 공백상태가 발생하면서 분쟁지역이 된 발칸반도에서 핵심 경쟁국 러시아와 오스트리아를 하나의 협정 속에서 우호적 관계를 유지해 나가도록 한 것이다. 발칸에서 전쟁이 일어나면 유럽이 조용할 수 없었다. 특히 러시아는 오스트리아가 영국과 손잡고 러시아를 견제하면서 발칸에서 세력을 확대할까봐 우려하고 있었다. 오스트리아는 러시아가 발칸의 슬라브 세력과 연대를 강화하면서 지배력을 강화하지 않을까 노심초사하고 있었다. 그래서 비스마르크는 러시아와 오스트리아를 끌어들여 협정을 체결하고 주요문제를 논의하도록 한 것이다.

독일-오스트리아-이탈리아 삼국동맹 체결

양국동맹과 제2차 삼제협정으로 오스트리아, 러시아는 어느 정도 관리가 될 수 있도록 해놓았지만 비스마르크는 그것으로 안심하지 못했다. 이제 이탈리아가 문제였다. 프랑스와 지리적으로 인접한 이탈리아는 전통적으로 프랑스와 갈등관계를 형성하고 있었지만, 전략적 이해관계가 일치하면 언제든 협력관계를 구축할 수 있었다. 1800년대 후반 이탈리아는 아프리카의 튀니지를 두고 프랑스와 아옹다옹하고 있었다. 그런데 1881년 5월 프랑스가 대규모 군대를 파견해 튀니지와 바르도(Bardo) 조약을 맺었다. 튀니지는 프랑스 보호령이 된다는 내용이었다. 닭 쫓던 개꼴이 된 이탈리아의 프랑스에 대한 적대감은 높아졌다. 이탈리아 내에서는 반(反)프랑스 운동이 일어나기도 했다.

독일에게는 기회였다. 이탈리아와 접촉해 동맹을 추진했다. 이탈리아도 마다할 리 없었다. 기존의 독일-오스트리아 양국동맹에 1882년 5월 이탈리아가 추가로 참여했다. 오스트리아도 프랑스에 대해서는 늘 견제해야 한다고 생각하고 있었기 때문에 이탈리아까지 끌어들여 반(反) 프랑스 동맹을 맺는 것은 반길 일이었다. 이렇게 해서 독일-오스트리아-이탈리아의 삼국동맹이 구축되었다. 동맹조약의 핵심내용은 물론 프랑스의 공격이 시작되면 서로 돕는다는 것이었다. 러시아가 공격할 때에는 중립을 지키기로 했다. 러시아를 적성국으로 상정하고 있었던 것이다. 이는 제2차 삼제협정이 러시아를 우호국으로 상정한 것과는 모순되는 것이었다. 현란한 비스마르크식 비밀외교가 빚어낸 모순이었다.

비밀외교였던 만큼 그런 모순은 수면 위로 떠오르지는 않았다. 이렇게 비스마르크는 프랑스를 고립시키면서, 러시아는 독일-오스트리아-러시아의 삼제협정을 통해, 이탈리아는 독일-오스트리아-이탈리아의 삼국동맹을 통해, 오스트리아는 삼제협정과 삼국동맹 모두를 통해 컨트롤하려 했다. 그렇게 해서 결국 독일에 대한 공격을 막고, 유럽에서 전쟁이 일어나는 것을 방지하려 했다.

러시아의 관심을 아시아로

비스마르크는 유럽대륙의 최강대국 러시아의 관심을 아시아로 돌리는 외교에도 적극적이었다. 1882년 임오군란 직후 전직 독일외교관 파울 게오르그 폰 묄렌도르프(Paul Georg von Möllendorff)가 조선에 파견되었다. 청나라 주재 독일영사관에서 일하던 그는 청나라의 북양대신 이홍장의 추천으로 조선의 통리아문(지금의 외교부와 유사한 부처) 참의(차관보급)에 임명돼 외교뿐만 아니라 세무와 법률 등의 분야에서도 큰 영향력을 발휘했다. 그런데 그는 당시 독일 외무성과 연결돼 있었다. 1884년 10월 조선 주재 초대 독일총영사로 부임한 오토 젬부쉬(Otto Zembsch)가 부임 당시 외무성으로부터 받은 지시에는 "묄렌도르프와 긴밀히 협의하고 협조를 구하라"는 내

묄렌도르프.

용이 포함되어 있었다. 묄렌도르프의 부인 로잘리 폰 묄렌도르프(Rosalie von Möllendorff)가 남긴 일기에 기록되어 있는 내용이다.

비스마르크는 정보기관으로 독일기밀근무단(German Secret Service Corps)을 운영하고 있었는데, 육군정보단과 해군정보단, 외교정보단 등의 조직을 갖추고 있었다. 묄렌도르프는 그 가운데 외교정보단에 소속되어 활동하는 요원이었을 가능성이 있다. 독일 외무성에서 일한 적이 있는데다, 자신을 추천한 이홍장의 의도와는 다르게 러시아를 조선에 진출시키는 등 독일의 외교목표에 부합하는 행보를 한 것으로 보아 그가 독일의 정보요원이었을 가능성은 꽤 높다고 할 수 있다.

조선의 고위관료가 된 묄렌도르프는 고종과 가깝게 지내면서, 친러적 입장을 견지하고 러시아를 조선으로 끌어들이는 정책을 적극 추진했다. 이른바 주변부전환전략(Periphery Diversion Strategy), 즉 한 나라의 관심을 주요지역 바깥으로 돌리는 전략을 실행한 것이다. 이는 비스마르크의 '키싱겐 강령' 내용 가운데 '러시아 안보선략의 중심을 아시아로 이동시켜라'라는 조항에 적극 부응하는 것이 아닐 수 없었다. 러시아의 관심을 유럽에서 아시아로 돌려 유럽에서 전쟁을 일으키거나 프랑스와 동맹을 맺어 독일을 압박하는 사태를 막자는 비스마르크 외교전략에 묄렌도르프가 적극 발을 맞춘 것이다.

이를 위해 묄렌도르프가 우선 추진한 것은 러시아가 조선과 통상조약을 맺도록 하는 것이었다. 임오군란 직후 청나라가 조선의 내정을 깊이 간섭하자 러시아도 조선에 진출할 생각을 가지고 있었다. 묄렌도르프는 청나라 텐진(天津) 주재 러시아 영사 카를 베베르(Karl Weber)와 협력했다. 고종과 지근거리에 있던 묄렌도르프는 조선정부의 분위기를 파악해 베베르에게 편지로 전해줬다. "조선이 두만강 어귀 적당한 지역을 개방하는 것에 동의할 것이며, 해상 무역보다 낮은 관세를 육로통상에 부과할 것"이라는 등의 구체적인 내용을 베베르에게 알려 러시아와 조선의 통상조약 체결을 종용한 것이다.

그런 과정을 거쳐 1884년 6월 베베르가 서울을 방문했고, 깊은 협상 끝에 7월 조러수호통상조약이 체결되었다. 금지되지 않은 모든 상품을 러시아가 조선에서 팔 수 있도록 하는 것이 핵심내용이었다. 러시아 군함이 조선의 모든 항구에 자유롭게 입항 할 수 있다는 내용도 포함되어 있었다. 이로써 조선에서 러시아의 입지는 청나라, 일본과 같게 되었다. 이홍장과 청나라는 러시아의 조선 진출을 적극 저지하겠다는 생각이었지만, 묄렌도르프는 거꾸로 움직이고 있었다. 이홍장이 아니라 비스마르크의 방침을 따른 것이다.

묄렌도르프는 통상조약을 넘어서 조선을 러시아의 보호국으로 하려는 조러밀약을 추진하기까지 했다. 1884년 김옥균과 박영효 등 개화파는 일본의 지원을 배경으로 갑신정변을 일으켰지만 3일천하로 무너졌다. 이후 청나라 세력을 더욱 강화되었다. 고종은 청나라의 간섭을 막아줄 방패막이가 필요했다. 고종이 처한 상황을 누구보다 면밀히 파악하고 있던 묄렌도르프는 러시아를 조선으로 직접 끌어들이려 했다. 일본 주재 러시아 공사 알렉산드르 다비도프(Alexandre Davidoff)에게 전보를 쳐 러시아 해군을 인천에 파견해 달라고 요청했다. 이에 대해 러시아 정부는 일본 주재 러시아 서기관 알렉세이 슈페이에르(Alexey Shpeyer)를 서울에 보내 협상을 하도록 했다. 1885년 2월 서울에서 슈페이에르를 만난 묄렌도르프는 러시아가 조선을 보호해 주면, 영일만에 러시아 해군기지를 조차할 수 있도록 하겠다고 제안했다. 조선을 러시아령으로 만들어 청나라와 일본으로부터 보호하겠다는 얘기였다. 다른 측면으로 보면, 러시아의 관심을 아시아로 돌려 유럽정치에 대한 관심을 줄여보겠다는 시도였다. 그런 시도에 조선을 미끼로 활용한 것이다.

1885년 3월 묄렌도르프는 일본으로 건너가 러시아 공사 다비도프를 만났다. 갑신정변 이후 일본과의 관계를 논의하기 위해 일본을 방문한 특명전권대신 서상우를 수행하는 길에 다비도프를 면담한 것이다. 그 자리에서 묄렌도르프는 조선을 중립화하는 방안을 제안하기도 했다. 조선을 러시아가 군사적으로 보호하는 방안과 함께 러시아, 청나라, 일본이 공동으로 조선을 보호하는 방안도 제시한 것이다.

비스마르크의 큰 그림에 어울리게 묄렌도르프가 적극 추진하던 조러밀약은 시도로 끝나고 성사되지는 못했다. 조선 주재 일본공사 이노우에 가오루(井上馨)의 정보망에 걸렸기 때문이다. 이노우에는 러시아와 조선 사이의 협상 내용을 간파해 공개해버렸다. 그 바람에 일본은 물론 청나라와 영국까지 나서 러시아-조선의 협상을 서지했다. 묄렌도르프의 입지도 좁아져 더 이상 조선에 머물지 못하고 1885년 12월 텐진으로 돌아갔다.

러시아와 재보장 조약

독일과 오스트리아, 러시아가 1881년 맺은 제2차 삼제협정은 1887년 6월 만료되었다. 이즈음 러시아 정부 내에서는 친독파와 친불파가 대립하고 있었다. 친독파는 그동안 독일과 협력해왔으니 제

2차 삼제협정을 연장하자고 주장했다. 외교장관 기어스가 친독파의 수장격이었다. 친불파는 이제 독일보다는 그동안 소원했던 프랑스와의 관계를 개선해 새로운 활로를 찾아야 한다는 의견이었다. 발칸반도에서 오스트리아와의 관계도 악화돼 제2차 삼제협정을 연장하기 어렵다는 것이 친불파의 생각이었다. 황제 알렉산드르 3세(Alexander III)까지도 프랑스와 관계 개선에 긍정적인 입장이었다. 이런 상황에서 주무장관 기어스는 자신의 주장만을 고집하기 어려웠다. 해결방안을 마련해야 했다. 중재안을 제시했다. 제2차 삼제협정을 종료시키고, 대신 독일과는 따로 조약을 맺자는 것이었다. 친불파도 일단 독일과 별개의 조약을 체결하는 것은 이해한다는 입장이었다.

비스마르크 입장에서는 제2차 삼제협정을 연장하는 것이 최선이었지만, 러시아 측의 사정에 의해 불가하게 된 만큼, 러시아와의 조약은 반드시 체결해야 했다. 종래의 우호적인 파트너 기어스와 긴밀하게 접촉했다. 하지만 막상 독일과 일대일 조약을 맺어야 하는 상황에서 러시아 정부 내부의 의견이 쉽게 모아지지 않았다. 더욱이 비스마르크가 자국의 이익을 위해 러시아를 이용해온 점에 대해 알렉산드르 3세가 괘씸하게 생각하고 있었다. 이런 복잡한 사정 때문에 협상은 지연되었다. 그러자 비스마르크는 1879년 오스트리아와 맺은 양국동맹조약의 전문을 러시아에 전달했다. 비밀조약 문건을 제3국에 전해준 것이다. “우리 독일과 오스트리아는 오래전에 이런 비밀동맹을 맺어 놓았다. 너희 러시아가 침략할 때 서로 돕는다는 내용이다. 그러니 너희도 우리와 따로 조약을 체결하지 않으면 어떤 일을 당할지 모른다” 이런 얘기를 하는 격이었다.

물론 이는 외교관례를 정면으로 어긴 것이었다. 뿐만 아니라 빌헬름 1세와의 약속(독일-오스트리아 동맹조약 체결을 러시아에 말하지 않기로 한 약속)도 저버린 행위였다. 하지만 비스마르크는 관례에도 어긋나고 약속도 위반하는 그런 행위를 서슴없이 단행했다. 국익을 위해서는 거짓과 위선도 마다하지 않는, 전형적인 마키아벨리안으로서의 비스마르크 모습을 새삼 확인해주는 장면이 아닐 수 없다.

이러한 비스마르크의 전략이 효과를 발휘해 러시아는 독일과 조약을 맺게 되었다. 1887년 6월의 독러재보장조약이다. 두 국가 중 하나가 전쟁에 돌입할 때 다른 국가는 우호적 중립을 견지한다는 내용이다. 독일이 불가리아에서 러시아의 특수이익을 인정한다는 내용도 들어갔다. 흑해와 지중해 사이의 해협을 러시아가 자유롭게 출입할 수 있도록 하는 내용도 포함되었다. 한마디로, 프랑스가 독일을 공격하면 러시아는 독일에 우호적인 입장에서 중립을 지키고, 그 대신 독일은 발칸반도에서 러시아의 우월한 지위를 인정해준다는 것이었다.

이밖에도 비스마르크는 많은 조약을 만들어냈다. 1887년 2월 영국과 이탈리아, 오스트리아, 스페인 등이 참여하는 제1차 지중해협정의 체결을 중재해 이 국가들이 프랑스 고립에 동참하도록 했다. 그해 12월에는 영국, 오스트리아, 이탈리아가 참여하는 제2차 지중해협정이 맺어지는 데에도 기여했다. 이 협정은 근동지역의 현상유지와 오스만 제국의 독립유지 등에 공조함으로써 러시아의 세력확장을 견제하려는 것이었다. 1888년 1월에는 독일-이탈리아 군사합의도 체결했다. 프랑스가 독일을 공격하는 경우 이탈리아가 독일을 돕도록 하는 합의이었다.

비스마르크를 위한 변명

이런 화려한 외교를 펼치던 비스마르크도 빌헬름 1세의 사망과 함께 역사의 뒤편으로 물러났다. 1888년 즉위한 빌헬름 2세(Wilhelm II)는 비스마르크와 잘 맞지 않았다. 비스마르크가 그토록 경계했던 팽창정책을 추진했다. 러시아와의 관계도 중시하지 않았다. 화려한 스포트라이트를 받는 비스마르크를 껄끄럽게 여기기도 했다. 결국 1890년 3월 그는 비스마르크 재상을 해임했다.

재임 28년 동안 비스마르크는 독일통일과 통일독일의 부흥에 매진했다. 그래서 그의 외교 초점은 전쟁방지, 평화유지였다. 세계평화와 인류공영보다는 독일의 융성을 위해서였다. 그런 점에서 그는 세계평화주의자와는 거리가 멀고 독일제일주의자였다. 하지만 그의 전쟁방지 외교를 통해 유럽은 1870년대부터 1차 세계대전이 일어나는 1910년대까지 큰 전쟁은 피할 수 있었다.

아이러니한 것은, 그의 비밀외교를 통해 형성된 독일-오스트리아-이탈리아 삼국동맹이 이후 발생하는 1차 세계대전의 원인(遠因. 먼 원인)이 되었다는 것이다. 1900년대 초가 되면서 삼국동맹의 반대쪽에 영국-프랑스-러시아의 삼국협상이 구축되고, 이 두 체제가 맞부딪혀 1차 세계대전이 발생한 것이다.

하지만 1차 세계대전의 원흉처럼 자신을 묘사하는 이러한 얘기를 들으면 비스마르크는 좀 억울할 것 같다. 비스마르크는 독일의 안보와 전쟁방지를 위해 애썼고, 적어도 자신이 물러난 1890년까지는 그런 목표가 실현되고 있었다. 이후 삼국협상이 만들어져 가는 데에는 빌헬름 2세의 팽창정책에 기인한 바 크다. 그가 팽창정책을 적극 추

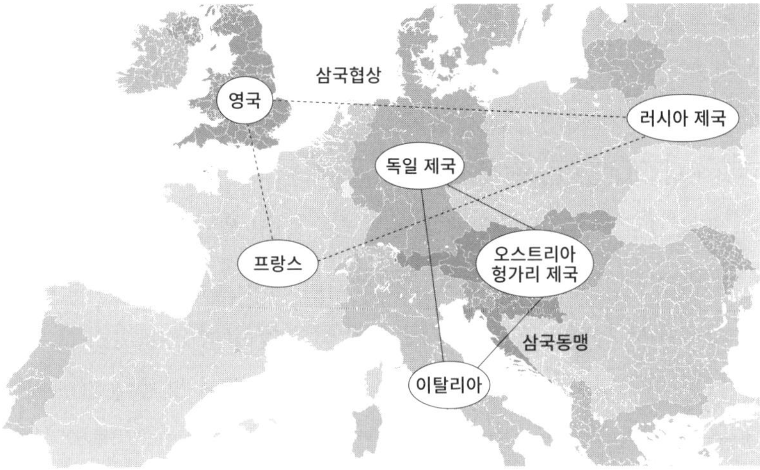

20세기 초 삼국동맹과 삼국협상의 대립구도

진하면서 유럽과 아프리카 지역에서 영국, 프랑스, 러시아와 충돌하게 되었고, 그 바람에 이 삼국의 독일 견제가 본격화되었다. 1894년 러시아-프랑스 동맹, 1904년 영국-프랑스 협정, 1907 영국-러시아 협정을 통해 삼국협상 체제가 형성되었다.

그러니 1차 세계대전의 근인(近因. 가까운 원인. 직접적인 원인)은 독일의 팽창정책이 아닐 수 없다. 비스마르크가 자신 이후의 정책까지 어찌할 수 있는 것은 아니었다. 그런데 이후 정책은 그의 생각과는 반대로 갔고 그에 따라 자신의 외교 결과물들이 큰 전쟁의 원인(遠因)이 되어갔던 것이다. 지금의 사가들이 연구를 하다 보니 그렇게 1차 세계대전의 원인이 비스마르크까지 거슬러 간다고 볼 수 있겠다는 것이다.

물론 그의 외교가 코앞만 보는 것이었고, 심모원려(深謀遠慮)가 없었다고 지적할 수는 있겠다. 하지만 당대외교를 책임지고 한 나라의 국익을 추구하는 위정자에게 미래 세계의 정세까지 예측하고 그에 따른 대안까지 마련하라고 요구하는 것은 과한 것 아닌가? 국가의 수반이나 외교 수장을 맞고 있으면서 어느 쪽이 국익인지, 어느 쪽이 국가 생존의 길인지도 제대로 모르고 갈팡질팡하는 경우도 허다하지 않은가? 여하튼 지금 비스마르크를 생환시켜 물어도, 그는 당시 상황에서 독일의 안보를 확보하고 유럽에서 전쟁을 막기 위해서는 그런 다각적이고 전방위적인 외교를 할 수밖에 없었다고 얘기할 것 같다.

소련의 베를린 봉쇄 그리고 미국의 전략적 대응 . 1948~1949 3

공산세계 속의 섬 서베를린

2차 세계대전의 끝은 패전국 독일에게는 고난의 시작이었다. 연합국은 테헤란 회담(1943.11.28.~12.1.)과 얄타 회담(1945.2.4.~2.11.), 포츠담 회담(1945.7.17.~8.2.)을 통해 독일을 4등분하기로 했다. 그에 따라 서쪽은 미국과 영국, 프랑스가, 동쪽은 소련이 점령했다. 독일제국의 수도 베를린은 소련 점령지 속에 있게 되었다. 상징성 높은 수도인 만큼 베를린도 서방과 소련이 나눠 점령했다. 서베를린은 역시 미국과 영국, 프랑스가, 동베를린은 소련이 차지했다. 그 결과 서베를린은 소련 점령지 한 가운데 섬으로 남게 되었다.

2차 세계대전 막바지에 독일에 먼저 진주한 것은 소련이었다. 소련은 독일에 욕심을 가지고 있었다. 독일을 차지하게 되면 유럽에 사회주의를 확산시키는 유리한 입지를 확보할 것으로 여겼다. 미국은 반대로 독일을 빼앗기지 않기 위해 진력했다. 미국과 소련이 친구에서 적으로 변하면서 패전국 독일의 가치는 크게 높아진 것이다. 합의에 따라 영토를 나누어 점령한 이후에도 소련은 욕심을 버리지 못했다. 서방 점령지와 소련 점령지를 하나의 독일로 통일해 친소련

소련 점령지에 섬으로 남은 서베를린. 서베를린을 프랑스, 영국, 미국이 북쪽에서 남쪽으로 차례로 점령했다.

국가로 만들겠다는 생각을 쉽게 지우지 못한 것이다.

소련은 1946년 점령지역에서 총선을 실시해 사회주의통일당(SED)이 승리했고, 이후 주요산업의 국유화 등 사회주의화 작업이 진행되었다. 서방 점령지역 내의 사회주의 정당들에 대해서도 적극 지원했다.

미국·영국 점령지 통합 그리고 서베를린 봉쇄

이러한 소련의 의도를 알고 있던 미국의 대응책은 서방이 치지하고 있는 지역을 하나의 국가로 만드는 것이었다. 물론 민주주의와 자본주의를 채택한 하나의 국가로 만들겠다는 것이었다. 그래서 우선 추진한 것이 서방 점령지를 통합하는 일이었다. 1947년 1월 미국과 영국은 점령지를 통합했다. 3월에는 트루먼(Harry Truman) 미국 대통령이 트루먼 독트린을 발표해 자유주의에 대한 지원에 나섰다. 마셜플랜이라는 경제적 지원방안도 마련해 서유럽에 대한 재건과 부흥을 촉진했다.

1948년 초부터는 서방점령지를 모두 통합하기 위한 작업도 시작했다(실제 통합된 미국·영국 점령지에 프랑스 점령지가 합쳐지는 것은 1948년 8월 1일이었다). 서방점령지에 하나의 정부를 세우기 위한 준비작업이었다. 이에 맞서 소련은 서베를린으로 들어가는 철도와 도로를 일부 통제하기 시작했다. 미국은 6월 18일 서방 점령지에서 기존의 독일 화폐인 '제국마르크(Reichsmark)'를 없애고 새로운 화폐를 도입하겠다고 발표하고, 21일 신화폐 '독일마르크(Deutchemark)'를 유통시켰다. 23일에는 독일마르크가 서베를린에도 그대로 도입되었다. 서방 점령지를 경제적으로 통합하고, 이후 단독 정부를 수립하려는 계획을 착착 진행해 나간 것이다.

이를 보고 있던 스탈린의 염려는 커졌다. 서방 점령지가 하나의 정부가 되고 경제적으로 성장하게 되면, 동유럽 국가들이 동요할 것이 틀림없었다. 그렇게 되면 동유럽에 대한 소련의 영향력을 줄어들 수밖에 없었다. 소련은 그래서 서방 점령지의 화폐개혁에 강력 반발했다. 6월 22일 소련 점령지에도 새 화폐 '오스트마르크(Ostmark)'를 도입했다. 이어 초강경책을 실행했다. 서베를린을 봉쇄한 것이다. 1948년 6월 24일의 일이다. 서방 점령지에서 서베를린에 가려면 소련 점령지를 지나야 하는데, 이걸 막아버린 것이다. 철도와 도로, 수로, 전기 등을 모두 차단했다. 미국을 비롯한 서방국가들은 이에 대해 동독지역과 동유럽국가들에 대한 무역금지로 맞섰다.

봉쇄를 시작하면서 소련은 승전 4개국(미국, 영국, 프랑스, 소련)으로 구성되어 베를린 운영문제를 협의하던 베를린행정위원회 폐지도 선언했다. 서방은 베를린에 대해 어떤 권리도 없다, 서베를린을 포기하라는 얘기였다. 소련은 이런 강경책을 쓰면 서방이 서베를린에서 물러날 수도 있다고 보았다. 한 도시의 반쪽을 지키기 위해 큰 전쟁을 감수하지는 않을 것이라고 생각한 것이다.

220만 서베를린 시민들은 당장 물과 음식, 연료가 부족해졌다. 봉쇄가 시작되면서 시장에서 생필품을 구하는 것 자체가 어려워졌고, 구한다고 해도 값이 크게 올라 있었다. 서베를린에 남아 있는 식량은 한 달, 석탄은 45일치 정도밖에 되지 않았다. 이것들이 고갈되어 가면 시민들의 고통은 말할 수 없이 커지고, 2차 세계대전 겪은지 얼마 안 되는 상황에서 전쟁을 다시 하고 싶지 않은 미국은 손을 들고 말 것이라는 게 소련의 계산이었다.

육로가 막히자 하늘로

2차 세계대전이 끝난 뒤 곧 냉전이 시작되고, 긴장의 정도를 높여 오던 미국과 소련이 베를린에서 직접 충돌한 양상이었다. 동서진영의 종주국이 충돌한 것이니 어느 쪽도 양보하기 어려웠다. 게다가 물리적 봉쇄라는 강력한 수단이 동원됐고, 그 조치로 인해 고통받는 사람들이 존재했다.

미국은 이에 대해 어떻게 대응할지 고민에 고민을 거듭했다. 미국정부 내에서 논쟁이 격화되었다. 국방장관 제임스 포레스탈(James

Forrestal)은 소련의 봉쇄의지는 꺾기 어려우니 서베를린에서 서방의 군대를 철수해야 한다고 주장했다. 합참의장 오마 브래들리(Omar Bradley)도 비슷한 의견이었다. 영국 측에서도 독일 영국군정 총사령관 브라이언 로버트슨(Brian Robertson)이 이런 의견에 힘을 보탰다. 반면 독일의 미군정 총사령관 루셔스 클레이(Lucius Clay)는 생각이 달랐다. 수송부대를 이용해 서베를린에 필요한 물자를 공수해야 한다고 주장했다. 무반동포로 무장을 하고 전투공병을 동반시켜 서베를린으로 수송부대 항공기를 보내야 한다고 주장한 것이다. 매우 위험한 작전을 현장 사령관이 건의한 것인데, 현지 군정 책임자로 서베를린 사수의 정치적 중요성을 체감하면서 나온 의견이었다. 베를린 주둔 영국 공군 사령관 레지널드 웨이트(Reginald Waite)는 클레이와 같은 생각을 갖고 있었다.

트루먼은 이런 얘기를 다 듣고 있었다. 결단은 그의 몫이었다. 대통령이 된 이후 'The buck stops here(책임은 여기에 있다)'라고 쓰인 명패를 책상 위에 올려놓은 것은 필요할 때 신속하게 결단을 하기 위해서였다. 상황은 어려웠다. 소련군은 독일의 점령지에 50만의 대군을 파견해 놓고 있었다. 필요하면 신속하게 증원할 수도 있었다. 미국은 대서양을 건너야 하니 신속하게 대규모 군을 움직일 수 없었다. 영국은 2차대전 후 감군으로 병력을 파견하는 게 여의치 않았다. 프랑스는 멀리 인도차이나 반도에서 베트남의 독립전쟁에 대처하는 데에도 바빴다. 미국은 소련과 전쟁을 하는 것 자체를 피해야 했다. 그러면서도 서베를린은 지켜야 했다.

트루먼은 3가지 대안을 두고 생각을 거듭했다. 첫째는 무력개입, 둘째는 독일점령지에서의 철수, 셋째는 공수작전이었다. 무력개입은 소련과의 군사적 충돌을 의미하는 것이었다. 큰 전쟁으로 갈 수 있었다. 독일점령지에서 미국이 철수하는 것은 베를린 상실로 끝나는 게 아니라 독일전체, 나아가 유럽의 상실로 이어질 수 있었다. 첫째, 둘째 선택지를 버리니 남는 건 세 번째였다. 트루먼은 그렇게 공수작전으로 결론을 냈다. 항공기를 이용해 서베를린에 생필품을 공급하는 대규모 작전을 전개하기로 한 것이다. 2차대전 이후 미국은 자유주의 세계의 리더가 되어 있었고, 서베를린은 자유민주주의 세계의 상징처럼 되어 있었다. 그런 서베를린을 포기하는 것은 유럽에서 자유민주주의를 포기하는 것으로 인식될 수 있었다. 트루먼과 미국이 걱정한 것은 그것이었다.

6월 26일 공수작전이 시작됐다. 소련은 군사적 위협을 가했다. 전투기를 출격시켜 공수작전을 방해했다. 2차대전이 끝난 뒤 처음으로 닥친 미국-소련 간의 군사적 충돌 위기였다. 소련의 공격에 대비해 미국의 수송기들도 생필품과 함께 폭탄을 준비한 채 서베를린으로 계속 출격했다. 공수규모를 늘려갔다. 영국 공군도 가세했다. 미국 본토의 수송기도 투입됐다. 하루 82톤으로 시작한 작전은 7월 초에는 하루 500톤으로 늘었다. 동구와 소련에 대한 경제제재도 본격 실행되었다. 수출과 수입을 금지해 경제적 타격을 주려 한 것이다. 7월 말에는 공수물자의 양이 2,000톤에 달했고, 8월 말에는 4,000톤을 넘었다. 공수작전 시작 두 달 만에 서베를린 시민이 하루 생활하는 데 꼭 필요한 정도의 식량과 연료 등 생필품을 조달해 줄 수 있게 된 것이다.

소련은 당황

미국의 이러한 신속한 대응은 소련을 당황하게 했다. 서베를린을 봉쇄하면 미국이 당황하게 되고 결국은 서베를린을 포기하게 될 것이라는 게 소련의 계산이었다. 하지만 이는 '희망 섞인 생각(wishful thinking)'에 불과했다. 서베를린에 기존엔 공항이 하나뿐이었는데, 1948년 11월에는 제2공항까지 완공해 공수를 보다 안정적으로 할 수 있게 되었다.

공수품의 내용도 먹을 것과 마실 것, 연료 등 생활의 기초용품이 중심이 되었지만, 차츰 간식류와 커피, 담배 등 기호품이 포함되게 되었다. 초콜릿과 과자, 사탕 등이 비공식적으로 공수되기도 했다. 이를 먼저 시작한 것은 미공군 조종사 게일 핼버슨(Gail Halvorsen). 서베를린 공군기지의 조종사였던 그는 어느 날 주변 아이들에게 껌 하나를 주게 되었다. 아이들은 껌 하나를 30개도 넘는 조각으로 나눠 조금씩 맛보고 있었다. 심지어 껌을 싸고 있던 포장지도 여러 조각으로 나눠 향기를 맡아보고 있었다. 막연하게 서베를린 시민들의 어려움을 짐작하고 있던 핼버슨은 그날 이들의 난관을 새롭게 인식하게 되었다. 이후 핼버슨은 서방 점령지로 생필품을 실으러 나갈 때면 잊지 않고 초콜릿과 사탕 등을 사서 서베를린으로 와 공중에서 떨어뜨렸다. 아이들은 핼버슨이 떨구는 초콜릿과 사탕에 열광했다. 핼버슨의 수송기에 '캔디폭격기(candy bomber)'라는 별칭도 붙여 주었다. 아이들의 반응이 너무 좋아 다른 조종사들도 핼버슨을 따라했다.

소련의 봉쇄에 신속한 공수작전으로 서베를린을 구하고, '캔디폭격기'까지 보내 아이들의 환호를 받는 모습은 소련 전략의 큰 실패를 단적으로 보여주는 것이었다. 아니 실패 정도가 아니라 오히려 미국의 힘을 과시하는 장을 마련해준 꼴이었다.

협상-압박 병행…봉쇄 해제

공수를 계속하는 것만으로 문제가 완전 해결되는 것은 아니었다. 봉쇄를 풀어야 했다. 그러자면 소련을 만나 얘기를 해야 했다. 미국은 1948년 8월부터 외교채널을 가동하기 시작했다. 8월 2일 미국과 영국, 프랑스의 소련 주대 대사들이 스탈린은 찾아갔다. 봉쇄해제를 요청했다. 그러나 이때까지만 해도 스탈린은 강경입장에서 벗어나 있지 않았다. 봉쇄해제를 위해서는 두 가지 조건이 충족되어야 한다고 말했다. 하나는 소련점령지구에서 쓰는 화폐를 베를린 전역에서 쓰도록 하라는 것이었다. 서베를린이 서방점령지구의 화폐를 쓰면서 서방의 관할구역으로 굳어지는 것을 저지하려는 생각이었다. 다른 하나는 서독정부 수립의 연기였다. 서방의 단독정부 수립을 막고 독일전체를 친소련국가화 하려는 의지를 아직 버리지 못했던 것이다.

미국이 이걸 받을 수는 없었다. 서방점령지구와 서베를린에서 새로운 화폐의 통용을 안정화시키고, 마셜계획에 의한 투자를 증대해 서구 경제권으로 정착시키면서, 서쪽의 단독정부 수립을 서둘러야 하는 미국의 입장에서 스탈린의 이러한 얘기가 수용될 여지는 없었다.

1949년 1월에는 미국의 통신사 INS[International News Service. 1958년 UP(United Press)와 합병해 UPI(United Press International)이 되었다] 유럽지국장 킹스베리 스미스(Kingsbury Smith)가 스탈린과 인터뷰를 했다. "서

방이 서독정부 수립을 미룬다면, 서베를린 봉쇄를 해제할 준비가 되어 있습니까?"라고 물었다. 스탈린은 "서방이 경제제재를 동시에 해제한다면 우리도 봉쇄를 해제할 수 있다"고 말했다. 화폐 얘기는 하지 않았다. 몇 개월째 진행된 서방의 경제제재 때문에 소련과 동구의 경제상황이 어려워진 것이다. 스탈린이 화폐개혁을 거론하지 않고, 서방의 경제제재 해제를 요구하는 것은 미국에게는 아주 고무적인 것이 아닐 수 없었다. 화폐개혁과 서독 정부 수립 연기 등은 들어주기 어려운 것이지만, 경제제재 해제는 얼마든지 협상의 대상이 될 수 있는 것이었다.

이런 분위기 변화를 감지하면서 미국 국무부는 소련과 접촉 기회를 찾았다. 양측이 모두 활동하고 있는 유엔에서 비공식 접촉의 기회를 마련해보기로 했다. 당시 미국의 유엔 담당 특사 필립 제섭(Philip Jessup)이 그 역할을 맡았다. 제섭은 1949년 3월 15일 유엔 주재 소련대사 야코프 말리크(Yakov Malik)를 만났다. 말리크는 영어를 아주 잘했지만, 공식적인 얘기를 할 때는 러시아말로 하고, 통역이 자기 말을 영어로 전하도록 했다. INS와의 인터뷰에서 스탈린이 화폐개혁을 거론하지 않은 것은 나름의 의도를 가진 것이란 설명을 해줬다. 1948년 6월 시행된 서독 점령지의 화폐개혁을 크게 문제 삼지 않겠다는 얘기였다.

제섭과 말리크는 봉쇄해제에 대해서도 얘기를 나누긴 했지만, 첫 만남부터 진전을 이루기는 어려웠다. 말리크는 봉쇄조치가 미국의 행동에 대한 대응차원에서 나온 것임을 얘기했고, 제섭도 미국의 무역금지는 소련의 조치에 대한 대응차원에서 나온 것임을 밝혔다. 봉쇄가 상호 대응차원에서 나온 것이니, 입장을 조율해 나간다면 봉쇄

해제나 무역금지 해제가 가능함을 서로 인정하는 분위기가 된 것이다. 미국은 두 사람의 첫 만남을 협상의 주요계기로 삼기로 하고, 그 모멘텀을 이어나가기 위해 몹시 신경을 썼다.

3월 21일 제섭-말리크 2차회담이 열렸다. 제섭은 되도록 빠른 봉쇄해제를 요구했다. 하지만 말리크는 승전국 외교장관회담에서 논의해보자며 분명한 답을 피했다. 미국과 영국, 프랑스, 소련의 외교장관들은 패전국 독일 통치에 대한 주요문제를 논의하기 위해 종종 승전국 외교장관회담을 열고 있었다. 말리크의 관심은 봉쇄해제가 아니라 서독정부 수립의 연기였다. 승전국 외교장관회담이 열리면, 거기서 서독정부 수립의 중지도 논의할 수 있느냐고 제섭에게 물었다. 제섭의 답은 "No"였다. 이 문제에 관한한 미국의 입장은 이미 '정부 수립'으로 정리되어 있었다.

미국은 이렇게 소련과 협상을 시도하면서, 한편으로는 소련에 대해 압박도 가하고 있었다. 2차대전 직후부터 논의해오던 북대서양조약기구(NATO) 설립 조약을 4월 4일 체결했다. 미국이 주도하고, 영국과 프랑스, 이탈리아, 벨기에, 네덜란드, 룩셈부르크, 포르투갈, 덴마크, 아이슬란드, 노르웨이, 캐나다가 참여하는 집단방위조약이었다. 하나의 회원국에 대한 공격을 전체 회원국에 대한 공격으로 간주해 전체가 공동으로 대응한다는 것을 핵심내용으로 하고 있었다. 소련의 공격에 대해 미국과 유럽이 똘똘 뭉쳐 대응한다는 것이니 소련에게는 커다란 압박과 위협이 아닐 수 없었다.

미국은 이렇게 위협 카드를 한 손에 쥐고, 소련과 협상을 지속 추진했다. 제섭과 말리크의 3차회담은 NATO 조약 체결 다음날인 4월 5일이었다. 말리크는 여전히 서독정부 수립 연기에 관심을 집중했다. 그만큼 당시 소련은 서방이 서독을 분리, 독립시켜 집중 발전시키려는 미국의 전략에 신경을 곤두세우고 있었던 것이다. 그렇게 되면 서독은 서방의 냉전 첨병으로, 소련의 대유럽 전략에 대한 큰 장벽이 될 걸로 생각하고 있었던 것이다. 하지만 이 문제는 대사 차원의 회담에서 결론을 낼 수 있는 성질이 아니었다. 승전국 외교장관회담이 열리면 거기서 논의해보기로 하고 3차회담을 마무리했다. 5일 후 열린 4차회담에서도 말리크는 서독정부 수립문제에 집중했다. 제섭은 좀 유연해진 미국의 입장을 전했다. 승전국 외교장관회담이 계속되는 동안에는 서독정부가 수립되지는 않을 것이라는 입장이었다. 소련과 봉쇄해제 문제를 대화로 풀어내기 위해 미국이 조금 부드러운 태도를 취한 것이다.

4월 27일에는 5차회담이 진행되었다. 6월 둘째 주에 승전국 외교장관회담을 열기로 했다. 거기서 서독정부 수립, 화폐개혁 등 주요 문제를 논의하기로 했다. 그리고 더 중요한 문제인 봉쇄해제는 외교장관회담 전에 하기로 했다. 미국의 끈질긴 요구, 그리고 주요문제를 외교장관회담에서 논의하기로 한 미국의 유연해진 입장에 대해 소련이 봉쇄해제로 응답한 것이다. 이에 대한 상응조치로 미국도 동구에 대한 무역금지를 해제하기로 했다. 결국 서베를린 봉쇄 해제와 동구 무역금지 해제가 맞교환된 것이다. 소련은 당초 굳세게 맘먹고 봉쇄 조치에 나섰지만, 미국의 서방 점령지 확보에 대한 확고한 의지를 확인하고 나서는 동구 무역금지 해제만을 받아낸 채 서베를린 봉쇄를 풀어준 것이다. 이틀 후 제섭-말리크 6차회담이 열렸다. 봉쇄해제에 대한 양측의 의사를 다시 확인했다. 승전국 외교장관회담의 날짜, 핵심의제에 대해서도 의견을 접근시켰다.

그렇게 제섭과 말리크의 6차에 걸친 줄다리기는 끝났다. 미국은 서독정부 수립이라는 큰 목표는 수정하지 않으면서도, 그 시기에 대해서는 유연한 태도를 보이면서 협상을 이어가 봉쇄해제 합의에 이를 수 있었다. 그 결과 1949년 5월 12일 소련은 봉쇄를 해제했다. 봉쇄 11개월만이었다. 철도와 도로가 열리고, 전기와 상수도 공급도 재개되었다. 전쟁 직전까지 갔던 미국과 소련은, 냉전의 짙은 구름 속에서도 서로에게 겨눈 총구를 돌리게 되었다. 봉쇄가 해제된 지 11일 후인 5월 23일 미국은 서방점령지에 서독정부를 세웠다. 소련은 10월 7일 동독정부를 수립했다. 미국과 소련이 전쟁을 피해간 대신, 패전국 독일은 분단을 면하지 못했다.

제3차 세계대전을 막은 미국-소련 막후 협상 . 1962

4

'목에 걸린 가시' 쿠바

쿠바(Cuba)는 원래 평화로운 섬이었다. 1492년 콜럼버스가 닻을 내렸을 때 5만여 명의 원주민들은 농사를 지으며 살고 있었다. 16세기 들어 스페인의 식민지가 되면서 시련과 분쟁의 땅이 되었다. 원주민들은 스페인으로부터의 핍박과 혹사, 그리고 전염병 등으로 16세기 중반이면 거의 전멸상태가 되고, 노동인력은 아프리카에서 수입되는 흑인노예로 대체되었다. 노예들은 담배농장, 사탕수수 농장 등에서 주로 일했고, 대부분 많은 노동과 열악한 식생활 환경으로 혹사를 당했다.

흑인노예의 인구는 점점 늘어 19세기에는 100만 명 정도가 되고, 혹사를 견디다 반란을 일으키는 경우도 발생했다. 1868년에는 대규모 반란이 일어나 10년 동안 계속되었고, 그 결과 1878년 '산혼조약'이 체결돼 노예제가 폐지되었다. 하지만 스페인의 정치·경제 개혁에 대한 약속은 제대로 지켜지지 않아 1895년 시인 호세 마르티(Jose Marti)를 중심으로 다시 스페인과 전쟁에 들어갔다.

그 와중에 미국이 개입했다. 1898년 미국은 미국인을 보호한다면서 군함 '메인(Maine)호'를 쿠바에 파견했다. 그런데 정박 중이던 '메인호'가 폭발했다. 미국은 스페인이 공격했다면서 스페인과 전쟁에 나섰다(나중에 '메인호' 안에서 화재가 발생했고 이로 인해 탄약고가 폭발한 것으로 드러났다). 미국은 쿠바인을 도와 스페인과 전쟁을 해야 할 나름의 이유가 있었다. 쿠바의 사탕수수를 수입해 설탕 수요를 충족시키고 있었는데 쿠바인들과 스페인이 오랫동안 전쟁을 하면서 여기에 문제가 생기고 있었다. 그에 따라 쿠바인을 도와 스페인을 몰아내려 했다. 미국이 쿠바인과 손잡자 스페인을 물리치는 일은 어렵지 않았다. 1902년 미국은 스페인을 내몰고 쿠바를 보호령으로 만들었다. 공화제 정부가 수립되고 몇 차례 정권이 바뀌어 갔지만, 대부분 부패하고 무능했다. 토지와 사탕수수 산업, 교통인프라 등 산업의 주요부문은 미국자본이 장악하고 있었고, 미국의 정치적 영향력도 계속되었다. 정치적 혼란 속에서 1933년 풀헨시오 바티스타(Fulgencio Batista)가 쿠데타를 일으켜 군총사령관으로 통치를 하다가 1940년 대통령이 되었다. 1944년 퇴임 후 미국에 거주하다가 1952년 다시 쿠데타를 일으켜 집권했다. 재집권한 바티스타는 독재와 부패에 빠졌다. 미국의 지원 하에 가능한 일이었다. 미국의 군수업체는 무기 공급을 독점했고, ITT(국제전신전화사. International Telephone and Telegraph)는 전신전화 사업을 독차지했다. 사탕수수 농장도 대부분 미국자본이었다. 바티스타는 이러한 미국자본과 손잡고 이권을 챙겼다.

부패와 무능, 독재는 혁명을 잉태하기 마련이다. 쿠바에는 피델 카스트로(Fidel Castro)가 있었다. 아바나 대학교 법학과를 나온 젊은 변호사였다. 1953년 바티스타 정권 타도를 위해 156명을 모아 군부대를 습격했지만 실패해 감옥에 갇혔다. 1955년 특사로 석방된 뒤 다시 동지들을 모아 이듬해부터 게릴라전을 계속했다. 바티스타 정권의 부패는 카스트로 세력의 성장을 위한 자양분이 되었다. 시민단체들이 지지했고, 지지층은 중산층으로 확대했다. 이런 지지세를 바탕으로 카스트로는 1959년 1월 9천여 명의 민병대를 이끌고 아바나로 진격해 바티스타 정권을 전복시켰다.

새로운 정부를 구성해 총리가 된 카스트로는 외국자본이 소유한 자산을 몰수했다. ITT의 자산과 미국자본이 세운 정유회사, 은행, 설탕공장 등이 우선 몰수대상이 됐다. 당시 카스트로는 공산주의자는 아니었다. 외세의 착취를 배격하는 민족주의자였다. 혁명을 한 것도 공산주의를 실현하려는 게 아니라, 외세를 물리치고 쿠바인들의 삶을 개선하기 위한 것이었다. 카스트로는 자신의 이념을 '휴머니즘'이라고 했다. 실제 내각의 주요 포스트에 자유주의자들을 포진시켰다. 미국과는 경제를 중심으로 협력관계를 계속해 나가고 싶어 했다. 그래서 1959년 4월 미국을 방문해 리처드 닉슨(Richard Nixon)과 언론인들을 만나 그런 의사를 전했다. CIA(미국중앙정보국) 국장 앨런 덜레스[Allen Dulles, 국무장관 존 덜레스(John Dulles)의 동생]도 카스트로를 비롯한 혁명세력을 "공산주의자들과는 다른 극단적 급진주의자들"로 보고 있었다.

하지만 미국자본의 이익을 침해하는 카스트로에 대해 미국은 차가웠다. 개혁조치가 이어지면서 미국과의 관계는 계속 악화되었다. 미국은 경제제재를 시작했고, 쿠바 주재 미국대사를 소환했다. 1961년 1월에는 쿠바와 단교를 해버렸다. 쿠바의 대안은 소련이었다. 소련의 차관을 도입하고, 소련에 설탕을 수출했다. 그러면서 쿠바는 친소련 국가가 되었고, 카스트로는 공산주의로 기울어 갔다. 자유주의 국가의 리더 미국의 턱 바로 밑에 위치한 쿠바는 소련 입장에서는 미국에 대는 비수이었고, 미국 입장에서는 '목에 걸린 가시'가 아닐 수 없었다.

쿠바 무력 점령 실패

미국의 적이 된 카스트로는 CIA(미국중앙정보국)의 핵심 표적이 되었다. 1959년부터 2008년까지 49년 동안 권좌에 있었으니 오래 집권하기도 했지만, 집권기간 동안 CIA는 무려 638번이나 암살을 시도했다. 그가 즐겨 피우던 시가에 독을 넣기도 했고, 해외를 방문해 연설할 때 연단에 폭탄을 설치하기도 했다. 옛날 애인을 포섭해 권총을 겨누게 했는데, 카스트로가 "쏘시오. 그런데 당신은 날 쏠 수 없을 것이오. 여전히 날 사랑하지 않소"라고 멋들어지게 말을 하는 바람에 이 여인이 권총을 놓아버리고 눈물을 흘리기도 했다. 영화보다 더 영화 같은 얘기지만, 사실이다. 카스트로의 경호책임자와 쿠바 정보국장을 역임한 파비안 에스칼란테(Fabian Escalante)가 저서 『카스트로를 죽이는 638가지 방법』(*638 Ways to Kill Castro*)에서 밝힌 내용이다.

CIA의 음모는 암살에 머무르지 않았다. 쿠바를 아예 무력점령하려 하기까지 했다. 아이젠하워(Dwight Eisenhower) 행정부이던 1960년 3월 CIA는 쿠바 침공계획을 세웠다. 카스트로 집권 후 쿠바에서 탈출한 1,400여 명의 망명자들을 모아 조직을 만들었다. 이름은 '2506여단(Brigade 2506)'으로 과테말라에서 군사훈련을 시켰다. 1961년 1월 대통령에 취임한 케네디(John F. Kennedy)도 이를 승인했다.

침공작전은 1961년 4월 15일 시작됐다. 6대의 B-26폭격기가 쿠바의 공군비행장과 군부대, 공항 등을 폭격했다. 이 폭격기들은 쿠바 공군으로 위장하고 있었다. 쿠바 공군이 반란을 일으킨 것으로 꾸미려 한 것이다. 하지만 금방 들통났다. 쿠바 공군기는 맨 앞부분이 플라스틱으로 되어 있었는데, 공습을 감행한 미국 폭격기의 앞부분은 금속이었다. 16일 2차 공습이 예정되어 있었지만, 최종 순간에 취소되었다. 미 공군의 공습임이 더 분명하게 드러나는 것을 막기 위해서였다.

17일 예정된 상륙작전은 그대로 진행됐다. 하지만 공급까지 받은 쿠바가 그냥 있을 리 없었다. 쿠바군은 총동원령을 내린 채 기다리고 있었다. 동이 트기 전 쿠바섬의 남쪽 피그스만(Bay of Pigs)으로 2506여단의 병력이 상륙을 시작했다. 기다리는 쿠바군은 15,000여 명에 이르렀다. 2506여단 병력이 상대하기는 중과부적이었다. 114명은 바로 사살되었고, 나머지 1,200여 명은 체포되었다. 지휘관들은 처형되었고, 여단요원들은 5,300만 달러에 달하는 식량과 의약품이 쿠바로 전해지는 조건으로 1962년 12월 석방되었다.

지금 생각해봐도 세계 최강대국 미국의 군사작전이라고는 믿어지지 않을 만큼 엉성하기 짝이 없다. 소규모 부대로 한 나라를 점령하려 했다는 것도, 쿠바 반란군의 공습으로 위장하려 한 것도, 실패 직전 미군의 대규모 지원부대가 동원되지 않은 점도 의아할 뿐이다. 무엇보다 이런 작전을 수행하기로 결정이 내려진 것 자체가 이상하지 않을 수 없다. 의사결정과정을 설명하는 이론 가운데 집단사고이론(groupthink theory)라는 게 있다. 1972년 미국 예일대 심리학과 교수 어빙 재니스(Irving Janis)가 자신의 저서 『집단사고의 희생자들』(*Victims of Groupthink*)에서 제시한 것이다. 한 집단의 구성원들은 어떤 결정을 내릴 때 만장일치를 이루려 한다는 주장이다. 응집력이 강한 집단일수록 그런 경향은 강하다. 그래서 매우 이상한 아이디어도 누군가 소리 높여 주장하면, 여기에 이의를 달기는 어렵게 된다. 그런 과정을 통해 매우 이상한 결정이 내려지는 경우가 있는 것이다. 피그스만 사건은 이 집단사고이론의 전형적인 사례가 아닐 수 없다.

비밀스런 일을 하는 기관, 정권을 장악한 정부의 최고 엘리트 등은 응집력이 강한 집단이다. CIA 핵심간부회의에서 누군가가 피그스만 침공계획을 얘기했을 것이다. 쿠바 공군의 반란을 가장하면 감쪽같이 속일 수 있다, 2506여단이 상륙하는 순간 동조세력이 반란을 일으킬 것이다, 등등 나름의 논리를 세워 세밀히 브리핑을 했을 것이다. 여기에 이견을 말하는 것은 왕따를 작정하지 않는 한 어려웠을 것이다. 그래서 그런 요상한 작전이 결정된 것이다. 케네디가 참석한 회의에서도 분위기는 마찬가지였을 것이다. 그래서 케네디 정권 초기 바로 승인됐고, 지속 추진된 것이다.

이 사건의 여파는 컸다. 케네디 행정부는 국내외적 비난에 직면해야 했다. 쿠바는 대대적으로 반혁명 세력 제거에 나섰다. 많은 사람들이 국외로 탈출하거나 추방당했다. 쿠바는 소련과 더욱 가까워져 1961년 5월 1일에는 스스로를 공산주의 국가라고 선언했다. 거리상으론 145km에 불과한 미국과는 더 멀어졌다.

쿠바에 소련 핵미사일 배치

피그스만 사건의 여운이 가시기도 전 카리브해의 작은 섬나라 쿠바는 다시 세계인의 이목을 집중시킨다. 1962년 10월 소련의 탄도미사일이 쿠바에 배치된 사실이 드러나면서 미국과 소련이 일촉즉발의 치킨게임을 벌이게 된 것이다.

소련공산당 서기장 니키타 흐루쇼프(Nikita Khrushchev)가 쿠바에 핵미사일을 배치해야겠다고 생각한 건 1962년 4월이었다. 당시 소련의 2인자인 부총리 아나스타스 미코얀(Anastas Mikoyan)과 산책을 하던 중 중거리미사일을 쿠바에 배치하자고 말했다. 미코얀은 미국이 쿠바를 공격할 수도 있다면서 반대했다. 하지만 흐루쇼프는 국방장관과 전략로켓군 사령관에게도 같은 얘기를 했고, 이들은 동의했다. 5월 말에는 소련공산당 정치국회의를 소집해 미사일 배치를 결정했다.

흐루쇼프가 미사일 배치를 결정한 데에는 크게 2가지 이유가 있었다. 첫째는 베를린 문제였다. 2차 세계대전이 끝난 뒤 서베를린을 차지한 서방(미국, 영국, 프랑스)과 동베를린과 동독의 보호국가 소련 사이에는 갈등이 계속되었다. 소련은 동독 땅 안에 들어와 있는 서베를린을 동독이 차지하게 하려 했다. 1948년 1월에는 서베를린을 봉쇄했다. 제1차 베를린 위기이다. 서방이 나서 필수물자를 서베를린에 공수하고, 유엔까지 소련에 대해 압박을 가해 1949년 5월 봉쇄가 풀리면서 겨우 위기를 벗어났다. 소련은 1958년 11월 다시 서베를린을 동독의 일부라며 미국, 영국, 프랑스의 철군을 주장했다. 제2차 베를린 위기이다. 역시 서방측이 강력 반발하자 소련과 동독은 1961년 8월 베를린 장벽을 구축해 동서 베를린을 분리시켜 버렸다.

그렇게 제2차 베를린 위기는 베를린 장벽을 남긴 채 넘어갔지만 흐루쇼프의 서베를린 통합 욕구는 계속 살아 있었다. 흐루쇼프는 쿠바에 미사일을 배치해 베를린 문제에 대한 양보를 얻어내려 했다. 서베를린에서 연합국 병력의 강제 철군을 추진하고, 미국이 세게 나오면 쿠바에 배치한 미사일로 위협하면 된다는 생각이었다. 아니면 서베를린 철군과 쿠바 미사일 철수를 서로 교환하는 방안도 생각하고 있었다.

흐루쇼프가 쿠바에 미사일을 배치한 두 번째 이유는 소련과 미국 사이 미사일 전력의 불균형을 해소하려는 데 있었다. 당시 소련은 미국 본토를 공격할 수 있는 장거리탄도미사일(ICBM, 사정거리 5,500km 이상)이 20기에 불과했다. 핵잠수함은 6척, 장거리 폭격기는 200여 대 보유하고 있었다. 미국은 180기의 ICBM, 12척의 핵잠수함, 630여 대의 장거리 폭격기를 가지고 있었다. 이러한 현격한 전략능력의 차이를 극복하기 위해 흐루쇼프는 미국의 턱 바로 밑에 미사일을 갖다 놓으려 한 것이다.

5월 말 미사일 배치를 결정한 소련은 카스트로의 동의를 얻어 비밀수송작전을 전개했다. 5개월 동안 60여 척의 선박들이 소련-쿠바를 오갔다. 그렇게 10월 중순까지 준중거리탄도미사일(MRBM, 사정거리 1,000~3,000km)과 중거리탄도미사일(IRBM, 사정거리 3,000~5,500km) 42기, 장거리 폭격기 42대, 핵탄두 162개, 병력 5,000여 명, 그리고 기술인력과 장비들을 쿠바에 옮겨놓았다. 11월 초까지는 중거리탄도미사일이 추가로 운송될 예정이었다.

미사일의 발견, 그리고 논쟁의 시작

미사일 운송의 움직임을 파악한 미국은 10월 14일과 15일 첨단정찰기 U-2를 띄워 쿠바의 미사일 기지를 촬영했다. 레이더와 미사일 발사대, 미사일 운반 차량, 연료 차량 등이 그대로 드러났다.

이제부터는 미국의 시간이었다. 미국이 어떻게 대응하느냐에 따라 세계정세가 달라질 수밖에 없었다. 16일 오전 케네디는 국가안보회의(NSC) 내에 집행위원회(이하 집행위. Ex-Comm. Executive Committee)를 구성하고 바로 회의를 소집했다. 부통령 린든 존슨(Lyndon Johnson), 국무장관 딘 러스크(Dean Rusk), 국방장관 로버트 맥나마라(Robert McNamara), 재무장관 더글러스 딜런(Douglas Dillon), 법무장관 로버트 케네디(Robert Kennedy), CIA국장 존 맥콘(John McDone), 합참의장 맥스웰 테일러(Maxwell Taylor), 국가안보보좌관 맥조지 번디(McGeorge Bundy), 대통령 중남미담당 특별보좌관 아서 슐레진저(Arthur Schlesinger), 대통령 연설담당 특별보좌관 시어도어 소렌슨(Theodore Sorenson), 국무차관 조지 볼(George Ball), 국무차관보 알렉시스 존슨(Alexis Johnson), 국무차관보 에드윈 마틴(Edwin Martin), 소련문제 특별대사 르웰린 톰슨(Llwellyn Thompson), 국방 부장관 로스웰 길패트릭(Rosewell Gilpatric), 국방차관보 폴 니츠(Paul Nitze) 등이 구성원이었다.

회의에 참석한 미국정부의 핵심지도자들은 대응방안을 놓고 여러 의견을 내놓았다. 케네디는 최초 쿠바에 대해 전면공격을 실시해야 한다고 생각했다. 대대적인 무력공격을 감행해 카스트로를 제거하자는 것이었다. 공중폭격으로 미사일기지를 파괴하자는 안도 나왔다. 외과폭격(surgical strike)으로 미사일기지를 제거할 수 있다는 주장이었다. 최초 생각했던 전면공격의 위험성을 인식한 케네디가 이 공습안에 매력을 느끼고 있었다. 법무장관 로버트 케네디도 이 방법을 지지했고, 군부도 이 안을 선호했다. 국무장관 러스크는 카스트로에 비밀스럽게 접근해 "소련과 결별해라. 그렇지 않으면 미국의 공격을 당할 것이다"라는 최후통첩을 보내자고 했다. 외교적 협상으로 문제를 해결하자는 제안도 있었다. 소련문제 특별대사 톰슨이 이런 쪽이었다. 무대응 의견도 나왔다. 국방장관 맥나마라의 최초 생각이었다. 미사일 배치로 미소 간 전략균형에 변화가 생기는 것은 아니니 대응하지 말자는 것이었다. 하지만 이 안은 케네디가 바로 거부했다. 피그스만 사건으로 약한 대통령으로 인식되어 있던 케네디는 결단력 있는 모습을 보여줘야 했다. 그러니 무대응은 그가 선택할 수 있는 안이 아니었다. 초기인 만큼 많은 얘기들을 백가쟁명식으로 했고, 하나의 방안으로 의견을 모으지는 못했다.

16일 저녁 다시 집행위 회의가 열렸을 때 맥나마라가 제시한 안은 해상봉쇄였다. 쿠바로 가는 소련 선박들을 공해상에서 정선시켜 검열한 다음 무기가 발견되면 제거하자는 안이었다. 무대응과 공습의 중간쯤 되는 방안이었다. 군부인사들은 공습을 주장하면서 해상봉쇄를 약한 대응으로 간주했다. 반면에 국무부 인사들은 외교적 교섭으로 해결해야 한다면서 해방봉쇄의 위험성을 강조했다. 여전히 각자의 생각을 개진하며 난상토론을 이어가는 상황이었다.

17일부터는 해상봉쇄 쪽으로 의견이 조정되어 갔다. 국가안보보좌관 번디가 맥나마라의 해상봉쇄 안을 지지했다. 공습은 쉽게 문제를 해결해줄 것처럼 보이지만, 실제로는 전면적인 공격으로 이어질 수밖에 없고, 해상봉쇄가 현실적인 대안이라는 주장이었다. 실제로 공습에 대해 쿠바가 강력하게 대응하는 경우 전쟁을 피할 수 없는 것이었다. 그런 점에서 공습은 전면공격과 크게 다를 바가 없었다. 이날 회의에는 전 국무장관 딘 애치슨(Dean Acheson)이 참석해 자문을 해줬는데, 해상봉쇄에 대해서는 부정적인 의견이었다. 이미 배치된 미사일을 바로 제거할 수 있는 방안이 아니라는 것이었다. 애치슨은 공습을 지지했다. 맥나마라와 번디가 해상봉쇄를 주장하고 있었지만, 아직은 컨센서스가 이뤄지지 못하고 있었다.

18일 오전에 열린 회의에서는 합참이 공습 안을 강력 주장했다. 하지만 국무차관 볼은 반대의견을 분명히 했다. 미국이 일본을 비난하는 근거가 선전포고도 없이 진주만 기습을 감행했다는 것인데, 미국이 똑같은 행동을 하면 되겠느냐는 것이었다. 재무장관 딜런과 로버트 케네디가 볼의 의견을 지지했다. 로버트 케네디는 초반 공습 의견에서 해상봉쇄 쪽으로 기울고 있었다. 이 회의를 계기로 집행위의 흐름은 대략 해상봉쇄 쪽으로 정리되어 갔다.

외교적 해결로 눈 돌려

19일 회의에서도 합참의장 테일러와 공군참모총장 커티스 르메이(Curtis LeMay)는 공습을 재차 주장했다. 특히 르메이는 공격을 감행하지 않으면 미국을 유약하게 보이도록 해 소련의 공격성을 자극할 것이라며 강경어조로 대통령을 압박해 분위기가 험악해지기도 했다. 결론이 나오지 않자 몇 개 팀으로 나뉘어 토론을 했는데, 그 과정에서 맥나마라는 해상봉쇄와 협상을 함께 하자는 아이디어를 내놓았다. 한편으로는 해방봉쇄, 다른 한편으로는 미국이 튀르키예와 이탈리아 배치해 놓은 미사일과 쿠바의 미사일을 맞교환하는 방안도 고려해보자는 것이었다. 초반의 강경분위기가 시간이 지나면서 좀 누그러들고, 외교에도 눈을 돌리는 상황이 된 것이다. 당시 튀르키예에는 15개, 이탈리아에는 30개의 미군 탄도미사일이 배치되어 있었다.

20일에도 회의는 계속되었다. 맥나마라는 봉쇄와 협상을 동시에 진행하자고 다시 주장했다. 튀르키예와 이탈리아의 미사일, 쿠바의 관타나모에 있는 미군기지도 협상 테이블에 올려놓자고 제안했다. 유엔 주재 미국대사 애들라이 스티븐슨(Adlai Stevenson)도 봉쇄와 협상 동시 진행 방안을 지지했다. 하지만 케네디는 여전히 자신이 유약해보일까 걱정하고 있었다. '봉쇄와 최후통첩' 안을 제시했다. 봉쇄를 해놓고 언제까지 미사일을 철수하라고 통보하자는 것이었다. 그게 안 되면 공습도 할 수 있다는 방안이었다. 하지만 여전히 최종적인 대응방안은 결정되지 않고 있었다. 미국의 운명과 세계정세에 미치는 영향이 지대한 만큼 고민에 고민을 거듭할 수밖에 없었다.

21일 케네디는 일단 해상봉쇄는 하기로 결정했다. 그러고는 집행위를 열어 전술공군사령관의 설명을 들었다. 공습을 한다고 해도 쿠바 미사일기지 전부를 한꺼번에 파괴하기는 어렵고 수백 차례 출격해야 한다는 보고였다. 그런 과정을 통해 90% 정도는 파괴할 수 있다고 전술공군사령관은 설명했다. 설명을 듣고 케네디는 공습을 바로 결정하지는 못했다. 다만 언제든 공습이 가능하도록 준비하라고 지시를 해놓았다.

22일 낮 12시 케네디는 B-52 핵폭격기 등 미군의 전략폭격기를 언제든 쏠 수 있는 상태로 유지하라고 명했다. 다른 한편으로 미국은 외교를 통한 해결에도 본격 나서기 시작했다. 저녁 6시 국무장관 러스크가 주미 소련 대사 아나톨리 도브리닌(Anatoly Dobrynin)을 만났다. 저녁 7시 케네디 대통령이 TV에 나와 쿠바 미사일과 관련해 해상봉쇄 실시를 발표할 예정이었는데, 이를 미리 도브리닌에게 알려줬다. 소련에 미리 통보해줌으로써 소련에 대한 배려를 전하고, 추후 대화의 분위기를 형성하기 위한 것이었다.

23일에는 로버트 케네디가 도브리닌을 만났다. 해상봉쇄를 분명하게 할 것이다, 봉쇄선을 넘으려는 소련 선박은 정선해야 한다, 등 미국의 방침을 전했다. 면담이 끝나고 도브리닌이 본국에 보낸 전문의 내용은 '미국의 정선 및 승선이 확실해 보인다'는 것이었다. 곧 미사일을 실은 소련 선박 키모브스크(Kimovsk)호와 유리 가가린(Yuri Gagarin)호 등 16척의 소련 선박들이 미국의 봉쇄선에 접근했다. 봉쇄선에 거의 다다라 이 선박들은 멈췄다. 도브리닌의 전문을 받고 소련정부가 그렇게 결정했다. 그래서 우선 1차적인 위기는 넘겼다. 로버트 케네디가 도브리닌을 만나 전해준 내용이 곧바로 모스크바로 전해졌고, 이를 바탕으로 흐루쇼프가 소련공산당 정치국회의를 열어 소련선박의 회항을 결정해 충돌을 피한 것이다. 하지만 본격 위기는 이제부터였다. 케네디는 미주기구(OAS)의 승인까지 받아 24일 오전 10시부터 해상봉쇄를 공식 실시한다고 선포했다. 물론 소련은 거부의사를 분명히 했다.

23일에는 밤까지 모두들 분주했다. 로버트 케네디-도브리닌 외교라인이 다시 가동되었다. 밤 9시 30분, 로버트 케네디가 워싱턴의 소련대사관을 찾았다. 소련 행위의 부당성을 지적했다. 도브리닌은 소련의 입장을 새삼 설명했다. 딱히 좋은 분위기는 아니었지만, 자국의 정상에게 직접 보고할 수 있는 핵심인사들은 절체절명의 위기상황에서 그렇게 의사소통을 하고 있었다. 미국 주재 영국대사 데이비드 옴스비고어(David Ormsby-Gore)도 외교적 해결에 힘을 보태고 있었다. 밤 10시가 넘은 시각에 케네디 대통령을 만났다. 봉쇄선 조정을 요청했다. 미국의 봉쇄선은 쿠바로부터 800해리 선상에 설정되어 있었다. 이걸 500해리로 조정하자는 것이었다. 소련 선박들이 300해리를 가는 동안 소련정부가 생각할 수 있도록 하자는 것이었다. 케네디는 이를 수용했다. 영국도 미국도 그렇게 봉쇄의 이면에서 외교의 길에 박차를 가하고 있었다.

24일 오전 10시 해방봉쇄가 공식 시작되었다. 긴장은 그만큼 고조되었다. 흐루쇼프는 미국의 해상봉쇄를 비난하는 전문을 보냈고, 미국의 전략공군사령부는 방어태세를 '데프콘-2'(가장 높은 상태는 '데프콘-1'으로 이는 전쟁 시작 직전의 방어태세이다)로 격상했다. 쿠바의 카스트로는 총동원령을 내리고, TV연설을 통해 미국을 비난하면서, "쿠바를 지키기 위해 죽음을 각오하고 있다"고 외쳤다.

그런 가운데서도 비공식 통로를 통한 외교가 전개되고 있었다. 로버트 케네디는 『채터누가타임스』 워싱턴 지국장 찰스 바틀릿(Charles Bartlett) 에게 『타스』(Tass) 통신사 워싱턴특파원 게오르기 볼샤코프(Georgi Bolshakov)를 만나도록 요청했다. 바틀릿은 베테랑 언론인으로 퓰리처상을 받은 적도 있고, 케네디 가문과는 오래전부터 친분이 있었다. 재클린(Jacqueline)을 케네디 대통령에게 소개해준 것도 그였다. 볼샤코프는 언론인 명함을 가지고 있었지만 실제는 소련 군정보국 워싱턴 책임자였다. 볼샤코프를 만난 바틀릿은 우선 "쿠바로 가는 선박은 멈춰야 한다"며 미국의 강력한 봉쇄 의지를 전했다. 그러면서도 "케네디 대통령은 쿠바를 침공하는 것을 원치 않는다. 다만 미사일기지를 제거하기만을 바라고 있다"고 말했다. 미국이 원하는 것은 대화를 통해 미사일 문제를 해결하는 것이고, 안 되면 침공할 수도 있다는 얘기를 해준 것이다. 볼샤코프는 잠자코 들었다. 정보요원의 역할에 충실한 것이다. 미국은 그렇게 '협상으로 해결하자'는 의사를 소련에 전하고 있었다.

25일 케네디는 흐루쇼프에게 편지를 보냈다. 특별히 유화적인 것은 아니었다. 미국이 필요한 조치를 취해나갈 것이란 내용이었다. 내용상으로는 특별한 것이 아니었지만, 케네디가 할 말을 직접 흐루쇼프에게 전함으로써, 흐루쇼프에게 필요한 얘기를 케네디에게 직접 보내라는 신호가 되었다. 이날 아침 『워싱턴포스트』는 구체적인 협상의 길을 제시해줬다. 저명한 언론인 월터 리프먼(Walter Lippmann)이 칼럼을 통해 튀르키예의 미국 미사일과 쿠바의 소련 미사일을 한꺼번에 철수함으로써 위기를 타개하라는 내용이었다. 맥나마라의 아이디어였지만, 아직 표면화되지 않은 것이었다. 그걸 리프먼이 공개적으로 제시해 미국과 소련이 조금은 유연하게 움직일 수 있는 공간을 열어준 것이다.

26일에는 또 다른 비공식 통로가 움직였다. ABC 방송의 국무부 출입기자 존 스칼리(John Scali)가 KGB(소련 국가보안위원회) 워싱턴 연락사무소장 알렉산더 페클리소프(Alexander Feklisov)를 만났다. 페클리소프가 먼저 연락을 했다. 점심을 함께 하며 페클리소프가 제안했다. 소련이 미사일을 철수하고 재배치 금지를 약속하면, 미국은 쿠바 불침공 약속을 하라는 것이었다. 스칼리는 이를 로버트 케네디에게 전했다. 백악관도 이 안을 바탕으로 대화를 더 진전시키면 좋겠다는 생각을 하게 되었다. 하지만 통신장애로 면담내용과 백악관의 분위기에 대한 페클리소프의 보고가 크렘린으로 제대로 전달되지 못했다. 그럼에도 페클리소프의 움직임은 미국의 대화 의사에 대한 소련의 긍정 반응이 아닐 수 없었다. 이런 모습이 대화와 외교의 길을 계속 추동하고 있었다.

26일 오후 늦게 흐루쇼프가 케네디에게 보내는 편지가 소련 주재 미국대사관을 통해 전달됐다. '흐루쇼프 편지 1'이라고 보통 일컬어지는 것이다. 전날 밤 미국의 쿠바 침공이 임박했다는 정보보고를 받고 흐루쇼프가 보낸 것이다. 여기에는 사연이 있었다. 25일 저녁 『뉴욕헤럴드트리뷴』의 기자 워런 로저스(Warren Rogers)와 워싱턴 지부장 로버트 도노번(Robert Donovan)은 워싱턴의 한 술집에서 쿠바 미사일 사태에 대해 얘기를 하고 있었다. 바로 앞에는 바텐더가 있었다. 조지 프로코프(Johnny Prokov)라는 이름의 소련 이민자였다. 주문한 술을 서비스하면서 이들의 대화를 간헐적으로 듣고 있었다. 도노번이 남부쪽으로 가는데, 미국의 쿠바 침공작전을 취재하러 간다는 얘기를 하는 것 같았다. 프로코프는 평소 알고 있던 KGB요원에게 그렇게 알려줬다. 미국 주재 소련대사관은 이 정보를 믿고 '미국이 곧 쿠바를 침공할 것 같다'고 본국에 보고했다. 이런 보고를 받은 흐루쇼프는 밤늦게 케네디에게 쓰는 편지를 구술했다. 26일 아침 로저스는 소련대사관에 갔다가 주차장에서 보리스(Boris)라는 대사관 직원을 만났다. 평소 안면이 있었다. 보리스가 현 상황을 어떻게 보느냐고 물었을 때 로저스는 "아주 심각하다"고 답했다. 보리스는 또 "케네디는 한다면 하는 사람인가요?" 물었다. 이에 로저스는 "정확히 그렇죠" 답했다.

그렇게 25일 밤과 26일 아침 사이 사소한 접촉과 가벼운 말들이 '미국의 쿠바 침공 임박' 정보를 만들어 내고 있었다. 26일 오후 늦게 전해진 흐루쇼프의 편지는 그런 분위기 속에서 나온 것이었다. 12페이지에 달하는 긴 내용이었지만, 핵심은 '미국이 쿠바 불침공을 선언하라. 그러면 소련 군사전문가들을 쿠바에서 철수하겠다'는 것이었다.

26일 밤 로버트 케네디가 다시 도브리닌을 찾아갔다. 도브리닌은 미국도 튀르키예에 미사일을 배치해놓고 있기 때문에 쿠바 미사일 배치는 정당한 것이라고 주장했다. 로버트 케네디는 그런 얘기를 들어준 뒤, 미국은 튀르키예 미사일 문제를 소련과 협의할 생각이 있다고 전했다. 소련이 물 만한 미끼를 던진 것이다.

27일 오전 흐루쇼프로부터 답이 왔다. '흐루쇼프 편지 2'이다. '편지 1'보다 명료한 내용이었다.

> 우리는 쿠바에서 미사일을 제거할 테니 미국도 터키에서 미사일을 철수할 것이라 선언하십시오. 이러한 조치 후 UN안보리가 지명하는 조사단이 양국이 약속을 이행하는지 현장검증을 실시하도록 합시다.

쿠바 미사일 철수와 튀르키예 미사일 철수를 맞교환하자는 것이었다. 이렇게 외교가 힘을 받고 있는 와중에 현장에서는 돌발상황도 발생했다. 27일 오전 쿠바 동쪽을 지나던 U-2 정찰기가 소련의 공격을 받고 격추되었다. 그날 정오 즈음에도 쿠바 상공을 정찰하던 U-2 정찰기가 격추되었다. 소련지도부와 상관없이 쿠바 현지의 소련군 지휘관들의 판단에 따른 것이었다. 일촉즉발의 위기였다. 미국의 군부는 쿠바 내 대공기지에 대한 공습을 주장했다. 케네디 대통령은 흐루쇼프가 발포명령을 하지는 않았을 것으로 보고 공습에 반대했다.

미사일 맞교환…위기의 극적 타결

로버트 케네디-도브리닌 라인이 다시 나섰다. 우선 긴장을 해소해야 했다. 27일 저녁 8시 반, 로버트 케네디의 사무실로 도브리닌이 방문했다. 로버트 케네디는 아주 지쳐있었다. 6일 동안 집에 들어가지도 못했다. 그래도 전쟁은 안 된다는 생각만은 또렷했다. 도브리닌에게 "전쟁이 일어나면 미국과 소련의 수백만 국민의 목숨을 앗아갈 것입니다. 우리가 할 수 있는 한, 이런 끔찍한 상황은 피해야 합니다" 강조했다. 그러면서 "내일까지는 미사일기지들이 제거되어야 한다는 점을 통고하지 않을 수 없습니다"라며 사실상 최후통첩을 했다. 소련이 제거가지 않으면 미국이 파괴할 것이라고도 했다. 도브리닌은 튀르키예의 미사일은 처리할거냐고 물었다. "NATO(북대서양조약기구)의 결속력이 약화될지라도 미국은 터키에서 미사일을 철수할 것"이라며, "터키 미사일 문제가 사태 해결의 장애물이기 때문에 대통령이 이것을 정리한 것"이라고 로버트 케네디는 답했다. 도브리닌이 면담 내용을 본국에 보고한 전문이 그렇게 밝히고 있다.

당시 튀르키예는 미사일 철수를 반대하고 있었다. 안보에 공백일 생길 것을 걱정한 것이다. 그럼에도 케네디 대통령이 쿠바 미사일문제를 해결하기 위해 튀르키예 미사일 철수를 결심했다는 얘기이다. 이것으로 미국과 소련 사이 큰 거래는 이루어졌다. 로브리닌이 본국에 보낸 전문은 이런 내용도 포함하고 있다. "로버트 케네디의 언급은 케네디 대통령이 군에 대한 통제권을 상실할 수도 있다는 점을 소련 측에 이해시키려는 것 같았습니다." 소련이 위기를 조기에 해소하지 않으면 미국의 군부가 대통령 말을 듣지 않고 쿠바를 공습할 수도 있다는 얘기를 로버트 케네디가 했다는 보고였다. 로버트 케네디는 그렇게 소련을 어르기도 하고 달래기도 하면서 밀고당기기를 계속하고 있었다.

28일 아침, 소련공산당 정치국회의가 열렸다. 흐루쇼프는 미국의 쿠바 불침공 약속과 해상봉쇄 해제를 받고, 쿠바의 미사일을 철수하자고 제안했다. 회의 도중, 전날 저녁에 있었던 로버트 케네디-도브리닌 면담 내용에 대한 도브리닌의 전문이 도착했다. 소련이 쿠바 미사일을 철수하면 미국도 튀르키예 미사일을 철수할 것임을 분명히 알게 되었다. 정치국회의는 흐루쇼프 제안대로 결론 내렸다. 그런 내용은 곧 라디오를 통해 발표되었다. '쿠바에 대한 불공격'을 미국이 약속했으니 '쿠바의 미사일 철수'를 실행하겠다는 내용이었다. 튀르키예 미사일 철수는 전날 밤 로버트 케네디-도브리닌 면담에서 약속된 것이니 언급 안 해도 되는 문제였다. 케네디 대통령 입장에서는 소련을 밀어붙여 미사일을 철수시킨 것처럼 보이는 게 좋은 것이었다. 유약하게 보이는 것을 싫어한 케네디로서는 중요한 문제였다. 튀르키예 미사일 철수 얘기를 공개적으로는 하지 않음으로써 케네디를 더 강하게 보이도록 했다. 흐루쇼프에게는 체면을 유지하면서 핵전쟁의 위기에서 벗어나는 게 중요했다. 그 체면유지는 튀르키에 미사일 철수가 가능하게 해주었다.

이렇게 2주간의 위기는 정리되었다. 외견상으로는 케네디의 강경 입장, 그에 따른 해상봉쇄와 공습 위협으로 소련이 미사일을 철수한 것처럼 보였다. 하지만 미소 간 초유의 핵충돌 위기는 미국과 소련의 공식·비공식 외교가 기민하게 전개되면서 해소될 수 있었다. 정상 간의 편지는 물론이고, 정상과 직접 소통 가능한 핵심인사들의 긴밀한 협상, 언론인과 정보기관까지 가세한 비공식 접촉 등이 전방위적으로 진행됨으로써 자칫 제3차 세계대전으로까지 비화될 수 있는 전쟁을 피할 수 있었던 것이다.

한반도 전쟁을 방지한 카터의 뱃놀이 외교 . 1994

5

북한의 체제위기와 핵개발

해방 이후 북한은 한동안 성장과 발전을 구가했다. 1970년대 초반까지 남한보다 경제수준이 높을 정도였다. 하지만 이후 힘들어졌다. 1973년 제1차 석유파동으로 세계경제가 침체에 빠지고, 1974년부터는 북한의 주요 수출품목인 비철금속의 국제가격이 떨어졌다. 높은 유가로 공장가동 비용이 높아졌다. 수출액 감소로 외화수입도 감소했다. 일본과 유럽에서 들여오던 차관도, 세계경제의 침체로 섬섬어려워졌다.

1970년대 중반부터 시작되는 북한의 침체는 이러한 국제적 요인의 작용 때문이기도 하지만, 더 중대한 요인은 내부에 있었다. 그동안에는 북한 특유의 사회주의 혁명정신과 동원캠페인이 성장에 매우 중요한 역할을 했었다. 하지만 그러한 정신주도의 성장이 한계에 다다른 것이다. 더 근본적인 문제는 사회주의 체제의 비효율성이었다. 사회주의가 추구하는 것은 모두 평등하게 잘 먹고 잘 살자는 것이다. '능력만큼 일하고 능력만큼 배분받는 사회주의 실현 단계'를 거쳐 공산주의 사회를 이루게 되면 '능력만큼 일하고 필요한 만큼 배분받는' 시스템이 된다는 것이었다. 북한도 이런 사회를 이루기 위해 나름의 경제·사회 발전전략을 추구해왔다.

하지만 그 한계가 오래지 않아 드러나게 된 것이다. 개인의 사적 이익 확보를 인정하지 않으니 효율성이 떨어질 수밖에 없었다. 이기심은 인정하지 싫을지 몰라도 인간의 본성 가운데 하나이다. 이를 부인하고 평등한 분배를 추구하는 것은 인간의 본성을 거스르는 것이 아닐 수 없다. 차라리 이기심을 인정하고 이를 절제하고 다스릴 수 있도록 교육하고 독려해 나가는 것이 합리적인 길이 아닐 수 없을 것이다.

북한이 금강산을 개방하면서 나는 1998년 11월 18일 금강산행 첫 유람선을 탈 수 있게 되었다. 당시에는 KBS에서 기자로 일했는데, 금강산 관광 시작을 취재하게 되어 동해-장전항 사이 첫 배에 승선한 것이다. 일정 중에 삼일포 관광도 있었다. 장전항에서 삼일포로 가는 버스를 탔는데, 논에서 일하는 모습도 볼 수 있었다. 남자 10명 정도였다. 그런데 정작 일하는 사람은 3명 정도이고, 나머지는 이야기를 하거나 담배를 피우고 있었다. 북한농촌의 단편에 불과한 것이었지만, 나의 일처럼 달려들어 하지 않는구나 하는 느낌은 충분히 받을 수 있었다. 비슷한 양태가 어촌에서, 공장에서 오랫동안 나타났다면 생산성과 발전을 기대하기는 어려운 것이었다.

북한은 활력 떨어지는 경제의 반전을 위해 외자도입을 위한 합영법을 도입하고, 업종·지역별로 공장을 묶어서 생산과 유통의 효율성을 추구하기 위한 연합기업소 제도를 시행하는 등 여러 가지 시도를 해보기도 했지만, 큰 물결을 거스를 수는 없었다. 1980년대 후반에 이르러서는 동유럽에서 자유화 운동이 활성화하면서 세계사의 조류는 탈냉전으로 가고 있었다. 폴란드에서는 1988년 자유화 시위가 시작돼 1989년 자유선거가 실시되었다. 헝가리, 체코, 불가리아 등에서도 자유화 물결은 이어졌다. 1989년 11월 베를린 장벽이 무너지고, 1991년 12월에는 소련이 붕괴되었다.

이러한 물결 속에서 북한은 생존의 위기에 직면하지 않을 수 없었다. 사회주의 국가들과의 우호가격제에 의한 유리한 무역거래가 없어지고, 소련으로부터의 경제원조도 사라지면서 경제적 어려움을 넘어서 체제 자체의 생존이 누란지위에 빠진 것이다.

이러한 국가 존망의 위기를 맞으면서 북한은 실제 생존 문제를 실존적으로 고민하게 되었고, 우선 외부의 적을 막아야겠다는 생각으로 핵개발에 나섰다. 평양에서 북쪽으로 100km 정도 떨어져 있는 평안북도 영변에 원자력연구소가 생긴 것은 오래전인 1962년이다. 소련으로부터 연구용 원자로를 지원받아 원자력연구를 시작했다. 1980년대에는 5메가와트 원자로를 지었다. 당시에는 어디까지나 원자력 발전을 위한 것이었다. 하지만 생존의 위기를 제삼하넌서 플두토늄 추출을 시작한 것으로 보인다. 5메가와트 원자로의 연료로 쓰인 우라늄 연료봉을 재처리해서 플루토늄을 추출한 것이다. 플루토늄은 바로 핵무기가 될 수 있기 때문에 문제가 되지 않을 수 없었다.

이러한 움직임이 국제사회에 알려진 것은 1989년 9월이다. 프랑스의 상업위성 SPOT2가 이 지역을 꽤 세밀히 촬영했는데, 5메가와트 원자로, 핵폐기물 처리장 등이 나타나 그때부터 북한의 핵무기 개발은 국제사회의 의심과 감시의 대상이 되었다. IAEA(국제원자력기구)가 문제를 삼으면서 북한과 협상이 진행됐고, 1992년에는 핵안전조치협정이 체결되었다. 협정에 따라 북한이 16개 시설을 신고했고,

IAEA는 사찰을 실시했다. 그런데 사찰결과를 두고 중대한 의견 불일치가 발생했다. 당시까지 추출한 플루토늄의 양이 북한은 80g이라고 신고했는데, IAEA가 핵폐기물 처리장의 샘플을 채취해 추정한 양은 8kg이었다. 8kg이면 핵폭탄 하나를 만들 수 있는 양이다. 양측의 주장이 100배의 차이가 나니 큰 문제로 비화되지 않을 수 없었다.

NPT 탈퇴 선언

IAEA는 북한의 신고를 믿지 못하게 되었고, 신고되지 않은 두 곳에 대한 특별사찰을 주장했다. 특별사찰은 신고되지 않은 곳이라도 핵물질이 있을 것으로 의심되는 경우 하는 사찰을 말하는 것인데, 당시까지 한 번도 해본 적은 없었다. 전례없는 것을 주장하니 북한은 주권침해라고 거세게 반발하며 1993년 3월 12일 NPT(핵확산금지조약) 탈퇴를 선언했다. 1차 북핵위기가 본격 시작된 것이다. 탈퇴선언 후 의사를 번복하지 않으면 3개월 후 실제 탈퇴하게 되어있다. 일주일 후에는 판문점에서 남북 특사교환을 위한 실무회담에서 북한의 조국평화통일위원회 부국장 박영수가 "여기서 서울이 그렇게 멀지 않다. 미국과 남조선이 압박을 계속하여 전쟁이 벌어지면 서울은 불바다가 될 것"이라고 발언해 한반도의 긴장은 최고조에 달하게 되었다. 미국이 나서지 않을 수 없었다. 미국은 핵우위를 통해 세계를 관리해나가려 하고 있는데, 핵무기를 새로 개발하려는 나라가 생겼으니 나서서 협상을 할 수밖에.

북한과 미국은 6월 2일 협상을 시작했다. 장소는 뉴욕의 유엔 주재 미국대표부. 1993년 1차 북핵위기를 해결하기 위한 제1차 북미 고위급회담이었다. 북한과 미국이 구체적인 의제를 놓고 공식적인 회담을 하는 것은 처음이었다. 1992년 1월 김용순 노동당 비서가 미국을 방문해 아놀드 캔터(Arnold Kanter) 미국 국무부 차관과 만났는데, 당시의 접촉은 임시적이고 시험적인 것이었다. 일정한 이슈를 두고 조율된 회담이 되지 못해 합의사항을 낼 수 있는 상황도 아니었고, 후속회담도 없었다. 북미 첫 공식회담의 북한 수석대표는 외교부 제1부부장 강석주, 미국 수석대표는 국무부 정치·군사 차관보 로버트 갈루치(Robert Gallucci)이었다. 북한은 북한 사회주의체제 존중, 팀스피리트 훈련 영구 중단, 핵무기 불사용 등을 요구했다. 이에 대해 미국은 북한의 NPT 복귀, 특별사찰 수용, 한반도비핵화선언 이행 등을 내세웠다.

양국의 첫 고위급회담인 만큼 결실이 쉽게 나올 수는 없었다. 11일까지 실랑이가 계속됐다. 이날이 지나면 북한은 NPT를 탈퇴하게 되어 있었다. 미국은 일단 북한을 NPT에 잔류시켜야 했다. 최소한의 것만 주고받는 협상에 진력했다. 당시 북한이 가장 중요하게 여기는 것은 체제안전보장이었다. 구체적으로는 핵무기 불사용 보장이었다. 미국이 그걸 들어줬다. 미국이 가장 원하는 것은 북한의 NPT 잔류였다. 미국의 핵무기 불사용 보장–북한의 NPT 탈퇴 유보가 교환되었다. 이 두 가지를 주요내용으로 하는 북미간의 첫 공식 합의가 1993년 6월 11일 이루어졌다. 핵문제 해결을 위해 갈 길은 멀었지만, 북미 사이 첫 공식합의가 나왔으니 그 역사적인 의미는 적지 않은 것이었다.

사찰 문제로 다시 긴장 고조

그렇게 급한 불을 끈 양국은 다시 만나야 했다. 북한의 핵폐기를 보다 분명하게 하는 합의를 해야 했다. 장소를 스위스 제네바로 옮겼다. 강석주와 갈루치가 7월 14일 다시 만나 제2차 북미고위급회담을 시작했다. 미국은 다시 특별사찰을 포함한 핵안전협정의 완전한 준수를 주장했다. 북한은 경수로 발전소 지원을 들고 나왔다. 전기공급의 문제를 해결하기 위해 핵발전을 추진하고 있었는데, 미국이 이것을 막고 있으니 핵발전소를 따로 건설해 달라는 요구였다. 경수로 발전소는 플루토늄 추출이 어려우니 그걸 지어달라는 것이었다. 이후 계속 북한이 주장하는 경수로발전소 문제가 이때 본격 제시된 것이다. 실은 북한이 이때 처음 경수로를 꺼낸 것은 아니다. 1992년 5월 한스 블릭스(Hans Blix) IAEA 사무총장이 방북했을 때, IAEA가 경수로 관련 기술을 제공해주면 흑연감속로 발전소를 경수로 발전소로 전환할 수 있다고 전했다. 하지만 IAEA는 이후 이에 대응하는 구체적인 움직임을 보이지 않았다. 그러자 북한은 제2차 북미고위급회담에서 경수로 문제를 본격 제의한 것이다. 그렇지만 돈이 워낙 많이 들어가는 것이어서 미국도 선뜻 들어주기는 어려웠다. 7월 19일까지 협상은 계속되었으나 큰 진전은 없었다. 결국 북한이 핵안전협정 준수를 위해 IAEA와 곧 협상을 시작하기로 하고, 제2차 북미고위급회담을 끝냈다.

북한을 공격하려 한 미국

IAEA와 북한은 사찰을 위한 협의에 들어갔다. IAEA는 5메가와트 원자로, 연구용 소형원자로, 방사화학 실험실, 핵연료봉 제조시설, 핵연료봉 저장소 등을 세밀하게 보려했다. 그중에서도 5메가와트 원자로와 방사화학 실험실은 꼭 확인해야겠다는 입장이었다. 5메가와트 원자로를 가동한 뒤, 다 쓴 폐연료봉을 방사화학 실험실에서 재처리면 플루토늄이 만들어지기 때문에 이 두 시설은 반드시 정밀하게 사찰해야 한다는 얘기였다. 하지만 북한은 NPT 탈퇴를 유보한 국가에게는 특수지위를 인정해주어야 한다면서 최소한의 사찰만을 요구했다. 감시카메라의 필름과 배터리 교환, 봉인장치 점검 등만 허용하겠다는 것이었다. 이에 대해 IAEA는 두 시설에서 시료를 채취해 가겠다고 주장했다. 시설 내부에서 필요한 부분을 수집하고, 시설 주변의 토양도 채취해 가지고 나와서 검사를 해야겠다는 것이었다. 그래야 핵 활동 내용을 정확히 파악할 수 있다는 생각이었다.

실랑이를 계속하면서도 조금씩은 사찰이 진행돼 1994년 3월 IAEA 사찰단이 영변의 핵단지를 방문했다. 현장의 시설들을 둘러보는 방문이었다. 그러고는 5월에 다시 방문했다. 제대로 사찰을 하려는 방문이었다. 결국 시료 채취가 문제였다. 특히 방사화학 실험실에서 시료를 채취하려는 IAEA와 이를 막는 북한이 맞설 수밖에 없었다. 사찰단은 성과 없이 철수했다. IAEA와 북한은 이제 강경하게 맞서는 국면으로 접어들었다. 북한은 5월 13일 5메가와트 원자로에서 폐연료봉을 꺼내기 시작했다. 폐연료봉을 꺼내서 방사화학 실험실로 옮겨 재처리하면 플루토늄이 나오기 때문에 폐연료봉을 꺼내는 것 자체가 강경행위가 아닐 수 없었다. "협상은 없다. 우리 길을 가겠다"는 얘기였다.

IAEA도 강경했다. 6월 10일 대북제재를 결정했다. IAEA가 원자력의 평화적 이용 촉진을 위해 제공하던 기술협력을 중단한다는 내용이었다. 이에 따라 미국은 유엔안보리를 통한 제재를 적극 추진했다. 북한은 벼랑 끝으로 더 갔다. 6월 13일 IAEA 탈퇴를 선언한 것이다. 미국은 대북제재 추진과 함께 북한에 대한 군사적 공격도 검토하기 시작했다. 영변 핵단지에 대해 메스로 도려내듯 '외과공격(surgical strike)'을 구체적으로 고려하기 시작한 것이다. 윌리엄 페리(William Perry) 국방부 장관과 애시턴 카터(Ashton Carter) 국방부 차관보가 중심이 돼 군사적 공격의 장단점을 검토해 빌 클린턴(Bill Clinton) 대통령에게 보고했다.

1981년 이스라엘의 이라크 오시라크(Osiraq) 핵시설 공습과 북한 영변에 대한 공격을 비교, 검토하는 작업도 이루어졌다. 한반도로 미국의 병력과 무기를 더 보내는 방안도 고려되었다. 2만 3,000명의 병력을 증파하고, 항공기 30~40대와 항공모함을 배치하는 문제가 구체적으로 논의된 것이다. 이런 문제에 대한 중대결정이 6월 16일 백악관 각료회의에서 내려질 예정이었다. 클린턴 대통령, 앨 고어(Al Gore) 부통령, 워런 크리스토퍼(Warren Christopher) 국무장관, 윌리엄 페리(William Perry) 국방장관 등이 참석했고, 북핵협상을 책임지고 있던 갈루치도 참여했다.

카터의 방북을 못마땅해 한 김영삼 대통령

이렇게 미국정부가 강경대응에 나서고 있는 가운데, 다른 쪽에서는 북한과의 외교적 협상이 적극 추진되고 있었다. 주인공은 1970년대 미국 대통령을 지낸 지미 카터(Jimmy Carter). 북한과 미국 사이 고조된 긴장을 해소하기 위해 카터가 나선 것이다. 카터는 직접 북한을 방문해 김일성 주석을 만나려 했다. 그가 방북하려 하자 미국 정부는 탐탁지 않게 생각했다. 정부의 인사도 아닌 민간인이 가서 정부와 다른 얘기를 해서 혼선을 야기할까봐 걱정했다. 방북하겠다고 미국정부에 의사를 타진했지만 두 번이나 거절을 당했다.

하지만 카터의 방북의지는 강했다. 국제사회가 북한을 악당으로 낙인찍고 압박을 계속하면 북한은 남한을 공격할 거라고 생각하고 있었다. 그래서 직접 평양에 가서 김일성을 만나 담판을 지어보겠다는 생각을 하고 있었다. 그래서 다시 미국정부에 방북의사를 타진했고, 결국 승인을 얻었다. 하지만 정부와는 관계없는 개인자격의 방북이었다.

당시 한국의 김영삼 대통령과 한국정부도 못마땅해 한 것은 만찬가지이다. 6월 13일 카터가 한국에 왔다. 북한에 가기 전 김영삼 대통령을 만나기 위해서였다. 14일 김영삼 대통령과 면담했다. 그런데 김영삼 대통령은 그 자리에서 카터에게 국제사회의 우려와 단호한 입장을 북한에 전해달라고 요청했다. 북한이 곧 입장변화를 보이지 않으면 유엔안보리의 제재가 가해질 것이라는 점도 전해달라고 주문했다.

김영삼 대통령이 이렇게 카터 방북을 못마땅해 한 데에는 몇 가지 이유가 있었다. 첫째, 김영삼 정부는 북한이 얼마 안 돼 붕괴될 것으로 믿고 있었다. 카터까지 찾아가서 협상을 추진할 필요가 없고, 북한에 대해서는 계속 압박정책을 구사해야 한다고 여기고 있었다. 둘째, 카터 방북은 미국의 일방적인 결정이었다. 한반도 문제인데 한국에 묻지도 않고 미국이 일방적으로 결정했다는 점에 대해 김영삼 대통령은 불만을 갖고 있었다. 셋째, 카터의 방북에 김대중 아시아태평양평화재단 이사장이 일정한 기여를 했다는 점이다. 당시 김대중은 미국에서 카터에게 전화를 하기도 하고, 한반도 문제 강연을 하면서도 카터의 방북을 권유했다. 김대중에게 여전히 라이벌의식을 갖고 있던 김영삼 대통령에게 김대중의 권유를 받은 카터의 방북은 그다지 반길만한 일이 아니었던 것이다.

IAEA 사찰단 잔류-북미고위급회담 재개 합의

그런 우여곡절 끝에 6월 15일 오전 카터는 아내 로잘린 카터와 함께 판문점을 통해 북으로 갔다. 텅 빈 4차선 고속도로를 두 시간 이상 달려 평양에 도착했다. 점심 식사 후 오후에 만수대 의사당에서 북한 외교부장 김영남을 만났다. 김영남은 IAEA와 한국의 강경자세에 강한 불만을 표했다. 카터에 대해서는 대통령 재임시절 주한미군을 철수하려던 계획을 얘기하면서 "우린 그때부터 각하가 좋았더랬습니다"라고 말하기도 했다. 카터는 IAEA사찰단을 추방하려는 북한의 의도가 무엇인지 물었다. 김영남은 "사찰단은 더 이상 이 나라에서 할 일이 없다"면서 강경한 입장만을 되풀이했다.

저녁에는 김영남이 호화만찬을 베풀어주었는데, 풍성한 음식뿐만 아니라 여성 록밴드까지 나와 흥을 돋웠다. '나의 사랑 클레멘타인,' '오 스잔나' 등을 불러줬다. 그런 가운데서도 카터는 북한 측에 건배를 제의하면서 핵문제 해결을 독려했다. 이에 대해 김영남은 "제재는 곧 선전포고"라며 강하게 맞받았다.

방북 이틀째인 16일 카터는 김일성을 만났다. 금수산 궁전을 찾아간 카터를 김일성이 반갑게 맞았다. 처음 만났으니 가벼운 이야기가 먼저 오고갔다. 취미가 무엇이냐는 카터의 질문에 김일성은 "우리 부부는 낚시와 사냥을 좋아한다"고 말했다. "손자와 낚시를 즐긴다"고도 했다. 손자는 김정일의 장남인 김정남을 말하는 것이었다. 김정남은 당시 23살이었는데, 2017년 말레이시아 쿠알라룸푸르 공항에서 독극물 테러를 당해 사망했다. 당시 김정일의 차남 김정철은 13살, 3남 김정은은 10살이었는데, 김일성은 이들에 대한 얘기는 하지 않았다. 아들(김정일)도 낚시를 하느냐고 카터가 묻자 김일성은 "아들은 당과 군 관련 일 때문에 사냥할 시간이 거의 없다"고 답했다. 당시 김일성은 내치는 김정일에게 맡기고, 외교부문만 챙기고 있었는데, 김정일이 당과 군의 일로 바쁘다는 김일성의 말이 이런 상황을 잘 설명해 주고 있었다.

카터의 눈에 김일성은 "서글서글하고 놀라울 정도로 모든 사안을 잘 파악하고 있다"는 느낌을 줬다. 총명하고 영리하다고 느끼게 해준 것이다. 카터를 만난 것을 진심으로 기뻐하는 모습이었다. 1970년대 말 유고슬라비아의 대통령 요시프 티토(Josip Tito), 이집트의 대통령 안와르 사다트(Anwar Sadat)에게 당시 미국 대통령으로 있던 카터를 만날 수 있게 해달라고 요청했던 사실도 털어놓았다.

1970년대 이후 북한외교의 핵심목표 가운데 하나가 미국과의 관계 개선이 되어 왔는데, 그런 모습을 실제로 보여주는 대목이 아닐 수 없다.

가벼운 얘기들이 오간 뒤 핵심문제에 대한 협상에 들어갔다. 카터는 IAEA가 사용 후 연료봉을 지속적으로 감시하는 게 중요하다면서, IAEA 사찰단과 사찰장비를 계속 유지해야 한다고 강조했다. 대북제재에 대해서는 미국과 북한 사이의 의사소통 부족으로 인한 오해 때문이라며 자신의 반대입장을 설명했다.

김일성은 평소 즐기는 담배를 피우면서 차분하게 카터의 얘기를 들었다. 가끔 고개를 끄덕이기도 하고, 자세한 설명을 요청하기도 했다. 남한에는 이제 미국 핵무기가 없고, 한반도 비핵화를 위한 구체적인 과정이 시작될 것이라는 카터의 얘기에는 "그건 좋은 일이군요"라고 반응하기도 했다. 얘기를 듣고는 그동안 미국에게 하고 싶었던 얘기를 했다. 먼저 북한은 핵무기를 만들 능력도 없고 필요도 없다고 말했다. 전력 생산에 필요한 경수로 건설도 필요하다고 했다. 1993년 7월 제2차 북미고위급회담에서 북한이 흑연감속로를 경수로로 대체시켜달라고 요청한 것을 상기시키면서, 만약 미국이 경수로 발전소를 지을 수 있도록 해준다면 핵문제를 해결할 수 있을 것이라고 말했다. "경수로를 제공한다는 공약을 한다면 곧바로 우리의 모든 핵 활동을 동결할 것이오"라고 분명하게 말했다.

경수로 문제는 슬쩍 피하면서 카터는 IAEA 사찰단 잔류 문제를 김일성에게 질문했다. "사찰단의 체류를 허락하실 겁니까?"라고 직설적으로 물었다. 이에 대해 김일성은 약간 불쾌한 표정을 지으면서 답을 망설였다. 옆에 있던 강석주와 잠깐 얘기를 한 뒤 그렇게 할 거라고 답했다. 이어 미국은 그에 대해 어떻게 보답을 할 것인지 물었다. 카터는 미국정부에 북미고위급회담 재개와 경수로 발전소 공급 문제를 건의하겠다고 말했다.

경수로 건설은 카터가 결정할 수 있는 문제가 아니었다. 수십억 달러가 소요되는 일이니 미국 혼자서 감당하기도 어려운 것이었다. 다시 북미고위급회담이 열리고 깊이 협상을 해봐야 결론이 날 수 있는 것이었다. 그래서 카터는 그 문제는 협상이 재개돼 북한핵시설에 대한 영구적인 동결 조치와 함께 논의되어야 할 것이라고 말했다. 대신 그건 시간이 너무 많이 걸리니, 지금 바로 할 수 있는 핵동결 조치를 북한이 보여주는 것이 필요하다고 강조했다. 그러면 제3차 북미고위급회담이 열릴 수 있고, 거기서 북한의 영구 동결과 경수로 제공 문제가 논의될 수 있을 것이라고 설득한 것이다.

이렇게 김일성과 카터는 3시간 동안의 회담을 통해 큰 틀의 합의를 이뤘다. 북한은 IAEA 사찰단 잔류와 감시장비 유지를 수용하기로 하고, 미국은 북미고위급회담을 재개하기로 한 것이다.

그날 오후에 카터는 강석주와 따로 만났다. 강석주는 대북제재에 대해 강하게 항변했다. "제재가 통과되면 각하가 여태 하신 모든 노력은 쓰레기통에 던져질 것입니다"라며 협박성 발언도 서슴지 않았다. 카터는 자신과 김일성이 새로운 합의를 했으니, 그걸 미국정부에 제시하고, 북한에 대한 제재는 철회하는 쪽으로 일을 추진할 것이라고 자신의 계획을 설명했다. 미국정부가 자기 의견을 안 들어줄지도 모르니 CNN에 출연해 김일성과의 합의사항을 말할 거라는 얘기까지 했다. 김일성과의 합의를 기정사실화해서 미국정부가 수용하지 않을 수 없는 상황으로 몰아가겠다는 얘기였다. 그러자 강석주는 북한이 사찰단의 잔류를 결정했다는 얘기를 잊지 말라고 당부했다. 카터가 북한에게 불리한 얘기를 할지 모른다는 불안감이 있었는지 강석주는 방송원고를 미리 보여달다고 요청하기도 했다. 이에 카터는 아예 CNN에 함께 나가자고 제안했다. 강석주는 손사래를 치며 면담을 정리했다.

미국정부도 외교의 길로 선회

민간인 자격으로 온 카터가 김일성과 합의한 것이니 미국정부의 승인을 받아 북한에 알려줘야 했다. 카터는 백악관으로 전화를 했다. 백악관에서는 마침 각료회의가 열리고 있었다. 한반도에 대한 병력과 무기 증강을 논의하고 있었다. 갈루치가 옆방으로 나가 전화를 받았다. 카터는 "나는 당신이 북한과 함께 할 수 있는 협상안을 만들었소. 우리는 협상으로 복귀하며, 북한은 IAEA 사찰단을 잔류시키기로 약속했소. 이에 대해 어떻게 생각하시오?" 물었다. 갈루치는 "대통령, 국방장관, 백악관 안보보좌관이 옆방에 있습니다. 그들이 움직이는 건 제 영역 바깥입니다. 다시 전화를 주십시오"라고 답했다. 갈루치가 즉석에서 승인해줄 수 있는 사안이 아니었다.

카터는 그렇게 전화를 해놓고는 CNN 방송에 출연했다. CNN팀이 카터의 방북 취재를 위해 평양에 가 있었다. 카터는 CNN을 통해 김일성과 합의 사항을 전했다. 유엔을 통한 제재 추진에 대해서는 비판을 가했다. 각료회의를 하다말고 CNN을 본 미국정부의 고위관료들은 카터의 행위에 불만을 제기했다. 소영웅주의적이며, 정부가 하는 일을 방해하고 북한 편을 든다는 생각이었다. 카터-김일성 합의를 즉각 거부해야한다고 말하는 사람도 있었다. 크리스토퍼 국무장관은 경제제재를 계속 추진하는 것이 옳다고 주장했다.

어수선한 회담장 분위기를 클린턴 대통령이 정리해 나갔다. 카터가 합의한 내용을 미국에게 되도록 유리하게 해석해 이를 확인하고, 그게 아니면 판을 깨는 부담은 북한에게 지우면 된다는 것이었다. 고어 부통령도 거들었다. "우리가 이 레몬으로부터 레모네이드를 만들 수 있겠습니까?"라며 감정을 빼고 담백하게 생각을 해서 새로운 가능성을 찾아보자고 제안했다. 논의를 거듭했다. 그러나 명확한 결론을 내리기는 어려웠다. 긴 논의 끝에 우선 김일성의 제안을 새로운 외교가능성의 계기로 삼아보자는 정도로 의견을 모았다. 제재 일변도에서 외교의 길로 선회한 것이다. 구체적인 방안은 더 고민을 해보기로 했다. 그런 얘기를 평양의 카터에게 전했다. 17일 새벽 5시쯤이었다.

카터는 방북 사흘째인 17일 오찬을 김일성과 함께했다. 미국이 김일성의 핵동결 제안을 듣고 외교적 해결 가능성을 찾아보고 있다고 전했다. 그러고는 카터와 김일성은 대동강 뱃놀이에 나섰다. 유람선에는 카터 부부와 김일성 부부, 양측의 참모들이 탔다. 강석주도 동승했다. 배에서도 협상은 계속되었다. 카터는 전날 김일성이 한 약속은 그대로 지켜져야 한다고 강조했다. 강석주도 북한 내에도 회담 반대파가 존재한다면서 미국도 약속을 잘 지켜야 한다고 말했다. 그렇게 전날의 합의를 재확인하고, 한국전쟁 당시 전사한 미군유해를 합동으로 발굴하자는 데에도 합의했다. 미국이 오랫동안 요구해오던 것이었다.

여기까지 해놓고 카터는 한 가지를 더 제시해 자신의 운을 시험해 보기로 했다. 남북정상회담을 제안한 것이다. 전날 김일성은 남한이 북미회담 진전을 방해하고 있다면서 남한을 심하게 비난했었다. 그래서 카터는 크게 기대하지 않은 채 정상회담 얘기를 꺼냈다. 그런데 김일성이 이를 선뜻 받았다. 언제 어디서든 조건 없이 만나겠다는 것이었다. 김일성은 휴전선에 집중되어 있는 남북한 군대의 후방이동을 주요의제로 하면 좋겠다는 얘기까지 했다. 카터가 제안하기 전에 미리 남북정상회담을 생각하고 있었다고 할 수 있는 것이다. 당시 남북관계는 냉각기였는데, 김일성은 왜 남북정상회담을 생각하고 있었을까? 자신의 삶이 얼마 남지 않은 것을 알고 아들에게 조금은 진전된 상태의 남북관계를 넘겨주고 싶었던 것일까? 아니면 더 크게 보고 죽기 전에 남북관계를 획기적으로 바꿔보고 싶은 생각이 있었을까? 누구도 알 수 없는 일이다. 어쨌든 첫 남북정상회담 합의는 그렇게 이루어졌다(그해 7월 8일 김일성의 사망으로 정상회담은 무산되었다). 남북정상회담까지 합의가 되니 사찰단 잔류와 고위급회담 재개 합의는 더 힘을 얻게 되었다.

카터는 18일 오전 서울로 돌아와 김영삼 대통령을 만나 북한의 사찰단 수용, 북미고위급회담 재개, 남북정상회담 제의 등을 전했다. 김영삼 대통령은 남북정상회담을 즉석에서 수락했다. 5일 전 만남 당시와는 완전히 다른 태도였다. 카터는 기자회견까지 하고 19일 미국으로 돌아갔다.

미국정부는 카터의 브리핑까지 듣고, 내부논의를 더 한 뒤 북한의 분명한 의사를 서면으로 확인해보기로 했다. 20일 갈루치가 강석주에게 편지를 보냈다. 제3차 북미고위급회담 재개된다면, 5메가와트 원자로에 대한 연료봉 재장전 유보, 폐연료봉 재처리 유보, 사찰단 잔류 등을 약속할 수 있느냐는 것이었다. 이러한 내용은 김일성-카터 합의보다는 북한의 양보를 더 요구하는 내용이었다. 그럼에도 불구하고 이틀 뒤 강석주는 '그렇다'는 내용으로 답했다.

다시 필요한 '북미제네바합의'

그렇게 제3차 북미고위급회담 재개에 합의한 북한과 미국은 1994년 8월 제네바에서 회담을 다시 시작했다. 역시 협상 과정은 험난했다. 그렇지만 결국 10월 21일 합의를 이루었다. 그렇게 만들어진 것이 '북미제네바합의'이다. 북한은 핵폐기 수순을 밟고, 미국은 경제적 지원과 함께 경수로발전소 2기를 지어준다는 내용이었다.

카터의 외교는 당시 이런저런 얘기를 많이 들었다. 미국정부와 따로 가는 외교였으니 그럴 만도 했다. 지금도 지나치게 친북외교를 했다고 비난하는 사람들이 있다. 하지만 한국인 입장에서 그런 비난이 가당하기나 한가 하는 생각이다. 당시 미국도 한국도 대북제재로 가고 있었다. 북한은 제제는 선전포고라면서 강경자세였다. 거기서 더 나아가 미국은 군사적 공격까지 고려하고 있었다. 이런 형국에서 한국이 우선해야 할 일은 북미회담이 재개되도록 하는 일이었다. 그런 노력은 보이지 않았다. 국제적인 지도자나 유럽의 영향력 있는 국가를 통해 전쟁을 막고 대화로 갈 수 있는 길을 찾아봐야 했는데, 그런 모습은 관찰되지 않았다. 그런 상황에서 카터가 나서주는 것은 고마운 일이었다. 그런데 지나친 친북외교라? 대안 없는 무책임한 얘기가 아닐 수 없다. 북한에 대해서는 무조건 압박정책, 강경전략을 해야 한다는 얘기나 같은 것이다. 위기를 자초할 뿐 대안은 없고 미래 비전도 없는 무모한 주장이 아닐 수 없다.

물론 카터에게 자신을 돋보이게 하려는 욕심이 있었을지 모른다. 하지만 한반도의 위기를 해결한다는 데 그게 대수인가? 공명심 인정해주고 문제해결을 얻으면 그보다 더 실용적인 게 어디 있겠는가? 당시 카터는 북한이 원하는 것을 해주고 한반도가 절실히 필요로 하는 것을 얻었다. 북한이 원하는 것은 별게 아니었다. 체면을 살려달라는 것이었다. 갑자기 회담에 나간다고 입장을 선회하는 것이 어려우니 누군가 고위급인사가 방문해 협의를 해달라는 것이었다. 카터는 그걸 들어줬다. 북한의 면을 세워주고, 평화를 얻었다.

그런 과정을 통해 이뤄진 북미제네바합의가 지켜졌다면 지금의 북핵문제는 생기지 않았을 것이고, 남북관계는 순풍을 타고 있을지 모를 일이다. 하지만 부시(George W. Bush) 행정부 당시 북미관계 악화로 이 협정은 파기되었다. 2차 북핵위기가 시작돼 지금도 그로 인한 먹구름이 한반도를 덮고 있다. 다시 그런 합의가 만들어질 수 있을는지, 북미 핵협상이 다시 진행되기는 할는지….

에필로그

22가지의 외교사례를 살펴봤다. 전쟁은 막은 경우도 있고, 전쟁을 중단시킨 경우, 전쟁을 확대시킨 경우, 전쟁을 새삼 일으킨 경우도 있다. 외교는 원래 전쟁을 막으라고 있는 것이다. 실제 잘 되면 전쟁을 막는다. 앞에서 살펴본 대로 17세기 초 조선의 임금 광해군은 스마트한 외교로 전쟁을 가로막았다. 명나라의 요청으로 군대를 파견하면서도, 후금에 '적대관계가 아님'을 충분히 알려 후금의 침략을 저지한 것이다. 19세기말 독일의 비스마르크는 어지러울 성노의 화려한 비밀외교로 독일에 대한 침략과 유럽의 전쟁을 저지했다. 1948~1949년 서베를린을 두고 벌어진 미국과 소련의 일촉즉발 위기는 미국의 전략적 대응으로 겨우 벗어날 수 있었다. 또, 1962년 쿠바 미사일 위기는 미국과 소련의 막후협상이 있었기에 전쟁으로 비화되는 것을 피할 수 있었다. 1994년 1차 북핵위기는 카터 전 미국 대통령의 방북외교로 협상국면으로 전환돼 결국 미국-북한 사이 첫 주요합의로까지 연결되었다.

이미 시작된 전쟁을 중단시킨 외교사례도 관찰했다. BC 1세기 아우구스투스는 오랫동안 싸워오던 파르티아에 수용 가능한 조건을 제시하며 외교를 펼쳐 전쟁을 끝내고 팍스 로마나를 이뤘다. 1956년 서방(영국, 프랑스, 이스라엘)과 이집트가 충돌한 수에즈 전쟁이 일어나자 당시 유엔사무총장 함마르셸드는, 사무총장의 권한을 최대한으로 활용해 유엔긴급군이라는 새로운 형태의 조직을 창안해 전장에 직접 투입함으로써 전쟁을 조기에 중단시킬 수 있었다. 1962년 중국과 인도가 전쟁에 돌입했을 때에는 인도 주재 미국대사 갤브레이스가 종횡무진 활약하면서 전쟁을 중단시켰다. 인도에 무기는 지원하되 항공모함 파견은 자제해 중국에 대한 자극을 피함으로써 중국군의 철수를 유도한 것이다. 냉전이 심화되어 있던 1969년 서독의 총리가 된 브란트는 동독은 물론 동유럽국가들, 그리고 소련과의 교류를 확대하는 동방정책을 실행해 냉전해체의 전기를 마련했다. 신교와 구교 사이 오랜 분쟁으로 신음하던 북아일랜드에서는 성직자와 시민단체가 나서 양측을 중재하면서 1998년 벨파스트 협정이 체결돼 분쟁을 중단할 수 있게 되었다.

전쟁을 확대시킨 외교사례도 몇 건 살펴보았다. 19세기 초 나폴레옹 전쟁 당시 영국과 러시아가 몰래 만나 서로 필요한 상품을 교역하기로 하는 밀수외교는 나폴레옹 전쟁을 러시아로까지 크게 확대하는 결과로 이어졌다. 2차 세계대전 막바지에 미국이 무조건 항복을 요구하고 있을 때 일본은 소련에 적극 외교를 펼치고 있었다. 태평양 전쟁에 참여하지 말고 미국과 일본 사이 중재역할을 맡아 달라는 것이었다. 그러면서 항복을 미뤘다. 쉽게 항복하지 않는 일본에 대해 미국은 인류 최초의 원자폭탄 공격을 가했다. 재래식무기 전쟁이 핵전쟁으로 커진 것이다. 베트남과 한반도 문제를 논의하기 위해 열린 1954년 제네바 정치회담은 베트남 문제에 대해 남·북베트남을 분단시키는 것으로 결론냈다. 남트남 전체의 공산화를 우려해 남베트남이라도 건지려 했던 미국, 인도차이나 전쟁의 조기 종결을 원했던 중국과 소련이 베트남의 남북분단을 결정한 것이다. 이로 인해 베트남 전쟁은 1970년대까지 길고도 길게 계속된다. 1961년 6월 케네디-흐루쇼프 정상회담은 이념논쟁이 회담을 지배하면서 미국과 소련의 관계를 악화시켰다. 이듬해 소련이 쿠바에 핵미사일을 배치하면서 미국과 소련은 핵전쟁 일보직전까지 갔다. 트럼프 미국 대통령은 인도태평양전략이라는 이름으로 중국을 견제하고 포위하는 외교를 펼쳐 미국과 중국 사이 신냉전을 격화시켰다. 자국과 동맹 중심의 편가르기 외교가 미국과 영국, 호주, 일본 등의 해양세력이 한편을 이루고 중국과 러시아, 북한 등 대륙세력이 다른 한편을 형성하는 대립구도를 심화시킨 것이다.

아예 전쟁을 일으킨 외교도 뜯어보았다. BC 5세기 그리스의 도시국가 코린토스는 아테네와 갈등하게 되자 스파르타를 설득해 아테네를 공격하도록 했다. 코린토스의 사절단이 스파르타를 회유하기도 하고 격분시키기도 하고 때론 협박하기도 해 전쟁으로 유도한 것이다. 영국과 프랑스 사이 백년전쟁(1337~1453)은 프랑스 남서부에 있는 가스코뉴 지방을 차지하기 위한 외교를 전개하는 과정에서 경쟁이 심해지면서 전쟁으로 비화했다. 19세기 후반 독일 통일을 위해 프랑스를 공격하려 했던 비스마르크는 프로이센 주재 프랑스대사가 빌헬름 1세에게 무례한 행동을 한 것처럼 전보를 각색해 프랑스와 전쟁을 일으켰다. 20세기 초 일본은 끈질긴 외교로 당시 세계 최강대국 영국과 동맹조약 맺어 강대국 대열에 합류했다. 동시에 러시아를 공격할 때 영국은 중립을 지키도록 하고, 한반도를 침략하는 행위도 자유롭게 할 수 있도록 보장받았다. 외교로 전쟁으로 가는 길을 활짝 열어놓은 것이다.

1차 세계대전 당시 미국은 오랫동안 망설이다 참전했다. 영국의 외교가 미국의 참전에 한몫 했다. 독일 외교장관이 멕시코 주재 독일공사에게 보내는 전보를 세계에 공개해 미국을 참전하지 않을 수 없도록 한 것이다. 전보 내용이 "멕시코를 설득해 미국을 공격하도록 하라"는 것이었다. 히틀러가 한창 영토확장 욕구를 불태울 때인 1938년 영국 총리 체임벌린은 히틀러에게 체코슬로바키아 주데텐을 점령하도록 용인해주는 유화외교를 벌여 2차 세계대전 발발의 중요한 요인을 제공했다. 김일성은 한국전쟁을 벌이기 전 1949~1950년 스탈린과 마오쩌둥을 상대로 공격전인 전쟁외교를 전개해 이들의 승인을 받고 1950년 6월 전쟁을 일으켰다.

전쟁을 막는 외교도 많지만, 실제 전쟁을 일으키는 외교도 많음을 새삼 확인할 수 있었다. 그런데 실은 전쟁을 막는 외교와 전쟁을 부르는 외교가 근본적으로 다른 것은 아니다. 물론 처음부터 전쟁을 일으키자고 맘먹고 외교를 하는 척하는 경우도 있지만, 상대국과 협상을 한다고 했는데 접점을 못 찾고 서로 감정은 격해지고 자국의 이해관계 세력으로부터 압력을 세지고 그러다보면 충돌, 전쟁으로 치달을 수 있다.

그렇다면 전쟁을 막는 외교가 전쟁으로 가는 외교로 전환되는 걸 예방하기 위해서 꼭 필요한 것은 무엇일까? 바로 면 세워주기이다. 체면을 살려주는 것이다. 영어로는 'save one's face'로 표현한다. '얼굴을 살린다'는 것이니 우리말 표현과 꼭 같다. 상대국과 대화를 계속 이어가면서 결실을 내려면 이 '면 세워주기'를 잘해야 한다. 국익을 걸고, 때로는 나라의 명운을 걸고 상대국과 협상을 하다보면 위기가 얼마나 많겠는가. 그런 위기와 결정적인 대목들에서 내 얘기를 하면서도 상대방을 얕보거나 깔아뭉개지 않고 얼굴을 살려주는 말이나 행동은 엄청 중요하다.

그런 점에서 보면, 2019년 2월 베트남 하노이에서 열린 트럼프-김정은의 북미정상회담은, 최근에 내가 본 외교 가운데 가장 위험한 사례였다. 당시 김정은은 미국과 꽤 긴 사전협상 끝에 정상회담 테이블에 앉았다. 김정은은 경제제재 일부 해제를, 미국은 북한핵의 폐기를 원했다. 사전협상에서는 어느 정도 의견조율이 있었다. 그래서 정상회담까지 하게 되었다. 하지만 막상 정상회담 테이블에서 미국은 강경했다. 김정은은 영변핵단지의 폐기를 제시했다. 김정은으로서는 북한핵시설의 핵심을 내놓겠다는 것이었으니 매우 큰 양보를 단행한 것이다. 그러면서 경제제재 가운데 민수경제와 관련된 몇 개 조항의 해제를 요구했다. 하지만 미국은 이를 거절했다. 김정은이 전혀 예상 못한 것이다. "그렇게 큰 것을 내놓고 작은 것을 요구한데, 그걸 거절한다고?" 하면서 경악했을 것이다. 그래서 회담은 곧 결렬되고 말았다. 미국은 save Kim's face에 전혀 관심을 두지 않은 것이나. 체면을 세워주기는커녕 김정은의 자존심을 무참히 짓밟아 버렸다. 이후 북미관계는 악화일로였고, 북한은 미국이나 남한과의 협상을 통한 문제해결에 대한 관심을 버린 채 자기식대로의 발전계획에 매진하고 있다. 핵과 미사일의 고도화를 추진하면서 중국, 러시아와의 협력을 강화하고 있는 것이다.

그래도 우리에게 북한은 적이지만 대화를 끊고 살수는 없는 존재가 아닐 수 없다. 통일이 아니더라도 한반도의 평화를 위해 대화를 하지 않을 수 없다. 그래서 남한의 안보지수도 올라가고 안정적인 경제발전도 추진할 수 있다. 그런데 북한은 가진 것은 없지만 자존심은 유독 강한 나라이다. 그래서 '면 세우기'에 더욱 신경 써야 하는 존재이기도 하다. 그들의 자존심을 건드리지 않으면서 대화의 장, 나아가서 개혁개방으로 서서히 나오도록 하는 세심하고 전략적인 외교가 필요한 것이다.

우리에게 북한과의 관계가 중요하지만, 그것만 있는 것은 아니다. 미국, 중국, 러시아, 일본 등 세계 최강의 국가들이 우리를 둘러싸고 있다. 이들과의 외교도 잘해 나가지 않고서는 우리의 생존과 번영이 보장될 수 없다. 그렇다고 해서 강대국에 쉽게 무릎 꿇는 저자세 외교가 최선은 아니다. 주장 있고 줏대 있으며 일관성 있는 외교가 장기적 국익을 위한 길이 아닐 수 없다. 미국이 원한다고 중국에 강경자세를 취하고, 일본이 원한다고 강제징용자 제3자 배상을 결정해버리는 식으론 결코 장기 국익을 확보할 수 없다. 강대국이 원해도 길게 보아 우리에게 도움이 안 되면 길이면 "No"라고 말해야 한다. "아이고. 우리가 어떻게 미국에 'No'를 해. 그러다 미국과 관계가 악화되면 어쩌려고" 이렇게 걱정하는 사람들이 있다. 보수층이 대부분 그렇다. 하지만 국가 간의 관계에서 'No'는 얼마든지 있을 수 있다. 다만 'No'를 말하는 이유를 잘 설명해야 한다. 물론 그러자면 평소 외교관계를 긴밀하게 유지하고 있어야 한다.

1993년 10월 싱가포르에서 '마이클 페이 사건'이라는 게 일어났다. 마이클 페이(Michael Fay)라는 당시 18살 미국 청소년이 길가에 주차된 자동차 50대를 손상시켰다. 페인트를 뿌리기도 하고 찌그러뜨리기도 했다. 경찰에 적발돼 결국 유죄판결을 받았는데, 4개월 징역과 함께 벌금 3,500 싱가포르 달러, 태형 6대가 선고되었다. 문제는 태형이었다. 엉덩이를 몽둥이로 때리는 형이어서 미국 정부가 문제 삼았다. '문명국가 미국의 시민에게 어떻게 봉건적인 형벌을 적용할 수 있느냐'는 것이었다. 빌 클린턴(Bill Clinton) 미국 대통령이 싱가포르 총리에게 직접 전화를 걸어 페이의 석방을 요청했다. 친서도 보냈다. 하지만 싱가포르는 당당했다. 고촉동(吳作東) 총리가 나서 "누구든지 싱가포르 땅에서 법을 어기면 싱가포르법에 따라 처벌받아야 한다"고 밝혔다. "다만 미국 대통령이 친서까지 보내 호소한 점을 감안해 태형을 6대에서 4대로 줄여준다"고 말했다. 미국이 계속 여러 경로로 압력을 가했다. 그래도 싱가포르는 꿋꿋하게 자신의 입장을 고수했다. 1994년 5월 태형 4대를 집행했다.

이런 민감한 사건에도 불구하고 미국과 싱가포르 사이는 좋다. 싱가포르는 자신의 입장을 충분히 설명하면서 원칙을 지켰고, 미국은 자국 시민 보호 차원에서 다각적인 외교를 벌였지만 그 목적이 달성되지 않았다고 해서 오래 담아 두진 않았다. 싱가포르는 미중전략경쟁이 심화되고 있는 상황에서 미국의 주요 파트너로서의 입지를 오히려 강화하고 있다.

요는 동맹국으로부터 버림받을까 너무 걱정할 필요가 없다는 것이다. 방기(abandonment)의 우려라는 것인데, 여기에 너무 신경을 쓰게 되면 오히려 연루(entrapment)의 수렁에 빠질 염려가 있다. 동맹국이 전쟁에 참여해달라고 요청할 때, 방기가 걱정돼서 참여하게 되면, 불필요한 전쟁에 발을 담글 염려가 있는 것이다. 동맹은 어차피 서로 필요해서 만든 것이다. 쉽게 깨지지는 않게 되어 있다. 그러니 국익을 충분히 계산해서, 원칙과 합리성에 근거해서 외교적 행로를 정하는 것이 바람직한 것이다.

외교와 전쟁에 대한 사례들을 살피다 보니 외교의 중요성을 새삼 실감하지 않을 수 없다. 특히 수출로 먹고사는 작은 나라 대한민국에게 외교는 그 어떤 부문보다 중요하지 않을 수 없다. 잘하면 나라를 흥하게 할 수 있고, 못하면 나라를 누란지위에 빠뜨릴 수 있는 것이다. 물론 정부가 제대로 판단하고 결정하는 게 제일 중요할 것이다. 하지만 연구자들, 그리고 일반시민들도 늘 깨어있는 모습을 유지한 채, 더 깊은 관심으로 외교정책의 결정과정을 지켜보면서, 때론 지적하고 때론 질책하는 것도 서슴지 않아야 할 것 같다.

참고문헌

| 문서 |

"Chamberlain and Hitler, 1938: What was Chamberlain trying to do?, The National Archives, Educaion Servive, https://cdn.nationalarchiv es.gov.uk/documents/education/chamberlain.pdf

The White House, *National Security Strategy*, the White House, October 2022.

| 단행본 |

강성학, 『나폴레옹 보나파르트: 혁명과 전쟁의 전설적 리더십』, 박영사, 2022.

강준만, 『미국사 산책 8』, 인물과사상사, 2000.

그레엄 앨리슨, 필립 젤리코 저·김태현 역, 『결정의 엣센스: 쿠바 미사일 사태와 세계핵전쟁의 위기』, 모음북스, 2005.

김용구, 『세계외교사』, 서울대학교출판문화원, 2006.

김재목, 『북핵협상 드라마』, 경당, 1995.

데이비드 레이놀즈 지음·이종인 옮김, 『정상회담: 세계를 바꾼 6번의 만남』, 책과함께, 2009.

류수현, 『한국근대정치사』, 정음문화사, 1984.

리영희, 『전환시대의 논리: 아시아·중국·한국』, 창작과비평사, 1991.

박건영, 『국제관계사』, 사회평론아카데미, 2020.

박명림, 『한국전쟁의 발발과 기원 I: 결정과 발발』, 나남출판, 1996.
박지향, 『영국사: 보수와 개혁의 드라마』, 까치글방, 1997.
셀리그 해리슨 지음·이홍동 외 옮김, 『셀리그 해리슨의 코리안 엔드게임』, 삼인, 2003.
안문석, 『글로벌 정치의 이해』, 한울아카데미, 2021.
______, 『북한이 필요한 미국, 미국이 필요한 한국』, 박영률출판사, 2006.
______, 『북한 현대사 산책 2: 전쟁과 사회주의 건설』, 인물과사상사, 2016.
______, 『북한 현대사 산책 4: 김정일과 고난의 행군』, 인물과사상사, 2016.
______, 『외교의 거장들』, 인물과사상사, 2017.
알렉산더 미카베리즈 지음·최파일 옮김, 『나폴레옹 세계사 1』, 책과함께, 2022.
앤드루 로버츠 지음·한은경/조행복 옮김, 『나폴레옹』, 지식향연, 2022.
장달중·이정철·임수호, 『북미대립: 탈냉전 속의 냉전 대립』, 서울대학교출판문화원, 2011.
조얼 위트 등 지음·김태현 옮김, 『북핵위기의 전말: 벼랑끝의 북미협상』, 모음북스, 2005.
조지프 나이 지음·양준희 옮김, 『국제분쟁의 이해: 이론과 역사』, 한울아카데미, 2000.
최영태, 『빌리 브란트와 김대중: 아웃사이더에서 휴머니스트로』, 성균관대학교출판부, 2020.
케네스 O. 모건 엮음·영국사학회 옮김, 『옥스퍼드 영국사』, 한울아카데미, 1997.
투키디데스 지음·천병희 옮김, 『펠로폰네소스 전쟁사』, 도서출판 숲, 2011.
프랭크 매클린 지음·조행복 옮김, 『나폴레옹: 야망과 운명』, 교양인, 2016.
프레드리크 스탠턴 지음·김춘수 옮김, 『위대한 협상: 세계사를 바꾼 8개의 협정』, 말글빛냄, 2011.

하세가와 쓰요시 지음·한승동 옮김, 『종전의 설계자들: 1945년 스탈린과 트루먼, 그리고 일본의 항복』, 메디치미디어, 2019.

Galbraith, John Kenneth. *Ambassador's Journal: A Personal Account of the Kennedy Years*, Houghton Mifflin Co., 1969.

| 논문 |

고반석, "14세기 플랑드르인의 잉글랜드 이주 – 방직공들의 사례를 중심으로", 『서양사론』 154, 2022, pp.69~98.

김동진, "북아일랜드 평화 프로세스와 지속가능한 평화구축", 『통일과평화』 7-2, 2015, pp.290~303.

김석구, "비스마르크 동맹체제 연구: 유럽 중심부 긴장요인의 세계 주변부 전환 외교전략을 중심으로", 『유라시아연구』 17-2, 2020, pp.195~221.

김진호, "독일문제와 제1차 베를린 위기: 미·소의 독일정책과 통화개혁(Währungsreform)을 중심으로", 『역사교육』 130, 2014, pp.235~274.

______, "1946~1947년 시기 미국의 독일정책과 바이존(Bizone)의 성립", 『서양 역사와 문화 연구』 44, 2017, pp.47~84.

김태준, "영일동맹 결성과 러일전쟁의 외교사적 분석", 『한국정치외교사논총』 29-2, 2008, pp.5~33.

박지배, "나폴레옹의 대륙봉쇄체제와 러시아의 對영국 수출무역", 『러시아연구』 15-2, 2005, pp.211~234.

박창식, "피그만 침공 실패", 『한겨레』, 2010. 5. 4.

손태창, "펠로폰네소스 전쟁은 필연적이었는가?: 투키디데스 테제에 대한 고찰", 『역사와 담론』 103, 2022, pp.197~245.

양준희, "투키디데스의 펠로폰네소스 전쟁기원론에 대한 재해석: 티모스적 시각과 (신)현실주의", 『국제정치논총』 38-3, 1998, pp.3~23.

윤철기, “북아일랜드 평화 프로세스의 정치경제학”, 『북한연구학회보』 23-1, 2019, pp.179~203.

윌리엄 J. 듀이커 지음·정영목 옮김, 『호치민 평전』, 푸른숲, 2003.

임상우, “베르사유 조약(Treaty of Versailles)과 유럽평화의 이상”, 『유럽통합연구』 9-2, 2018, pp.1~29.

전재춘, “북아일랜드이 정치갈등과 합의 과정에서 종교의 역할: 1969년부터 2006년까지의 경험을 중심으로”, 전북대 대학원 정치학과 박사학위 논문, 2013.

전홍찬·한성무, “구한말 묄렌도르프의 친러정책: 독일 외교정책과의 연관성을 중심으로”, 『국제정치연구』 23-3, 2020, pp.209~237.

장정수, “심하전역 당시 광해군의 밀지와 대후금 배후교섭의 변질”, 『사총』 104, 2021, pp.85~135.

장준호, “투키디데스 펠로폰네소스 전쟁사 재구성: 외교논쟁과 그 현대적 함의”, 『한국정치외교사논총』 28-2, 2007, pp.75~108.

정재욱, “신고전적 현실주의 접근을 통한 펠로폰네소스 전쟁의 원인 고찰”, 『국가안보와 전략』 16-1, 2016, pp.180~211.

정진오, “영·일동맹에 대한 연구”, 『동아시아연구논총』 11, 2000, pp.81~91.

조혜경, “1930년대 독일의 재정통화정책: ‘은밀한 금융’ 외파어음과 메포어음”, 『대안 ON』, 2016. 12. 19.

한명기, “폭군인가 현군인가 광해군 다시 읽기”, 『역사비평』 44, 1998, pp.156~227.

후루타 모토오 지음·박홍영 옮김, 『역사 속의 베트남 전쟁』, 일조각, 2007.

Hershberg, James G. “Quietly Encouraging Quasi-Alignment : US-Indian Relations, the Sino-Indian Border War of 1962, and the Downfall of Krishna Menon”, *Eurasia Border Review* 3, 2012, pp.121~158.

Jessup, Philip C. “Park Avenue Diplomacy-Ending the Berlin

Blockade", *Political Science Quarterly* 87-3, 1972, pp.377~400.

Peran, Mitchell. "United States Diplomacy in Berlin During the First Phase of the Cold War: Does It Define US Foreign Policy?", July 9, 2021. Available at SSRN: https://ssrn.com/abstract=3883424

Stevenson, David. "Review essay: Germany's fragile rise", *Journal of Strategic Studies* 41-1, 2017, pp.326~331.

| 기사 |

곽노필, "50년 전 달 착륙은 미-소 합작품이 될 뻔했다", 『한겨레』, 2019.7.12.

김명섭, "獨 묄렌도르프, '조선'에서 중용되고 '대한'에서 버림받다", 『조선일보』, 2023.9.14.

김용삼, "간첩들의 파라다이스, 조선 그리고 대한민국", 『펜N마이크』, 2022.2.4.

김찬호, "절반의 희망으로 남은 도시, 벨파스트", 『오마이뉴스』, 2023.8.11.

남도현, "소련, 베를린 봉쇄…미군 수송기 32대 동시 출격 작전", 『중앙일보』, 2021.5.22.

문병기·김기용, "바이든 中이 美의 유일 경쟁자…승리하겠다", 『동아일보』, 2022.10.14.

이병한, "1962년, 중국이 인도를 먹다 뱉다", 『프레시안』, 2016.7.19.

이본영, "미국 새 국가안보전략 '중국은 국제질서 재편 의도 유일 경쟁자'", 『한겨레』, 2022.10.14.

이제훈, "한반도 반박이 아일랜드섬…벨파스트 평화협정 24년 빛과 그림자", 『한겨레』, 2022.11.12.

정지연, "[우리가 알아야 할 평화협정]① 1998년 벨파스트 협정", 『유코리아뉴스』 2019.7.22.

정효식, "흐루쇼프, 44세 케네디 애 취급…핵전쟁 위기 부른 '빈 회담'", 『중앙일보』, 2018.8.12.

한혜란, "북아일랜드 평화협정으로 노벨평화상 받은 트림블 전 수반 별세", 『연합뉴스』, 2022.7.26.

Ibrahim, Iram Ara. "How Menon's downfall began," India Today, November 29, 2019. https://www.indiatoday.in/magazine/books/story/20191209-how-menon-s-downfall-began-1623268-2019-11-29

Taylor, Blaine. "How Otto von Bismarck Started The Franco-Prussian War," Warfare History Network, December 2012, https://warfarehistorynetwork.com/article/how-otto-von-bismarck-started-franco-prussian-war

찾아보기

| 인명 |

ㅅ

| 용어 |

ㄱ

ㄴ

ㄷ

ㄹ

ㅁ

ㅂ

전쟁 속 외교

싸우면서도 대화하는 세계외교의 역사

지은이 안문석
펴낸이 양오봉
펴낸곳 전북대학교출판문화원

초판 1쇄 인쇄 2024. 4. 25.
초판 1쇄 발행 2024. 4. 30.

전북대학교출판문화원 전라북도 전주시 완산구 어진길 32 (풍남동2가)
전화 (063) 219-5319~5322
FAX (063) 219-5323
출판등록 2012년 8월 20일 제465-2012-000021호

값 22,000원

ISBN 979-11-6372-224-3 03340